JN430902

INTRODUCTION TO SOCIAL WELFARE

사회복지학개론 2판

오세영 지음

신정

머리말

사회복지학 개론서 집필을 구상하면서 딜레마에 빠졌다. 개론서이므로 많은 내용을 담자니 그 내용의 깊이와 설명이 부족해질 것이고, 반면 내용의 깊이와 자세한 설명을 추구하다 보면 지면의 한계에 부딪히게 될 것이 자명했다. 어떻게 하면 광범위한 사회복지학의 내용을 되도록 빼놓지 않고 망라하면서도 자세하게 설명할 것인가, 그리고 어떻게 하면 그 설명을 논리적인 흐름을 가지고 이어갈 것인가, 이것이 저자의 고민이었다. 또 하나의 고민은 설령 모든 분야와 내용을 담아냈다 하더라도 사회복지에 처음 입문한 학도들에게 한 학기 동안 그것을 모두 이해시킬 수 있을 것인가 하는 것이었다. 지금까지 오랫동안 강의를 해온 경험에 비추어 보면 불가능한 일이었다. 이러한 고민을 해결하기 위한 방책으로 생각한 것은 기존 개론서들의 고정된 목차구성에서 탈피하는 것이었다. 즉, 기존 개론서들은 대부분 아동복지, 노인복지, 장애인복지 등의 분야에서부터 사회복지실천의 2차 세팅 분야로 불리는 학교사회복지, 의료사회복지, 정신건강사회복지 등의 분야에 이르기까지 사회복지의 다양한 분야를 모두 다루고 있지만, 지면의 한계로 인해 깊이 있는 내용을 다루지 못하고 있다는 판단에서 과감하게 생략했다. 사회복지분야와 관련한 내용은 각 교과목에서 자세히 배우기 때문에 생략해도 된다고 판단했다. 그 대신 사회복지학을 이해하는 데 중요하다고 생각되는 요소들을 중심으로 깊이 있게 기술하고자 하였다. 이러한 과감한 시도에도 불구하고 초판에서는 만만치 않은 분량을 차지하고 말았다. 그래서 이번 개정판에서는 분량을 줄이는 데 주력했다. 전체적으로 내용 설명에서 장황하다고 생각되거나, 굳이 설명하지 않아도 된다고 판단된 내용은 과감하게 삭제하였다. 내용의 오류가 있는 부분, 어색한 문장, 오타 등을 바로잡았고, 문맥도 수정하였다. 아울러 기존의 자료는 최신자료로 업데이트하였다.

이 책에서는 사회복지의 개념을 역사적 개념으로 규정하고, 현재 머물러 있는 사회복지의 개념을 '인간의 사회적 욕구를 충족시키고, 사회문제를 해결하기 위한 모든 제도와 실천'으로 정의하여 논의를 전개하였다.

역사적 관점에서 사회복지의 개념을 규정하고자 할 때 반드시 고려해야 할 세 가지 요소, 즉 사회복지의 대상, 문제해결의 방법, 활동형태를 제시하였다. 그리고 현재 머물러 있는 사회복지의 개념을 규정하는 데 고려해야 할 두 가지 요소, 즉 사회적 욕구와 사회문제에 대한 개념을 정리하였고, 이 두 가지 요소에 대한 사회복지 접근을 욕구의 미충족 요인과 사회문제의 원인에 따라 거시적 접근방법과 미시적 접근방법으로 제시하였다. 즉, 사회적 욕구의 미충족과 사회문제의 원인이 사회경제적 요인과 같은 외적인 요인에 의해 비롯되는 경우 이를 해결하기 위한 거시적 접근방법을 사회복지정책이라 규정하였고, 두 요인이 개인적 결함이나 부적응과 같은 내적인 요인에 의해 비롯되는 경우 이를 해결하기 위한 미시적 접근방법을 사회복지실천이라 규정하였다. 따라서 논의의 흐름을 끊지 않기 위해서 제2장과 3장에서는 바로 각각 거시적 접근방법으로서의 사회복지정책과 미시적 접근방법으로서의 사회복지실천에 대해 다루었다. 사회복지정책과 관련해서는 사회복지정책의 개념과 특성, 사회복지정책의 기능 및 영역 등의 내용을 다루었다. 사회복지실천과 관련해서는 사회복지실천의 개념, 사회복지실천의 통합적 접근, 사회복지실천 관계론, 사회복지실천의 과정, 사회복지실천현장 등의 내용을 다루었다.

제4장에서는 거시적 접근과 미시적 접근을 동시에 활용하면서 지역사회 수준에서 실천해 나가는 중범위적 접근의 특성을 지닌 지역사회복지에 대해 살펴보았다. 지역사회복지의 개념, 지역사회복지의 이념과 특성, 지역사회복지의 영역과 추진체계를 소개함으로써 지역사회복지에 대한 이해를 도왔다.

제5장에서는 사회복지행정을 다루었다. 사회복지정책은 사회복지서비스로

전환되는데, 그 과정이 바로 사회복지행정이다. 사회복지행정의 개념, 사회복지행정의 이념과 특징, 사회복지행정의 영역을 소개함으로써 사회복지행정에 대한 이해를 도왔다.

제6장에서는 사회복지가 추구해야 할 방향을 제시해 주는 사회복지의 가치를 사회복지정책의 가치와 사회복지실천의 가치로 나누어 설명하였다. 그리고 사회복지실천과정에서 사회복지사가 직면할 수 있는 윤리적 쟁점에 대하여 올바른 판단을 내릴 수 있도록 하는 사회복지실천윤리에 대해 다루었다.

제7장에서는 사회복지의 제도적 범위와 개념을 다루었다. 사회복지의 제도적 범위는 우리나라 사회복지 관련법이 규정하고 있는 사회복지의 범위 내에서 다루었다. 이 책에서는 사회보험, 공공부조, 사회서비스, 사회수당으로 구성되어 있는 사회보장의 내용을 별도의 장으로 구성하지 않고, 여기에서 다룬 것도 다른 개론서들과의 차별점이다.

이렇게 우리나라 사회복지제도의 큰 틀을 이해하고 난 후, 사회복지의 구성요소, 즉 사회복지의 대상과 공급주체, 전달체계, 그리고 급여와 재원을 다루었다. 말하자면, 사회복지를 누가 누구에게 어떤 선정기준을 가지고 무엇을 어떠한 방식으로 제공할 것인가, 그리고 그에 소요되는 재원을 어떻게 마련할 것인가 하는 내용이 담겨 있다. 제8장~제9장이 여기에 해당한다.

한편, 저자가 이 책에서 많은 시간과 노력을 기울인 장 중의 하나가 바로 제10장 사회복지와 인권이다. 인권의 개념, 인권의 역사, 사회복지와 인권과의 관계, 사회문제와 인권, 사회복지법과 인권, 사회복지실천과 인권 등의 내용을 다루었다. 특히, 사회문제와 인권 부분에서는 대상별, 영역별로 구분하여 인권문제를 살펴보았는데, 여기에서 다루어지는 내용들이 이 책에서 과감하게 생략한 각 사회복지분야의 내용을 다소 커버하고 있다.

사회복지학을 공부하면서 복지국가에 대한 이해는 필수라고 생각했다. 제11장에서는 복지국가를 이해하기 위한 전제조건으로서 사회복지의 사상을 소개하였다. 사회복지의 사상은 사회복지의 등장 배경을 잘 설명해 주기 때문에 사회복지의 본질을 이해하는 데 큰 도움을 준다. 사실, 복지국가라는 큰 문제를 다루기에는 많은 한계가 있다. 제12장에서는 사회복지학 개론서임을 감안해서 복지국가의 정의, 복지국가의 유형화론, 복지국가의 발전에 관한 이론, 복지국가의 형성과 발전, 복지국가의 위기와 재편에 관한 내용을 간단히 설명함으로써 복지국가에 대한 이해를 도왔다.

제13장에서는 새로운 사회적 위험으로 대두된 인구고령화의 문제를 다루었다. 인구고령화에 대한 기본적인 개념을 이해하고, 우리나라 인구고령화의 현상과 특징, 인구고령화의 영향 등을 살펴본 후, 이미 진행된 초고령사회에서 우리가 직면하고 있는 과제에 대해 살펴보았다.

마지막 장인 제14장에서는 국제사회복지를 다루었다. 오늘날 세계화는 사회복지분야에도 크게 영향을 미치고 있으며, 특히 세계화는 국제사회복지의 발달에 결정적인 영향을 미치고 있다. 국제사회복지에 대한 전망이 커지고 있다는 판단하에 마지막 장에서 세계화가 사회복지에 미치는 영향을 살펴보고, 국제사회복지에 대해 논의해 보았다.

새로운 개정판이 나오기까지 정성어린 도움을 주신 신정출판사 관계자분들께 진심으로 감사를 드린다. 나름대로 정성을 쏟았으나 미흡한 부분이 많다는 것도 잘 알고 있다. 또한 앞으로 강의를 하다 보면 또 많은 결함이 발견될 것이라는 것도 잘 알고 있다. 이 책을 교재로 사용해 주시는 교수님들과 학생들에게 보은하는 의미에서라도 계속해서 보완해 나갈 것을 약속드린다. 아울러 이 책을 사랑해 주시는 모든 분들의 건강과 평화를 기원 드린다.

2026년 새해 아침

평화로운 세상을 기원하며

저자

CONTENTS

차례

chapter 03

미시적 접근방법: 사회복지실천 / 53

chapter 04

중범위적 접근방법: 지역사회복지 / 85

chapter 05

사회복지정책의 서비스로의 전환: 사회복지행정 / 111

chapter 06

사회복지의 가치와 실천윤리 / 125

chapter 07

사회복지의 제도적 범위와 개념 / 155

chapter 08

사회복지의 대상과 공급주체, 전달체계 / 199

chapter 12

복지국가론 / 325

chapter 13

이미 진행된 초고령사회 / 357

chapter 14

국제사회복지: 사회복지의 국제원조 / 381

제1장

사회복지의 개념

INTRODUCTION TO SOCIAL WELFARE

사회복지에 입문하는 독자들을 위해 가장 먼저 해야 할 작업은 사회복지의 개념을 규정하는 일이다. 사회복지의 개념을 어떻게 규정하느냐에 따라 사회복지를 바라보는 관점과 범위가 달라질 수 있으므로 사회복지의 개념 규정 작업은 매우 중요하다. 이 장에서는 사회복지의 개념을 규정할 때 반드시 고려되어야 하는 요소인 사회적 욕구와 사회문제에 대한 개념을 정리하고, 이 두 가지 요소에 대한 사회복지적 접근방법을 제시한다.

1. 사회복지의 정의[1)]

1) 역사적 개념으로서의 사회복지

사회복지의 개념 규정은 매우 중요하다. 사회복지의 개념을 어떻게 규정하느냐에 따라 사회복지를 바라보는 관점과 범위가 달라질 수 있고, 그 관점과 범위에 따른 사회복지의 정책과 실천방법이 달라질 수 있기 때문이다. 그러나 사회복지는 가장 논쟁적인 사회과학의 개념이기 때문에 사회복지의 합의된 정의를 도출하는 것은 쉬운 일이 아니다. 사회복지의 개념 정의는 많은 국내외 학자들에 의해 다양하게 시도되었는데, 사회복지의 어의적 의미, 잔여적 사회복지와 제도적 사회복지, 광의의 사회복지와 협의의 사회복지 등으로 구분하여 설명하려는 경우가 많았다.

사회복지의 어의적 의미

사회복지는 영어로 'social welfare'이다. social welfare는 'social'과 'welfare'의 합성어이다. 여기서 social은 '사람과 사람 사이의 인간관계, 인간의 공동체적 행위체계'를 의미한다. welfare는 'well'과 'fare'의 합성인데, well은 '만족스럽다'라는 의미가 담겨 있고, fare는 '지내다, 살아가다' 등의 의미를 포함한다. 따라서 welfare는 '안락하고 만족스러운 생활 상태, 인간의 행복, 건강과 안녕(well-being)의 상태' 등의 의미를 지닌다. 결국, 사회복지의 어의적 의미는 '사회 내의 사람들이 만족스럽고 평안한 상태를 유지할 수 있게 하는 것'이라고 할 수 있다.

한편, 사회복지라는 용어는 한문으로 '社會福祉'라고 쓴다. 이때 사(社)는 '示+土'로서 '示'는 신에게 '제사를 지낸다'라는 의미를 지니고 있어, 공동제사

---

1) 이 장은 졸저(2020a)의 제1장 내용을 수정 · 보완한 것이다.

를 지내는 구역을 말한다. 회(會)는 '합한다'라는 의미의 '사람 인(人)'과 '더하다, 증가하다'라는 의미의 '증(增)'이 더해진 글자로서 '모이다'라는 의미를 지니고 있다. 福祉(복지)는 福(복 복)과 祉(복 지)가 합쳐진 말로 복이 두 개인 만큼 큰 행복을 의미한다. 福은 밭에서 나는 곡식이 높이 쌓일 수 있도록 제사를 지내는 것, 즉 물질적 풍요를 기원한다는 의미이다. 祉는 '욕망의 추진을 멈추다, 마음을 잡다'는 뜻을 지니므로 마음을 비우고 안정을 찾을 수 있도록 기도한다는 의미이다. 따라서 사회복지의 어의적 의미는 '사람들과 어울려 살면서 물질적으로 풍요롭고, 정신적으로 안정된 생활을 할 수 있도록 돕는 것'이라고 할 수 있다(김준환 외, 2016: 30).

잔여적 사회복지와 제도적 사회복지

잔여적 사회복지와 제도적 사회복지는 윌렌스키와 르보(Wilensky & Lebeaux, 1965)가 처음 제시하였다.

잔여적 사회복지(residual social welfare)는 개인의 욕구가 일차적으로 가족과 시장에서 충족되고 그렇지 못한 경우에만 잠정적, 일시적으로 사회가 나서서 돕는 것을 말한다. 가족과 시장을 보완하는 것이 사회복지이고, 가족과 시장을 통해 욕구가 충족되면 사회복지는 중단된다는 점에서 '잔여적'이다. 문제상황은 응급상황 또는 위기상황이며, 사회복지는 문제를 일시적으로 완화시킬 뿐이라고 본다. 잔여적 사회복지는 사람들의 낙인(stigma)이 수반되고, 욕구는 비정상적인 것으로 간주한다.

제도적 사회복지(institutional social welfare)는 개인의 욕구가 일차적으로 국가에 의해서 충족되는 것을 말한다. 즉, 제도적 사회복지는 사회복지가 가족, 경제, 정치, 교육, 종교와 같은 사회제도들과 동등한 수준에서 일차적, 정상적으로 제도화되어 있으며, 평등주의 이념에 따라 모든 국민에게 보편주의적으로 제공되는 것이다. 문제상황은 현대사회에서 항상 발생하며, 사회복지는 항구적으로 제공된다. 제도적 사회복지는 잔여적 사회복지와는 달리 낙인(stigma)이 수반되지 않고, 욕구를 정상적인 것으로 간주한다. 따라서 사회는 욕구를 가진 사람을 도와야 할 의무가 있고, 사회구성원은 사회복지급여와 서비스를 받을 권리가 있다.

광의의 사회복지와 협의의 사회복지

광의의 사회복지 개념은 목적 개념이 아닌 실체 개념으로서 파악하는 견해이다. 이 견해에 의하면, 사회복지는 최저한도 혹은 평균적인 욕구가 충족되지 않은 개인, 가정, 집단 등에 대해서 다음의 10가지 사회적인 제반 서비스, 즉 사회복지서비스(협의의 것), 보건의료, 교육, 여가, 소득, 노동, 주택, 안전, 거주, 환경보존 등을 체계적으로 조직화하고 제공하는 것을 말한다.

반면, 협의의 사회복지 개념은 사회복지를 실체 개념으로 파악하는 것은 광의의 개념 인식과 같으나, 이것을 기능적으로 한정하여 사회복지의 개념을 규정하고 있다. 즉, 이 견해에 의하면 사회복지는 공공부조대상자, 장애인, 아동, 기타 원조를 필요로 하는 이로 하여금 자립하여 그 능력을 발휘할 수 있도록 필요한 서비스를 제공하는 것이다(김만두 · 한혜경, 1994: 21-22).

이상과 같이 사회복지를 광의와 협의의 두 가지로 견해로 구분해서 볼 때, 전자는 대상과 범위가 지나치게 포괄적이지만, 후자는 지나치게 좁다는 것을 알 수 있다.

역사적 개념으로서의 사회복지

사회복지의 어원적 의미는 너무나 추상적이고, 제도적 개념과 잔여적 개념, 광의의 개념과 협의의 개념과 같은 이분법적 개념은 정태적이며 몰역사적이다. 사회복지는 역사적인 개념이다. 즉, 사회복지의 개념은 시대와 사회적 상황에 따라 변화해 온 것이다. 시대에 따라 사회문제는 그 성격을 달리해 왔다. 사회문제를 해결하고자 하는 사회복지의 내용도 당연히 시대에 따라 달랐다. 예컨대, 14세기에서 19세기 초까지는 부랑인 문제가 주된 사회문제였으며, 빈민법이라는 사회통제정책을 통해서 문제를 해결하고자 하였다. 자본주의의 등장과 함께 프롤레타리아트라는 새로운 계급이 출현하면서 사회복지는 곧 노동문제로 이해되었고, 그에 대한 대응책으로 사회보험이 등장하였다. 하지만 제2차 세계대전 후 복지국가의 성립에 따라 사회복지는 모든 국민의 권리로 인정되면서 전 국민의 '사회적 욕구'(social needs)를 충족시키는 사회제도로 인식되었다. 이는 실제 많은 학자들이 제시한 사회복지에 대한 개념 정의에서 확인할 수 있다(〈표 1-1〉 참조).

한편, 사회복지의 역사를 진화적으로 파악한 로마니쉰(Romanyshin, 1971: 34-37)은 사회복지 개념의 변화를 다음과 같이 설명한 바 있다. 첫째, 잔여적 개념에서 제도적 개념으로, 둘째, 자선에서 시민의 권리로, 셋째, 빈민에 대한 서비스에서 전체 국민에 대한 서비스로, 넷째, 가능한 한 최저한의 급여와 서비스로부터 최대한의 적절한 급여 및 서비스로, 다섯째, 개인의 치료에서 사회개혁으로, 여섯째, 민간의 후원에서 정부의 후원으로, 일곱째, 빈민을 위한 복지의 개념에서 복지사회라는 개념으로 변화해 왔다는 것이다.

2) 현재 머물러 있는 사회복지의 정의

이처럼 사회복지는 역사적인 개념이기 때문에 그 용어의 의미 역시 시대에 따라 달라져 와서 현재의 의미로 머물러 있을 뿐 결코 고정된 것이 아니다. 따라서 현재 머물러 있는 사회복지의 의미 역시 변화해 갈 것이다. 그렇다면 현재의 의미로 머물러 있는 사회복지의 개념을 어떻게 정의할 것인가?

사회복지의 개념은 학자에 따라 다양하게 정의된다. 예를 들어, 프리들랜더와 앱트(Friedlander & Apte, 1980: 4)는 "사회복지란 국민의 복지와 사회질서 유지에 필요한 사회적 욕구를 충족시키기 위한 제반 시책으로 입법, 프로그램, 급여와 서비스를 포함한다"라고 정의하였다.

던햄(Dunham, 1970: 14-20)은 사회복지를 "인구의 일부 또는 전체의 경제적 조건, 건강 또는 대인적 경쟁을 개선하고 유지함으로써 사회적 복지를 추진하려는 조직적인 활동"이라고 정의하였다.

존슨(Jonson, 1983: 10-11)은 "사회복지란 사회제도나 체계 간의 조직적인 활동으로서 인간의 복지를 유지하거나 개선하는 데 목적을 두고 있으며, 사회사업을 포함한 많은 전문직을 포함하는 개념"이라고 정의하였다.

자스트로(Zastrow, 2006: 4-5)는 "사회복지란 사회구성원의 사회적 기능 향상과 각자가 지닌 사회적, 재정적, 건강 및 여가 등의 욕구를 충족하기 위한 사회제도로서 사회문제를 예방하고 완화하거나 문제해결에 기여함으로써 개인, 집단, 가족, 조직 및 지역사회의 복지를 직접 향상시키는 것을 목적으로 하고 있다"라고 정의하였다.

미국사회복지사협회(NASW)에서는 사회복지를 "사회의 유지에 기본적인 사회적, 경제적, 교육적 및 보건의료적 욕구를 충족시키려는 사람을 돕는 프로그램, 급여 및 서비스에 관한 국가의 체계"라고 정의하고 있다.

〈표 1-1〉 학자별 사회복지의 정의

학자별	정의 내용
Friedlander & Apte	• 사회적 욕구를 충족시키기 위한 제반 시책 • 입법, 프로그램, 급여와 서비스 포함
Dunham	• 사회적 복지를 추진하려는 조직적인 활동 • 인간의 욕구에 대한 반응에 초점
Jonson	• 인간의 복지를 유지하거나 개선하는 데 목적을 둔 사회제도나 체계 간의 조직적인 활동
Zastrow	• 사회구성원의 사회적 기능 향상과 각자가 지닌 사회적, 재정적, 건강 및 여가 욕구충족을 위한 사회제도 • 사회문제 예방 · 완화, 문제해결을 통한 복지 향상에 목적
미국사회복지사협회 (NASW)	• 사회의 유지에 필요한 기본적 욕구를 위한 프로그램, 급여 및 서비스에 관한 국가의 체계

이처럼 사회복지의 개념은 다양하게 정의되기 때문에 사회복지에 대한 절대적인 의미를 규정할 수 없다는 것을 인정하면서 사회복지를 '인간의 기본적인 사회적 욕구를 충족시키고 사회문제를 해결하기 위한 모든 제도와 실천'으로 정의하고자 한다. 좀 더 구체적으로 표현하면, 국민 제 계층의 기본적인 사회적 욕구와 사회문제에 대한 국가, 지방자치단체, 사회복지사업체의 조직

적이고 체계적인 대응책이라 정의할 수 있다.

3) 사회복지 개념 규정의 요소

역사적 관점에서 사회복지의 개념을 규정하고자 할 때 반드시 고려되어야 하는 3가지 요소가 있다(박광준, 2002). 첫째는 사회복지가 그 대상으로 삼고자 하는 객체이고, 둘째는 문제해결방법이며, 셋째는 활동의 형태이다. 여기서 말하는 사회복지의 대상은 인간의 사회부적응 문제이고, 문제해결방법은 인간을 변화시키는 것과 사회를 변화시키는 것이며, 활동의 형태는 개인적이고 자의적인 것이 아니라 조직적이고 사회적인 활동을 의미한다.

첫 번째 요소, 즉 사회복지가 해결하고자 하는 인간의 사회부적응 문제는 어떤 시대를 막론하고 존재해 왔지만, 산업혁명으로 대표되는 거대한 사회변동으로 인해 폭발적으로 확대되었다. 문제의 성격 또한 변화했는데, 문제의 규모가 커졌고, 사회에 항상 존재하는 문제가 되었다. 따라서 문제해결을 위해서는 반드시 이러한 문제의 발생 요인들에 대한 이해가 필요하다.

두 번째 요소인 '인간과 사회 양자의 변화를 통한 문제해결'의 이해를 위해서는 인간의 부적응 문제의 대부분은 사회적인 원인에서 비롯된다는 인식이 강조된다. 예를 들어, 사고로 인하여 갑자기 장애를 입게 되었을 때, 장애인 고용을 어렵게 하는 사회제도나 관행을 외면하고 장애를 가지게 된 심리적 충격을 해소하기 위하여 당사자에게 상담만 한다고 한다면 그것은 완전한 모습의 사회복지가 아니다. 개인만을 변화시키려고 하기 때문이다. 생계수단인 고용을 확보하기 위해서 새로운 장애인고용촉진제도를 만들거나 장애인 고용차별을 묵인하는 기존의 제도나 법을 철폐하는 등 사회를 변화시키는 노력을 병행해야만 한다는 것이다.

세 번째 요소는 사회복지가 조직적이고 사회적인 노력으로 이루어진다는 것이다. 개인을 원조하기 위한 어떤 행위나 활동이 사회복지활동인가 아닌가를 구분하게 하는 근거는 바로 그것이 조직적이고 사회적으로 이루어지는가 아닌가에 달려 있다. 물론 국가에 의한 공식적인 활동만이 아니라 민간사회복지활동 역시 조직적이고 사회적인 노력의 형태로 이루어질 때 비로소 사회복지활동으로 인정될 수 있다.[2] 그렇다면 어떤 활동이 조직적이고 사회적인 활동인가? 그것은 사회복지의 대상자를 과학적으로 규정하고, 대상자의 선정기준을 과학화하려는 노력을 말한다. 복지원조의 동기가 종교적인가 아닌가는 상관없다. 복지수급자의 선정기준 없이, 원조를 구하는 사람 누구에게나 무차별적으로 원조를 제공하는 것은 사회복지가 아니다. 무차별적 원조행위, 원조신청자의 선정기준이나 선정과정이 없는 원조행위는 자선행위(charity) 또는 자선활동으로 불린다. 이것은 부정기적이고 시혜의 성격이 강하며, 대상자 선정기준이 전제되지 않고 제공되는 원조는 비록 그 원조의 규모가 크다고 해도 사회복지로 보기 어려운 것이다(박광준, 2010: 197). 결론적으로 사회복지활동의 여부는 사회복지대상자 선정기준의 여부에 따라서 결정된다고 할 수 있다.

이와 같은 설명은 앞서 정의한 '현재 머물러 있는 사회복지의 정의'에 대한 기본적인 입장과도 관련된 중요한 요소들이다. 앞서 설명한 첫 번째 요소인 사회복지가 그 대상으로 삼고자 하는 객체로서의 인간의 사회부적응 문제는 '인간의 사회적 욕구와 사회문제'로 대체될 수 있다. 인간의 사회부적응 문제는 사회적 욕구가 제대로 충족되지 못하고, 사회문제가 해결되지 못해서 발생하는 경향이 강하기 때문이다.

두 번째 요소인 인간과 사회 양자의 변화를 통한 문제해결방법은 사회복지실천과 사회복지정책으로 대체할 수 있다. 사회복지학에서는 개인적인 결함이나 부적응과 같은 미시적인 요인에 의한 사회문제의 해결방법을 사회복지실천이라고 부르고, 반면에 사회적 요인과 같은 거시적인 요인에 의한 사회문

2) 사회복지활동 여부의 또 다른 기준의 하나는 그것이 '얼굴 모르는 타인(strangers)에 대한 원조활동인가, 개인적 유대에 근거한 활동인가'라고 하는 기준이다. 사회복지는 원조를 제공하는 자와 원조를 받는 자의 사회적 거리를 상정하고 있으므로 만약 그 원조의 행위가 이미 맺어져 있는 관계의 한 단면으로 이루어진다면 그것은 사회복지가 아니다. 가족 간의 원조를 사회복지라고 보지 않는 것은 이러한 이유 때문이다(박광준, 2010: 197).

제의 해결방법을 사회복지정책이라고 부른다. 사회복지는 양자의 방법에 의해 인간의 사회적 욕구를 충족시키고 사회문제를 해결하고자 하는 것이다.

〈표 1-2〉 사회복지 개념 규정의 3가지 구성요소

구분	사회복지 개념의 구성요소	
	역사적 관점	현재적 관점
사회복지의 대상	인간의 사회부적응 문제	인간의 사회적 욕구와 사회문제
문제해결의 방법	인간을 변화시키는 것과 사회를 변화시키는 것	사회복지실천과 사회복지정책
활동의 형태	개인적이고 자의적인 것이 아니라 조직적이고 사회적인 활동(공통)	

정리하면, 사회복지의 가장 큰 특징은 인간의 사회적 욕구와 사회문제를 대상으로 한다는 점, 사회복지실천과 사회복지정책을 통하여 문제해결을 도모한다는 점, 그리고 그러한 노력이 개별적이고 자의적인 것이 아니라 국가, 지방자치단체, 사회복지사업체 등의 조직적이고 체계적인 활동을 통하여 이루어진다는 점이다. 이러한 특징은 사회복지활동의 개념을 규정짓는 중요한 근거로 활용될 수 있다. 즉, 어떠한 사회활동이 사회복지활동인가 아닌가를 구분짓게 하는 근거는 바로 그것이 조직적이고 사회적으로 행해졌는가 아닌가에 달려 있다는 것이다. 이때 사회복지의 대상자를 보다 과학적으로 규정하고, 대상자의 선정기준을 과학화하려는 노력의 여부가 중요한 기준이 된다.

2. 사회적 욕구

위의 정의에서 보는 바와 같이 사회복지의 개념을 규정할 때 고려해야 할 핵심어는 사회적 욕구(social needs)와 사회문제(social problem)이다. 사회복지가 해결하려는 것이 바로 이 사회적 욕구와 사회문제이기 때문이다. 달리 말하면, 사회적 욕구와 사회문제의 개념을 이해하지 않고서는 사회복지의 개념을 이해할 수 없는 것이다. 그럼 먼저 사회적 욕구에 대해 살펴보자. 사회적 욕구의 개념을 이해하기 위해서 먼저 욕구의 개념을 이해할 필요가 있다.

1) 욕구의 정의

인간의 생존을 위해 필수적으로 충족되어야 할 것들이 있는데, 그것이 바로 욕구이다. 욕구(needs)란 어떠한 목적을 위해 필요하거나 필수적인 것이 결여·결핍된 상태를 충족시키는 데 필요하거나 원하는 상태 또는 상황을 의미한다. 이런 의미에서 인간이 어떠한 목적을 위하여 필요로 하거나 필수적인 것이 결핍될 때 갖는 공통적 욕구를 인간 욕구라고 부른다. 인간의 욕구는 다양하고 무한하지만, 사회복지를 논할 때의 욕구란 인간이 원하는 어떤 것이나 혹은 모든 것을 의미하는 것은 절대 아니다. 그래서 기본적 욕구라는 용어가 사용된다. 기본적 욕구(basic needs)는 인간의 욕구 중에서도 누구에게나 공통적이면서 필수적인 것들의 최저 수준에만 적용되는 욕구를 의미한다. 기본적 욕구라는 말에는 인간이면 누구나 그 수준 이하로 떨어져서 생활해서는 안 된다는 일종의 규범적 선언이 담겨 있다(김상균, 1991: 17-19).

한편으로 욕구는 충족되어야 할, 즉 해결되어야 할 문제(problem)로 볼 수도 있다. 결국, 사회복지는 인간이 지닌 욕구를 충족시키기 위해 존재한다는 것이다. 욕구는 사회복지를 분석하는 기준이 됨과 동시에 사회복지자원을 배분하는 기준이 되기도 한다.

[책갈피 1.1] 욕구의 유형

인간의 욕구는 매우 다양하므로 많은 학자들이 유형화를 시도해 왔는데, 대표적으로 매슬로(Maslow), 알더퍼(Alderfer), 브래드쇼(Bradshaw) 등이 유명하다. 매슬로는 사회구성원들이 인생의 전 과정 동안 목표를 추구하고, 그 목표를 달성하기 위해 내적으로 끊임없는 동기가 발생하게 되는데, 이러한 동기의 근원은 욕구에서 비롯된다고 보았다. 인간의 욕구를 그 특성에 따라 생리적 욕구(physiological needs), 안전의 욕구(safety needs), 소속 및 애정에 대한 욕구(belongingness and love needs), 자기존중의 욕구(self-esteem needs), 자아실현의 욕구(self-actualization needs)의 5단계로 분류하였다. 그리고 알더퍼는 매슬로의 5단계를 간결화하여 인간이 지닌 욕구를 존재 욕구(Existence needs), 관계 욕구(Relatedness needs), 성장 욕구(Growth needs)의 3가지 핵심적인 범주로 나누어 설명하였다. 한편, 브래드쇼는 욕구의 유무 여부를 결정하는 방법을 제시하였는데, 욕구의 인식기준에 따라 욕구를 규범적 욕구(normative need), 인지적 욕구(felt need), 표현적 욕구(expressed need), 상대적 욕구(relative need) 또는 비교적 욕구(comparative need)의 4가지로 분류하였다.

2) 사회복지가 해결하려는 욕구

사회복지의 존재 이유가 인간의 욕구충족에 있다고는 하나 인간의 욕구를 모두 충족시키기란 불가능하다. 개인의 기본적 욕구를 해결하기 위해서는 개인들만의 힘으로는 역부족이기 때문에 사회복지라는 용어가 등장하게 되는데, 사회복지의 일차적 표적이 바로 사회적 욕구이다. 사회적 욕구(social needs)란 "사회적 위험으로 인해 개인의 욕구를 충족시키지 못하는 구성원이 발생했을 때 그들이 당면한 사회적 위험을 사회가 공동으로 대처하려는 욕구"(김상균, 1991: 16)를 말한다. 여기서 사회적 위험(social risks)이란 개인의 인간다운 생존을 위협하는 현상이 대부분의 사회구성원에게 보편적으로 발생할 가능성이 있는 경우를 지칭한다. 사회적 위험은 그 결과를 개인에게 전가(轉嫁)할 수 없으므로 공동체적 차원에서 대처해야 한다.

1952년 국제노동기구(ILO)는 『사회보장의 최저기준에 관한 조약(ILO

Convention NO. 102. Concerning Minimum Standards of Social Security)』을 통해 질병, 분만, 실업, 노령, 직업능력의 상실, 산업재해, 직업병, 자녀의 양육, 부양자의 사망 등 9가지 사회적 위험을 규정하였다. 이 밖에도 타인의 도움 없이 생존이 어려운 장애인, 부양의무자가 없는 가정, 빈민, 아동, 청소년 등의 요보호 상태에 대해서도 사회적 위험과 마찬가지로 취급한다(윤찬영, 2013: 89-90). 한국 사회보장기본법 제3조에서는 출산, 양육, 실업, 노령, 장애, 질병, 빈곤 및 사망의 8가지를 사회적 위험으로 규정하고 있다.

이렇듯 사회적 욕구는 개인의 욕구 중에서 지불능력의 유무와 관계없이 충족되어야 하는 성격을 지니며, 사회적 위험과의 관련성이 높은 욕구를 지칭한다. 이때 개인의 욕구는 사회적으로 인정된 욕구여야만 한다. 예컨대, 자동차가 필요한데 지불능력이 없어서 자동차를 구입할 수 없는 경우는 사회적 욕구라 할 수 없다. 그런데 병에 걸려 병원에 가야 하는데 경제적인 지불능력이 없어 의료서비스를 제공받지 못하는 경우는 사회적 욕구로 간주한다. 다시 말하면, 전자의 경우는 사회복지가 관여할 문제로 보지 않는 반면, 후자의 경우는 사회복지가 관여할 문제로 보는 것이다.

이와 같이 사회적 위험이나 사회적 욕구는 위험의 발생 원인이나 욕구가 충족되지 않는 원인이 사회구조적인 데 있으므로 사회가 공동으로 해결할 수밖에 없다는 의미를 함축하고 있다. 그러나 개개인의 욕구를 어느 정도까지 사회적으로 인정해서 해결해 주는 것이 적절하고 타당한가 하는 것은 해당 사회의 경제적, 정치적, 이데올로기적 상황에 따라 다를 수밖에 없다.

〈표 1-3〉은 한국에서 인정되는 사회적 위험(욕구)에 따른 사회복지제도와 그 보장 내용을 정리한 것이다.

〈표 1-3〉 사회적 위험(욕구)과 사회복지제도

사회적 위험(욕구)	제도	보장 내용
출산	출산장려금제도	출산장려금 지원
	고용보험	육아휴직 · 출산전후휴가급여, 육아기 근로시간 단축급여
양육	보육서비스 및 보육지원	보육서비스, 보육비 지원
	아동수당	아동수당
실업	고용보험	구직급여, 고용안정 · 직업능력개발사업
	자활사업	자활급여
노령	국민연금, 특수직연금*	노령연금
장애	국민연금	장애연금
	산재보험	장해연금
	장애인연금	장애인연금
질병	건강보험, 의료급여	의료서비스
	노인장기요양보험	재가 · 시설급여, 특별현금급여
빈곤	국민기초생활보장제도	생계급여, 주거급여, 의료급여, 교육급여, 해산급여, 장제급여, 자활급여
	기초연금	기초연금
	장애수당	장애수당
사망	국민연금, 특수직연금, 산업재해보상보험	유족연금, 유족급여

주: *특수직연금은 공무원연금, 사립학교 교직원연금, 군인연금, 별정직우체국연금을 일컫는다.

3. 사회문제

1) 사회문제의 정의

사회복지의 개념을 규정할 때 반드시 고려해야 할 두 번째 핵심어가 바로 사회문제이다. 우리 사회에는 빈곤문제, 실업문제, 환경문제, 도시문제, 인구문제, 노동문제, 주택문제, 범죄문제, 가정폭력문제, 성폭력문제, 노인부양문제, 자녀양육문제, 보건의료문제, 비행문제 등 이루 다 헤아릴 수 없이 많은 사회문제가 존재하며, 이로 인해 많은 사람이 고통받으며 살아가고 있다.

이와 같은 사회문제의 해결은 사회문제가 무엇인지 정확히 이해될 때 가능하다. 사회문제의 정의는 사회문제와 사회문제가 아닌 문제의 구분(박광준, 2014: 15-20)을 통하여 정의하면 도움이 된다.

첫째, 사회문제는 그 원인이 사회적인 데 있는 문제이다. 우리는 흔히 폭풍이나 홍수, 지진 등을 사회문제라고 하지는 않는다. 그 원인과 본질이 자연적인 재앙이기 때문이다. 사회문제의 원인이 사회적인 데 있다는 것은 사회문제가 불완전한 사회체제에 의해 발생함을 의미한다. 홍수는 사회문제가 아니지만, 홍수로 파괴된 주택이 장기간 복구되지 못하고 주민 생활에 위협이 되는 것이 사회문제인 이유가 거기에 있다. 사회체제의 결함은 개선의 여지가 있고, 따라서 문제의 예방과 대책이 있을 수 있다. 개선의 여지가 없는 것은 사회문제가 아니다.

둘째, 사회문제는 사회구성원이 지배적인 사회가치나 규범에서 벗어난 것으로 판단하는 현상이다. 사회문제는 사회에 바람직하지 못한 결과를 가져오는 것이라고 일반 구성원들이 생각하는 문제이다. 사회문제를 규정하는 것은 도덕적인 평가의 요소를 강하게 내포하고 있으므로 어떤 형태의 가치지향성을 가진다. 또한, 사회적 규범은 사회문제를 규정한다. 그러므로 규범적으로 잘 통합된 사회에서는 어떤 행동이나 현상이 사회적으로 문제가 되는지 명백하다. 그러나 규범적 혼란이 발생하면 사회문제의 규정도 혼란스러워질 수밖에 없다. 규범적 혼란이 심해져 어떤 것이 따라야 할 규범인지, 또는 규범이 무엇인지 알 수 없게 되는 아노미(anomie) 현상이 발생하게 되면 서로 다른 행동이 모두 문제로 지적되기도 하고, 둘 다 합리화되기도 한다. 이러한 '동의의 부재'는 그 자체가 사회적 혼란의 반영으로 여겨지고, 따라서 중요한 사회문제로 규정되는 것이 일반적이다.

셋째, 사회문제는 사회적인 관심을 불러일으키는 것에 성공한 문제이다. 사회문제의 조건을 갖춘 것이라고 하더라도 시민의 관심 밖에 있다면 그것은 사회문제가 아니다. 사회문제가 성립하려면 반드시 문제가 되는 객관적 상황이 존재해야 하지만, 그러한 객관적인 조건은 사회문제의 필요조건일 뿐 충분조건은 아니다. 사회문제는 사람들이 사회문제라고 생각하는 문제이다. 아무리 그러한 조건이 갖추어져 있다고 하더라도 많은 사람이 그것을 문제라고 생각하지 않거나 관심을 가지지 않으면 사회문제가 되지 않는다. 즉, 그 조건들이 사회의 소중한 가치들에 대한 위협이라고 구성원들이 인식하고 관심을 가질 때 비로소 사회문제가 되는 것이다.

넷째, 사회문제는 국가적 개입 혹은 사회운동을 불러일으킨다. 개인적 노력의 차원에서 대처되고 해결될 수 있는 문제는 사회문제가 아니다. 사회문제의 해결이나 그 문제의 고통 완화를 위해서는 사회적인 차원의 개입이 있어야 한다. 사회문제를 해결하기 위한 국가적 개입은 많은 자원의 투입을 필요로 한다. 결국, 그 자원은 대부분 국민의 세금으로 충당되기 때문에 사회문제는 사회문제의 직접적인 피해 당사자들뿐만 아니라 사회 전체 구성원에게도 간접적으로 영향을 미치는 것이다. 사회문제의 해결을 위한 국가적 차원의 노력이 계속 연기되거나 정부가 그 노력을 포기한 경우에는 그 사회문제의 당사자들로부터 직접적인 항의를 받을 수 있고, 사회운동으로 진행될 수 있다. 그러나 당사자들은 자신의 이해를 표출할 능력이 없는 경우가 많기 때문에 다양한 시민단체나 연구자 집단, 종교단체 등이 이들의 입장을 대변하기도 한다. 사회운동은 다양한 형태를 띠지만 때로는 폭력적인 수단이 동원되기도 한다. 이에 소요되는 민간 및 국가적인 자원은 대표적인 사회비용(social cost)이다. 어느 쪽이든 간에 사회문제의 해결에는 결국 사회구성원의 부담이 전제된다.

2) 사회문제 이해의 전제조건

사회문제 해결은 곧 사회복지의 목적으로 귀결된다. 따라서 사회복지의 목적은 사회문제를 정확하게 이해했을 때 비로소 달성될 수 있는 것이다. 사회문제에 대한 정확한 이해의 조건은 사회문제에 대한 다음과 같은 철학적 입장을 가지는 것이다(박광준, 2014: 21-27).

첫째, 사회문제의 인식에는 가치가 개입된다. 문제라는 용어에는 어떤 현상에 대한 부정적인 이미지가 내포되어 있다. 그런데 그 문제라는 것이 무엇에 대해 문제인가를 제시해 주는 준거가 요구되는데, 그 준거는 문제를 인식하는 사람에 따라 달라진다는 사실을 이해하는 것이 사회과학적 인식이다. 이때 무엇보다 중요한 것은 사회문제를 인식할 때 어떤 일관된 가치를 가지는 것이다.

둘째, 사회문제를 규정하는 기준은 항시 변화한다. 사회가 변화함에 따라 사회문제로 이해되는 문제의 상황은 얼마든지 바뀔 수 있으므로 현재 심각하다고 인식되는 사회문제가 수십 년 후에는 전혀 문제가 아닐 수 있다는 사실을 인식하는 것이 중요하다.

셋째, 사회문제는 문화적 상대성에 기초하여 이해되어야 한다. 사회문제는 사회규범에 따라 규정되기 때문에 당연히 문화가 다른 지역이나 국가에서는 어떤 문제의 의미가 매우 다르게 나타날 수 있다. 따라서 사회문제를 이해할 때 문화적 상대성을 고려하는 것이 중요하다.

넷째, 사회문제가 사회규범을 바꿀 수 있다. 사회문제는 반드시 사회구성원에게 나쁜 영향만을 주는 것은 아니다. 어떤 절대적 기준, 예를 들어 인간의 기본적 권리나 인간 존엄의 가치에 대한 자각 때문에 제기되는 문제도 있기 때문이다. 그러한 경우는 그것이 일시적으로는 사회의 지배적 규범에서 벗어나 바람직하지 못한 현상으로 비치지만, 사회의 지배적 규범 그 자체가 인간의 권리와 상충하는 요소가 많은 경우에는 궁극적으로 그러한 규범을 타파하고 새로운 규범을 세우는 역할을 한다는 사실을 이해할 필요가 있다.

다섯째, 사회문제는 체계론적 사고로 이해되어야 한다. 체계론적 사고란 사회의 여러 부분이 서로 긴밀하게 연결되어 하나의 체계를 이루고 있으며, 전체와 부분을 서로 떼어놓고 생각할 수 없을 뿐만 아니라 부분과 부분이 서로 영향을 주고받는다는 생각을 말한다.

이와 같은 철학적 인식이 곧 사회문제에 대한 과학적 인식이다. 사회문제에 대한 과학적 인식의 기초는 사회문제나 그것을 둘러싼 환경이, 그리고 사회

그 자체도 늘 변화하기 때문에 그 의미 역시 항상 변화한다는 인식, 그리고 모든 사회현상이 서로 관련되어 있다는 인식이다.

3) 사회문제의 원인

(1) 사회문제의 원인론

그렇다면 사회문제는 왜 발생하는가? 사회문제의 원인은 이론적 입장이나 시각에 따라 그 내용이 달라진다. 루빙톤과 와인버그는 사회문제에 대한 설명을 사회병리론, 사회해체론, 일탈행위론, 가치갈등론, 낙인이론의 5가지 이론적 입장으로 분류하여 설명한 바 있다(Rubington & Weingberg, 이장현 · 김영이 공역, 1985).

사회병리론

사회병리론(social pathology)은 사회를 유기체에 비유하여 사회라는 유기체 내의 병리적인 현상을 사회문제로 보는 이론이다. 사회병리학자들은 사회문제를 도덕적 기대의 위배로 정의한다. 이들은 도덕적 기대의 위배가 바로 사회라는 유기체의 '건강'을 해치는 '병'이라고 주장한다. 이들에 의하면, 사회문제는 사회적 질병인 것이다.

이 이론에 따르면, 사회문제의 원인은 사회화의 실패, 즉 사회화에 문제가 있는 개인에 의해 발생하기 때문에 사회문제의 유일한 해결책은 개인을 변화시키기 위한 '도덕교육'에 있다고 보았다. 이 이론은 사회문제에 대한 설명 중 가장 초기(1890~1910년)에 제기된 것이며, 현재는 이러한 입장에서 사회문제를 설명하는 학자는 극히 드물다.

사회해체론

사회해체론(social disorganization perspective)은 사회문제를 인간의 사회적 행

위를 통제하는 사회적 규칙에 주목하여 문제의 원인을 파악하는 이론이다. 이 이론에 따르면, 하나의 체계(system)인 사회가 변화에 제대로 적응하지 못하면 사회해체현상이 발생한다. 사회해체는 무규범(normlessness), 문화갈등(cultural conflict), 붕괴(breakdown)의 3가지 형태로 나타난다. 무규범은 행위의 기준이 존재하지 않는 것을 말하며, 문화갈등은 두 개 이상의 대립되는 규칙이 존재하여 마찰을 일으키는 상태를 말한다. 붕괴는 규칙을 지키더라도 약속된 보상을 받지 못하거나 오히려 제재를 받게 되는 것이다.

이 이론에 따르면, 사회문제의 원인은 급격한 사회변동에 따른 사회규범의 붕괴에 있다. 규범이 약해지거나 규범 간 갈등이 발생하면 아노미 상태(규범이 없는 상태)가 되는데, 이 상태에서는 사람의 행동과 관련된 규범이 약하거나 갈등적이기 때문에 사람들이 일탈행위를 하게 된다. 따라서 이 이론은 사회문제의 해결책으로 사회변화의 속도를 늦추거나 사회규범을 강화할 것을 주장한다.

일탈행위론

일탈행위론(deviant behavior theory) 역시 사회문제를 규범적 기대의 위반행위, 즉 일탈로 보는 이론이다. 일탈행위론은 다양한 이론들을 포함한다. 가장 대표적인 이론은 뒤르껭(Durkheim)의 아노미론(theory of anomie)이다. 한 사회의 구성원들이 정상적인 것으로 인정하는 규범의 한계를 벗어난 행동을 일탈행동이라고 하는데, 일탈행동을 일으키는 근본적인 원인을 '아노미(anomie)' 현상이라고 보았다. 사회적인 목표는 분명하지만 그것을 성취할 만한 적절한 수단들이 제공되지 못할 경우 목표와 수단이 어긋나서 규범 부재나 혼란의 상태를 보이게 되는데, 이와 같은 현상을 아노미라고 한다. 사회가 아노미 상태에 있을 때 구성원들은 원하는 바를 얻기 위해 규율을 깨뜨리기도 하여 일탈행동을 하게 된다는 것이다(찰스 자스트로, 2006: 197).

일탈행위론의 또 다른 이론으로 서덜랜드(Sutherland)가 제공한 차별적 접촉이론(differential association theory)이 있다. 이 이론은 범죄행동이 가족, 이웃, 또래집단, 친구와 같은 작고 친밀한 집단에서 먼저 일어나는 학습과정의 결과라고 강조한다. 이 이론의 핵심은 “개인은 법 위반을 바람직하지 않다고 보아야 하는데, 이를 무시하고 정당하게 간주하는 무절제함 때문에 비행을 저지른다”라는 점이다. 범죄에 가담하려는 결정은 개인이 중요하게 여기는 타인과 현재 또는 과거에 경험한 접촉의 특성에 근거한다. 개인의 환경이 범죄의 요소를 빈번하게 접하게 되면 비행이나 범죄행위에 가담하기 쉽다. 즉, 학습경험은 범죄를 결정하고, 또한 범죄유형, 범죄기술, 범죄에 대한 태도와 합리화를 선택한다는 것이다(찰스 자스트로, 2006: 235).

이 밖에도 일탈행위론에는 다양한 이론이 있지만 일탈행위론의 핵심은 사회의 규범에 어긋나는 행위나 현상이 사회문제라는 것인데, 그 원인은 일탈행동의 학습, 즉 잘못된 사회화에 있다고 본다. 따라서 이 이론에 따르면, 일탈행위의 주된 해결책은 재사회화에 있다. 재사회화의 최선의 방법은 합법적 행위 유형을 학습시키고, 위법 행위 유형과 관련이 있는 집단과의 접촉을 없애고, 가족과 같은 의미 있는 원초적 집단과의 접촉을 증가시키는 것이다.

가치갈등론

가치갈등론(value conflict theory)은 사회집단의 가치와 이해관계의 경합 때문에 사회갈등이 발생한다는 갈등이론에 기반을 둔 이론이다. 사회문제를 가치관의 충돌로 간주한다. 가치갈등론의 입장에서 본 사회문제의 종류는 물리적인 문제, 개선을 요하는 문제, 도덕적 문제 3가지이다. 이러한 구별은 조건이 바람직한가와 어떠한 행동이 일어나야 하는가에 달려 있다.

첫째, 물리적인 문제는 지진, 홍수, 가뭄 등 자연재해에 의한 문제를 말한다. 이 문제는 바람직하지 못한 것이나 원인에 대해 아무런 조치를 취할 수 없다고 생각한다. 그러한 결과에 대해서는 의견이 일치하지 않는다.

둘째, 개선을 필요로 하는 문제는 빈곤이나 범죄 등이 대표적인 예인데, 이러한 문제는 조건이 바람직하지 않고 교정될 수 있다고 생각한다. 그러나 어떠한 조치가 필요한가에 대해서는 의견이 엇갈린다.

셋째, 도덕적 문제는 바람직하냐의 여부나 해결방안, 조치에 대해서는 의견이 일치하지 않는다. 임신중절이 대표적인 예이다. 태아의 생명 가치를 중시하는 임신중절 반대론자들은 임신중절을 사회문제로 간주하는 반면, 신체와 출산에 관한 여성의 권리를 중시하는 찬성론자들은 임신중절을 규제하는 것을 사회문제로 본다.

가치갈등론에 따르면, 사회문제의 원인은 가치 또는 이해관계의 갈등에서 비롯된다. 사회의 다양한 집단은 서로가 대립 관계에 있고, 그 대립이 갈등으로 구체화되면 사회문제가 발생한다는 것이다. 따라서 이 이론에 의하면, 제도화된 타협을 통해 이익갈등을 해결하는 것이 사회문제를 해결하는 지름길이다.

낙인이론

낙인이론(labeling theory)은 사회문제를 규칙의 위반에 대한 사회적 반응으로 규정하는 이론이다. 규칙의 위반이 자동적으로 사회문제를 구성하는 것이 아니라 규칙의 위반에 대한 타인의 상호작용, 반응이 있어야 한다는 것인데, 이 이론에 따르면 사회문제의 원인은 궁극적으로 일반 대중이나 경찰을 포함한 사회통제기관이 가지는 관심(attention)이다. 만일 관심이 없다면 타인과의 상호작용은 일어나지 않을 것이고, 상호작용이 없으면 낙인도 없으며 규칙의 위반에 대한 인식도 없다는 것이다. 예컨대, 어떤 범죄행동이라도 일단 범죄라는 낙인이 부여되지 않으면 사회적으로 문제가 되지 않는다고 보는 것이다.

중산층 청소년이 저지른 비행과 저소득층 청소년의 비행을 예로 들면, 중산층 청소년의 비행은 일시적인 '실수'나 '일탈'로 처리되는 경우가 대부분이다. 이와 대조적으로 저소득층 청소년의 비행은 사회질서와 안정을 위협하는 '범죄'로 여겨지는 경우가 많다. 비행은 똑같은 비행인데 이런 차이가 나는 이유는 무엇일까? 이 이론에 따르면 객관적인 의미의 비행은 존재하지 않는다. 중요한 것은 특정한 '비행'(여기에서는 저소득층 청소년의 비행)에 대해서만 비행이라는 낙인이 주어진다는 점이다. 이렇게 낙인을 가하는 집단은 물론 권력과 경제력을 가진 집단이다(김종일 외, 2010: 31). 이처럼 낙인은 어떤 행위자의 최초 행위를 바람직하지 못한 것으로 규정함으로써 일반인도 그런 행위자를 부정적 의미가 부여된 특정 행위자로 규정한다(예를 들면, 알코올중독자, 전과자, 조직폭력배 등). 그 행위자는 낙인에 어울리는 행동을 하도록 기대되고, 또한 낙인찍힌 행위자도 그 낙인에 어울리는 행동을 하게 된다고 본다.

결국, 낙인이론은 사회문제를 사회적 낙인으로 결과로 간주한다. 따라서 낙인이론에서는 사회문제의 해결책으로서 두 가지 방안을 제시하고 있다. 하나는 개념 규정을 변화시키는 것, 즉 일탈을 야기하고 낙인을 만들어 내는 규칙의 내용을 수정하는 것이고, 다른 하나는 낙인행위로 얻어지는 이득을 제거하는 것이다(박용순 외, 2012: 51).

(2) 사회문제의 원인으로서의 사회변동

이상 살펴본 것처럼 이론적 입장에 따라 사회문제의 원인은 매우 다양하다. 그러나 이러한 이론들이 설명하는 사회문제의 배경에는 산업화와 관련된 사회변동이 있다. 사회변동이란 하나의 사회질서가 다른 하나의 사회질서로 대체되어 나가는 과정을 말한다. 사회변동이 사회문제를 발생시킨다는 것은 당연한 말이지만, 그보다 사회문제의 원인이 사회변동의 주요 요인이나 사회체계의 구성요소 간에 변화의 속도나 내용이 다르기 때문에 발생한다는 점에 주목할 필요가 있다(박광준, 2005: 30-32).

첫째, 사회문제는 사회가 사회변동의 속도를 지탱할 수 없을 때 발생한다. 산업화와 도시화, 그리고 그에 따라 파생되는 문제는 사회가 그에 대처하는 지탱력을 항시 상회하였기 때문에 사회문제가 발생한다는 것이다. 과잉도시화(over-urbanization)가 대표적 현상이다.

둘째, 사회문제는 사회체계의 내용별 변동의 속도가 다를 때 발생한다. 정신문화 수준이 물질문화 수준을 못 따라가기 때문에 생겨나는 사회적 부조화 현상, 즉 문화지체현상(cultural lag)이 사회문제를 발생시킨다는 것이다. 인터넷 범죄가 그 대표적인 현상이다.

셋째, 사회문제는 어떤 정책영역 간의 부조화에 의하여 발생 · 심화되기도 한다. 사회문제 해결을 위해 다양한 정책이 시행되지만, 그 정책이 급격한 사회변동을 가져오고 그에 따라 다양한 사회문제가 발생하는 경우가 있다. 어느 한 영역의 우선정책이 타 영역에 새로운 문제를 발생시키기도 하고, 정부의 정책이 특별히 어느 계층에게 불리한 영향을 주는 경우도 있다.

넷째, 사회문제는 사회변동의 영향이 각 사회계층 간에 달라서 발생한다. 사회문제는 사회변화의 영향이 모든 사회구성원에게 동일하게 일어나는 것이 아니고, 일반적으로 더 취약한 계층에 심각한 영향을 주기 때문에 발생한다는 것이다. 모터리제이션(motorization)의 문제가 대표적인 예이다. 모터리제이션이란 자동차의 보급과 이용에 의한 생활변화로 인해 특정 인구층이 불이익을 받은 현상을 말한다. 자동차의 보급은 많은 사람에게는 편리함을 제공하는 사회변화이지만, 장애인이나 노인 등 특정계층의 사람에게는 심각한 생활의 위협이 되는 예이다.

4) 사회문제와 사회복지

사회문제를 해결하기 위해서는 법적 처벌이나 개별적 접근방법이 존재하지만, 그보다도 사회복지제도를 통해 적극적이고 예방적인 차원에서 접근하는 것이 바람직하다. 이것은 적절한 사회복지제도가 개인과 사회가 직면한 문제를 해결할 수 있으며, 더 나아가서는 그 문제가 미래의 다른 사람들에게 영향을 미치는 것을 예방할 수 있다는 것을 의미한다.

그렇다면 사회문제 해결을 위한 사회복지제도는 어떠한 것들이 있을까? 사회문제의 해결에 대한 사회복지적 접근을 살펴보기 위해서는 사회문제를 분류해볼 필요가 있다. 사회문제의 유형은 학자들에 따라서 다양하게 분류되고 있음을 알 수 있다.[3] 다시 말해서 사회문제의 유형에 대한 통일된 의견은 없다는 말이다. 따라서 이 책에서도 사회문제의 유형을 자의적으로 영역별 문제와 대상별 문제 2가지 차원으로 분류를 시도하고자 한다. 〈표 1-4〉는 사회문

3) 사회문제의 유형에 관한 학자들의 분류에 대해서는 제8장에서 구체적으로 살펴볼 것이다.

제의 유형과 그에 따른 사회복지를 정리한 것이다.

〈표 1-4〉 사회문제와 사회복지

사회문제의 유형		사회복지
사회문제의 영역별 접근	빈곤문제	공공부조
	노동문제	사회보장, 산업복지
	보건의료문제	의료보장, 정신건강사회복지
	주택문제	주거보장
	범죄문제	교정복지
사회문제의 대상별 접근	가족문제	가족복지
	아동문제	아동복지
	청소년문제	청소년복지
	노인문제	노인복지
	장애인문제	장애인복지
	여성문제	여성복지

4. 사회욕구와 사회문제에 대한 사회복지적 접근

우리는 앞서 사회복지는 역사적 개념이라는 것을 분명히 하면서 현재 머물러 있는 사회복지의 개념을 많은 학자의 개념을 토대로 해서 '인간의 기본적인 사회적 욕구를 충족시키고 사회문제를 해결하기 위한 모든 제도와 실천'으로 정의하였다. 그리고 역사적 관점에서 사회복지의 개념을 규정하고자 할 때 반드시 고려되어야 할 3가지 요소, 즉 사회복지의 대상, 문제해결의 방법, 활동형태를 제시하고, 사회복지의 대상은 인간의 사회부적응 문제로, 문제해결 방법은 인간과 사회의 양자를 변화시키는 것으로, 활동의 형태는 조직적이고 사회적인 활동으로 설명하였다. 이때 현재의 관점에서 인간의 사회부적응 문제는 인간의 사회적 욕구와 사회문제로, 인간과 사회의 양자 변화를 통한 문제해결의 방법은 사회복지실천과 사회복지정책으로 대체될 수 있다는 입장을 취하였다.

따라서 이 책에서는 사회복지의 대상을 인간의 사회적 욕구와 사회문제로, 사회문제의 해결방법을 사회복지정책과 사회복지실천으로, 활동의 형태를 조직적이고 사회적인 활동으로 규정하였다. 그리고 사회복지의 개념을 이해하는 데 필수적으로 이해해야 할 2가지 개념, 즉 사회적 욕구와 사회문제의 개념에 대해서 살펴보았다.

그렇다면 사회복지를 통해서 어떻게 욕구를 충족시켜 주며 문제를 해결할 것인가? 사회적 욕구의 충족과 사회문제의 해결을 위한 사회복지적 접근은 욕구의 미충족 및 사회문제의 미해결 요인에 따라 달리 이루어진다. 즉, 욕구 충족의 실패와 사회문제의 원인이 사회경제적 요인과 같은 외적 요인에 의해 비롯된 경우는 거시적 접근이 필요하며, 개인적 결함이나 부적응과 같은 내적 요인에 의해 비롯된 경우는 미시적 접근의 문제해결이 필요하다. 일반적으로 거시적 접근을 사회복지정책이라 부르고, 미시적 접근을 사회복지실천이라 부른다.

제2장

거시적 접근방법: 사회복지정책

▶▶▶ 제1장에서 현재 머물러 있는 사회복지의 개념을 "인간의 기본적인 사회적 욕구를 충족시키고, 사회문제를 해결하기 위한 모든 제도와 실천"으로 정의하였다. 사회적 욕구의 충족과 사회문제의 해결을 위한 사회복지적 접근은 욕구의 미충족 및 사회문제의 미해결 요인에 따라 거시적 접근과 미시적 접근으로 이루어진다. 이 장에서는 욕구 충족의 실패와 사회문제의 원인이 사회경제적 요인과 같은 외적 요인에 의해 비롯될 때에 이루어지는 거시적 접근방법으로서의 사회복지정책에 대해 살펴본다.

1. 사회복지정책의 개념[1)]

1) 국가별 차이점

사회과학에서 보편적으로 합의된 개념을 정의하기란 좀처럼 쉬운 일이 아니다. 국가마다 또는 학자별로 매우 다양하게 정의되기 때문인데, 사회복지정책이란 용어 역시 마찬가지다. 유럽에서는 사회복지정책(social welfare policy)이란 용어 대신 사회정책(social policy)이란 용어를 선호한다. 반면, 미국에서는 그 반대이다. 유럽에서 사용되는 사회정책의 의미는 미국에서 사용되는 사회복지정책의 의미보다 넓은 의미로 사용된다.

사회정책의 범위를 가장 넓게 보는 나라는 복지국가의 원산지인 영국이다. 영국은 사회정책을 제도적인 차원에서 말할 때 사회서비스(social service)란 용어를 사용하는데, 여기에는 사회보장뿐만 아니라 보건의료, 교육, 주택, 개별사회서비스(personal social service), 고용 및 가족정책까지 포함된다.

영국의 대표적인 사회정책학자인 마샬(Marshall)은 사회정책을 "시민들에게 서비스와 소득을 제공함으로써 그들의 복지를 향상시키기 위한 정부의 정책으로서 사회보험, 공공부조, 보건서비스, 복지서비스, 주택정책 등을 포함한다"라고 정의했다(현외성, 2008: 33에서 재인용). 타운젠드(Townsend)는 사회정책이란 "일반적으로 인정된 특수한 사회문제를 해결하거나 사회목적을 추구하기 위한 국가와 지방 당국의 건강, 교육, 복지 및 사회보장 서비스와 같은 서비스 개발과 관리에 관련된 정책"이라고 하였다(신섭중, 1993: 25에서 재인용). 영국의 사회복지정책은 시민복지를 목적으로 하고 있음을 알 수 있다.

그런데 사실 사회정책이라는 용어는 독일에서 처음 사용되었다. 1873년 와그너(Wagner), 슈몰러(Schmoller) 등 강단사회주의자가 중심이 되어 창립된 '사

---

1) 이 장은 졸저(2023)의 제1장 내용을 수정 · 보완한 것이다.

회정책학회'의 명칭이 그 용어의 기원으로 인정되고 있다. 와그너는 "사회정책이란 분배 영역의 제반 폐해를 입법과 행정의 수단을 통해 극복하려는 국가의 정책"이라고 정의하였다(김영모, 1982: 12에서 재인용). 슈몰러도 "계급 간의 우호적 관계의 회복, 부정의의 극복이나 경감, 분배정의 원리의 실현, 하층 및 중간계급의 도덕적 · 윤리적 향상을 위한 사회입법"이라고 정의했다(김영모, 1982: 9에서 재인용). 이들 강단사회주의자들은 기본적으로 사회정책을 계급 간 분배정책으로 간주한다(원석조, 2006: 19). 독일이 오늘날까지 계급 간 분배정책으로서의 사회정책을 고수하는 것은 아니지만, 이러한 전통은 면면이 이어져 오고 있고, 1880년대 최초로 사회보험을 도입한 이래 사회보험을 중심으로 다양한 사회정책을 발전시켜 왔다.

한편, 선진 복지국가로 일컬어지는 스웨덴, 노르웨이, 핀란드 등의 스칸디나비아 국가들도 사회복지정책이란 용어보다 사회정책이라는 용어를 더 선호한다. 잘 알려진 바와 같이 이 국가들은 높은 복지수준을 자랑한다. 모든 시민을 대상으로 적극적이고 보편적인 사회복지제도가 구축되어 있다. 스칸디나비아 국가들은 자산조사를 하지 않고 기여와 상관없이 조세를 통해 보편적인 복지를 제공한다. 재분배나 사회통합효과가 가장 큰 것으로 평가되고 있다. 일반적으로 스칸디나비아 국가들의 복지를 사회민주주의 모형이라고 부르기도 한다.

영국과 독일 그리고 스칸디나비아 국가들이 사회정책이란 용어를 사용하고 있는 데 반해, 미국의 경우는 앞서 언급한 바와 같이 사회정책보다는 사회복지정책이란 용어를 더 선호한다. 미국에서 사회복지정책은 영국의 사회정책과 같이 사회복지의 향상을 목적으로 하되 공공부문뿐만 아니라 민간부문의 사회복지정책까지도 포함시키고 있다. 미국은 국가 개입이 늦은 나라로 1935년에 사회보장법을 제정하고서야 비로소 공적 사회복지체계가 구축되었다. 즉, 사회보험, 공공부조, 사회복지서비스의 사회보장체계가 그것이다. 그런데 미국은 사회보장체계 가운데 공공부조와 사회복지서비스를 사회복지정책으로 국한하는 경향이 있다.

2) 사회복지와 정책의 합성어

이처럼 사회복지정책의 개념이 학자마다 국가별로 다르므로 하나의 개념 정의를 하는 것은 매우 어렵다. 따라서 이럴 때 길버트와 테렐(Gilbert & Terrell, 남찬섭 · 유태균 옮김, 2007)이 말한 것처럼, 사회복지정책을 '사회복지'와 '정책'이라는 두 가지의 용어로 구분하는 것이 도움이 된다.

사회복지정책을 구성하는 첫 번째 용어인 '정책'의 개념에 관해서는 그 견해가 어느 정도 일치되고 있는 것 같다. 즉, 많은 학자들이 정책을 "특정 목적을 달성하기 위한 행동들의 원칙, 지침, 일정한 계획, 조직화된 노력"으로 정의하고 있다.[2] 이러한 견해를 따른다면, 사회복지정책이란 사회복지의 목표를 달성하는 데 필요한 행동들에 관한 원칙이다.

그런데 사회복지정책의 개념을 구성하는 두 번째 용어인 '사회복지'의 개념을 정의하는 데 어려움에 봉착한다. 사회복지는 가장 논쟁적인 사회과학의 개념으로서 사회복지정책의 개념과 마찬가지로 모든 사람이 동의할 수 있는 개념을 정의하는 것이 불가능한 일일지 모르기 때문이다. 또한, 사회복지의 개념이 역사적인 개념이라는 데서 그 개념 규정을 더욱 어렵게 만든다.

다행히도 우리는 사회복지에 대한 절대적인 의미를 규정할 수 없다는 것을 인정하면서, 사회복지를 '인간의 기본적인 사회적 욕구를 충족시키고 사회문제를 해결하기 위한 모든 제도와 실천'으로 정의하고 거듭 확인하면서 논의를 전개하고 있다. 따라서 이상을 종합해 볼 때, 사회복지정책이란 "인간의 기본적인 사회적 욕구충족과 사회문제 해결을 위한 정부의 지침, 일정한 계획, 조직화된 노력"이라 정의할 수 있을 것이다.

---

2) 많은 학자들이 같은 견해를 보이므로 여기서는 주석을 생략하기로 한다.

2. 사회복지정책의 특성

그렇다면 사회복지정책을 다른 정책들과 구분할 수 있는 특성은 무엇일까? 사회복지정책의 특성은 다음의 7가지 측면에서 논의되고 있는데(송근원 · 김태성, 1993: 23-29), 사회복지정책의 개념을 이해하는 데 도움이 된다.

배타적

첫째, 사회복지정책은 사람들의 기본적인 욕구를 배타적(exclusive)으로 해결한다는 것이다. 모든 정책은 기본적으로 그 목표를 사람들의 욕구를 해결하는 데 두고 있다. 예를 들어, 국방정책은 국민의 안전에 대한 욕구를 해결하는 데 목표를 두고 있고, 환경정책은 국민의 쾌적한 환경에 대한 욕구해결에 그 목표를 두고 있다. 그런데 이러한 정책들은 사람의 욕구를 개별적으로 해결하지 않고 집합적(비배타적)으로 해결하고자 한다. 즉, 불특정한 대다수 혹은 모든 국민의 욕구를 해결하고자 한다. 이와는 달리 사회복지정책은 특정한 사람들의 욕구를 해결하고자 한다. 사회복지정책에는 특정한 정책의 수급자들이 존재하며 수급자들 사이에서도 사회복지재화나 서비스의 양과 질에 차이가 있다. 이런 점에서 사회복지정책은 배타적이다.

직접적

둘째, 사회복지정책은 사람들의 욕구를 직접적으로 해결하고자 한다. 사회복지정책은 소득이 낮은 사람에게는 직접적으로 현금을 제공하거나 질병이 발생한 사람들에게는 의료서비스를 제공하는 등 기본적인 욕구에 대하여 직접적으로 해결하는 경향이 있다. 바로 이런 점 때문에 사회복지정책은 경제정책과 구별된다. 경제정책은 사람들의 욕구를 간접적으로 해결한다. 즉, 사회복지정책이 특정 저소득계층에게 현금을 제공해서 그들의 소득을 직접적으로 높이는 것과는 달리, 경제정책은 경제성장을 통하여 실업률을 낮춘다든지 혹은 임금을 높이든지 해서 저소득계층의 소득이 높아질 가능성을 높일 뿐이지 특정한 사람의 소득이 증가했는지는 확인하기가 어렵다.

그러나 경제정책 가운데에서도 노동시장정책이나 조세정책은 사회복지정책과 같이 직접적인 기본적 욕구해결의 성격이 강하다. 특히, 조세정책 가운데 저소득층에 대한 조세감면정책이나 조세제도를 통한 소득보장급여정책들은 저소득층의 소득 향상을 직접적으로 이룬다. 노동시장정책도 저소득층을 대상으로 직접적으로 일을 제공한다든지 혹은 취업에 필요한 훈련을 시키거나 훈련수당을 지급함으로써 사회복지정책의 성격을 갖는다고 할 수 있다. 이러한 이유로 조세정책이나 노동시장정책을 사회복지정책에 포함시키는 경향이 있다(Titmuss, 1969; Rehn, 1985: 62-89).

비시장적

셋째, 사회복지정책은 기본적인 욕구를 비시장적으로 해결한다. 전통적으로 사회복지정책은 경제정책과 구분할 때, 사회복지정책은 주로 비시장적인 이차분배에 관여하는 정책으로 간주하는 경향이 있다. 그러나 시장적이냐 비시장적이냐는 기준을 가지고 사회복지정책을 구분하는 것은 논란의 여지가 많다. 사회복지정책 중에는 사람들이 시장에 참가하기 이전에 개입해서 이들이 시장에서 얻는 소득을 높이고자 하는 정책들이 있다. 기회평등정책에 속하는 정책들이 여기에 해당된다. 예컨대, 저소득층 아동들에게 교육과 의료서비스를 제공해서 시장에서 경쟁에 불리하지 않도록 하는 것이다. 이러한 정책들은 비록 간접적이긴 하지만 시장에서의 일차분배 그 자체를 목표로 하고 있다.

또한, 전형적인 사회복지정책인 사회보험의 경우 기여와 급여를 결정하는 데 있어 수급자들 사이에 존재하는 시장에서의 위치의 차이[3]를 고려하기 때문에 어느 정도 시장적이라 할 수 있다. 그러나 완전히 시장적이라고도 볼 수 없다. 반면에 공공부조나 보편적 프로그램의 경우 개별 수급자들 사이에 존재

---

3) 소득이 높은 사람은 기여를 많이 하고 급여를 많이 받는다.

하는 시장에서의 차이를 인정하지 않기 때문에 비시장적이라 할 수 있다.

공식적

넷째, 사회복지정책은 기본적 욕구를 공식적인 조직이나 제도를 통해서 해결한다. 전통적으로 정부의 각종 사회복지제도나 민간부문의 다양한 공식적인 사회복지조직에 의해 해결된다. 가족, 친척, 이웃 등을 통한 비공식적인 해결방안들은 사회복지에 포함이 안 된다. 그러나 현실에서는 비공식적인 부문이 상당히 많다. 비공식적인 사회복지가 가족 간 이전(inter-family transfer)의 형태로 중요한 역할을 한다. 예를 들면, 가족 노후부양의 경위 조세감면정책을 통하여 혜택을 받는데, 실질적으로는 이것도 사회복지정책의 일종이라고 보는 견해도 있다. 이러한 조세감면정책을 흔히 조세지출(tax expenditure)이라고 부르는 이유는 정부가 세금으로 거두어 지출할 비용 일부라고 보기 때문이다. 이러한 이유로 오늘날 비공식적인 사회복지도 사회복지정책에 포함시키는 경향이 있다.

비영리적

다섯째, 사회복지정책은 기본적 욕구를 비영리적인 부문에서 해결한다. 전통적인 사회복지의 정의는 또한 비영리성을 강조한다. 실제로 사회복지는 대부분 정부를 비롯한 비영리 공공부문과 민간부문의 비영리 사회복지조직들에 의하여 이루어지고 있다. 그러나 최근에 복지다원주의(welfare pluralism)의 추세로 인해 영리추구를 목적으로 하는 민간부문의 조직이나 기구에 의해서도 해결될 수 있다. 기업복지(occupational welfare)가 대표적이다. 이는 영리를 추구하는 기업에서 피고용자의 욕구를 해결하는 것이다.

일방적 이전

여섯째, 사회복지정책은 기본적 욕구를 일방적 이전(unilateral transfer)의 형태로 연결한다. 일방적 이전이란 재화나 서비스의 제공자가 그 재화나 서비스의 수급자로부터 특정한 물질적 혹은 비물질적 대가를 받지 않고 주는 것을 말한다. 그러나 정책에 따라 일방적 이전의 성격이 다르다. 예를 들면, 저소득 가정의 아동들에 대한 교육프로그램처럼 인적자본에 대한 투자의 성격을 가지고 있는 사회복지정책들은 일방적 이전의 성격이 약하다. 왜냐하면, 이러한 프로그램들의 수급자들이 나중에 성장해서 세금을 내게 되면 비록 오랜 시간이 지났지만, 수급에 대한 대가를 지불하는 것으로 볼 수 있기 때문이다.

소비적

일곱째, 사회복지정책은 기본적 욕구 가운데 소비적인 필요만을 해결한다. 사회복지정책들 가운데 소득보장 프로그램들은 대부분 수급자의 소비능력을 높이는 데 주목적이 있다. 대표적인 예가 국민연금이다. 그러나 사회복지정책 가운데 생산에의 욕구를 해결하는 것도 있다. 예를 들면, 인적자본 투자 성격의 사회복지정책들인 저소득 아동 혹은 근로자에 대한 교육 · 훈련 · 의료서비스를 제공하는 '기회평등정책'들이다. 이러한 프로그램들은 수급자들의 소비보다는 생산활동의 능력을 높이는 데 그 주요 목표가 있다. 이렇게 볼 때 사회복지정책은 소비와 생산에 대한 욕구 모두를 해결한다고 볼 수 있어, 이들 가운데 어느 쪽에 우선순위를 두느냐는 국가들의 지배가치에 따라 다르다고 할 수 있다.

이상 사회복지정책의 특성과 관련된 7가지 측면의 쟁점에 대해 살펴보았는데, 사회복지정책에 대한 정의가 논자마다 다른 것은 바로 이러한 측면에서 쟁점에 대한 관점이 서로 다르기 때문이기도 하다.

3. 사회복지정책의 기능

1) 사회복지정책의 순기능

사회통합

사회복지정책의 궁극적 기능은 사회통합이다. 사회복지정책은 적게 가진 사람, 사회적 약자, 사회적 위험(노령, 재해, 장애, 실업, 질병 등)에 빠진 사람을 그렇지 않은 사람들이 제도적으로 원조하거나 소득을 일방적으로 이전함으로써 사회통합에 이르게 한다. 빈민을 대상으로 하는 공공부조의 경우 국가의 조세를 통해 제도적으로 빈민들을 배려하는 것으로서 이를 통해 빈민들은 자신들에 대한 사회의 애정과 관심을 확인하는 동시에 사회에 대한 적대감이나 냉소의식을 철회하고 사회에 통합된다. 사회복지서비스도 마찬가지 이유로 사회적 취약계층을 사회에 통합시킨다. 사회보험은 자본과 노동이 재정을 공동부담함으로써 자본과 노동의 통합은 물론 노동자나 자영인집단, 나아가 사회 전체 구성원들의 사회통합 수준을 높인다(원석조, 2001: 47-48).

소득재분배

소득재분배(income redistribution)는 사회복지정책에서 대단히 중요한 기능을 한다. 소득재분배는 시장의 실패를 시정하는 기능을 수행하기 때문이다. 자본주의사회에서는 아무리 시장메커니즘이 완전하다 하더라도 사회적인 불평등은 발생할 수밖에 없으므로 국가가 다양한 제도를 통하여 시장경제에 개입하여 강제적으로 분배의 불평등을 완화 혹은 수정하게 된다. 이러한 기능을 수행하는 것이 바로 소득재분배이다. 소득재분배란 일개인 또는 한 집단으로부터 다른 개인이나 집단으로 이전(transfer)되는 소득 또는 소득으로 간주되는 급여를 말한다(Webb, 1971: 11).

소득재분배는 계층구조에 따라 수직적 재분배(vertical redistribution)와 수평적 재분배(horizontal redistribution)로 구분할 수 있다. 가장 전형적인 구분이다. 수직적 재분배는 다른 소득계층 간의 소득이전, 즉 고소득자로부터 저소득자로의 소득이전을 말한다. 소득이 높을수록 세율까지 높은 누진적 소득세, 건강보험, 공공부조제도 등이 수직적 재분배효과가 있다.

수평적 재분배는 유사한 소득계층 내의 소득이전, 즉 사회적 위험의 유무에 따른 소득이전을 말한다. 예컨대, 조세로 재정이 충당되며 아동이 없는 가족에서 자녀가 있는 가족에게로 소득이 이전되는 아동수당이 대표적이다. 건강보험의 경우는 소득에 비례해서 보험료를 내고, 서비스를 받을 때는 동일하게 받는다는 면에서 수직적 재분배효과가 있지만, 건강한 사람에게서 건강하지 못한 사람에게로의 소득이전이 이루어지기 때문에 수평적 재분배효과도 존재한다. 경제활동인구에서 비경제활동인구에게로 소득이 이전되는 고용보험도 수평적 재분배효과가 있다.

〈표 2-1〉 계층구조에 따른 소득재분배

유형	내용
수직적 재분배	• 다른 소득계층 간의 소득이전 • 고소득자로부터 저소득자로의 소득이전 • 예: 누진적 소득세, 건강보험, 공공부조제도 등
수평적 재분배	• 유사한 소득계층 내의 소득이전 • 사회적 위험이 없는 집단으로부터 있는 집단으로의 소득이전 • 예: 아동이 없는 가구 → 아동이 있는 가구: 가족수당(아동수당) 경제활동인구 → 비경제활동인구: 고용보험

소득재분배는 시간구조에 따라 단기적 재분배(immediate redistribution)와 장기적 재분배(redistribution in command-over-resources in time)로 구분할 수 있다. 단기적 재분배는 현재의 사회적 욕구를 충족시키기 위해 현재의 자원을 사용하여 소득재분배를 기하는 것을 말한다. 공공부조가 대표적인 예이다. 장기적 재분배는 생애(time-span)에 걸쳐 이루어지는 재분배이다. 적립방식(fund system)의 국민연금이 좋은 예이다. 적립방식의 연금이란 소득이 있는 시절에 적립해 놓았다가 퇴직 이후 연금을 받는 방식을 말하는데, 개인의 청년기에서 노년기로 소득을 재분배하는 것이다.

〈표 2-2〉 시간구조에 따른 소득재분배

유형	내용
단기적 재분배	• 현재의 사회적 욕구를 충족시키기 위해 현재의 자원을 사용 • 예: 공공부조제도
장기적 재분배	• 생애에 걸쳐 이루어지는 재분배 • 예: 적립방식의 국민연금

한편, 소득재분배는 세대구조에 따라 세대 내 재분배(intra-generational re-distribution)와 세대 간 재분배(inter-generational redistribution)로 구분할 수 있다. 세대 내 재분배는 동일한 세대 내에서의 소득이전을 말한다. 예를 들면, 적립방식의 국민연금이 여기에 해당한다. 자신의 근로 시절 소득을 적립해 놓았다가 노년기에 되찾는 것은 한 세대 안에서의 재분배를 의미한다. 세대 간 재분배란 앞 세대와 후손 세대 간의 재분배를 말한다. 달리 표현하면, 근로세대(미래세대)에서 은퇴세대(노인세대)로의 소득이전이라 할 수 있다. 부과방식 연금(pay-as-you-go-system)이 가장 대표적이다. 부과방식은 매년 전체 가입자가 낸 보험료로 당해 연도 연금지불액을 충당하는 방식인데, 이 경우 젊은 근로자세대에서 은퇴한 노인세대로의 재분배가 이루어지는 것이다.

〈표 2-3〉 세대구조에 따른 소득재분배

유형	내용
세대 내 재분배	• 동일한 세대 내에서의 소득이전 • 대부분 단기적 재분배, 수직 · 수평적 재분배는 세대 내에서 발생 • 예: 적립방식의 국민연금
세대 간 재분배	• 앞 세대와 후손 세대 간의 재분배 • 근로세대에서 은퇴세대로의 소득이전 • 예: 부과방식 공적 연금

경제성장과 안정

사회복지정책은 인적자본의 질적 수준을 향상시켜 생산경쟁력을 높이고 경제성장을 안정화시킨다. 예를 들면, 건강보험은 질병의 예방과 치료 · 재활을 통해 노동자의 생산성 향상에 기여하고, 고용보험은 실업수당을 통해 기본적 생활 유지를 가능하게 하며, 고용안정사업이나 직업능력개발사업을 통해 개인의 직업안정 및 생산성 향상에 기여한다. 산재보험은 산업재해를 예방하고 사회재활 및 직업재활을 통해 산재장애인의 능력을 최대한 노동시장에서 활용할 수 있도록 기여한다(채구묵, 2015: 36).

거시적 측면에서 사회복지정책은 경기안정 기능을 수행한다. 즉, 경기가 상승하면 과열되지 않도록 막아주고, 경기가 하락하면 지나치게 하락하지 않도록 막아주는 역할을 한다. 정부는 재정정책을 통해 이러한 역할을 자동적으로 하게 되는데, 이를 자동안정장치(built-in-stabilizer) 기능(또는 자동안정화 기능)이라고 한다. 예를 들어 실업급여, 공공부조와 같은 급여지출은 경기가 호황일 때는 그 수요가 감소하여 유효수요를 줄여줌으로써 경기가 과열되는 것을 방지하는 역할을 수행하고, 반대로 경기가 불황일 때는 그 수요가 증대하여 유효수요를 증대시킴으로써 경기침체를 방지하는 역할을 수행한다.

또한, 사회복지정책은 자본축적의 기능을 수행한다. 예를 들면, 사회보장제도 중 재정운영방식이 적립방식인 공적연금의 경우에는 기여금이 적립됨으로써 기여와 급여 간에 시간적 격차가 발생해 자본축적의 기능을 수행할 수 있다. 이 적립금은 규모가 크기 때문에 경제발전 및 경기안정을 위한 자금으로 유용하게 활용될 수 있다(이인재 외, 2008: 107-108).

2) 사회복지정책의 역기능

이상 살펴본 바와 같이 사회복지정책은 자본주의사회의 모순을 극복하는 중요한 기능을 수행하지만, 반면에 역기능도 존재한다.

빈곤함정

빈곤함정(poverty trap)이란 높은 수준의 사회보장급여가 존재할 경우 자력으로 일을 해서 가난에서 벗어나려 하기보다는 사회보장급여에 의존하여 생계를 해결하려는 의존심이 생겨 결국 가난에 정체되어 버리는 현상을 말한다. 빈곤함정은 빈곤의 덫, 가난의 덫이라고도 하는데, 주로 공공부조에 관련된 역기능이다. 예컨대, 공공부조를 받으려고 일부러 빈곤한 생활을 유지하는 것이다. 수급자의 소득이 빈곤선 수준 이상으로 높아져서 공공부조의 급여를 받지 못하게 될 경우, 일해서 소득이 늘었음에도 총소득은 이전보다 줄어들 수 있다. 이런 경우 근로의욕을 상실하고, 사회복지급여에 의존하여 빈곤에 머무르는 선택을 하게 된다. 결국, 개인들은 빈곤이라는 늪에 빠지고 마는 것이다.

사회복지에 비판적인 사람들은 사회복지정책이 자립의지와 노동유인(work incentive)을 약화시키고 의존성을 증대시킨다고 비판한다. 빈곤함정의 문제는 일부 대상자의 문제를 전체의 문제로 확대해석하여 사회복지정책에 대한 부정적 인식을 심화시키고, 사회복지급여를 폐지하거나 축소하는 근거로 악용할 소지가 있다. 결국, 이러한 문제를 해결하는 근본적인 방법은 보편적 복지프로그램을 확대하는 것이다.

도덕적 해이

도덕적 해이(moral hazard)란 어떤 사람이 보험에 가입했다 하여 보험에 가입하기 전에 비해 위험 발생을 예방, 회피하는 행위를 적게 하여 위험 발생이 높아지는 현상을 말한다. 사회보험 중에서 도덕적 해이의 발생 가능성이 큰 것이 건강보험과 고용보험이다. 건강보험의 경우 도덕적 해이는 수요자와 공급자 모두에게서 발생할 수 있으며, 그 결과는 국민의료비를 증가로 이어진다. 고용보험의 경우는 노동유인을 약화시킬 수 있다. 실업급여의 소득대체율(replacement rate)은 높은데 보험료는 적을 경우 근로의욕을 상실하고, 실업급여에 의존하여 실업상태에 머무르는 선택을 할 가능성이 있는데, 이를 실업함정 또는 실업의 덫(unemployment trap)이라고 한다.

결국, 도덕적 해이의 문제를 해결하기 위해서는 국가의 개입을 통해 어떤 서비스의 제공자가 수혜자의 행위에 대한 충분한 정보를 갖고 그들의 행위를 모니터하고 통제해야 한다.

4. 사회복지정책의 영역

그렇다면 사회복지정책의 영역을 어떻게 규정할 것인가? 사회복지정책은 사람들의 기본적 욕구를 충족시키는 것이다. 따라서 사회복지정책의 영역을 살펴보기 위해서는 먼저 기본적 욕구에 대한 검토가 필요하다.

기본적 욕구는 인간의 욕구 중에서도 누구에게나 공통적이면서 필수적인 것들의 최저 수준에만 적용되는 욕구를 의미한다(김상균, 1987: 17). 따라서 음식, 옷 등을 비롯하여 육체적 생존에 필요한 기본적인 재화를 구입할 수 있는 소득보장, 질병이 발생했을 때 치료해 줄 수 있는 의료서비스, 거주해야 할 주택 등은 육체적 생존에 필요한 가장 필수적인 것들이라 할 수 있다.

인간다운 생활은 위와 같은 물질적 측면의 욕구만으로 해결되는 것은 아니다. 육체적 생존에 필요한 기본적 욕구 외에 인적자본 향상과 사회통합을 위한 교육이 포함되어야 한다. 그리고 아동, 노인, 장애인 등의 사회적 약자들의 비물질적 욕구해결을 위한 개별사회서비스(personal social services)가 필요하다.

이러한 맥락에서 일반적으로 사회복지정책의 주요 영역을 소득보장, 건강, 주택, 교육, 그리고 개별사회서비스 등 5가지로 구분한다(송근원 · 김태성, 2004: 30).

소득보장정책은 최소한의 생활을 유지하기 위한 소득을 국가가 보장해 주는 것이다. 즉, 노령 · 사망 · 장해 · 실업 · 저임금 · 질병 등으로 소득이 상실되었을 때 소득의 일부나 전부를 보전해 주는 제도를 말한다. 사회보험, 공공부조, 각종 수당제도 등이 여기에 해당한다.

건강보장정책은 질병을 대상으로 치료 · 예방의 포괄적 의료서비스를 국가의 책임하에 실시하여 건강한 삶을 보장하는 것이다. 국민건강보험, 의료급여, 공공보건의료서비스 등이 여기에 해당한다.

주택정책은 국민의 필수적 권리인 주거권을 보장하는 것이다. 국가가 실시하는 공공임대주택, 주택자금 대출제도, 임대료보조 등이 여기에 해당된다.

교육정책은 인적자본 향상을 위해 적절한 교육환경을 제공하고 교육의 기회, 과정, 결과 등을 보장하는 것이다. 또한, 교육의 불평등 문제를 해소하여 삶의 질을 향상시키고 사회통합을 이루고자 한다. 영유아보육 · 교육지원, 학교급식, 학자금지원 등이 여기에 해당한다.

개별사회서비스는 사회적 약자인 아동, 청소년, 노인, 여성, 장애인 등을 대상으로 지도, 보호, 치료, 재활을 제공하는 사회복지서비스를 말한다. 아동복지, 청소년복지, 노인복지, 장애인복지, 여성복지 등이 여기에 해당한다.

한편, 사회복지정책의 개념을 광의로 해석할 경우 경제정책의 영역이라 할 수 있는 조세정책과 노동시장정책을 사회복지정책의 영역에 포함시키기도 한다. 그 이유는 두 정책이 소득보장정책의 기능을 하기 때문이다.

조세정책은 조세의 징수 규모와 방식을 조절하여 재원 확보와 경제의 안정과 성장을 목적으로 하는 정책이다. 조세정책에는 소득공제, 조세감면, 근로소득장려제도(EITC) 등이 있다.

노동시장정책은 노동능력이 있는 사람들을 대상으로 하여 노동시장과 관련된 불이익을 해소하고 스스로 생계를 유지할 수 있도록 국가가 지원하는 정책이다. 소득보장정책이 일시적 빈곤을 완화시키는 효과가 있다면, 노동시장정책은 빈곤의 제도적 원인을 해결하는 효과를 지닌다. 고용정책, 노사정책, 임금정책, 교육 · 훈련정책 등이 노동시장정책에 해당한다.

이상을 정리하면, 사회복지정책의 영역은 좁게는 소득보장, 건강, 교육, 주택 그리고 개별사회서비스의 5가지 영역으로 구분되며, 넓게는 조세정책과 노동시장정책을 포함하여 7가지 영역으로 구분할 수 있다. 사회복지정책의 영역과 내용을 정리해 보면 다음 〈표 2-4〉와 같다.

〈표 2-4〉 사회복지정책의 영역

사회복지정책의 영역		사회복지정책의 내용
협의의 사회복지정책	소득보장정책	사회보험, 공공부조, 각종 수당제도 등
	건강보장정책	국민건강보험, 의료급여, 공공보건의료서비스 등
	주택정책	공공임대주택, 주택자금 대출제도, 임대료보조 등
	교육정책	영유아보육 · 교육지원, 학교급식, 학자금지원 등
	개별사회서비스	아동복지, 청소년복지, 노인복지, 장애인복지, 여성복지 등
광의의 사회복지정책	조세정책	소득공제, 조세감면, 근로소득장려제도(EITC) 등
	노동시장정책	고용정책, 노사정책, 임금정책, 교육 · 훈련정책(적극적 노동시장정책) 등

제3장

미시적 접근방법: 사회복지실천

사회적 욕구의 충족과 사회문제의 해결을 위한 접근은 그것의 원인에 따라 달리 이루어지는데, 욕구가 충족되지 않은 원인과 사회문제의 원인이 개인적 결함이나 부적응 같은 내적 요인에 의해 비롯되는 경우는 미시적 접근이 필요하다. 이 장에서는 미시적 접근방법으로서의 사회복지실천에 대해 살펴본다.

1. 사회복지실천의 개념[1)]

1) 사회복지실천의 정의

사회복지실천(social work practice)이란 용어는 시대에 따라 달라져 왔으며,[2)] 그 정의 또한 시대의 영향을 받아 조금씩 달라져 왔다. 사회복지실천에 대한 최초의 정의는 1920년대 메리 리치몬드(Mary Richmond, 1922)에 의한 것으로 "인간을 둘러싸고 있는 환경과의 부조화나 갈등을 해소할 수 있도록 욕구를 충족시키고 사회규범에 적응할 수 있도록 돕는 활동"이라고 정의하였다.

1950년대 미국사회복지사협회(NASW, 1958)는 사회복지실천을 "인간과 사회환경의 부조화로 인해 나타나는 개인이나 집단의 문제를 해결하거나 최소화하며, 이러한 문제를 미리 예방하여 개인, 집단, 지역사회의 잠재력을 최대화하는 원조활동"이라고 정의한 바 있다. 클라이언트의 잠재능력을 강조하고 있다.

1970년대에는 핀커스와 미나한(Pincus & Minahan, 1973)의 정의를 통해 체계 간의 상호관계 개념이 추가되었다. 핀커스와 미나한은 "사회복지실천은 사람과 자원체계 간의 연결과 상호관계이다"라고 정의하였다.

이후에는 미국사회복지사협회를 통해 전문직으로서의 사회복지실천이 강조된다. 미국사회복지사협회(NASW, 1974)는 사회복지실천을 "개인, 집단 또는 지역사회로 하여금 그들의 사회적 기능 발휘 능력을 향상하거나 보존하기 위해 그리고 그들의 목적달성에 우호적인 사회적 조건을 만들기 위해 원조하는 전문적 활동"으로 정의하였다(찰스 자스트로, 2006: 7).

---

1) 이 장은 졸저(2020a)의 제7장 내용을 수정 · 보완한 것이다.

2) 예컨대, 1917년에 메리 리치몬드(Mary Richmond)에 의해 출간된 사회복지실천의 이론과 방법을 소개한 최초의 교과서 『사회진단(*Social Diagnosis*)』에서는 케이스워크(case work)로 표현되었다. 그리고 20세기 초 · 중반에는 사회복지실천이 케이스워크, 그룹워크(group work), 지역사회조직(community organization)으로 분화되어 발전한다. 20세기 중반 이후부터는 사회복지 방법론의 통합이 추구되면서 '사회복지실천'이라는 용어가 등장하여 일반화되기 시작했다.

한편, 미국사회복지교육협회(CSWE, 1994)는 "사회복지실천은 삶의 질을 향상시키고, 빈곤과 억압을 감소시키기 위해 공적인 영역과 사적인 영역으로부터 권한을 위임받아 다양한 분야에서 사회적 서비스를 제공하는 것이다"라고 정의하였다. 1990년대에 들어와서 미국사회복지교육협회에 의해서 공적 영역과 사적 영역의 협력과 함께 임파워먼트(empowerment)의 개념이 추가된 것이다.

이처럼 사회복지실천의 개념이 시대에 따라 조금씩 달리 정의되어 왔음을 확인할 수 있다. 이상을 간결하게 종합하면, 사회복지실천이란 "사람들의 삶의 질을 향상시키는 데 목적을 두고 개인, 가족, 집단, 지역사회를 대상으로 각각의 문제해결과 욕구충족을 할 수 있도록 돕는 전문적인 활동"으로 정의할 수 있다.

2) 사회복지실천의 목적

미국사회복지사협회(NASW, 1982)는 사회복지실천의 목적을 다음의 4가지로 제시함으로써 사회복지실천을 개념화하고 있다(찰스 자스트로, 2006: 41-42).

첫째, 인간의 문제해결, 문제의 대처 및 발전능력의 강화이다. 사회복지실천은 환경 속의 인간이라는 개념을 이용하여 '인간'에 초점을 두며, 사회복지사는 먼저 촉진자(facilitator)로서 활동한다. 사회복지사는 이러한 촉진자 역할을 통해 자신의 문제나 욕구를 완전히 해결하지 못하는 사람들에게 지지서비스를 제공하는 상담가, 교사, 보호자, 특정 행동변화자로서 역할을 수행한다.

둘째, 자원, 서비스, 기회를 제공하는 시스템에 인간을 연결시킨다. 사회복지실천은 개인과 서로 작용하는 시스템 간 관계에 초점을 두며, 사회복지사는 중개자(broker)로서 역할을 수행한다.

셋째, 자원과 서비스를 제공하는 시스템의 효과적이고 인본주의적인 운영을 증진한다. 사회복지사는 옹호자(advocate)의 역할을 수행한다. 이 외에도 프로그램 개발자(program developer), 슈퍼바이저(supervisor), 조정자(coordinator),

컨설턴트(consultant)의 역할을 수행한다.

넷째, 사회복지정책의 개발과 개선이다. 사회복지사는 기획가(planner)와 정책개발가(policy developer)로서 새로운 법규정이나 정책을 개발하고 비효과적이거나 부적합한 것을 제거하는 등의 역할을 수행한다.

3) 사회복지실천의 기능

사회복지실천의 기능은 다양하다. 그중에서 클라이언트의 사회적 기능 증진과 사회정의의 향상이 대표적인 기능이다(Hepworth, Rooney, & Larsen, 2002). 클라이언트의 사회적 기능이란 인간의 기본 욕구를 충족하는 데 필요한 과업과 활동을 완수하고 지역사회에서 요구하는 주요 사회적 역할을 수행하는 개인의 능력을 의미한다. 따라서 사회복지실천이 클라이언트의 사회적 기능을 증진시킨다는 것은 예방, 재활, 치료활동을 통해 욕구가 있는 개인들의 사회적 기능을 높여 준다는 것을 의미한다. 즉, 개인, 집단, 지역사회의 손상된 능력을 회복하도록 도와준다는 것이다. 예를 들면, 가출청소년 거리상담, 자아존중감 향상을 위한 집단상담, 가족기능 회복을 위한 가족치료 등이 대표적이다.

한편, 사회정의는 사회제도가 모든 사람의 기본적인 인권을 인정하고 지원하는 공정성과 도덕성을 발휘하는 것을 말한다. 사회복지사는 클라이언트가 권리를 찾도록 도와주는 활동, 즉 옹호활동을 하며, 공정하고 정의롭게 모든 사람의 권리가 인정되도록 사람들을 촉구하고, 권리를 박탈당하거나 무시당하는 사람들을 위해 대변자 역할을 한다. 따라서 사회복지실천이 사회정의를 향상시키는 기능을 갖는다는 것은 사회복지사가 옹호활동을 하면서 사회정의를 향상시킨다는 의미이다. 예를 들면, 임금체불 노동자를 위한 옹호활동, 다문화 가족에 대한 인식개선활동 등을 들 수 있다.

4) 사회복지실천의 대상

사회복지실천의 대상은 개인, 가족, 집단, 지역사회가 된다. 대상에 따라 사회복지실천의 개념을 정의해 보면 다음과 같다.

첫째, 개인이다. 사회복지실천은 개인적이거나 사회적인 문제에 직면해 있는 개인을 일대일로 만나 문제해결을 원조하는 활동으로서 환경에 적응하도록 도움을 제공하거나 사회적이고 경제적인 결핍상태를 완화하기 위한 활동이다.

둘째, 가족이다. 사회복지실천은 가족구성원들 간의 관계나 가족구성원 중 한 사람의 행동 또는 심리적인 문제에 개입하여 문제를 해결하기 위한 노력이다.

셋째, 집단이다. 사회복지실천은 유사목표를 갖는 개별적 구성원을 하나의 집단으로 묶어 그 집단을 대상으로 집단 내 역동성을 활용해 집단구성원의 개별 목표와 집단 공동의 목표를 성취하기 위해 노력하는 실천방법이다.

넷째, 지역사회이다. 사회복지실천은 지역사회 수준에 개입하여 지역사회에 존재하는 각종 문제를 예방하고 해결하고자 하는 일련의 사회적 노력이다.

2. 사회복지실천의 통합적 접근

1) 통합적 접근의 개념

20세기 초·중반까지만 하더라도 사회복지실천은 케이스워크, 그룹워크, 지역사회조직으로 분화되어 발전해 왔다. 그러다가 20세기 중반 이후부터는 사회복지실천의 방법에 통합적 접근이 이루어지면서 사회복지실천에 중요한 변화를 가져왔다.

사회복지실천의 통합적 접근이란 전통적 사회복지실천의 3대 방법론에서 벗어나 개인과 집단, 지역사회를 구분하지 않고, 이들 방법을 총괄하여 개입하는 사회복지실천방법이다. 달리 말하면, 사회복지실천의 대상이 개인이든, 집단이든, 지역사회든 관계없이 사회복지실천과정에서 도출되는 공통된 원리와 방법을 하나로 통합하여 클라이언트를 돕는 방법을 말한다. 사회복지실천의 통합적 접근방법의 특징은 다음과 같다(김융일 외, 1998: 123-124).

첫째, 사회복지실천에 본질적인 개념, 활동, 기술, 과업 등에 공통적인 기반이 있음을 전제로 한다.

둘째, 통합적 방법의 가치는 클라이언트의 잠재성을 인정하며, 이들 잠재성이 개발될 수 있다고 보고, 미래지향적인 접근을 강조한다.

셋째, 사회복지의 지식과 기술은 다양한 문제의 맥락과 상황, 그리고 장소에 따라 변경될 수 있다.

넷째, 과거 사회복지의 개입은 주로 인간에게 초점을 두거나 환경에 초점을 두었으나, 통합적 방법은 양면적 상호작용에 초점을 둠으로써 인간과 환경의 공유 영역, 즉 사회적 기능수행 영역에 사회복지사가 개입해야 함을 강조한다.

다섯째, 클라이언트의 제한적인 특정 문제를 중심으로 개입하는 것이 아니라 여러 가지 욕구를 고려해서 개입한다.

여섯째, 클라이언트의 존엄성을 인정하고, 클라이언트의 참여와 자기결정 및 개별화를 극대화할 것을 강조하며, 사회복지실천과정의 지속적인 평가를 주장한다.

2) 통합적 접근의 등장 배경

통합적 접근의 등장 배경은 전통적 방법론의 한계에서 찾을 수 있다. 1920년대와 1930년대 케이스워크와 그룹워크, 1930년대는 지역사회조직이 발달한 방법론을 흔히 전통적 방법론이라고 한다. 전통적 방법론은 다음과 같은 한계를 지니고 있었다(김융일 외, 1998: 121-122).

첫째, 전통적 방법은 클라이언트를 개인, 집단, 지역사회로 구분하여 각 클라이언트의 특성에 따라 각기 다른 방법으로 문제를 해결하려고 하는 것인데, 이러한 제한된 특정 문제나 대상 중심의 개입으로는 복잡해지고 중첩되어 있는 문제상황을 해결하기 어려운 한계에 직면했다.

둘째, 전통적 사회복지실천방법은 지나친 분화, 전문화로 서비스의 파편화 현상을 초래하였다. 다양한 문제와 욕구를 지닌 클라이언트가 여러 기관이나 사회복지사를 찾아다녀야 하는 부담감을 초래한 것이다.

셋째, 전통적 사회복지실천방법은 전문화 중심의 교육이었는데, 이것은 사회복지사의 분야별 직장 이동에 도움을 주지 못했다.

넷째, 공통기반을 전제하지 않는 분화와 전문화는 각각 별개의 사고와 언어 및 과정을 보여줌으로써 사회복지전문직의 정체성 확립에 장애가 되었다.

다섯째, 클라이언트의 문제와 욕구가 복잡하고 다원화되었다. 현대사회의 급속한 변화, 다양화, 복잡성으로 인해 증가하고 있는 클라이언트와 개인과 가족, 지역사회의 기능을 회복하고 삶의 질을 높이기 위해서 개인과 환경을 중요시하게 되었다.

이처럼 전통적 사회복지실천의 방법은 사회의 변화에 따라 발생하는 복합적인 문제에 적용할 수 없게 되었고, 이에 따라 사회복지실천의 본질적인 개념, 기술, 과업 및 활동에 공통적인 기반을 찾으려는 노력이 활발해지면서 새로운 방법론으로서 통합적 접근방법론이 등장하게 된 것이다.

3) 통합적 접근의 관점

(1) 환경 속의 인간 관점

통합적 접근의 필요성이 커지면서 '환경 속의 인간' 관점이 점차 강조되었다. 사회복지에서는 다양한 특성과 욕구를 가진 인간의 본성에 관심을 두고 있는

데, 특히 인간은 내면의 특성과 함께 성장하면서 주변의 타인과 환경에 의해 영향을 받는 존재로 보기 때문에 '환경 속의 인간'이라는 측면을 강조한다.

환경 속의 인간(person in environment)이란 인간은 심리적 특성 외에도 그 개인이 처해 있는 상황, 즉 환경의 영향을 받는 존재라는 의미이다. 인간은 다양한 환경체계들과 교류하고 상호 영향을 주고받으며 살아가기 때문이다. 따라서 환경 속의 인간 관점은 인간이 지니는 문제는 그 개인의 내부 요인으로만 이해될 수 있는 것이 아니며, 그 개인이 처해 있는 상황, 즉 환경에 의해 설명되고 또 이들 환경을 활용한 문제해결이 적절한 문제해결방법이라고 보는 관점을 말한다. 사회복지 전반에서의 개인을 보는 관점이라 할 수 있다.

환경 속의 인간 관점은 인간은 환경의 영향을 받기만 하는 수동적인 존재가 아니라 이들 환경에 적극적으로 대처하면서 주도적으로 환경을 변화시킬 수 있는 능력을 동시에 갖추고 있다고 본다. 인간은 성장 및 발달에의 가능성과 능력을 소유하고 있으며, 개인의 의지에 따라 환경을 조정하며 자신과 환경을 변화시킬 수 있는 창조적 존재로 보는 것이다(김영화 외, 2011).

환경 속의 인간 관점에서는 개인이 경험하는 문제의 일차적 책임이 개인과 환경 중 어느 한쪽에 있다고 보지 않고 양쪽 모두에 있다고 본다. 따라서 환경 속의 인간 관점을 사회복지실천에 적용하면, 사회적 맥락을 고려하여 문제를 사정하고, 개인 · 환경 간 상호작용 증진을 위해 환경 변화를 시도하거나 개인의 역량을 강화한다. 또한, 문제해결 방안을 개인의 변화와 함께 주변의 변화에서도 찾는다. 이러한 환경 속의 인간 관점은 사회복지실천의 기본 관점이자 통합적 접근의 기본 관점이라 할 수 있다. 그리고 이것을 좀 더 사회복지실천에 쉽게 적용할 수 있도록 이론적으로 체계화한 것이 생태체계 관점이다.

(2) 생태체계 관점

사회복지실천의 기본 관점 및 통합적 접근의 기본 관점은 생태체계 관점이다. 생태체계 관점은 일반체계이론(체계적 관점)과 생태학적 이론(생태적 관점)이 결합된 관점이다.

일반체계이론

일반체계이론은 생물학자인 버틀란피(L. V. Bertalanffy, 1901~1972)가 발표한 이론으로 유기체와 환경 간의 상호관련성에 초점을 두고 사회체계 내부 및 체계 간의 안정성과 변화를 설명하는 이론이다. 이 이론에 의하면, 인간을 통합된 하나의 체계로 간주하며, 인간을 구성하는 신체, 심리, 사회적인 측면들은 긴밀하게 상호작용하면서 서로에게 영향을 준다. 그뿐만 아니라 인간은 외부 환경과도 끊임없이 상호작용하며 상호 의존하는 존재이다. 따라서 인간을 이해하기 위해서는 통합된 전체, 즉 체계라는 관점에서 접근해야 한다. 일반체계이론의 주요 개념을 살펴보면 다음과 같다.

① 체계(system): 상호의존적이고 상호작용하는 부분으로 구성된 전체이다.

② 경계(boundary): 체계 내부와 외부, 한 체계와 다른 체계를 구분할 수 있는 테두리를 말한다.

③ 폐쇄체계(closed system): 다른 체계와 상호작용하지 않는 체계이다. 환경의 다른 에너지에 접근이 불가능하여 자체의 에너지만을 써야 하므로 번성할 수 없다. 시간이 지남에 따라 에너지의 유입이 없어지면서 체계들의 분화가 적어지고, 조직과 기능이 상실되거나 해체되는 경향이 있다. 이를 엔트로피(entropy)라고 한다.

④ 개방체계(open system): 에너지가 경계를 넘나들면서 상호교환되는 체계를 말한다. 에너지와 정보를 체계 외부에서 자유롭게 받아들이고, 내부의 정보나 에너지를 체계 외부로 보내기도 한다. 체계 외부로부터 에너지를 가져옴으로써 이용 불가능한 에너지가 감소하는 경향이 있다. 이를 역엔트로피(negentropy)라고 한다.

⑤ 위계(hierarchy): 체계의 서열을 말한다. 체계는 분석대상이 되는 대상체계와 대상체계 외부에 있으면서 그 체계에 기능적으로 영향을 미치는 상위체계, 그리고 대상체계 속에 있는 더 작은 하위체계로 구분된다. 예를 들어, 가족이 대상체계라고 한다면, 가족이 속한 종교기관, 지역사회,

직장 등이 가족의 상위체계이고, 부부체계, 형제체계, 부모자녀체계 등이 가족의 하위체계이다.

⑥ 홀론(holon): 어떤 특정 체계가 그 체계를 구성하는 작은 체계보다는 상위체계이고, 그 체계를 둘러싼 큰 체계보다는 하위체계가 되는 현상을 말한다. 체계에는 하위체계의 속성과 상위체계의 속성이 공존하여 나타나는데, 이를 '체계가 부분성과 전체성을 동시에 갖는다'라고 표현한다. 예를 들어, 가족은 하위체계인 가족구성원들의 특징뿐만 아니라 상위체계인 그 가족이 거주하고 있는 지역이나 문화 등의 특징을 동시에 지니는데, 이러한 체계의 속성을 '홀론'이라고 한다.

⑦ 항상성(homeostasis): 개방체계의 속성을 지닌 항상성은 체계가 안정된 구조를 유지하려는 속성, 즉 변화가 일어날 때 원래 상태로 돌아가려는 속성, 원래 상태를 유지하려는 속성이다. 고정된 균형을 유지하며, 체계의 구조에 큰 변화가 없다.

⑧ 안정상태(steady state): 환경과의 상호작용 과정에서 새로운 에너지를 받아들여 체계의 내부구조를 성공적으로 변경시켜가면서 기존과는 다른 차원에서 얻어지는 체계의 균형상태이다. 즉, 기존체계의 구조를 변경해 가며 상황의 변화에 맞는 새로운 균형을 유지하는 상태이다. 부분 간 관계를 유지시키고, 체계가 쇠퇴해서 붕괴하지 않도록 에너지를 지속적으로 사용함으로써 기존 구조와는 다른 새로운 구조를 형성한다. 개방체계에 존재한다.

⑨ 균형(평형, equilibrium): 외부환경의 에너지를 새로 가져오는 일 없이 현상을 유지하려는 속성이다. 체계의 균형상태는 체계가 붕괴하지 않고 유지되는 상태라고 할 수 있다. 균형은 폐쇄체계에 속한다.

⑩ 동귀결성(equifinality): 동등종결성 혹은 동일결과성이라고도 한다. 서로 다른 경로와 방법을 통해서도 같은 결과에 도달할 수 있음을 말한다. '출발은 다양하지만, 결과는 동일하다'는 의미이다. 다양한 방법으로 사회복지실천의 목표를 달성하는 것도 동귀결성으로 볼 수 있다.

⑪ 다중귀결성(multifinality): 다중종결성이라고도 한다. '출발은 똑같지만 결과는 다양하다'는 의미이다. 유사한 상황에 있는 체계라 할지라도 체계 내의 구성요소 간 또는 체계들과의 상호작용 양상과 특성이 서로 다르면 최종 상태도 서로 달라질 수 있다는 의미이다.

⑫ 호혜성(reciprocity): 체계에서 일부분이 변화하면, 그 변화가 다른 부분들과 상호작용하여 나머지 부분들도 변화하게 된다는 의미이다. 예를 들면, 인지의 변화로 정서나 행동이 변한다거나, 조직의 기관장이 교체되면서 조직의 많은 부분이 변화하게 되는 것이 그 예이다.

⑬ 투입(input), 전환(through-put), 산출(output), 피드백(환류, feedback)

- 투입: 에너지, 정보, 자원 등이 다른 체계로부터 유입되는 것이다.
- 전환: 투입된 것을 처리하여 체계의 기능 유지에 필요한 형태로 전환하는 작용이다.
- 산출: 투입된 것이 체계의 전환과정을 통해 처리된 결과를 말한다.
- 환류: 행동을 취한 체계에게 결과를 알려주는 것을 말한다. 환류를 통해 행동의 결과를 객관적으로 평가할 수 있게 되며, 이를 통해 새로운 행위를 만들어 내거나 기존의 행위를 수정한다. 체계의 변화 방향을 설정하고 조정하는 핵심과정이다.

일반체계이론은 개념이 다소 추상적이고 모호하며, 사용된 언어의 의미와 관점이 너무 다양해서 혼란을 초래할 수 있다는 비판을 받아왔다. 그럼에도 불구하고 일반체계이론이 사회복지실천에 공헌한 바가 매우 크다.

일반체계이론의 등장으로 사회복지실천에서는 기존의 직선적 원인론에 입각한 사고에서 벗어나 여러 가지 원인에 의해 행동이 일어난다고 보는 순환적 원인론으로 전환되었다. 즉, 개인과 환경은 어느 한쪽이 다른 한쪽에 일방적인 영향을 미치는 것이 아니라 양자가 모두 원인인 동시에 결과인 순환적 관계로 형성된 전체라는 것이다. 개인과 사회의 문제를 원인과 결과의 관계로 해석하기보다는 상호연결된 전체로 파악하게 된 것이다. 문제의 파악 및 개입의 초점을 개인이나 환경의 어느 한쪽에 두기보다는 상호작용하며 영향을 주고받는 전체에 두는 체계적 관점은 사회복지실천의 목표와 잘 부합된다. 사회복지실천은 클라이언트와 체계의 상호작용 향상을 목표로 하기 때문이다.

생태학

생태학(ecology)은 생물학의 한 분야로서 생물과 환경 사이의 상호작용을 연구하는 학문이다. 인간을 포함한 생물들이 살아가는 터전인 자연이 어떻게 유지되고 생물들이 어떻게 살아가는지 생물과 환경 간의 관계를 인식하고 연구한다. 즉, 생물들이 어떻게 환경을 활용하며 그것을 파괴하지 않고, 자신의 요구에 맞게 변형시킴으로써 자신을 유지하는지, 생물들은 환경을 어떻게 이용하며, 환경은 생물과 어떻게 조화로운 방식으로 유지되는지 등에 대해 연구하는 것이다.

생태학적 이론

생태학적 이론은 브론펜브레너에 의해 체계화되었다. 브론펜브레너는 인간 발달과정을 분석하는 가운데 체계론적 관점을 확대하여 '생태적 체계'라는 용어를 사용하였는데, 그의 이론을 '생태학적 이론'이라고 한다. 브론펜브레너(Bronfenbrenner, 1979)는 인간을 둘러싼 생태학적 환경의 체계를 다음과 같이 구분했다.

① 미시체계(소속체계, micro system): 개인 혹은 인간이 속한 가장 직접적인 사회적 · 물리적 환경이다. 직접적이고 대면적인 상호작용을 하는 친밀한 사회적 관계망으로 구성된다. 예를 들면, 가족, 친구, 학교, 교사 등이 그 예이다. 개인의 미시체계는 그 특성과 시기에 따라 끊임없이 변화하며, 개인이 성장하면서 점점 상호작용이 줄어든다.

② 중간체계(meso system): 특정 시점에서 개인이 속한 둘 이상의 미시체계 사이에 일어나는 상호작용을 의미한다. 예를 들면, 가정과 또래 집단의

관계, 가정과 학교의 관계 등이 그 예이다. 중간체계는 개인이 다양한 역할을 동시에 수행한다는 의미가 내포되어 있다. 여러 미시체계가 각기 다른 가치관을 표방할 때 잠재적 갈등의 위험이 따른다. 중간체계는 개인이 새로운 환경으로 이동할 때마다 형성되거나 변화된다.

③ 외부체계(외체계, exo system): 개인이 외부체계에 직접 참여하고 있지 않지만, 그 개인에게 영향을 미치는 환경요소이다. 예를 들면, 부모의 직장, 가족의 친구, 경찰서, 주민센터, 이웃, 대중매체, 문화시설 등이 여기에 해당한다.

④ 거시체계(macro system): 개인이 속한 사회의 이념이나 제도 등 광범위한 사회적 맥락이다. 개인의 생활에 직접 개입하지는 않지만, 간접적이면서도 전체적으로 영향을 미치는 사회적 환경을 발휘한다. 예를 들면, 국가, 사회제도, 정치, 경제, 사회, 법, 문화, 관습, 가치관 등이 여기에 해당한다.

⑤ 시간체계(chronosystem): 개인의 전 생애에 걸쳐 일어나는 변화와 역사적인 환경을 포함하는 체계이다. 미시체계에서부터 거시체계에 이르기까지 모든 생태계는 개인에게 영향을 미치며, 이러한 생태환경은 과거, 현재, 미래의 시간체계의 변화 속에서 작용한다. 예를 들면, 가족제도의 변화, 결혼관의 변화, 직업관의 변화 등이 여기에 해당한다.

생태학적 이론의 핵심관점은 '환경 속의 인간'이다. 즉, 사람은 자연스러운 환경과 상황 속에서 이해되어야 한다고 가정한다. 인간의 욕구와 환경자원이 부합되는 정도를 의미하는 적합성에 초점을 둔다. 인간이 환경 속에서 효과적으로 기능할 수 있다고 보는 낙관적 관점을 가지고 있다.

생태체계 관점

생태체계 관점은 '환경 속의 인간'의 개념적 틀을 실천적 의미로 체계화한 관점이다. 즉, 인간을 이해할 때 그를 둘러싸고 있는 환경 속에서 이해하되,

인간과 환경 간 관계 혹은 환경을 구성하는 다양한 요소들 사이의 상호관계가 인간과 환경에 미치는 영향을 강조하는 관점이다. 인간과 환경은 분리된 것이 아니라 상호 간에 지속적 교류를 하면서 존재한다고 본다. 유기체들이 어떻게 적응하는 상태를 이루고, 또 어떻게 서로 적응해 가는가에 초점을 두면서 인간과 환경 간의 적합성과 상호교류, 적응을 설명한다.

생태체계 관점에 있어서 주요 개념들은 다음과 같다.

① 적응(adaptation): 주변 환경조건에 맞추어 서로 조절하는 능력을 의미한다. 적응의 개념에는 환경을 변화시키기 위한 노력, 개인 자신을 변화시키기 위한 노력, 환경과 개인 모두를 변화시키기 위한 노력 모두가 포함된다.

② 적합성(goodness of fit): 개인의 적응 욕구와 환경자원이 서로 조화를 이루는 정도를 의미한다. 이는 인간과 환경 간 상호작용을 하면서 성취되는데, 부정적 교류가 계속되면 인간발달과 건강, 사회적 기능은 손상되고, 적응적일 때에는 개인이 성장, 발달하며, 이때 적합성이 이루어진다.

③ 유능성(competence): 개인이 환경과 효과적으로 상호작용할 수 있는 능력이다. 유능성은 환경과 성공적인 상호작용을 경험하면서 형성된다.

④ 상호교류(transaction): 개인과 환경이 서로에게 영향을 미치는 상호관계이다. 개인이 다른 환경의 사람과 의사소통하고 관계를 맺는 것을 말한다.

⑤ 스트레스(stress): 인간과 환경 간의 복잡한 상호작용 속에서 불균형이 발생하는 현상이다. 사회적 · 발달적 변화, 충격적 사건, 다양한 생활문제에서 발생하는 욕구가 자신이 활용할 수 있는 자원을 초과하는 상황에서 야기된다.

⑥ 대처(coping): 적응의 한 형태로 문제를 극복하기 위해 노력하는 것을 의미한다. 스트레스 요인에 대해 대응할 때 개인과 환경 간의 좋은 적합성을 회복시키거나 높여 주는 행동방식이다. 대처에는 자아존중감과 문제해결기술 등과 같은 내적 자원과 가족, 사회적 관계망, 조직의 지원 등과

같은 외적 자원이 필요하다.

생태체계 관점에서는 클라이언트의 문제를 체계 내의 개인적 부적응 또는 역기능으로 파악하지 않고, 개인과 환경 간 적합성이 낮은 것으로 파악한다. 클라이언트의 문제는 개인의 욕구와 사회적 욕구 간 조화와 균형이 잘 이루어지지 않을 때 발생한다고 본다. 즉, 인간과 환경 간의 적응 적합성이 낮기 때문에 발생한다고 보는 것이다. 따라서 생태학적 관점에서는 문제의 원인을 개인에게 돌려 그 개인을 비난하지 않는다.

생태체계 관점에서 보면, 사회복지실천은 개인과 환경 간에 부적절한 조화로 인해 생기는 문제에 대한 개입이다. 즉, '사람과 환경 간의 적합성'을 증진시켜 적응된 상태로 나아가도록 개인, 환경, 개인과 환경의 관계에 개입하는 활동이라고 할 수 있다.

4) 통합적 접근의 모델

통합적 접근의 실천모델은 핀커스와 미나한(Pincus & Minahan, 1973)의 4체계모델, 콤튼과 갤러웨이(Compton & Galaway, 1979)의 6체계모델, 펄먼(Perlman, 1957)의 문제해결모델, 저메인과 기터만(Germain & Gitterman, 1980)의 생활모델, 임파워먼트모델(empowerment model) 등이 있다.

핀커스와 미나한의 4체계모델

핀커스와 미나한(Pincus & Minahan)의 4체계모델은 사람이 만족스러운 삶을 영위하기 위해서는 주변 환경의 체계에 의존하기 때문에 사회복지사는 체계의 변화에 초점을 맞추어야 한다는 모델이다.

사회복지실천에 있어서 기본적인 개념체계는 다음의 4가지이다.

① 변화매개체계(the change agent system): 계획된 변화를 향해 체계들과의 활동을 계획하는 주관자이다. 변화매개인은 일종의 도움을 주는 사람이다(예: 사회복지사, 사회복지기관).

② 클라이언트체계(the client system): 변화매개인의 서비스를 기대하는 사람, 즉 서비스나 도움을 필요로 하는 사람들이다(예: 변화매개인의 서비스를 받는 개인, 가족, 집단, 기관, 지역사회). 변화매개체계와 계약이 이루어졌을 때 클라이언트체계가 된다.

③ 표적체계(target system): 변화매개인이 설정한 목표를 달성하기 위해 영향을 미치거나 변화시킬 필요가 있는 사람들이다. 클라이언트체계와 표적체계는 일치할 수도 있고, 일치하지 않을 수도 있다. 변화되어야 할 대상이 클라이언트이거나 클라이언트의 내부체계일 때 표적체계와 클라이언트체계는 중복된다. 클라이언트의 문제해결을 위해 다른 사람이나 대상을 변화시키는 경우는 클라이언트체계와 표적체계가 일치하지 않는 경우이다.

④ 행동체계(the action system): 변화매개인인 사회복지사가 의도적으로 계획된 변화 노력을 달성하기 위해 상호작용하는 사람들이다(예: 이웃, 가족, 전문가, 타인 등). 변화매개인은 변화 노력 과정에서 단계에 따라 다른 유형의 행동체계와 작업하기도 한다.

콤튼과 갤러웨이의 6체계모델

콤튼과 갤러웨이(Compton & Galaway)는 핀커스와 미나한이 제시한 4가지 체계에 전문가체계와 의뢰-응답체계를 추가하여 6체계모델을 제시하였다.

① 전문가체계 : 전문가를 육성하는 교육체계, 전문가단체, 전문적 실천의 가치, 사회복지사 윤리강령, 사회복지사협회나 사회복지기관 및 시설협회 등으로 구성된 체계이다. 전문가체계의 가치와 문화는 사회복지사의 행동과 사고에 영향을 준다. 사회복지사는 기관의 변화, 사회변화를 위한

옹호자 또는 대변가로서 역할을 수행할 때 전문가체계를 이용하는 경우가 많다.

② 의뢰–응답체계 : 문제인식체계라고도 하며, 잠재적 클라이언트를 사회복지사의 관심 영역으로 끌어들이기 위해 행동하는 체계이다. 의뢰체계는 서비스를 요청하는 사람이며, 응답(자)체계는 법원이나 경찰, 외부 전문가 등의 요청으로 서비스기관으로 오게 된 사람이다.

펄먼의 문제해결모델

펄먼(Perlman)의 문제해결모델은 인간의 삶 자체가 끊임없는 문제해결의 과정이라는 가정하에 최초로 '문제'를 사회복지실천의 변화 표적으로 제시한 모델이다. 문제해결모델의 입장에서는 문제의 원인을 문제해결의 태도에서 찾는다. 즉, 개인이 문제해결에 실패하는 것은 개인의 정신적 결함이나 병리에 있는 것이 아니라 문제를 해결해 나가는 태도가 잘못되었기 때문이라고 본다. 클라이언트가 가진 어려움은 특정 문제가 아니라 클라이언트가 문제를 다루고 해결하는 태도에 있다는 것이다. 따라서 클라이언트의 문제해결능력을 회복시키는 것이 개입의 목표가 된다.

문제해결모델에 의하면, 클라이언트는 자신 스스로가 문제해결자이며, 클라이언트의 자아가 중요한 역할을 한다. 사회복지사는 변화를 위해 클라이언트의 동기를 이끌어내고, 활력을 주며, 방향성을 제시하는 역할을 한다. 그리고 문제를 둘러싼 클라이언트의 정신적, 감정적, 행동적 능력을 활성화시키며, 문제에 대해 대처방식을 반복적으로 훈련시킨다. 또한, 클라이언트가 문제를 경감시키고 문제해결에 필요한 자원을 발견하고 이용할 수 있도록 돕는다. 실제적인 문제해결을 개입은 개인과 환경 간의 상호작용에 초점을 두고 개입하는데, 문제규정 및 목표설정 → 활동계획 수립 → 계획실행 → 종결 및 평가의 과정을 거친다.

한편, 펄먼은 문제해결모델을 사용하면서 다루어야 하는 내용을 4가지로 정리하였는데, 이를 4P이론이라고 한다. 문제해결과정은 "문제(Problem)를 가지고 있는 사람(Person)이 어떤 장소(Place)에 자신의 문제를 가지고 도움을 얻기 위해 찾아오게 되며, 사회복지사는 이때 클라이언트와 문제해결 기능에 관여하게 되고, 나아가 문제해결에 필요한 자원을 보완해 주는 과정(Process)"이다. 달리 말하면, 문제해결을 위해서는 사회복지실천의 구체적인 대상으로서 사람(person)이 있어야 하고, 그 사람은 반드시 문제(problem)를 가지고 있으며, 문제를 가진 사람들을 도와주기 위해서는 일정한 장소(place)에서 일정한 과정(process)을 거치면서 업무가 진행된다는 것이다. 여기에서 사람은 상황 속의 인간을 말하며, 문제는 클라이언트의 문제, 장소는 사회복지기관, 과정은 사회복지실천과정을 의미한다.

펄먼은 이후에 전문가(professional person)와 사회적 지지나 재화, 관계 등을 제공하는 제공(provision)의 개념을 추가하여 6P로 확대하였다.

저메인과 기터만의 생활모델

생활모델(life model)은 저메인과 기터만(Germain & Gitterman, 1980)이 생태체계관점을 사회복지실천분야에 도입하여 개발한 모델이다. 생활모델은 사람과 환경을 통합적으로 보고 개인과 환경 모두를 변화시켜야 한다고 보는 관점이다. 이 이론의 핵심은 개인은 환경과 상호작용하는 관계 속에서 지속적으로 적응해 간다는 것이다.

생활모델에서는 개인의 문제를 생태체계의 요소들 간 상호작용의 결과라고 본다. 즉, 문제를 개인의 장애로서만 파악하는 것이 아니라 생활환경 내에서 파악하며, 개인이 환경과의 적응적 교류와 균형이 깨어지면 스트레스가 발생한다는 것이다. 개인의 문제는 성격장애가 아닌 스트레스를 만들어 내고 대처능력을 과중하게 부담시키는 생활상의 문제로 정의하고 있는 것이다. 따라서 생활모델의 목표는 치료에 있는 것이 아니라 건강, 성장, 그리고 개인의 잠재성을 표현하도록 격려하고, 성장과 행복을 조장 및 지속시킬 수 있는 환경을 만들어 내고, 개인을 그 환경에 잘 적합하게 되도록 변화시키는 것이다.

임파워먼트모델

임파워먼트모델(empowerment model)은 클라이언트를 문제 중심으로 보는 것이 아니라 강점관점(strength perspective)으로 봄으로써 클라이언트의 잠재능력 및 자원을 인정하고 클라이언트의 회복력을 전제로 하여 클라이언트가 스스로 삶을 결정할 수 있도록 능력을 부여하는 것을 말한다.

임파워먼트모델은 생태체계관점과 강점관점을 이론적 기반으로 한다. 강점관점이란 모든 인간은 성장하고 변화할 능력을 이미 내면에 가지고 있고, 문제가 생겼을 때 문제를 해결할 능력과 힘을 갖고 있다고 보는 관점이다.[3] 임파워먼트모델은 강점관점을 바탕으로 만들어졌다. 즉, 억압받고 무기력한 상황에 놓여 있는 클라이언트가 자신이 처한 상황을 스스로 개선하기 위한 행동을 취할 수 있도록 개인적 · 대인관계적 · 정치적 혹은 사회구조적으로 힘을 키우는 과정인 임파워먼트를 이루어낼 수 있도록 전문적으로 원조하는 모델이 바로 임파워먼트모델이다.

개인적 차원의 임파워먼트는 개인의 역량, 지배감, 강점, 변화능력에 영향력을 주는 것이다. 자신이 원하는 것이 무엇인지 표현할 수 있도록 격려하고 자신의 상황을 설명할 수 있게 하는 것이다. 대인관계적 차원의 임파워먼트는 다른 사람에 대해 영향력을 미칠 수 있도록 하는 것이다. 일방적으로 주거나 받는 것이 아니라 서로 교환하는 관계를 형성하는 것이다. 구조적 차원의 임파워먼트는 정치적 혹은 사회적 상황과 같은 사회구조를 변화시키는 것이다. 사회구조의 변화를 통해 새로운 기회를 얻고 힘을 얻는 것이다. 정치적 혹은 사회적 수준에서 자원이 창출됨으로써 다수의 개인이 힘을 얻을 수 있다.

---

3) 강점 중심의 원칙은 다음과 같다(Saleebey, 1997; 양정남 · 최선령, 2016). 첫째, 모든 개인, 가족, 지역사회는 강점, 자질, 자원을 가지고 있다. 둘째, 클라이언트의 상처와 학대, 질병과 같은 위기는 고통을 초래하지만, 기회와 도전, 성장의 기회가 될 수 있다. 셋째, 개인의 변화와 성장의 가능성은 무한하다. 넷째, 가족과 개인, 그리고 지역사회의 전망과 희망을 진지하게 고려한다. 다섯째, 모든 개인은 친구, 집단, 가족 등 용기를 주기를 원하는 잠재적인 자원과 능력을 가지고 있다.

3. 사회복지실천 관계론

1) 사회복지실천에서 관계의 개념

사회복지실천에서의 관계란

일반적으로 관계란 공통의 이해관계를 지닌 두 사람 간에 장기적 또는 일시적으로 감정의 상호작용이 일어나는 조건을 의미한다(Perlman, 1957). 사회복지실천에서의 관계는 일반적인 관계와 달리 전문적 관계라는 특징을 지닌다. 즉, 사회복지사와 클라이언트와의 관계를 의미한다. 비에스텍(Biestek, 1957)은 사회복지실천에서의 관계를 "클라이언트와 사회복지사 간에 혹은 사회자원들과의 교류를 가능하게 하는 연결통로로서 클라이언트와 그를 둘러싸고 있는 환경에 잘 적응을 하도록 개인의 능력과 지역사회자원을 적절히 동원하고 활용할 수 있도록 돕는 관계"라고 하였다.

사회복지사와 클라이언트의 관계형성이 중요한 이유는 사회복지실천과정에서 개입의 성공에 큰 영향을 미치기 때문이다. 즉, 사회복지사와 클라이언트와의 관계가 형성되면 클라이언트가 원조과정에 적극적으로 참여하여 문제해결이 쉽고, 그렇지 않을 경우는 문제해결이 어려워진다. 한마디로 관계형성은 문제해결의 성공의 열쇠이다.

전문적 관계의 기본 요소

전문적 관계의 요소는 학자들마다 상이하게 그리고 다양하게 제시되고 있다. 여기에서는 수용, 감정이입, 진실성, 권한 등과 같은 기본 요소를 소개하고자 한다(양정남 · 최선령, 2016).

첫째, 수용(acceptance)은 클라이언트를 자신의 감정과 사고에 대한 권리를 가진 독특한 개인으로서 배려하고 클라이언트에 대한 진실된 관심과 인식, 경청하는 태도, 그들의 행동에 대한 주의집중, 돕고자 하는 열망의 전달, 클라이언트에 대한 진실된 염려를 의미한다(Northen, 1995).

둘째, 감정이입(empathy)은 타인이 경험한 것을 이해하기 위하여 타인의 감정과 생각에 자신을 투사시키는 능력이다. 달리 말하면, 감정이입은 자신의 관점을 유지하면서 다른 사람의 감정을 깊이 느낄 수 있는 능력인 동시에 그 감정에서 분리되어 객관적 지식을 활용할 수 있는 능력이다. 정확한 감정이입을 위해서는 클라이언트의 관심사와 감정에 대한 민감한 예측과 명확한 언어로 의사소통을 할 수 있는 언어적 능력이 요구된다.

셋째, 진실성(genuineness, authenticity)은 사회복지사가 자신과 감정에 대해 정직한 태도를 갖고, 자신의 경험 및 감정을 클라이언트의 경험 및 감정과 분리하는 능력을 의미한다. 진실하다는 것은 클라이언트와 관계형성을 할 때 일관성이 있고, 정직하며, 대화의 내용과 행동이 항상 일치한다는 것이다.

넷째, 권한(power)은 사회복지사가 전문지식과 경험을 갖추고 지위를 얻음으로써 클라이언트에게 영향력을 행사하는 것을 말한다. 이때 클라이언트와 기관에 의해 사회복지사에게 위임된 권한을 권위라고 한다. 도움을 청하는 사람은 지식과 기술 면에서 권위를 가진 사람을 필요로 한다.

2) 관계형성의 기본 원리

비에스텍(Biestek, 1957)은 모든 클라이언트에게 공통으로 발견할 수 있는 일곱 가지 기본적 욕구와 그것을 충족시키고 문제해결을 원활히 하는 데 필요한 7대 원리를 제시하였다. 이것이 관계형성의 7대 원리 또는 7대 관계론이다.

〈표 3-1〉 관계형성의 기본 원리

클라이언트의 욕구	관계의 기본 원리
한 개인으로서 취급받고 싶어 하는 욕구	개별화
감정을 표현하고자 하는 욕구	의도적 감정표현
문제에 대한 공감적 반응을 얻으려는 욕구	통제된 정서적 관여
가치 있는 개인으로 인정받으려는 욕구	수용
심판받지 않으려는 욕구	비심판적 태도
스스로 선택하고 결정하고 싶은 욕구	클라이언트의 자기결정
자신에 대한 비밀이 지켜지기를 바라는 욕구	비밀보장

개별화의 원리

개별화(individualization)란 각 클라이언트의 독특한 자질을 인정하고 이해하여 개인마다 다른 원리와 방법을 활용 및 적용하여 돕는 것이다. 개별화의 원리는 "인간은 개별적이며 같은 인간으로서가 아니라 개인차를 가진 인간으로서 취급되어야 한다"는 인간의 권리에 기초를 두고 있는 것이다. 클라이언트는 개인마다 필요로 하는 도움이 다르기 때문에 각기 다른 방식으로 도움을 받을 권리를 가진다. 클라이언트는 기관에 도움을 청할 때 어떤 사례나 유형 또는 범주로서 취급받기보다는 개인으로서 취급받고자 하는 강한 욕구가 있다.

따라서 사회복지사는 자신의 편견이나 선입관으로부터 벗어나는 것이 중요하며, 인간행동에 관한 지식에 근거하여 클라이언트를 이해해야 한다. 또한, 경청과 관찰능력이 있어야 하며, 클라이언트의 이야기와 감정표현, 행동의 변화를 나타내는 속도에 보조를 맞출 수 있어야 한다. 그리고 클라이언트의 감정을 직관적으로 파악할 수 있는 민감성과 반응이 있어야 한다.

의도적 감정표현의 원리

의도적 감정표현(purposeful expression of feelings)이란 클라이언트로 하여금 자신의 감정, 특히 비난받을지도 모르는 감정을 자유롭게 표현하도록 해주는 것이다. 클라이언트는 감정을 표현하고자 하는 욕구가 있다. 따라서 의도적 감정표현의 목적은 클라이언트로 하여금 스트레스나 긴장상태에서 벗어나게 하며, 그의 문제를 더욱 명백하고 객관적으로 볼 수 있도록 돕는 것에 있다. 이러한 목적을 달성하기 위해 사회복지사는 클라이언트를 침착하게 맞이해야 하며, 사소한 일로 마음이 혼란되어 있지 않아야 한다. 그리고 주의 깊게 목적을 가지고 경청하면서 감정을 표현하도록 격려해야 한다. 또한, 클라이언트의 변화 속도를 민감하게 인식하며, 비현실적 보증이나 너무 빠르거나 많은 해석은 피해야 한다.

통제된 정서적 관여의 원리

통제된 정서적 관여(controlled emotional involvement)란 사회복지사가 클라이언트의 감정에 대하여 민감성을 가지며, 그 감정의 의미를 이해하고, 클라이언트의 감정에 목적을 가지고 의도적으로 적절한 반응을 하는 것을 말한다. 민감성이란 클라이언트가 무엇을 느끼고 생각하는지에 대하여 민감하게 파악하고 이에 적절히 대처하는 것이다. 이해란 사회복지사가 클라이언트의 주관적인 경험과 감정을 같이 경험함으로써 그것이 클라이언트에게 가지는 의미를 찾아내는 감정이입적 태도를 말한다. 반응은 클라이언트의 행동과 표현에 대하여 사회복지사가 적절하게 자신을 드러내 보이는 것으로, 이때 반응은 원조의 목적에 맞게 통제하고 조절하는 것이 중요하다.

클라이언트는 자신의 문제에 대해 사회복지사의 공감을 얻고 싶어 하는 욕구가 있다. 사회복지사가 공감한다는 반응을 보이면 클라이언트는 자신의 감정이 수용된다는 느낌을 받고 심리적 안정을 찾게 된다.

수용의 원리

수용(acceptance)이란 클라이언트를 있는 그대로 인식하고 대하는 것을 말한다. 즉, 클라이언트의 장단점, 잠재력과 제한, 바람직한 행동이나 바람직하지 않은 행동, 양가감정 등을 있는 그대로 받아들이는 것이다. 그렇다고 일탈적 태도나 행동의 승인을 의미하는 것은 아니다. 즉, 수용과 인정은 다르다는 뜻이다. 수용의 대상은 '선하거나 좋은 것'이 아니라 '진실한 것'이다. 수용의 대상은 있는 그대로의 현실이다.

클라이언트는 가치 있는 인간으로서 인정받고 싶은 욕구를 지니고 있다. 따라서 사회복지사는 클라이언트의 있는 그대로의 모습을 받아들이고 존중해 주어야 한다. 그렇게 되면 클라이언트는 있는 그대로의 자신을 표현하고 안정감을 느낀다. 그러면 클라이언트는 자신을 수용하고 자신의 문제를 현실적이고 객관적으로 바라볼 수 있게 된다.

비심판적 태도의 원리

비심판적 태도(nonjudgemental attitudes)는 클라이언트의 문제나 욕구의 원인이 그들의 환경에 의한 것이든 혹은 성격의 문제이든지 간에 클라이언트에게 책임이 있다는 것을 언어적으로나 비언어적으로 비판하거나 판단하지 않는 것을 말한다.

클라이언트는 심판받지 않으려는 욕구를 지닌다. 특히, 죄책감, 열등감, 고독감이 있는 클라이언트는 극도로 민감하므로 사회복지사가 심판적인 태도를 보이면 관계형성이 매우 어려워진다. 따라서 사회복지사는 비심판적인 태도를 견지해야 한다. 그러면 클라이언트는 자기를 방어하지 않고 편안하게 자신의 문제와 욕구를 논의할 수 있게 되며, 문제해결도 원만해진다. 다만, 클라이언트의 행동과 말에 편견과 선입견을 가지고 성급하게 결론을 내리면 클라이언트의 입장에서는 사회복지사가 자신을 심판한다고 느낄 수 있으므로 유의해야 한다.

클라이언트의 자기결정의 원리

클라이언트의 자기결정(self-determination)이란 사회복지실천의 전 과정에 걸쳐서 클라이언트가 모든 의사결정과정에 참여하여 스스로 선택하고 결정하는 것을 의미한다. 클라이언트는 스스로 문제를 해결할 수 없다고 느끼고 사회복지사에게 도움을 요청하지만, 자신의 삶에 대해 스스로 선택하고 결정하고 싶어 한다. 따라서 클라이언트가 나갈 방향을 결정하려는 것을 존중하고 그 욕구를 결정하는 잠재적 힘을 자극하면, 클라이언트는 자신에 내재한 잠재적 능력을 발견하고 활용할 수 있다. 그 결과 클라이언트는 문제해결에 적극적으로 참여하게 된다.

클라이언트의 자기결정 원칙을 적용할 때 유의해야 할 사항이 있다. 첫째, 사회복지사가 문제해결을 위한 주된 책임을 지고, 클라이언트에게는 단지 종속적인 역할만 하게 하는 것은 피한다. 둘째, 클라이언트의 사회적, 정서적 생활에 지나치게 관여하지 않는다. 셋째, 클라이언트를 직접 · 간접적으로 조종하지 않는다. 넷째, 클라이언트에게 모든 것을 맡기는 것이 아니라 문제를 해결할 수 있는 다양한 방법을 제시하고, 함께 대안을 모색하며 클라이언트가 선택할 수 있도록 돕는다.

클라이언트의 자기결정권은 자신의 적극적 결정을 내릴 수 있는 능력과 법적 · 도덕적 측면, 또는 사회기관의 규정과 규칙에 따라 제한을 받는 한계가 있다.

비밀보장의 원리

비밀보장(confidentiality)이란 윤리강령의 한 항목으로서 전문적 관계에서 노출되는 클라이언트에 관한 비밀정보를 지켜 주는 것이다. 비밀보장은 클라이언트의 기본적 권리에 기초를 두고 있다. 비밀보장은 클라이언트의 비밀을 보존하는 데 목적이 있는 것이 아니라 클라이언트의 다른 권리를 보호하기 위하여 필요한 수단이다. 사회복지사의 윤리적 의무인 비밀보장이 지켜지지 않으면 전문적 원조관계는 성립될 수 없다.

그러나 다음의 경우는 비밀보장의 원칙이 적용되지 않는다. 첫째, 비밀유지가 클라이언트를 보호하지 못하고 제대로 돕는 것이 아닌 경우이다. 예컨대, 클라이언트 자신의 생명이나 안전이 위협받을 경우 클라이언트의 보호를 우선으로 하고 비밀보장의 원칙은 유보한다. 둘째, 제3자의 보호 및 안전을 위협할 경우 비밀보장의 원칙에 예외가 된다. 예컨대, 클라이언트의 비밀을 보호하는 것이 타인의 생명이나 안전을 위협할 경우 비밀보장의 원칙은 적용되지 않는다.

이상의 7가지 관계의 기본 원리는 관계 자체가 목적이 아니라 클라이언트의 문제해결에 목적이 있다는 점을 기억해야 한다. “감정이입을 하지 않고, 변화에 대한 요구만 하는 사회복지사는 클라이언트의 거부를 경험할 것이다. 반면, 변화에 대한 요구는 하지 않고, 감정이입만 하는 사회복지사는 클라이언트가 변화에 대해 포기하는 것을 경험할 것이다. 그러므로 감정이입과 요구는 원만하게 통합되어야 효과적이다”라고 말한 슐만(Schulman, 1971)의 말은 주목할 만하다.

4. 사회복지실천의 과정

사회복지실천의 과정은 사회복지사가 클라이언트와 클라이언트를 둘러싼 다양한 환경 내의 체계들을 변화시키기 위해 그의 전문직 가치와 지식에 기초하여 개입하는 과정이다(양옥경 외, 2002). 사회복지실천의 과정은 접수 및 자료수집, 사정, 계획, 개입, 종결과 평가로 구분된다.

1) 접수 및 자료수집

접수(intake)란 문제를 가진 사람이 사회복지기관을 찾아왔을 때 사회복지사가 그의 문제와 욕구를 확인하여 그것이 기관의 정책과 서비스에 부합되는지 어떤지 여부를 판단하는 과정이다(양옥경 외, 2002). 접수과정은 앞으로 진행될 전문적 관계의 과정을 결정하는 중요한 만남이다. 접수단계에서의 주요 활동은 첫째, 클라이언트와의 관계형성, 둘째, 클라이언트의 문제 확인, 셋째, 클라이언트의 욕구와 기대 확인, 넷째, 서비스에 대한 정보 제공, 다섯째, 서비스 수혜 여부의 결정, 여섯째, 전체 원조과정에 대한 안내, 일곱째, 관련 서식 작성 등으로 요약할 수 있다(양정남 · 최선령, 2016).

한편, 자료수집은 클라이언트의 문제를 이해하고 해결하는 데 필요한 자료를 모으는 활동이다. 자료수집은 접수단계에만 국한된 것이 아니라 지속적으로 수행되는 과정이지만, 이 단계에서 집중적으로 이루어진다. 수집한 자료를 바탕으로 클라이언트의 문제를 사정하지만, 자료수집과 사정은 거의 동시에 반복적으로 이루어진다. 자료수집의 내용은 문제에 관한 정보, 최근까지의 상황, 클라이언트의 개인력과 가족력, 클라이언트의 기능 수준, 클라이언트의 자원, 클라이언트의 강점과 한계, 클라이언트의 환경 등이다. 그리고 자료수집에 사용되는 정보의 출처는 클라이언트가 작성한 양식, 클라이언트가 직접 이야기한 내용, 사회복지사가 관찰한 내용 및 클라이언트와의 직접적 상호작용 경험, 클라이언트와 관련된 사람들로부터 수집한 정보, 심리검사나 평가도구의 결과, 사례와 관련된 신문자료, 투서 또는 소문 등 다양하다(허남순 외 옮김, 2007).

2) 사정

사정(assessment)[4]은 수집된 정보에 근거하여 클라이언트의 문제 및 욕구의 성격과 원인을 규명하고, 클라이언트의 문제에 대해 전문적 평가를 하는 실천 활동이다. 즉, 대상자의 문제와 원인이 무엇인지, 그리고 문제를 완화하거나 해소하기 위하여 무엇이 변화될 수 있는지를 탐색하는 사회복지실천과정의 핵심적 단계이다. 사정을 통해 알고자 하는 내용은 다음과 같이 5가지 영역으로 나누어 볼 수 있다(양정남 · 최선령, 2016: 222-246).

4) 사정(assessment)은 의료모델에서 사용하는 진단(diagnosis)과는 다른 개념이다. 진단은 개인이나 가족, 집단에게 질병이나 역기능적인 문제가 있는 것으로 보고 무엇이 문제인가, 즉 문제에 초점을 두지만, 사정은 사회복지실천 분야에서 사용하는 용어로 문제뿐만 아니라 클라이언트의 강점과 자원, 동기, 능력 등도 파악한다.

① 클라이언트의 문제규명

② 클라이언트의 문제와 욕구 파악을 위한 정보로서 개인 내부체계에 대한 사정: 생리적 · 신체적 기능(신체적 특징과 외모, 신체건강, 약물과 알코올의 남용 여부), 심리적 요소(인지기능, 정서기능, 동기, 대처능력, 대인관계)

③ 클라이언트의 문제와 관련된 체계로서의 가족체계에 대한 사정: 가족 하위체계와 경계선, 가족의 권력구조, 가족규칙과 인지패턴, 가족의사소통방식, 가족생활주기, 가계도

④ 클라이언트의 사회적 환경체계에 대한 사정: 클라이언트의 환경체계로서의 사회적 지지망, 생태도

⑤ 클라이언트의 강점에 대한 사정: 가족과 친구, 교육적 배경과 직업능력, 문제해결 능력 및 의사결정기술, 개인적 자질과 특성, 물질적 · 재정적 자원, 인생태도와 관점 기타 클라이언트의 지적 능력, 운동능력, 예술적 재능 등

3) 계획

접수와 자료수집, 그리고 사정이 끝나면 계획수립단계가 시작된다. 계획수립은 실질적으로 문제해결과정이 시작되는 단계이다. 사회복지사와 클라이언트는 표적문제를 선정하고, 개입목표를 설정하며, 계약을 공식화한다. 표적문제라는 것은 클라이언트의 문제 중에서 가장 중요하고 시급하게 해결해야 할 문제이다. 표적문제가 설정되고 나면 그 문제를 해결하기 위한 개입목표를 설정하게 되는데, 개입목표 설정은 사회복지사와 대상자에게 개입과정의 방향을 명확히 제시해 주어 방황 없이 진행할 수 있도록 도와주고, 개입이 끝난 후 그 결과를 효과적으로 평가할 수 있게 해주기 때문에 매우 중요하다. 계약(contract)은 문제의 정의, 목표, 클라이언트와 사회복지사의 역할, 시간, 장소, 비용, 개입기법, 평가방법 등 개입계획에 대해 사회복지사와 클라이언트가 합

의하는 것이다. 계약의 형식은 서면계약, 구두계약, 암묵적 계약 등이 있는데, 가장 공식적인 형태는 서면계약이다(양옥경 외, 2002).

4) 개입

개입단계는 사회복지사와 클라이언트가 합의한 문제(표적문제)를 해결하기 위한 계획(목표와 계약)을 실천하는 단계이다. 개입단계는 크게 클라이언트에 대한 직접적 개입과 환경을 변화시키는 간접적 개입방법이 있다.

직접적 개입은 클라이언트를 변화시켜서 클라이언트의 문제를 해결하는 개입 유형이다. 클라이언트의 인지나 정서, 행동변화를 유도하여 클라이언트의 사회적 기능이나 문제해결능력, 대처능력을 향상시킨다. 직접적 개입의 예로는 상담, 가족치료, 정보 제공하기, 교육하기 등을 들 수 있다.

간접적 개입은 클라이언트를 둘러싼 환경을 변화시켜 클라이언트의 문제를 해결하는 개입 유형이다. 클라이언트를 둘러싼 환경에 문제가 있거나 두 체계간 상호작용에 문제가 있을 경우 클라이언트의 변화만으로는 문제해결이 어렵기 때문에 클라이언트를 둘러싼 환경의 변화가 요구된다. 이럴 때 간접적 개입을 한다. 간접적 개입의 예로는 사회적 지지체계나 자원을 발굴하거나 연계하기, 서비스 조정 활동, 새로운 프로그램 개발, 클라이언트 집단을 위한 옹호활동 등을 들 수 있다.

5) 종결과 평가

종결은 사회복지사의 개입활동을 계획에 따라 마무리하는 것으로 사회복지사와 클라이언트 간의 관계를 공식적으로 끝내는 것이다. 종결단계에서는 클라이언트가 상실과 이별에 직면하면서 다양하고 복잡한 감정과 태도를 보이기 때문에 사회복지사는 이에 민감하게 반응하고 기술적으로 접근하는 것이 필요하다. 종결단계에서 사회복지사의 과제는 다음과 같다. 첫째, 개입목표의 달성 정도, 클라이언트의 문제상황의 해결 정도 등을 고려하여 종결 시기를 결정한다. 둘째, 종결에 따른 두려움, 상실감 등 복합적인 감정을 느끼는 클라이언트의 정서적 반응을 잘 다루어야 한다. 셋째, 개입을 통해 획득한 효과를 유지하고 강화한다. 넷째, 사례가 종결되었지만 새로운 서비스가 더 필요한 경우 클라이언트를 다른 자원으로 의뢰한다.

또한, 종결에는 개입활동 전반에 걸친 평가가 병행된다. 사회복지실천평가란 사회복지실천활동의 효율성과 효과성을 조사하는 활동이다. 효율성이란 최소의 자원 투입으로 최대의 산출을 내는 것을 말하고, 효과성이란 개입목표의 달성목표가 실제로 달성된 정도를 말한다. 평가는 개입의 전 과정에서 이루어지지만, 특히 종결단계에서는 더욱 중요하다.

5. 사회복지실천의 현장

사회복지실천현장(field of practice)은 '사회복지실천이 이루어지는 곳'을 말하며, 이는 단지 장소만이 아니라 사회복지실천이 행해지는 장(setting), 문제(problem), 대상집단(client)을 포괄하는 개념이다. 따라서 사회복지실천현장을 좁게 보면, 종합사회복지관, 가출청소년쉼터, 장애인복지관 등과 같은 사회복지시설 및 기관이 해당하지만, 넓게 보면 사회복지실천의 분야 또는 문제영역을 포함한다. 사회복지실천의 분야는 아동복지, 청소년복지, 노인복지, 장애인복지, 여성복지, 의료사회복지, 정신건강사회복지, 학교사회복지, 산업사회복지 등 매우 다양하다.

사회복지실천현장은 기관의 기능과 목적, 기관을 설립한 주체 및 재원조달방식, 서비스제공방식, 서비스의 내용에 따라 분류할 수 있다.

먼저, 사회복지실천현장은 기관의 기능과 목적에 따라 1차 현장과 2차 현장으로 분류된다. 지역사회의 종합사회복지관이나 노인복지관, 장애인복지관, 자활지원센터, 지역아동센터 등과 같이 사회복지서비스를 제공하는 것이 주된 기능이며, 사회복지사가 중심이 되어 활동하는 실천현장을 1차 현장이라고 부른다. 반면에 병원, 학교, 정신건강복지센터, 보육시설, 보호관찰소 등과 같이 사회복지전문기관은 아니지만, 필요에 의해 사회복지서비스를 제공하는 기관은 2차 현장이라고 부른다.

둘째, 사회복지실천현장은 기관의 설립 주체 및 재원조달방식에 따라 공공기관과 민간기관으로 분류할 수 있다. 공공기관은 정부의 지원에 의해 운영되고, 사회복지사의 업무는 정부 규정이나 지침에 의해 지도감독을 받는 곳이다. 보건복지부, 시 · 도 사회복지과, 시 · 군 · 구 사회복지과, 읍 · 면 · 동 복지담당, 주민센터 등이 해당한다. 반면에 민간기관은 사회복지 관련 사업을 목적으로 하는 기관으로서 민간이 운영하는 비영리기관을 말한다. 주로 이사회에서 운영을 책임지며, 기부금이나 후원금, 재단 전입금, 기타 서비스 이용료 등을 주요 재원으로 한다. 사회복지법인이나 재단, 사단법인, 종교단체, 시민사회단체, 사회복지공동모금회, 한국사회복지사협회 등이 해당한다.

셋째, 사회복지실천현장은 서비스제공방식에 따라 행정기관과 직접서비스기관으로 분류할 수 있다. 행정기관은 사회복지서비스 전달체계의 효율적인 운영을 위해 행정업무를 수행하고 기관 간 연계 및 협의업무를 담당하는 기관이다. 중앙정부의 행정기관은 보건복지부가 가장 대표적이다. 민간행정조직은 한국사회복지사협회를 비롯한 사회복지협의체가 대표적이다. 반면에 직접서비스기관은 클라이언트에게 직접 서비스를 제공하는 것을 목적으로 하는 기관이다. 주요 서비스 대상이나 문제영역에 따라 서비스기관을 분류한다. 예를 들면, 아동상담소, 지역사회복지관, 보육시설 등이 그 예이다.

마지막으로 사회복지실천현장은 주거서비스 제공 여부에 따라 생활시설과 이용시설로 구분된다. 생활시설은 주거서비스를 포함한 사회복지서비스를 제공하는 시설을 말한다. 장애인거주시설, 아동양육시설, 청소년쉼터, 치매요양센터, 노인요양시설, 아동보호치료시설, 자립지원시설 등이 해당한다. 반면에 이용시설은 지역사회종합사회복지관, 장애인복지관, 노인복지관, 아동보호전문기관, 청소년상담센터 등과 같이 주거서비스를 제공하지 않으며, 자신의 집에 거주하는 클라이언트를 대상으로 사회복지서비스를 제공하는 기관을 말한다.[5)]

5) 분야별 사회복지시설의 종류는 제8장을 참조하기 바란다.

제4장

중범위적 접근방법: 지역사회복지

지역사회복지는 거시적 접근과 미시적 접근을 동시에 활용하면서 지역사회 수준에서 실천해 나가는 특성이 있어 중범위적 접근(mezzo approach)이라고 할 수 있다. 가족과 지역사회의 기능이 변화함에 따라 가족과 지역공동체가 지니고 있던 복지적 기능이 약화되고, 고령화 사회의 도래와 더불어 사회복지대상자가 증가함에 따라 지역사회복지의 중요성은 더욱 커지고 있다. 이 장에서는 사회복지의 새로운 패러다임으로 등장하고 있는 중범위적 접근방법으로서의 지역사회복지에 대해 살펴본다.

1. 지역사회복지의 개념[1)]

1) 지역사회의 개념

지역의 개념

지역사회의 개념을 살펴볼 때, 지역의 개념을 이해할 필요가 있다. 지역이란 일상생활을 보내고 있는 부락, 마을, 학교구라는 비교적 좁은 공간을 의미하는 것에서부터 시 · 도 등 지방자치제의 범역을 의미하기도 하고, 한국 전체를 가리키기도 한다. 또한, 아시아 등 근접한 여러 나라를 가리키는 국제적 지역으로서 사용되는 경우도 있다.

지역에 관한 용어를 영어로 표현하면, area, district region, zone, part, community, locality 등이 있으며, 지역, 지방, 지대, 구역 등의 유의어로서 해석되고 있다. 우리가 한국말로 '커뮤니티'라고 하는 community를 제외하면, 그 차이는 명확하지가 않다. 다만, 지역사회복지를 둘러싸고 사용되는 '지역'에는 두 가지 의미, 즉 중앙에 대한 '지방'이라는 의미와 지역생활의 장으로서의 '생활권 수준의 영역(area)'이라는 의미가 포함되어 있다. 여하튼, 지역이라는 단에 자체에는 일정한 지리적 공간의 의미가 담겨 있다.

커뮤니티와 지역사회

우리가 쓰는 지역사회라는 말은 커뮤니티라는 영어를 번역한 것이다. 따라서 지역사회의 개념을 정의하기 전에 커뮤니티의 본래 의미를 살펴볼 필요가 있다. 영어권에서 커뮤니티는 두 가지 의미로 사용된다. 하나는 지역성(locality)을 토대로 한 개념이고, 다른 하나는 공통의 이해관계나 특성 같은 것으로 뭉친 사람들의 집합체를 가리키기도 한다. 전자의 개념은 일정한 지리적

1) 이 장은 졸저(2020a)의 제10장 내용을 수정 · 보완한 것이다.

공간에서 함께 사는 사람들의 집단을 뜻하고, 후자의 경우는 지역성을 초월하는 개념으로 사회복지학계, 미국 내의 소수민족집단, 동성애자집단 같은 것이 여기에 해당한다(김종일, 2005: 16).

이렇게 볼 때, 커뮤니티는 우리가 살고, 배우고, 활동하고, 놀고, 모이고 하는 지리적 공간 · 장(場)과 이와 관련되는 다양한 사회관계를 의미한다고 볼 수 있다. 커뮤니티에 대한 개념 정의를 토대로 살펴보면, 지역이라는 단어 자체가 일정한 지리적 공간을 나타내고 있으므로 지역사회라는 말은 첫 번째 개념과 부합된다. 따라서 커뮤니티의 두 번째 개념을 표현하는 데에는 지역사회라는 단어가 적절하지 않다.

지역사회와 공동체

부연하면, 보통 커뮤니티라는 말은 지역사회 또는 공동체로 번역되는데, 지역사회는 지역성에 토대를 둔 커뮤니티를 의미하고, 공동체는 공통의 이해관계나 특성을 바탕으로 한 커뮤니티를 의미한다. 그런데 영어 'community'는 라틴어 cum과 munus(또는 munere)라는 두 말을 뿌리로 해서 나왔다고 한다. cum은 '함께' 또는 '서로'라는 말이고 munus는 '선물', munere는 '주다'라는 의미가 있다. 이와 같은 어원에 따르면, community는 '서로 (선물을) 주는 것'이다. 이렇게 선물을 주고받는 밀접한 관계가 전제된 community를 어원에 충실하게 번역한다면, 지역사회보다는 공동체라는 말이 더 잘 어울린다.

그러나 공동체라는 말에는 공동의 목표를 지닌 사람들의 집합체를 가리키는 개념이 강하고, 지리적 개념이 뚜렷하게 담겨 있지 않다. 또한, 공동체라는 용어를 선호하는 사람들은 공동체를 이상화하려는 경향을 보인다. 사실 사람들이 그리는 공동체는 하나의 실체라기보다는 역사적 상상과 이데올로기가 적당히 결합하여 만들어진 정신적 구성물(mental construct)의 성격이 강하다. 이와 같은 이유로 공동체라는 용어보다는 지역사회라는 용어가 사용된다(김종일, 2005: 18-19).

지역사회의 개념

그렇다면 지역사회란 무엇인가? 지역사회를 정의하는 것은 쉬운 일이 아니지만, 일반적으로 많은 문헌에서는 지역사회를 지리적 지역사회와 기능적 지역사회로 구분하여 설명하고 있다. 지리적인 지역사회(geographic community)는 한 지역을 구성하는 사람들과 조직들의 지리적 분포라는 관점을 강조한다. 예를 들면, 행정단위인 특별시, 광역시, 도, 시, 군 · 읍 · 면 등이 이에 해당한다. 기능적 지역사회(functional community)는 이념, 취미, 학연, 지연, 종교 등 공통적인 관심과 이해관계로 형성된 집단을 말한다. 달리 표현하면, 복지, 농업, 경제, 교육, 예술, 종교 등에 있어서 공통의 관심과 기능을 함께하는 사람들의 집단이라는 것이다. 이런 점에서 지역사회복지에서 말하는 지역사회의 개념은 지리적 의미와 기능적 의미를 함축하고 있으며, "일정한 지리적 범위 내의 사람들의 집단 또는 공동의 이해관계, 소속감, 문화에 기초하여 활동하는 사람들이 집단으로 구성된 사회적 단위"(황성철, 1997: 5-6)로 정의되는 것이 일반적이다.

그러나 앞서 논의한 것을 토대로 살펴보면, 기능적 지역사회라는 표현은 논리적으로 성립할 수 없다. 반복하지만, 커뮤니티의 두 가지 개념에 비추어 보았을 때, 지역사회는 지역사회의 '지역'이라는 단어 자체가 일정한 지리적 공간을 나타내고 있으므로 커뮤니티의 첫째 개념, 즉 지역성을 토대로 한 개념과 부합된다. 따라서 '기능적 지역사회'는 '기능적 공동체'라 표현해야 정확할 것이다. 또한, 기능 중심의 지역사회에 관한 개념은 지역적인 경계(boundary)를 나타내지 못하기 때문에 다른 기능집단인 위원회, 연합회, 협회의 경우 그 적용이 애매하며, 구성원이 반드시 지역사회에 거주하는 주민들이 되는 것이 아니므로 그들의 활동과 역할이 특정 지역사회의 복지증진 목표와 부합하느냐 하는 문제가 제기될 수 있다(최일섭, 1993).

2) 지역사회의 기능

모든 지역사회가 공통으로 수행하는 주요 기능에 대해서 길버트와 스펙트(Gilbert & Specht, 1974: 4-5)는 다음과 같이 5가지 기능을 제시하고 있다.

첫째, 생산 · 분배 · 소비의 기능이다. 지역주민들은 일상생활을 영위하는 데 필요한 상품과 서비스를 생산(production), 분배(distribution), 소비(consumption)하는 일련의 과정적 기능을 수행한다. 생산은 필요한 자원을 얻고 재화를 만들어 내는 과정으로 지역사회주민들에게 일에 대한 동기부여를 해주고, 그 일을 분업할 수 있도록 하는 것이다. 분배는 누가 무엇을 얼마나 어떻게 갖도록 하는지를 규정해 주는 사회보장적 기능이다. 소비는 인간이 욕구충족을 위해 생산, 분배한 재화와 용역을 소모하는 과정이다.

둘째, 사회화의 기능이다. 사회화의 기능은 지역사회가 향유하고 있는 일반적 지식, 사회적 가치, 그리고 행동양식 등을 지역주민들에게 전달하는 과정을 의미한다. 사회화 과정을 통해서 지역주민들은 다른 사회구성원과 구별되는 생활양식을 터득하게 된다. 사회화 과정은 개인의 유년시절부터 가정을 중심으로 이루어지며, 사회구성원으로서 일생 동안 지속된다.

셋째, 사회통제의 기능이다. 이 기능은 지역사회가 지역주민들에게 사회규범에 순응하도록 행동을 규제하는 것이다. 모든 지역사회는 지역주민들이 지켜야 할 법, 도덕, 규칙 등의 규범을 가지게 된다. 지역사회의 사회규범 위반을 예방하고 사회통합을 유지하기 위하여 사회규범을 집행하려는 노력이 사회통제이다.

넷째, 사회통합의 기능이다. 사회통합은 지역사회가 제공하는 제반 활동에 그 주민들이 규범을 준수하며 자발적으로 참여하는 것을 말한다. 사회통합의 기능을 수행하는 가장 대표적인 제도는 종교제도이다. 한편, 사회적 통합에 필요한 사회의 가치 규범을 만드는 사회조직으로는 가정, 학교, 사회단체 등이 있다.

다섯째, 상부상조의 기능이다. 상호부조는 지역주민들이 기존 사회제도에 의해 기본 욕구를 충족할 수 없는 경우 강조되는 사회적 기능이다. 전통사회에서 상부상조의 기능을 가족, 친척, 이웃, 자선단체 등과 같은 일차적인 집단에 의해 이루어졌으나, 현대사회에서는 이러한 기능이 정부, 민간사회단체, 종교단체 등에 의해 이루어지고 있다.

이상에서 살펴본 모든 사회적 기능들이 전통적인 사회에서는 가족이라는 하나의 사회제도에서 수행되어 왔지만, 현대사회에서는 사회문제가 복잡해짐에 따라 전문화에 따른 사회제도(가족, 종교, 경제 정치, 사회복지 등의 제도)가 만들어지게 된 것이다.

3) 지역사회복지의 개념

이제 지역사회복지의 개념을 알아보자. 일반적으로 지역사회복지는 협의의 개념과 광의의 개념으로 나누어 설명되고 있다(황성철, 1997: 6-7; 오정수 · 류진석, 2006: 27).

협의의 개념으로서의 지역사회복지의 개념은 재가복지를 포함한 커뮤니티케어와 동일시되는 견해로 비시설 환경(생활시설이 아닌 곳)에서 서비스 대상자에게 각종 사회복지서비스를 제공하는 것으로 시설보호와 대치되는 개념이다. 반면, 광의의 개념은 지역사회복지를 포괄적인 개념으로 파악하는데, 지역사회의 복지 향상을 위해 전문 혹은 비전문인력이 지역사회 수준에 개입하여 지역사회에 존재하는 각종 제도에 영향을 주고, 지역사회의 문제를 예방하고 해결하고자 하는 일체의 사회적 노력을 의미한다.

지역사회복지 개념의 속성은 다음과 같은 내용을 포함한다(오정수 · 류진석, 2006: 28). 첫째, 지역사회복지는 지역성과 기능성을 포함하는 일정한 지역사회 내에서 이루어진다. 둘째, 지역사회복지는 지역주민의 삶의 질 향상이라는 목표를 가지고 있다. 셋째, 지역사회복지는 지역사회의 문제를 해결하고 주민의 복지욕구를 충족시키는 기능이 있다. 넷째, 지역사회복지는 정부와 민간이 공동주체가 되어 공공과 민간의 협력이 강화되는 추세로 발전하고 있다. 다섯째, 지역사회복지는 조직적인 활동을 강조하는 전문적인 서비스와 방법을 사용한다.

우리가 주목해야 할 점은 지역사회복지가 사회복지서비스의 한 분야를 구성한다기보다는 지역사회주민의 복지 향상을 도모하는 사회복지의 축도(縮圖)라고 해도 과언이 아니라는 점이다. 공공부조, 아동복지, 장애인복지, 노인복지, 모 · 부자복지 등 각 분야가 지역에서 전개되고 있으며, 정책주체와 대상 그리고 복지운동의 상호관계에서 변동하는 사회복지가 지역 공간에서 존재하는 있는 것이 바로 지역사회복지이다.

2. 지역사회복지의 기본 이념 · 원리

지역사회복지의 기본 이념이자 원리로서 노멀라이제이션(normalization), 주민참가, 네트워크, 커뮤니티케어, 탈시설화, 지역생활보장 등을 들 수 있다.

1) 노멀라이제이션

노멀라이제이션(normalization)은 1952년 덴마크에서 시설 개혁을 요구하는 지적장애인부모회의 요구로부터 시작되었다. 대규모 수용시설의 개혁을 요구하던 부모회의 활동에 관여하면서 부모회의 요구를 근거로 노멀라이제이션 원리를 발전시키고 구체화한 사람이 뱅크미켈센(Bank-Mikkelsen)[2]이다. 뱅크

2) 뱅크미켈센은 1919년 덴마크의 로스킬레 출생으로 덴마크의 행정관이자 사상가이다. 장애를 가진 인간의 존재를 특별한(special) 존재가 아닌 '우리와 똑같은 존재'로서 이해하며, 행정적으로는 '특별법'에서 '일반법'으로 통합을 도모하는 것에 생애를 바쳤다.

미켈센의 중심사상은 2가지이다. 하나는 장애인은 비장애인과 똑같은 인간이다. 다른 하나는 특별법을 폐지하여 일반법의 원조를 받아야 한다. 즉, 장애인만을 대상으로 한 법률은 장애인을 시민사회로부터 분리시키는 결과를 초래한다는 것이다.

뱅크미켈센(Bank-Mikkelsen, 1976)의 노멀라이제이션의 원리는 "장애인의 생활을 가능한 보통의 생활 상태에 가까운 생활로 만든다"라는 것이다. 노멀라이제이션은 장애인을 보통사람으로 변화시키는 것을 목표로 하는 것이 아니라 그들의 장애를 수용하는 것이고, 그들에게 '보통의 생활조건'을 제공하는 것이다. 즉, 최대한 발달할 수 있도록 장애인 개개인의 욕구에 적절한 처우, 교육, 훈련을 포함하여 다른 모든 시민에게 주어지는 것과 동일한 조건을 그들에게 제공하는 것을 의미한다. 여기서 보통의 생활조건이란 3가지 조건, 즉 주거, 일, 여가에 관한 기본적인 내용을 정비하는 것을 의미한다. 첫째, 주거의 조건은 장애를 지닌 아동들도 부모와 함께 생활하는 것이 노멀라이제이션 원리에 부합된다. 사정상 시설이나 그룹홈에서 생활하는 경우도 지역사회의 아동들과 같은 가정생활의 실태가 충족되어야 한다. 성인의 경우, 성인이 되면 부모의 집에서 독립하여 생활하는 것이 보통이므로 장애인도 부모의 집을 떠나서 자립생활을 할 조건이 주어져야 한다. 둘째, 일의 조건은 아동일 경우, 교육받을 권리가 보장되어야 한다. 성인의 경우 일을 해서 임금을 받는 다른 시민과 같은 권리를 장애인도 가져야 하며, 이를 위해서는 직업훈련의 기회가 보장되어야 한다. 셋째, 여가의 조건은 여가를 보내는 방법과 여가활동에 대해서도 장애인이 다른 시민과 똑같은 시간을 가지고, 다른 모든 시민에게 열려 있는 여가계획에 참여해야 한다.

이처럼 노멀라이제이션은 장애인이 지역사회의 모든 시민과 동등한 보통의 생활을 하는 것이다. 이 원리를 요약하면, 완전한 참여와 평등이라 할 수 있다.

장애인복지분야에서 발전한 노멀라이제이션 원리는 그 이념을 실천하는 대상이 장애인뿐만 아니라 모든 서비스 이용자의 문제에 이르기까지 확대되었다. 노멀라이제이션 원리는 오늘날 사회복지서비스의 기본 원리가 되고 있다.

지역사회복지도 예외는 아니다. 노멀라이제이션은 특별한 욕구의 유무에 관계없이 일정한 지역에서 같은 시기에 더불어 살아가는 이웃으로서 이상적인 공동체를 만들어 가야 하는 지역사회복지의 이념적 기반이 되는 것이다.

2) 주민참가

지역사회에서의 주민은 단순히 서비스를 받는 사람으로만 위치하는 것이 아니라 주민의 욕구와 문제해결을 위한 주체로서 존재한다. 지역사회는 문제 발생의 장(場)이기도 하지만, 해결의 장이고 나아가 예방의 장이기 때문에 주민은 서비스 이용자임과 동시에 제공자로서의 양면성을 지니고 있다. 따라서 주민참가는 이 양면성을 잘 실천하는 방법이기도 하다.

주민참가는 주민의 욕구파악을 위한 것뿐만 아니라 주민이 지역사회의 주인공으로서의 주체성을 가질 수 있게 하는 것이고, 지방자치단체와 동등한 파트너십을 형성하는 방법이기도 하다. 진정한 주민참가가 없는 지역사회복지는 제대로 된 지역사회복지라고 할 수 없다.

한편, 주민참가라는 말 대신에 '주민주체'라는 용어를 사용하는 경우도 있다(藤松表子編, 2006). 주민참가라는 말은 누군가가 준비한 무대에 선다는 뉘앙스가 있는 데 반해, '주민주체'라는 이념은 "그 무대를 어떤 것으로 준비할 것인가를 결정하는 것도 또한 주민이다"라는 것을 함의하기 때문이다. 하지만 그것은 모든 것을 주민만이 행한다는 것을 의미하는 것은 아니다. 하물며 행정이 기대하는 자원봉사활동 등에 동원되어 참가하는 것은 더더욱 아니다. 개개의 주민이 자기 삶의 방식을 규정하는 시책·활동에서의 의사결정과정에 다양한 형태로 관여하고 그것을 조정해 가는 것이야말로 중요한 것이다. 이것도 또한 노멀라이제이션을 실현하는 중요한 방법이 될 것이다. 당연히 이것은 주민 자신의 주체 형성의 과제이기도 하다. 개개의 주민이 지역사회복지 과제에 관심을 가지고 적극적으로 관계하지 않으면 지역사회는 변화하지 않고, 지역사회복지의 충실은 실현될 수 없기 때문이다. '주민참가', '생활과제의 달성을 위한 주민의 적극적 참가'라는 이념은 이런 점에서 비로소 의미가 있다.

3) 네트워크

사회복지의 큰 흐름 가운데 하나는 공급자 중심의 서비스 제공에서 이용자 중심의 서비스 제공으로의 변화이다. 다양한 욕구를 지닌 이용자들이 원하는 서비스를 제공하기 위해서는 다양한 네트워크의 구축이 필요하다. 네트워크(network)란 개인 간 관계를 포함하여 개인, 자원, 조직 제도들이 직간접적으로 도달할 수 있는 모든 총체적 연결구조를 말한다. 과거에는 협력이 같은 시공간에서 일어났지만, 오늘날에는 인터넷과 같은 정보통신기술의 발달로 인해 공간과 시간의 한계를 넘어선 협력이 이루어지고 있다. 이러한 기술적 측면의 네트워크뿐만 아니라 교육이나 직업적 성취 또는 비즈니스 성공을 담보하는 조건으로 이해되면서 투자하고 관리해야 하는 자본으로 간주되는 사회적 관계로서의 네트워크도 중요해졌다. 개인의 네트워크가 무한대로 확장되어 일면식도 없는 타인에게 온라인으로 도움을 주기도 하고, 공간의 한계를 넘어 전 지구적 결사체를 형성하기 한다. 이처럼 사회네트워크는 양적으로, 질적으로 변하고 있다(지은구 외, 2021: 393-395).

지역사회복지는 사회네트워크와 밀접한 관련을 맺는다. 지역사회복지에서 네트워크 원리는 궁극적으로는 사회적 인간관계의 조직화를 의미하는 것이다. 이는 당사자의 조직화, 자원봉사자나 주민 리더의 조직화, 보건·의료·복지 전문직의 연계, 사회복지기관·제도의 연계까지 포함한다(박태영, 2005). 네트워크는 지역사회주민의 입장에서 자원 확보의 전략적 차원에서, 지역사회 조직의 입장에서는 다른 조직과의 협력을 통한 목표달성 전략의 차원에서 매우 중요하다.

4) 커뮤니티케어

공공과 민간의 지역사회서비스를 포괄하는 지역사회복지의 개념이 커뮤니티케어(community care)이다. 커뮤니티케어는 1920~1930년대에 정신장애인의 치료와 처우에서 시설수용방식에 대한 반성, 약물요법의 진보와 함께 지역사회에서의 치료 · 처우의 필요성과 가능성이 강조되면서 대두되었다. 제2차 대전 이후 1946년 커티스위원회가 아동의 보호에 관해서 수용시설보다는 가정이나 규모가 적은 그룹홈(group home)에서 보호하는 것이 바람직하다는 원칙을 내세운 것이 계기가 되어 노인이나 정신위생 분야에서도 사용되었다. 이처럼 초기 커뮤니티케어는 시설보호의 반대개념으로 등장하였다.

커뮤니티케어는 시설보호로부터 지역사회로 나아간다는 포괄적인 의미를 지니고 있다. 즉, 커뮤니티케어란 노멀라이제이션의 이념에 입각해서 사회적 돌봄을 필요로 하는 사람이 지역사회에서 자립된 지역생활을 할 수 있도록 하기 위한 지역사회복지의 체계를 의미한다(藤松表子編, 2006: 14). 커뮤니티케어는 돌봄을 필요로 하는 사람에게 가정 또는 그와 유사한 지역사회 내의 환경에서 서비스를 제공하는 사회적 돌봄의 형태이다. 다시 말해, 정신적 · 신체적 이유로 혼자서 일상생활을 수행하기에 불편한 노인, 장애인, 저소득가정 등에 필요한 서비스를 제공함으로써 지역사회 내에서 가족 및 친지와 더불어 지역사회의 일원으로 성장할 수 있도록 돕는 활동이다(유동철 · 홍재봉, 2018: 21).

커뮤니티케어의 특징으로는 첫째, 가정 또는 가정과 유사한 환경, 즉 통원치료기관, 그룹홈 등과 같은 보호의 장이 전제된다는 점, 둘째, 서비스 제공을 위해 함께 동거하는 직원이 없다는 점, 셋째, 일상생활의 결정은 개인에 의하여 이루어진다는 점, 넷째, 가정에서의 보호 또는 가정 외부로부터 서비스를 받는다는 점 등을 들 수 있다(오정수 · 류진석, 2006: 29).

5) 탈시설화

탈시설화(deinstitutionalization)란 일반적으로 커뮤니티케어를 발전시켜서 장애인을 시설에서 지역사회로 점차 복귀시키는 것을 말한다. 이것은 장애인의 자유나 자립 생활의 질과 관련된 개념인데, 그 중심 개념은 '가장 제약이 적은 환경'과 '지역사회 내에 통합된 생활'(阿部秀雄, 1978; 江草安彦, 1982)이라 할 수 있다. '가장 제약이 적은 환경'이라는 개념의 근본적 명제는 자립이다. 자립이란 자기결정권, 자기실현을 요구하는 권리, 독특한 인격을 가진 개인이라는 권리, 자기 의지로 이동할 권리 등을 말한다. 가장 제약이 적은 환경이란 아동이나 청년에게는 태어난 가정환경을 의미하며, 성인에게 자립이란 법적 규제의 범위 내에서 자기 자신의 문제 전부에 대해 인간으로서의 특권을 충분히 행사할 권리를 의미한다(나카조노 야스오, 2004).

탈시설화의 요점은 ① 규제가 많은 생활에서 적은 생활로, ② 큰 시설에서 작은 규모의 생활로, ③ 큰 생활단위에서 작은 생활단위로, ④ 집단활동에서 개인 생활로, ⑤ 지역사회와 격리된 생활에서 지역사회 내에 통합된 생활로, ⑥ 의존적인 생활에서 자립적인 생활로 등으로 집약된다(손광훈, 2004: 86).

탈시설화의 성공요건은 바로 지역사회의 준비이다. 지역사회가 장애인을 자신들의 지역주민으로 인정하고 때로는 그들과 협력하고 때로는 그들을 원조하여 같이 살아갈 만큼 성숙하였는가 하는 점이다. 그렇지 않은 경우 탈시설화의 초기단계에서는 장애인의 삶을 어렵게 하는 혼란이 발생할 수 있다.

이처럼 탈시설화는 단순히 지역사회로 돌아가게 하는 것뿐만 아니라 그들을 받아들이는 거주장소나 지역사회에 기반을 둔 서비스 체계가 확립되어 있을 때 비로소 의의를 지닌다. 지역사회에 장애인이 자립해 나가기 위한 시스템이 없는데, 그냥 시설수용자를 지역사회로 돌아가게 하는 것은 진정한 의미에서의 탈시설화가 아니라는 것에 유의해야 한다. 지역사회에 기반을 둔 서비스의 성공을 위해서는 주거서비스, 교육서비스, 직업선택, 여가서비스 등이 확보되어야 한다(나카조노 야스오, 2004: 283, 294).

6) 지역생활보장

우리들의 지역생활을 둘러싼 기반은 상당히 취약하다. 지역정책의 미비가 초래한 과소 · 과밀문제로 대표되는 지역 간 격차의 확대, 핵가족화 · 소가족화에 수반되는 가족의 상호부조기능의 저하, 도시화의 진행에 따른 커뮤니티의 붕괴 · 부재 상황, 그것을 배경으로 하는 저출산의 진행, 고령화의 진행에 따른 고령자의 돌봄문제, 사회적 고립문제, 경제정책의 파탄에 의한 구조조정, 불안정고용에 의한 실업자의 증대, 비정규직 노동자의 문제, 신자유주의의 득세에 따른(공적 사회복지서비스의 후퇴가 초래하는) 사회복지를 필요로 하는 사람들의 생활 곤란의 증대 등은 매우 심각한 생활문제이다.

지역생활을 둘러싼 제 문제는 국가나 지방자치단체의 책임으로 실시하는 사회보장 · 사회복지정책 및 제도를 충실히 하지 않고서는 개선되지 않는 문제이다. 노멀라이제이션, 삶의 질(QOL), 커뮤니티케어 등의 개념을 실현해 가기 위해서 최저한 필요한 조건으로서 '지역생활보장' 이념에 기초한 사회복지제도와 정책이 충실히 이루어져야 한다.

3. 지역사회복지의 특성

지역사회복지의 특성은 예방성, 종합성 · 전체성, 연대성 · 공동성, 지역성으로 나누어 설명할 수 있다(박태영, 2005: 37-39).

첫째, 예방성은 지역사회 내의 사회복지 욕구나 해결되지 못한 생활문제를 주민참가라는 구조를 통하여 이를 조기에 발견하여 대응할 수 있으므로 예방적 효과를 거둘 수 있다는 의미이다.

둘째, 종합성 · 전체성은 공급자의 측면과 이용자의 측면에서 생각해 볼 수 있다. 공급자 측면에서는 종합성의 특성을 가지는데, 이것은 서비스 제공기관

간의 연락 · 조정 · 협의 등의 네트워크 구축과 이의 실질적인 운용을 통하여 확보된다. 이용자 측면에서는 전체성의 특성을 가지는데, 주민생활에 밀접하게 관련을 맺고 있는 다양한 분야를 포괄적으로 다루어야 함을 의미한다.

셋째, 연대성 · 공동성(共同性)은 인간에게는 공동의 관심사에 따라 연대를 형성하고 공동으로 이를 확대해 나가는 특성이 있는데, 지역사회복지에서는 주민 개인의 사적 활동으로는 해결이 곤란한 생활상의 과제를 주민들이 연대를 형성하고 공동의 행동을 통하여 해결하는 특성을 가진다는 것이다.

넷째, 지역성은 지역사회복지는 주민의 생활권역을 기초로 하여 전개되고, 주민의 생활권역은 주민생활의 장임과 동시에 사회참여의 장이기 때문에 지역적 특성을 고려해야 한다는 것이다. 주민의 기초적인 생활권역을 구분하는 기준은 다양하다. 물리적인 거리뿐만 아니라 심리적인 거리까지 포함하여 지역성을 파악해야 한다.

4. 지역사회복지의 영역과 추진체계

1) 공공영역과 추진체계

(1) 지역사회보장계획과 지역사회보장협의체

지역사회보장계획

지역사회보장계획은 지역주민의 복지욕구를 충족시키기 위하여 4년을 주기로 지역사회의 자원과 주민의 욕구조사를 통해 수립하는 종합적이고 계획적인 중 · 장기 계획이다. 2003년 사회복지사업법 개정 시 지역사회복지협의체 설치 및 운영과 함께 지역사회복지계획수립도 동시에 마련되었는데, 이것이 지역사회보장계획으로 전환된 것이다.

먼저, 시 · 군 · 구 지역사회보장계획 수립과정을 보면, ① 지역사회보장 욕구조사 실시, ② 지역사회보장계획(안) 마련, ③ 지역주민 의견수렴, ④ 협의체 심의, ⑤ 시 · 도에 계획 제출, ⑥ 시행 및 평가의 절차를 거친다.

한편, 시 · 도 지역사회보장계획의 수립과정은 ① 지역사회보장 욕구조사 실시, ② 지역사회보장계획(안) 마련, ③ 위원회 심의, ④ 보건복지부에 계획 제출, ⑤ 시행 및 평가의 절차를 통해 이루어진다. 시 · 도의 지역사회보장계획 수립과정은 시 · 군 · 구의 과정과 시 · 도를 대상으로 한다는 것과 지역주민 의견수렴과정이 없이 바로 시 · 도의 사회보장위원회의 심의를 받는 것 외에는 대부분 시 · 군 · 구 지역사회보장계획 수립과정과 유사하다.

지역사회보장협의체

2005년부터 전국의 모든 시 · 군 · 구 단위로 설치 · 운영되고 있는 지역사회보장협의체는 대표적인 복지분야 협치기구로서 지역사회단위로 사회복지 관련 공공과 민간의 주체와 학계 전문가, 주민대표 등이 참여하여 지역의 복지 관련 사안에 대한 논의와 협의, 추진 및 검토를 수행하는 지역사회복지의 추진체계이다.

지역사회보장협의체의 주요 기능은 첫째, 협치(governance)기능으로서 지역사회보장계획의 수립 · 이행 · 평가 등 지역사회보장의 주요 사항에 대하여 민간과 공공이 협의하여 심의 · 자문한다. 둘째, 연계(network)기능으로서 사회보장과 관련된 서비스를 제공하는 기관 · 법인 · 단체 · 시설과 연계와 협력을 강화한다. 셋째, 통합서비스기능으로서 협의체 내 분과 간 통합 및 조정의 역할과 효율적 서비스 전달을 위한 지원을 하고, 통합서비스 제공을 위해 기존의 보건복지뿐만 아니라 고용 · 주거 · 교육 · 문화 · 환경 등 다양한 영역과 연계한다(보건복지부, 2015).

지역사회보장협의체는 대표협의체와 실무협의체, 실무분과로 나누어 구성된다. 대표협의체는 실무협의체에서 검토된 사안을 비롯하여 지역사회보장계획과 시책에 대한 심의와 건의를 하고, 지역의 다양한 복지문제에 대한 협의 및 건의, 자원개발과 관련된 협의, 복지정책 모니터링 등의 중요한 역할을 수행한다. 실무협의체는 대표협의체 심의(건의) 안건에 대한 사전검토를 하며, 지역사회 내의 실질적인 현안을 논의하고, 공동사업에 대한 개발 및 건의, 지역사회서비스 제공과 연계 협력에 관한 사항을 협의하고 건의하는 주요한 역할을 수행한다. 실무분과는 공동사업에 대한 수행은 물론, 사례회의, 서비스 제공 및 연계, 관련 건의 등의 실질적인 활동을 맡고 있다(유동철 · 홍재봉, 2018: 257).

지역사회보장협의체의 주요 사업으로는 복지정책 · 시책 개발 및 건의, 지역사회보장계획 수립, 역량강화 및 서비스 연계 · 조정 등이 있다.

(2) 자활사업과 지역자활센터

자활사업

자활사업은 근로능력을 가진 빈곤층에 대해 노동기회 및 다양한 서비스를 제공함으로써 빈곤에서 벗어나게 하려는 일련의 과정이며, 조직적이고 체계적인 원조활동을 말한다(오정수 외, 2016). 지역자활사업은 근로능력자의 기초생활도 보장하는 국민기초생활보장제도가 도입되면서 시작되었다.

자활사업의 대상자는 조건부수급자,[3] 자활급여특례자,[4] 일반수급자,[5] 특례수급가구의 가구원,[6] 차상위자,[7] 근로능력이 있는 시설수급자이다.

지역자활사업의 종류로는 보건복지부가 주관하는 자활기업, 자활근로, 사회적응프로그램, 생업자금융자와 고용노동부가 주관하는 취업알선, 직업훈련(창업훈련), 직업적응훈련, 자활취업촉진사업 등이 있다.

---

3) 자활사업 참여를 조건으로 생계급여를 받는 수급자를 말한다.

4) 생계 · 의료급여수급자가 자활근로, 자활기업 등 자활사업 및 취업 성공 패키지에 참가하여 발생한 소득으로 인하여 소득인정액이 기준 중위소득의 40%를 초과한 자를 말한다.

5) 일반 수급자는 참여 희망자를 말하는데, 만 65세 이상 등 근로 무능력자도 희망 시 참여가 가능하다.

6) 의료급여특례, 교육급여특례 가구의 근로능력이 있는 가구원 중 자활사업 참여를 희망하는 자를 말한다.

7) 근로능력이 있고, 소득인정액이 기준 중위소득 50% 이하인 사람 중 비수급권자를 말한다.

이처럼 빈곤층에 대한 사회복지 차원의 자활사업은 주로 보건복지부에서 관장하며, 취업과 관련한 사업들은 고용노동부와 고용지원센터에서 관장한다. 지역자활사업을 보건복지부에서 관장한다고는 하지만, 실제로 보건복지부에서 구체적인 사업들을 수행할 수는 없으므로 사회복지법인이나 사회적 협동조합과 같은 비영리조직에 위탁을 하고 있다. 그 대표적인 위탁기관이 바로 지역자활센터이다.

지역자활센터

지역자활센터는 국민기초생활보장법에 기초하여 근로능력이 있는 저소득층에게 집중적인 자립지원서비스를 제공하여 자립의욕과 기술능력을 향상시키고, 소득 창출을 위한 일자리를 제공함으로써 자립능력 향상을 지원하는 시설이다.

지역자활센터의 주요 사업으로는 ① 지역자활센터의 자활사업 지원대상자의 선발과 관리, ② 자활의욕의 고취를 위한 교육, ③ 자활을 위한 정보 제공 및 상담, 취업교육, 취업알선, ④ 생업을 위한 자금융자 알선, ⑤ 자영 창업지원과 기술 · 경영의 지도, ⑥ 자활공동체의 설립과 운영지원, ⑦ 자활을 위한 각종 사업 등이 있다.

(3) 드림스타트

드림스타트는 아동복지법(제37조)에 기초하여 취약계층 아동들을 대상으로 맞춤형 통합서비스를 제공함으로써 아동의 건강한 성장과 발달을 도모하고, 공평한 출발의 기회를 보장하여 건강하고 행복한 사회구성원으로 성장할 수 있도록 지원하는 사업이다. 드림스타트는 임산부의 태아부터 초등학생 이하인 만 12세까지의 아동과 그 가족을 대상으로 한다. 단, 만 12세 이상이어도 현재 초등학교에 재학 중이면 드림스타트 지원대상에 포함된다. 그리고 국민기초생활보장수급자와 차상위계층 가정, 보호대상 한부모가정과 학대 및 성폭력피해아동은 우선적으로 지원한다.

드림스타트는 시 · 군 · 구청장이 운영에 대한 책임을 지고, 드림스타트 전담공무원과 아동통합서비스 전문요원으로 조직이 구성되어 있다. 드림스타트의 지원기구로는 자문기구인 운영위원회와 아동복지기관 간 정보 공유 및 서비스 연계를 위한 아동복지기관협의체, 그리고 사례관리 및 업무능력 향상을 위한 슈퍼비전 체계, 마지막으로 사업운영과 관련한 노하우 및 우수사례를 공유하는 멘토 · 멘티 체계를 들 수 있다.

2) 민간복지 영역과 추진체계

(1) 지역사회복지관

지역사회복지관은 지역사회 내에서 일정한 시설과 전문인력을 갖추고, 지역사회의 인적 및 물적 자원을 동원하여 지역사회복지를 중심으로 종합적인 사회복지사업을 수행하는 사회복지시설이다. 지역사회복지관은 사회복지서비스 욕구를 지닌 모든 지역사회 주민을 대상으로 보호서비스, 재가복지서비스, 자립능력 배양을 위한 교육 훈련 등 그들이 필요로 하는 복지서비스를 제공한다. 그리고 각종 기능 강화 및 주민 상호 간 연대감 조성을 통하여 각종 지역사회 문제를 예방 · 치료하는 종합적인 복지서비스 전달기구로서 지역사회 주민의 복지증진을 위한 중심적인 역할을 수행하는 것을 목표로 하고 있다.

지역사회복지관은 크게 2가지 기능을 담당한다. 첫째는 직접적으로 종합적인 서비스를 제공하는 기능을 수행한다. 즉, 일반 욕구충족을 위한 서비스 제공과 문제가 있는 개인과 가족에 대한 서비스 제공, 기타 의뢰 및 다양한 정보제공 등의 기능을 수행한다. 둘째, 간접적인 서비스 제공으로 지역사회 문제해결을 위한 조직화의 기능을 수행한다. 예컨대, 지역사회 주민의 연대감 조성, 지역사회 자원 동원, 타 기관과의 연대와 협력, 특정 소외집단의 이익대변, 사회행동 등이 포함된다.

한편, 지역사회복지관은 ① 지역사회문제 파악의 역할, ② 서비스센터의 역할, ③ 대변자의 역할, ④ 사회행동센터로서의 역할, ⑤ 사회교육센터의 역할, ⑥ 공동이용센터의 역할, ⑦ 직업안정센터의 역할, ⑧ 자원동원의 역할 등을 수행한다.

(2) 사회복지협의회

사회복지협의회는 지역사회복지의 대표적인 협의조정기관이다. 즉, 지역주민에 대한 복지서비스 제공뿐만 아니라 지역사회 내의 다양한 사회복지기관들의 욕구를 달성하고 기능을 강화하기 위하여 정보를 제공하고 서비스를 조정하는 역할을 수행하는 자주적인 조직이다. 사회복지협의회는 전문 혹은 비전문 개인회원과 사회복지기관의 단체회원으로 구성되며, 지역의 사회복지에 관한 조사연구 및 교육 등 각종 사회복지사업을 전개하고, 조직적으로 협의하고 조정하는 노력을 하는 단체이다.

사회복지협의회는 다음과 같은 기능을 수행한다. ① 지역사회의 복지증진과 관련된 사실 발견, ② 사회복지기관들의 협력과 조정, ③ 지역사회복지의 센터 역할, ④ 사회복지기관 간의 서비스 조정활동, ⑤ 사회복지기관 업무의 질적 수준 제고, ⑥ 지역사회복지를 위한 공동의 계획 수립 및 실천, ⑦ 정보제공, 교육 및 홍보, ⑧ 자원 동원 및 재정안정 도모, ⑨ 사회행동 등.

한국의 사회복지협의회는 중앙회와 지방회로 구분되는데, 중앙회로는 한국사회복지협의회가 있고, 지방회로는 시 · 도 사회복지협의회가 있으며, 기초자치단체의 역량에 따라 임의기구로서 시 · 군 · 구 협의회가 설립되어 있다.

(3) 사회복지공동모금회

사회복지공동모금회는 사회복지사업과 기타 사회복지활동의 지원에 필요한 재원을 조성하고 민간사회복지 재정운용의 안정성 부여를 통한 사회복지서비스 프로그램의 전문화 및 질적 수준을 제고하는 기회를 제공하는 것을 목적으로 1998년 11월에 설립된 사회복지법인이다.

사회복지공동모금회에서는 사회복지공동모금사업, 공동모금재원의 배분, 공동모금재원의 운용 및 관리, 사회복지공동모금에 관한 조사 · 연구 · 홍보 및 교육훈련, 지회의 운영, 사회복지공동모금과 관련된 국제교류 및 협력증진 사업, 다른 기부금품 모집자와의 협력사업, 기타 모금회의 목적달성에 필요한 사업 등을 수행하고 있다. 이 중에서도 사회복지공동모금회의 주요 업무는 모금과 배분이라 할 수 있다. 모금사업은 시기별 · 수혜대상별로 특성에 맞는 모금을 하는 것으로서, 크게 연중모금과 연말집중모금으로 구분된다. 방법은 다양하다. 예컨대, 모금방송, 모금광고, 가두모금, 기관모금, 우편모금, 상품판매 모금, 인터넷모금, 그리고 각종 이벤트 행사 등이 있다.

모금만큼이나 중요한 배분사업은 모금한 자원을 투명한 법적 절차에 따라 나누는 과정이다. 배분은 공정성과 투명성, 효과성과 효율성 등을 담보해야 하므로 규정이 많고 매우 엄격하다. 공동모금회의 배분사업은 크게 신청사업, 기획사업, 지정기탁사업, 긴급지원사업의 4가지로 명시되어 있으며, 그밖에 복권기금위원회로부터 위탁받아 복권기금사업을 진행하고 있다.

〈표 4-1〉 사회복지공동모금회 배분사업의 종류

배분사업의 종류	개념
신청사업	• 해당 연도의 배분 기준에 따라 자유주제 공모형태로 신청을 받아 배분하는 사업(지회에서만 실시)
기획사업	• 모금회가 그 주제를 정하여 배분하는 사업 또는 배분 대상자로부터 제안받은 내용 중에서 선정하여 배분하는 시범적이고 전문적인 사업
지정기탁사업	• 기부자가 기부금품의 배분 지역, 배분 대상 또는 사용 용도를 지정한 기부에 대하여 그 지정 취지에 따라 배분하는 사업
긴급지원사업	• 재해 및 재난으로 인해 피해를 입은 개인 및 단체에 대한 의식주 · 의료지원 등 긴급한 사회복지지원에 배분하는 사업 • 재해 및 재난에 준하는 사회복지서비스지원이 필요한 개인을 대상으로 하는 배분사업
복권기금사업	• 「복권 및 복권기금법」에 따라 복권수익금의 100분의 4.286배분 비율로 진행하는 사업

(4) 자원봉사와 자원봉사센터

자원봉사란 개인의 자발적인 선택에 의해 경제적인 이익을 추구하지 않고 공공의 이익과 복지 향상을 위해 조직적이고 체계적으로 지속적인 활동을 하는 사람 혹은 활동을 말한다(오세영, 2011: 12).

자원봉사활동을 육성, 추진해 나가는 것을 목적으로 하는 기관이나 단체를 자원봉사활동의 추진체계라고 하는데, 대표적인 추진체계가 바로 자원봉사센터이다. 자원봉사센터는 자원봉사활동기본법에 근거하고 있는데, 동법 제3조 제4항에 의하면, 자원봉사센터는 자원봉사활동 개발 · 장려 · 연계 · 협력 등의 사업을 수행하기 위하여 법령과 조례 등에 의하여 설치된 기관 · 법인 · 단체 등을 말한다. 부연하면, 자원봉사센터는 지역사회 주민들에 의한 자원봉사활동의 수요와 공급을 상호 조정하고 체계적으로 통합함으로써 지역사회 문제를 보다 효율적이고 효과적으로 해결하기 위해 설치 · 운영되고 있다. 자원봉사 프로그램의 개발, 자원봉사자의 모집 및 선발, 수급조정, 교육 · 훈련 · 배치, 인정과 보상, 홍보 및 정보제공, 조사 · 연구 등의 기능을 수행한다.

3) 사회적경제와 추진체계

(1) 사회적경제의 개념

사회적경제(social economy)라는 말은 프랑스에서 만들어져 1980년대 후반부터 유럽에 퍼졌으며, 최근에는 한국에서도 널리 쓰이고 있다. 한국에서 통용되는 사회적경제의 개념은 "시장부문과 공공부문 사이에서 양자를 통해 충족되지 못한 욕구를 해결하기 위해 재화와 서비스를 제공하는 경제활동 영역" 정도로 요약할 수 있다. 그러나 사회적경제의 다양성과 역동성을 이해하기 위해서는 원리적인 측면에서 사회적경제를 정의해야 한다는 지적(김종일, 2012)이 있다. 이에 따르면, 사회적경제는 다음과 같이 정의할 수 있다(장원봉, 2007). 첫째, 사회적경제는 시장과 국가가 해결하지 못한 시민사회의 욕구에 대응한다는 사회적 목적을 갖는다. 둘째, 시민사회의 주도와 참여를 바탕으로 사회적 소유를 실현한다. 이것은 구성원의 배타적 이익에 복무하는 협동조합과 같은 기존 조직의 한계를 넘어 다양한 이해관계자의 복합적 이익을 충족시킨다는 뜻이다. 셋째, 사회적경제는 호혜와 연대성에 기초해 축적되는 사회자본을 통해 시장경제에 대응하려는 시민사회의 정치 · 사회적 개입전략이다.

한편, 사회적경제는 구성원들 상호 간의 호혜와 신뢰, 소통 및 연대를 통해 이윤추구보다 사람과 공동체를 우선시하기 때문에 '사람 중심의 경제'라고도 부른다.

(2) 사회적경제의 추진체계

사회적기업

사회적경제라는 무대에서 활동하는 대표적인 추진체계가 바로 사회적기업(social enterprise)이다. 사회적기업이란 용어는 1980년대 말에 이탈리아에서 등장했고, 1990년대 중반에는 유럽연합 차원에서 사용되기 시작하였다. 한국에서는 노무현정부 시기에 '사회적 일자리' 사업이 추진되면서 함께 알려지게 되었다.

사회적경제와 사회적기업 연구의 최고의 권위를 자랑하는 EMES[8] 유럽연구네트워크에서는 사회적기업을 다음과 같이 정의한다(김종일, 2012: 375-376에서 재인용).

첫째, 사회적기업은 지속적으로 상품과 서비스를 생산하고 판매하는 활동에 종사한다. 둘째, 사회적기업은 정부나 다른 기업으로부터 관리를 받지 않는 고도의 자율성을 갖는다. 셋째, 사회적기업을 설립한 사람들은 전적으로 또는 부분적으로 사업에 내재한 위험을 부담해야 한다. 넷째, 사회적기업의 활동은 최소한의 유급 노동자를 사용해야 한다. 다섯째, 사회적기업의 주된 목적 중 하

8) EMES는 프랑스어로 L'Emergence de L'Entreprise Sociale의 약자로 '사회적기업의 등장'이라는 뜻이다(김종일, 2012: 374).

나는 지역사회에 봉사하는 것이므로 지역사회에 봉사하겠다는 목적을 명시해야 한다. 여섯째, 사회적기업은 지역사회 주민들의 참여에 바탕을 두고 있으므로 기업운영과정에서 이것이 올바르게 지켜지도록 노력해야 한다. 일곱째, 사회적기업의 의사결정은 자본의 소유 정도에 따라 이루어지지 않고, 기본적으로 1인 1표 원리에 따른다. 여덟째, 사회적기업의 의사결정과정에는 소비자, 사용자, 그리고 관련 이해관계자의 대표성과 참여가 보장되어야 한다. 아홉째, 사회적기업은 이윤 극대화를 추구하는 행태를 보이지 말아야 한다.

한국에서의 사회적기업은 2003년에 시작된 사회적 일자리 창출 사업에서 비롯되었다. 사회적 일자리 사업은 취약계층에게 임시 일자리를 제공하던 공공근로사업의 연장선상에서 더 안정적인 일자리를 제공하려는 목적으로 출발하였다. 정부는 사회적 일자리 사업에서 생겨난 문제를 보완하고 사회서비스 수요 증가에 대처하기 위해 2007년에 사회적기업 육성법을 제정하였다. 이 법의 핵심은 인증제이다. 사회적기업은 인증조건을 충족해야만 법적 및 재정적 지원을 받을 수 있다. 인증요건은 조직 형태, 사회적 목적 실현, 유급 근로자 고용, 민주적 의사결정 구조, 일정 수준의 수입 창출 등이다. 재정지원으로는 채용 인력의 인건비, 사업 개발비, 세제 지원, 사회보험 지원 등이 있다.

협동조합

협동조합(cooperative)은 공동 소유와 민주적 관리를 기본 원리로 삼고, 공동 출자에 의해 설립하는 자율적 결사체이자 사업조직으로, 자조, 자기책임, 민주주의, 평등 그리고 연대성 등의 가치를 추구한다(김종일, 2012: 370).

협동조합은 조합원의 욕구충족을 위해 다양한 형태로 만들어진다. 예컨대, 생산자 협동조합, 소비자 협동조합, 신용 협동조합, 농업 협동조합 등이 그것이다. 이 중에서 가장 흔하게 볼 수 있는 것이 소비자 협동조합이다.

한국에서는 2012년 협동조합기본법이 제정됨에 따라 협동조합의 설립 근거를 마련하였는데, 같은 법 제2조에서는 협동조합을 "재화 또는 용역의 구매 · 생산 · 판매 · 제공 등을 협동으로 운영함으로써 조합원의 권익을 향상하고 지역사회에 공헌하고자 하는 사업조직"으로 정의하고 있다. 그리고 협동조합기본법은 사회적 협동조합이라는 특수형태의 협동조합을 인정하고 있다. 같은 법 제2조 제3호에 의하면, 사회적 협동조합은 협동조합 중에서 지역주민들의 권익 · 복리 증진과 관련된 사업을 수행하거나 취약계층에게 사회적 서비스 또는 일자리를 제공하는 등 영리를 목적으로 하지 않는 협동조합을 말한다. 이처럼 사회적 협동조합은 조합원의 편익을 중시하는 일반적인 협동조합과는 달리 사회적 목적을 우선적으로 실현하고자 하는 협동조합이다.

마을기업

마을기업은 마을 주민들이 주도적으로 참여하여 지역사회가 보유한 다양한 자원을 활용하여 수익사업을 하는 마을 중심의 기업을 말한다. 마을기업은 지역공동체를 강화하면서 지역주민에게 소득과 일자리를 제공하여 지역사회 발전에 기여한다.

마을기업으로 선정되기 위해서는 지역주민 5인 이상의 출자를 바탕으로 법인의 형태를 가지고 있어야 하며, 지역주민 참여가 70% 이상 되어야만 마을기업으로 인증을 받을 수 있다.

또한, 마을기업은 지역사회가 보유하고 있는 다양한 자원을 활용한 사업체를 수립해야 한다. 그리고 기업 운영과정에서 현행법을 어겨서는 안 되고, 사업 아이템이 지역사회주민들 간의 분란을 조장하는 사업을 수행해서도 안 된다. 타 기업과의 차별성이 있어야 하고, 행정 관련 기관의 지도 감독을 받아야 한다. 또한, 정부의 유사 지원사업과 중복적으로 지원받을 수는 없으며 이미 지원받은 마을기업은 원칙적으로 타 정부지원 보조사업으로 전환(예컨대, 사회적기업 등으로의 전환)은 불가능하다.

한국마을기업협회에서 제시한 마을기업 사업 유형으로는 지역특산품 · 자연자원 활용사업, 전통시장 · 상가 활성화사업, 공공부문 위탁사업, 쓰레기 · 폐기물처리 및 자원 재활용사업, 녹색에너지 실천사업, 기술기반형 마을기업 육성사업 등이 있다.

4) 지역사회복지운동과 추진체계

지역사회복지운동은 지역사회복지실천의 중요한 영역으로 발전하고 있다. 지역사회복지운동이란 지역사회문제를 해결하기 위해 지역사회의 변화 또는 지역사회의 역량 강화를 통해 지역사회주민의 욕구충족과 사회연대의식의 고취, 지역공동체 형성이라는 목표로 전개되는 조직적인 운동을 말한다. 즉, 지역사회복지운동은 사회구성원의 삶의 질을 높이기 위한 목적의식적이고 조직적인 집합적 활동이며, 사회복지수요자뿐만 아니라 사회복지실무자나 전문가, 넓게는 지역사회 주민들이 주체적인 참여와 행동을 통하여 사회복지의 목표달성을 위해 의도적으로 추진해 가는 지역사회복지실천이라 할 수 있다(오정수 · 류진석, 2009).

지역사회복지운동의 주체는 당연히 지역사회주민이어야 하지만, 실제 운동을 주도하는 관점에서 보면 지역사회활동가, 사회복지전문가, 사회복지실무자, 지역사회복지 이용자, 일반 지역사회주민 등 다양할 수 있다. 그 이유는 무엇보다도 사회복지의 전문성 측면에 기인하며, 각 주체의 역할 수행에 따라 지역사회복지운동의 성과가 좌우될 수 있기 때문이다(이인재, 2002).

지역사회복지운동의 주요 활동으로는 지역사회복지 예산 감시 · 참여운동과 지역사회복지 행정감시운동, 지역사회보장협의체 운영 개선 방향 제시, 사회복지법인 및 시설의 공공성 운동, 사회복지연대운동, 교육 · 훈련사업, 직접서비스 제공사업 등을 들 수 있다(유동철 · 홍재봉, 2018).

제5장

사회복지정책의 서비스로의 전환: 사회복지행정

INTRODUCTION TO SOCIAL WELFARE

▶▶▶ 사회복지정책은 사회복지서비스로 전환시켜야 하는데, 그 과정이 바로 사회복지행정이다. 사회복지행정의 주무대인 사회복지조직은 정부의 재원을 사용한다고는 하나, 그 자원이 극히 부족하여 외부환경에 지나치게 의존하는 실정이고, 환경이 급변하다 보니 미래가 불확실한 상황이다. 미래의 불확실성을 감소시키고, 한정된 자원으로 클라이언트에게 최대한의 서비스를 효율적이고 효과적으로 제공하며, 조직을 안정적으로 유지 · 발전시키기 위해서 사회복지행정의 중요성은 더욱 커지고 있다. 이 장에서는 사회복지행정에 대해 살펴본다.

1. 사회복지행정의 개념[1)]

1) 사회복지행정의 정의

사회복지행정의 개념은 학자의 관점에 따라 다양하게 접근되고 있기 때문에 그 정의를 내리기는 그다지 쉬운 일은 아니다. 여기에서는 사회복지행정의 개념에 대한 입장을 크게 3가지로 나누어 설명한 후 이를 종합적으로 정리한다.

먼저, 사회복지행정을 거시적인 관점에서 정책전환과정을 중시하는 입장이다. 즉, 사회복지조직구조와 기능을 결정하는 것은 결국 정책이므로 정책을 서비스로 전환시키는 과정을 사회복지행정으로 보는 시각이다. 이 관점은 사회복지조직의 생존과 성패가 환경에 크게 의존하기 때문에 환경적 요소에서 가장 중요한 사회복지정책을 고려하고 있다. 그리고 사회복지조직을 개방적 체계로 보아 정책적 투입과 서비스를 받는 클라이언트로부터의 피드백을 중시한다(황성철 외, 2005: 21). 대표적인 학자인 키드네이(Kidneigh, 1950: 58)는 "사회복지행정은 사회복지정책을 서비스로 전환시키는 과정으로, 정책을 구체적인 사회복지서비스로 전환시키고, 그 경험을 다시 정책수행에 반영하도록 제의하는 양방향의 과정(two-way process) 속에 있는 것"이라고 정의하였다(황성철 외, 2005: 21에서 재인용). 사회복지행정을 정책전환과정으로 보는 입장은 광의의 개념이다.

둘째, 사회복지행정을 사회복지실천의 한 방법, 즉 사회복지행정을 원조기술로 파악하는 입장이다. 패티(Patti, 1983: 24-25)는 사회복지행정을 '조직의 목적과 목표를 달성하기 위해 관리담당자가 수행하는 상호의존적인 과업과 기능 및 관련 활동들로 구성된 하나의 체계적인 개입활동'으로 보았다. 이 정의는 사회복지조직의 관리자가 수행하는 특정한 과업과 기능을 강조하면서 사

1) 이 장은 졸저(2022)의 제1장에 근거하고 있다.

회복지행정을 사회복지실천의 일종으로 보는 관점이다. 사회복지행정을 사회복지실천의 방법으로 보는 입장은 협의의 개념이다.

셋째, 조직 내부의 조정과 협력을 강조하는 입장이다. 스테인(Stein, 1970: 7)은 사회복지행정을 "사회복지조직이 체계화된 조정과 협력 활동을 통해 조직의 목표를 설정하고 이를 달성하는 과정"이라고 정의하였다. 이는 사회복지행정조직의 내부적 특성을 강조한 것으로 보인다. 특히, 여타의 전문직을 포함하는 사회복지조직의 다양하고 때로는 상호갈등을 야기할 수 있는 목표설정과 목표달성을 위한 내부적 조정과 협력활동을 강조하고 있다(황성철 외, 2005: 21).

위와 같은 관점을 종합해 볼 때, 사회복지행정이란 "관리자를 포함한 모든 조직구성원들의 체계화된 조정과 협력활동을 통해 설정된 조직의 사회복지정책을 인적·물적자원의 관리를 포함한 사회복지실천 개입방법을 통해 사회복지서비스로 전환시키는 과정"으로 정의할 수 있다.

2) 사회복지행정과 일반행정

그렇다면 사회복지행정과 일반행정은 어떻게 다른가? 사회복지행정과 일반행정과의 관계에 대해서는 상당한 입장의 차이를 보여왔다(Drucker, 1980; Stein, 1981; Patti, 1983). 그 쟁점은 크게 2가지이다. 하나는 사회복지행정은 일반행정이 추구하는 가치와 원리의 틀을 크게 벗어나지 않는다는 입장이다. 다른 하나는 사회복지조직은 다른 조직들과 구분되는 특성을 지니고 있으므로 일반행정과는 분리되어야 한다는 입장이다. 그러면 사회복지행정이 일반행정과 어떤 점에서 같고 또 어떤 점에서 다른가? 먼저 일반적으로 설명되고 있는 공통점을 정리해 보기로 한다.

사회복지행정과 일반행정의 공통점

첫째, 일반행정이나 사회복지행정은 기본적으로 문제해결과정(problem solving process)을 내포한다. 일반행정은 기본적으로 문제를 확인하고, 그 문제에 대한 원인을 분석하여 해결 가능한 계획을 개발한다. 그리고 그 계획을 수행한 후 효과성을 평가하게 된다. 사회복지행정도 사회복지조직이 당면한 제반 문제를 규명하고 대안을 모색하여 실행에 옮긴 후 평가하는 일반적인 문제해결 과정을 거친다.

둘째, 행정은 기획(planning), 조직(organizing), 인사(staffing), 지시(directing), 조정(coordinating), 보고(reporting), 재정(budgeting), 평가(evaluating)의 기본적인 과정 또는 요소를 포함하고 있다. 사회복지행정도 행정의 기본적인 과정을 포함하고 있다.

셋째, 일반행정과 사회복지행정은 조력하는 과정(enabling process)으로 간주된다. 행정은 조직 내 개인과 집단이 조직의 목표를 달성할 수 있도록 조력하는 과정이다. 사회복지조직의 경우도 사회복지사들이 최상의 서비스를 클라이언트 집단에 제공할 수 있도록 조력하는 과정을 요구한다.

넷째, 일반행정과 사회복지행정은 인적 및 물적자원의 조직화 기능을 수행한다. 즉, 조직의 목표를 효과적이고, 효율적으로 달성하기 위해 사람과 기타 자원을 조직하고 관리하는 과정을 거친다.

다섯째, 행정은 공공의지(public will)를 실행하는 체계이다. 정부가 사회복지조직에게 공공자원을 지원하는 것도 어떤 의미에서 공공의 의지를 간접적으로 실현시키고 있는 것이다. 한국의 사회복지조직은 주로 비영리 민간법인에 의해 운영되고 있지만, 정부의 사업을 대행하는 성격을 지니고 있고, 정부지원금에 크게 의존하기 때문에 준공공적(semi-public) 성격을 지니고 있다.

사회복지행정과 일반행정의 차이점

한편, 사회복지행정과 일반행정의 차이점은 다음과 같이 설명되고 있다.

첫째, 일반행정은 전체 국민의 공공복리를 위해 존재하지만, 사회복지행정은 지역사회 내의 인지된 욕구, 특히 클라이언트의 욕구충족을 위해 존재한다.

둘째, 사회복지행정은 일반행정에 비해 투입과 산출이 명확하지 않다. 사회복지조직이 산출하는 서비스는 본래 무형의 즉시성과 소멸성, 비축 불가능성 등의 독특한 성격을 지니고 있다(특히, 상담의 경우가 그렇다). 따라서 일반행정과 관리의 원칙이 적용되기 어려운 부분이 있다.

셋째, 사회복지행정은 일반행정과 관리에 관한 지식을 초월하는 범위를 갖는다. 사회복지조직은 관리의 범위가 확대되어 조직 내부의 관리 이외에도 환경관리의 문제가 매우 중요하다. 따라서 지역사회의 정치, 경제, 사회적 변화에 관한 다양한 지식과 관리기술이 요구된다.

넷째, 사회복지행정이 이루어지는 사회복지조직은 일반적으로 이사회가 그 활동을 집행한다. 그러나 일반행정은 업무에 따라서 중앙부서, 지자체의 해당 부서가 집행한다.

다섯째, 사회복지조직의 크기, 범위, 구조 및 프로그램 형태는 다양하고 광범위하며, 법령에 위반되지 않는 범위 내에서는 그 활동이 원칙적으로 자유롭다. 반면에 일반행정의 경우는 법령에 따라 조직되고 업무도 정해지며 법적인 제약이 많다.

여섯째, 사회복지행정가는 사회복지조직을 운영하는 데 있어서 지역사회에 대한 책임을 갖고 지역사회와 밀접한 관련을 가져야 한다. 일반행정에 있어서 행정가는 전체 국민 혹은 지역주민에 대한 책임이 요구되는데 주로 선거를 통해 신임을 얻게 된다.

일곱째, 사회복지행정의 성패는 전문사회복지사의 직무수행에 크게 의존하고 있다. 따라서 전통적으로 사회복지행정은 사회복지사의 전문성을 인정하는 방향으로 이루어져야 한다.

여덟째, 사회복지행정은 최고관리자인 행정가에 의해서 과업과 기능이 수행되는 일반행정과는 달리 모든 구성원이 행정과정에 참여하며, 이 과정이 조직의 목표달성에 크게 영향을 미친다.

3) 사회복지행정의 필요성

사회복지서비스의 질은 사회복지행정의 질에 좌우

사회복지의 기능을 실현하기 위해서는 공식적이고 체계적인 조직이 필요하다. 다양한 사회복지활동을 조직화하여 그 목적과 목표를 달성하기 위해 설치된 것이 바로 사회복지조직이다. 사회복지조직의 목표는 클라이언트의 욕구에 맞게 필요한 서비스를 가장 적절하게 제공하는 것이라 할 수 있다.

사회복지조직의 목표를 달성하는 데 있어서 중요한 수단의 하나가 자원을 동원하고 활용하는 것이다. 그런데 사회복지조직은 그 가용자원이 매우 한정되어 있다. 따라서 얼마나 지역사회 내의 인적 및 물적자원을 개발하고 그것을 어떻게 가장 효과적이고 효율적으로 활용하느냐가 매우 중요하다.

자원은 한정되어 있는 반면, 사회복지조직의 수가 점차 증가하고 있는 상황에서 조직 자체를 유지 발전시키는 것은 물론 사회복지서비스를 효과적이고 효율적으로 관리하고 전달하기 위한 체계적인 노력이 요구되고 있다. 그런데 사회복지조직의 목표가 구체화되어 클라이언트에게 사회복지서비스가 전달되기까지는 복잡한 과정을 거치게 된다. 그러므로 사회복지행정에 대한 이해 없이는 사회복지서비스를 효과적이고 효율적으로 전달할 수 없게 된다. 즉, "사회복지서비스의 질은 사회복지행정의 질에 크게 좌우된다"(Trecker, 1977: 25)고 해도 과언이 아니다. 따라서 클라이언트들에게 최상의 서비스를 제공하고자 하는 사회복지조직의 목표를 달성하기 위해서는 사회복지행정에 대한 기초적인 이론과 지식 및 기술을 필요로 한다.

한국에서 사회복지행정의 수요 증대

한국의 경우 1980년대 이후 사회복지에 대한 투자가 증대되면서 사회복지기관이 증가하고 1987년부터 사회복지전문요원제도가 시행되어 공공복지행정의 체계가 마련됨으로써 사회복지행정의 필요성이 대두되었다. 그러나 사회복지행정이 실제적으로 중요성을 인정받고 그 수요가 높아진 것은 1990년대 이후부터라고 할 수 있다. 사회복지시설 및 기관에서 사회복지행정에 관한 수요가 증대된 계기는 다음과 같은 3가지 요인에서 찾을 수 있다(한국사회복지행정학회 편, 2003: 62-63).

첫째는 사회복지시설 및 기관에 대한 평가제도의 시행이다. 1997년에 3년에 1회 이상 사회복지시설 및 기관을 대상으로 평가를 실시하도록 사회복지사업법이 개정되었다. 이에 따라 2000년도를 시작으로 전국 사회복지시설 및 기관에 대한 대대적인 평가가 실시되고 있다. 시설 및 기관평가로 인해 기관운영의 책임성, 효과성, 효율성을 높이는 사회복지행정에 대한 수요가 높아졌다. 즉, 사회복지시설 및 기관에 대한 평가제도의 시행이 사회복지기관의 조직관리, 인사관리, 프로그램관리, 재정관리 등 사회복지행정 전반에 대한 관심과 실천적 노력을 증대시킨 것이다.

둘째는 사회복지사업에 대한 민간복지재단의 재정적인 지원과 사회복지공동모금제도의 본격적인 시행을 들 수 있다. 1995년부터 민간복지재단은 우수한 사회복지프로그램에 대한 재정적인 지원을 함으로써 사회복지조직의 전문성을 향상시키는 계기를 마련하였다. 또한, 1998년부터 본격적으로 민간주도의 공동모금제도가 시행됨으로써 사회복지조직은 자원을 확보하기 위해서 사회복지프로그램의 개발과 관리뿐만 아니라 재정관리에도 노력을 기울이게 되었다.

셋째는 사회복지조직의 증대에 따른 경쟁적 분위기의 고조를 들 수 있다. 특히, 1990년대 후반 사회복지관의 급증과 국민기초생활보장법의 시행에 따른 자활후견기관 및 각종 비정부조직의 출현은 기존 사회복지조직으로 하여금 한정된 지역사회의 자원을 놓고 서로 각축을 벌이는 상황을 초래하였다. 이에 사회복지조직을 운영하는 데 필요한 현대적 관리 및 경영기법이 요구되어 사회복지행정에 대한 관심이 크게 고조되었다.

2. 사회복지행정의 이념

사회복지행정의 이념은 사회복지행정이 추구하는 기본적인 방향과 궁극적 가치 및 사회복지사에게 요구되는 표준적 행동규범이다. 말하자면, 사회복지행정이 나아가야 할 방향과 가치를 결정해 주는 나침반과도 같은 것이다.

일반행정의 이념은 매우 다양하다. 흔히 제시되는 행정 이념으로는 공익성, 합법성, 효율성, 효과성, 형평성, 접근편의성, 책임성 등이 있다. 일반행정의 이념은 사회복지행정에서도 적용된다.

첫째, 공익성은 사회복지조직의 존립 근거를 제공하는 이념이다. 공익성은 클라이언트에게 최상의 서비스를 제공하는 사회복지사들이 갖추어야 할 가장 기초적인 규범이다. 따라서 모든 사회복지조직의 활동은 클라이언트의 이익인 공공선을 최대 과제로 삼아야 한다는 것이다.

둘째, 합법성은 법률에 따라서 사회복지행정이 진행되어야 한다는 것이다. 사회복지행정이 법에 위배되어서는 안 된다는 것이다. 모든 사회복지행정 절차와 과정이 반드시 법에 근거해야 한다는 것이다. 합법성은 사회복지행정 절차의 정당성을 확보하고 클라이언트의 권리를 보장하려는 이념이다.

셋째, 효율성은 경제적인 개념이다. 즉, 최소의 비용으로 최대의 산출을 얻는 것을 의미한다. 기업경영에서는 효율성이 지상과제이다. 적은 자본을 가지고 최대한의 이윤을 남기는 것이 바로 효율성이 높다는 것이다. 사회복지조직도 마찬가지이다. 사회복지조직에서의 효율성이란 사회복지서비스 공급에 있어서 최소의 자원을 투입하여 최대의 산출효과를 거두는 것을 말한다.

넷째, 효과성은 사회복지조직의 목표달성 정도(degree of goal achievement)를 의미한다. 사회복지조직에서 클라이언트의 욕구충족을 위해 제공된 서비스나 프로그램이 의도된 대로 클라이언트의 변화를 가져왔는가를 판단하는 이념이다.

다섯째, 형평성(공평성)은 사회적 가치 배분의 공정성을 추구하여 성별 · 직업 · 계층 · 지역 간에 불평등을 초래해서는 안 된다는 이념이다. 이를 위해서는 사회적 자원들이 사회구성원의 지불능력 여하에 따라 배분되는 것이 아니라 필요한 정도에 따라서 배분되는 것이 바람직하다.

여섯째, 접근편의성은 서비스를 받고자 하는 사람이 항상 쉽게 이용할 수 있도록 접근이 쉬운 곳에 사회복지조직이 위치하여야 한다는 것이다. 클라이언트가 불편함이 없이 서비스를 이용할 수 있도록 해야 한다는 것이다.

일곱째, 책임성은 사회복지조직이 목표를 달성하고자 하는 노력을 말한다. 책임성은 활동의 결과에 대한 책임감과 함께 과정에 있어서 정당성을 갖추어야 함을 의미한다.

3. 사회복지행정의 특징

사회복지조직관리를 중심으로 한 사회복지행정의 특성은 다음과 같다(Patti, 1983; 황성철 외, 2005: 32-35).

첫째, 일반적으로 사회복지조직은 민간서비스와 공적 서비스를 혼합하여 제공하기 때문에 목표가 모호하다. 또한, 정부, 민간후원자, 서비스 이용자와 가족, 전문가, 다른 서비스 기관의 직원 등 이해관계자 사이의 타협에 의해 형성되는 경우가 많다. 분명한 조직목표가 설정되어 있어도 위정자나 일반사회의 지지가 결여되는 경우가 흔히 있다. 특히, 사회복지조직이 클라이언트에게 어떤 서비스를 주고 어떻게 변화시킬 것인가에 대해서 사회적인 지지가 결여되고, 합의된 요구가 없기 때문에 조직의 목표추구활동이 매우 어렵다. 이러한 이유로 사회복지조직은 환경관리의 역할이 크게 요구된다.

둘째, 사회복지조직은 효과성 및 효율성 측정의 척도가 부족하다. 사회복지조직은 인간을 원료로 하고 있다. 클라이언트는 도덕적 가치를 지닌 인간이다. 인간을 다루는 지식과 기술은 완전할 수 없다. 따라서 사회복지서비스를 표준화하기가 어렵고, 서비스 제공과 기법의 사용에 대한 효과성 및 효율성을 평가하는 것이 어렵고 부정확하다. 사회복지프로그램을 실시하는 데 어느 정도의 자원과 어떤 인력을 투입해야 최선의 결과가 산출되는지를 측정하기란 쉬운 일이 아니다. 또한, 클라이언트에 대한 활동이 도덕적으로 정당화되어야 하므로 기술과 활동에 제한이 있다. 따라서 사회복지조직의 서비스나 프로그램을 질적으로 관리하고 통제하는 데에는 한계가 있다.

셋째, 사회복지조직은 과업환경(task environment)[2] 속에서 운영되고 있다. 과업환경은 누가 클라이언트가 되어야 하고, 어떤 과정을 거쳐 어떤 목적으로 서비스가 제공되어야 하는가에 관해서 다양하고 때로는 상호 모순적인 기대를 갖는 조직과 집단으로 구성된다. 사회복지행정가는 과업환경에서 다양한 이해관계집단과 부단한 접촉을 유지하고 그들의 변화되는 요구와 기대를 이해해야 한다. 또한, 그들에게 사회복지기관의 요구와 사정도 알려주고 필요한 서비스와 자원을 상호교환하는 협상능력을 배양해야 한다.

넷째, 사회복지조직은 과업환경적 요구의 다양성만큼 조직 내부 구성원의 관점과 요구도 다양하다. 클라이언트들의 요구와 기관의 방침이 마찰이 있는 경우가 있다. 이 경우에 갈등 해소와 조정이 필요하다. 또한, 사회복지조직은 다양한 전문직종의 사람들이 혼재되어 있는 경우가 일반적이다. 직원들의 전문분야에 따른 강조점이 서로 다르므로 조정이 필요하다. 따라서 사회복지행정가는 다양한 클라이언트 개인과 집단의 요구와 상호모순되는 견해를 조정해야 한다. 그뿐만 아니라 내부적으로도 다양한 직원의 관점과 요구를 적절히 조정하는 관리 전략과 기술이 요구된다.

---

2) 과업환경이란 작업환경이라 부르기도 하며, 사회복지조직이 자원과 서비스를 교환하고 조직과 특별한 상호작용을 하는 집단들을 의미한다. 사회복지조직은 과업환경의 영향을 받는 것이 일반적인데, 과업환경으로는 재정자원의 제공자, 정부 등을 일컫는 정당성과 권위의 제공자, 조직으로부터 서비스를 받고자 하는 개인과 가족 및 클라이언트를 사회복지조직에 의뢰하는 클라이언트 및 클라이언트 제공자, 타 기관들과의 공식 및 비공식적 협조체계인 보충적 서비스 제공자, 사회복지조직이 산출해 낸 서비스를 소비 · 이용하는 조직 산출물의 소비 · 인수자, 경쟁조직 등을 들 수 있다.

4. 사회복지행정의 영역

일반행정이 조직을 전제로 성립되듯이 사회복지행정도 사회복지조직을 전제로 하지 않고서는 성립될 수 없으므로 사회복지행정은 사회복지조직의 행정활동이 그 중심이 된다. 다시 말해서 사회복지행정활동이 이루어지는 주 무대가 바로 사회복지조직이 되는 것이다. 사회복지조직은 크게 정부조직(공공사회복지조직)과 비영리조직(민간사회복지조직)으로 구분된다. 그런데 사회복지행정에 정부조직의 행정과정을 포함시키게 되면 사회복지정책과 중첩되고, 반면에 사회복지행정을 비영리조직인 민간사회복지기관 및 시설의 서비스와 프로그램 관리에 초점을 맞추게 되면 사회복지실천과 중첩되기도 한다.

이처럼 사회복지행정의 영역을 규정하기란 좀처럼 쉽지 않지만, 최근 들어 사회복지행정의 주요 영역이 민간영역의 사회복지조직의 관리에 초점이 맞추어져 있다. 앞서 사회복지행정을 '관리자를 포함한 모든 조직구성원들의 체계화된 조정과 협력활동을 통해 설정된 조직의 사회복지정책을 인적 · 물적자원의 관리를 포함한 사회복지실천 개입방법을 통해 사회복지서비스로 전환시키는 과정'으로 정의하였다. 이 과정에서 사회복지정책을 서비스로 전환하는 데는 조직적인 장치인 사회복지서비스 전달체계가 필요하기 때문에 사회복지서비스 전달체계 역시 사회복지행정에서 중요할 수밖에 없다. 이러한 사회복지서비스 전달체계 내에서 3가지 관리 차원, 즉 사회복지조직관리, 사회복지자원관리, 사회복지프로그램관리가 이루어진다.

1) 사회복지조직관리

사회복지조직관리는 조직의 조직화, 기획과 의사결정, 커뮤니케이션, 리더십 등의 작용과 활동을 포함한다.

조직화에서 가장 핵심적인 것이 부문화(departmentaion)인데, 수 기준, 시간 기준, 기능 기준, 지리적 영역 기준, 서비스 기준, 고객 기준, 서비스 접근통로 기준 등으로 부문화할 수 있다.

기획은 어떠한 행동이 취해지기 전에 일의 구체적인 내용과 방법 및 시기 등을 결정하는 것으로서 여러 가지 대안 중에서 최적의 대안선택을 준비하는 과정이다. 사회복지조직은 재정적인 측면뿐만 아니라 클라이언트의 행동 변화에 이르기까지 지나치게 외부환경에 의존하고 있으므로 사회복지조직의 목표를 달성하기 위해서는 세밀한 기획이 필요하다.

기획의 핵심적인 과정이 바로 의사결정이다. 의사결정(decision making)이란 "계획수립과정을 통해서 일정한 목표를 설정하고 그 목표를 효과적으로 달성하기 위한 몇 가지 대안 중에서 가장 유리하고 실행 가능한 대안을 선택하는 합리적인 인간행동"(유기현, 1998: 111)을 말한다. 의사결정이 어떻게 이루어지느냐에 따라 조직의 목표달성 여부가 좌우되기 때문에 조직운영에 핵심적인 요소라 할 수 있다.

의사결정과정에서는 효과적인 커뮤니케이션이 요구되는데, 커뮤니케이션이란 한 사람으로부터 다른 사람(들)에게, 또는 개인이나 집단, 조직이 다른 개인이나 집단, 조직에게 정보나 의사 또는 감정이 전달되도록 하는 과정을 말한다.

또한, 조직관리에 있어서 조직의 목표를 달성하는 데 공헌할 수 있도록 구성원들의 직무만족을 높여주고, 잠재능력을 개발시켜 줄 수 있는 수단으로서 리더십이 절대적으로 필요하다. 따라서 사회복지행정 책임자는 리더십의 본질에 대해 이해해야 하며 필요한 자질을 갖추어야 한다.

2) 사회복지자원관리

사회복지자원관리는 인적자원과 물적자원의 관리로 구분된다. 인적자원관리는 사회복지조직을 중심으로 직원의 채용에서 이직에 이르는 일련의 관리 과정을 의미한다. 물적자원관리는 사회복지조직의 예산을 편성하고 집행하는 것뿐만 아니라 프로그램과 서비스 제공에 필요한 재원을 동원하고 관리하는 활동까지 포함한다. 즉, 물적자원관리는 재정관리와 마케팅을 포함한다.

재정관리는 재정자원을 합리적 · 계획적으로 동원 · 배분하여 효율적으로 사용하고 관리하는 과정을 의미한다. 그리고 마케팅은 교환과정을 통해 고객의 욕구를 충족시키는 모든 인간활동을 의미하는데, 사회복지조직에서는 자금 확보와 관련된 마케팅이 주된 내용을 이루고 있다.

3) 사회복지프로그램관리

사회복지프로그램관리는 사회복지프로그램을 개발하여 실행에 옮긴 후 프로그램의 목표달성 정도를 평가하는 전 과정을 체계적으로 관리하는 활동이다. 사회복지정책을 구체적인 서비스로 전환시키는 데 있어서 중요한 매개체가 바로 프로그램이다. 따라서 사회복지조직의 관리와 자원관리와 더불어 사회복지프로그램에 대한 관리활동은 사회복지행정에서 매우 중요할 수밖에 없다.

최근에 사회복지 프로포절 작성에 대한 관심이 높아지고 있다. 프로포절이란 사회복지기관들이 수행하고자 하는 프로그램의 내용을 설명하는 사업제안서를 말한다. 이 사업제안서는 경쟁력을 높임으로써 사회복지서비스의 질을 개선하고, 기금 배분의 투명성을 확보하기 위해서 대부분의 기금주들이 기본적으로 요구하는 서류이다. 자원이 부족한 사회복지기관의 입장에서는 프로포절이 사업수행에 필요한 재원을 확보하는 유용한 수단이 되기 때문에 많은 사회복지시설이나 기관들이 프로포절을 통해 자원을 확보하는 비율이 높아지고 있다. 프로포절을 어떻게 작성하느냐에 따라 예산 확보에 크게 영향을 미치기 때문에 프로포절을 작성하는 요령에 대한 지식과 기술을 갖추어야 한다. 프로포절은 하나의 경쟁이다.

제6장

사회복지의 가치와 실천윤리

INTRODUCTION TO SOCIAL WELFARE

▶▶▶ 이 장에서는 사회복지가 추구해야 할 방향을 제시해 주는 사회복지의 가치를 사회복지정책의 가치와 사회복지실천의 가치로 나누어 설명한다. 그리고 사회복지실천과정에서 사회복지사가 직면하는 다양한 윤리적 쟁점에 대하여 올바른 판단을 내릴 수 있도록 하는 사회복지실천윤리에 대해 살펴본다.

1. 가치와 윤리의 개념

1) 가치의 개념

가치(value)라는 말은 '강함, 승리, 혹은 그럴 만함'을 의미하는 라틴어 'valere'로부터 나왔다(Meinert, 1980: 5; Frederic, 2005: 24에서 재인용). 그동안 많은 학자들이 가치에 대해 내린 정의는 "선(good)이나 바람직한(desirable) 것이며, 정서를 가진 질적인 판단"(Bartlett, 1970), "사람에 관하여 그리고 사람을 다루는 적절한 방법에 대하여 전문직이 갖는 신념"(Levy, 1973), "믿음과 같은 것으로 좋고 바람직한 것에 대한 지침이며, 적절한 행동의 선택에 대한 지침"(Loewenberg, 1988) 등이다.

이처럼 가치에 대한 정의는 달리 표현될 수 있지만, 공통적인 의미가 담겨 있다. 즉, 가치는 바람직하다고 생각하는 삶의 방식이나 기준, 신념을 의미한다. 가치는 도덕적 판단의 기준이자 인간행동의 방향과 동기를 제공한다. 중요한 것은 가치는 사회복지가 추구해야 할 방향성을 제시한다는 점이다. 예컨대, 사회복지정책은 가치지향적이다. 가치는 사회복지정책의 수립과 집행의 준거가 되고 또한, 사회복지정책의 분석 기준이 된다(오세영, 2021: 42). 마찬가지로 가치는 사회복지실천의 방향성도 제시한다. 사회복지실천의 가치는 사회복지사가 클라이언트를 원조할 때 어떤 생각을 하는 것이 바람직하며, 문제를 해결할 때 어떻게 처리하는 것이 바람직한지를 판단할 수 있는 근거가 된다. 이런 점에서 사회복지정책과 사회복지실천의 가치를 파악하는 것이 매우 중요하다.

2) 윤리의 개념

윤리(ethics)란 원래 관습을 의미하는 희랍어의 에토스(ethos)에서 온 말로, 사회의 발전과 번영을 위해 요구되는 바람직한 행동이 관습으로 정착된 것을 의미한다. 윤리(倫理)라는 한자어에서 '윤(倫)'은 사람이라는 의미의 인(人)과 뭉치라는 뜻의 륜(侖)이 합하여 만들어진 글자로, '무리 윤(倫)'이라고 한다. 이는 무리, 인간집단 등을 의미하는 글자이다. 윤리의 한자 '리(理)'는 구슬(玉)을 다듬는다는 뜻을 지니는 말로 이치, 법도, 도리를 뜻하는 말이다. 즉, 윤리는 '사람과 사람 사이의 도리' 또는 '인간관계의 질서'를 의미한다. 한마디로 윤리는 인간의 도리이자 질서이다(오혜경, 2015: 18).

정리하면, 윤리는 사람이 지켜야 할 도리이며, 공동체 생활을 하는 사람들이 옳다고 믿는 행동규범 혹은 기준이라는 규범적 의미로 정의할 수 있다.

흔히 가치와 윤리를 혼동하는데, 가치와 윤리를 구분짓는 중요한 기준은 '바람직한 것'이냐, '옳은 것이냐'이다. '바람직하다'와 '바람직하지 않다'를 구분하는 것은 가치이고, 어떤 행동에 대해 '옳다', '그르다'를 판단하는 것은 윤리이다. 즉, 가치가 인간의 좋고 바람직한 것에 관한 믿음이나 가정이라면, 윤리는 옳고 그른 것에 관한 사회적 합의이다. 가치가 사람들의 마음에서 비롯된 가정적 개념이라면, 윤리는 사람의 행동에 관한 실천적 개념이다(양옥경, 2017: 16). 모든 행위에는 가치가 깊이 자리잡고 있으나, 모든 가치가 윤리가 되는 것은 아니다. 행동의 규범적 기준을 대표하는 가치들이 행위로 나타날 때 비로소 윤리가 된다(김상균 외, 2002: 137).

2. 사회복지정책의 가치[1)]

1) 인간의 존엄성

인간의 존엄성(human dignity)은 인간 사회에서 절대적인 가치이자 최고의 목적적 이념으로서 인간이 신분이나 직업, 경제상태나 신체적 조건, 출신 지역이나 민족, 피부색, 성별, 연령 등을 이유로 해서 차별하거나 차별받거나 인간성이 부정되어서는 안 된다는 가치이다.

사회복지는 인간의 존엄성을 기본 가치로 하는 인간지향적인 제도와 활동이라는 데 그 특징이 있다. 즉, 사회복지는 인간이면 누구나 인간의 존엄성을 지켜나가면서 인간다운 삶을 보장하는 데 그 목적을 둔다. 국가는 국민의 생존권 보장을 위해 국민최저기준(national minimum)의 확보를 위해 노력해 왔는데, 그 내용은 사회보장제도의 충실화로 대변된다. 생존권이 보장되기 위해서는 국민최저수준의 생활을 영위하지 못하는 국민이 자기 삶의 수준을 향상시켜 주도록 국가에 요구하는 권리, 즉 사회권으로서의 생존권이 보장되어야 하는 것이다.

2) 평등

평등(equality)은 일체의 차별을 부정한 균형의 상태를 의미하며 조화라는 의미와도 상통한다. 사회복지가 생각하는 이상적인 사회의 모습 중의 하나는 바로 인간다운 삶의 질이 보장된 조화로운 사회이다. 인간다운 삶의 가장 기본적인 조건은 차별 없는 사회이다. 어떤 사람이라도 인종이나 출신 지역, 신

---

1) 사회복지정책의 가치에 관해서는 졸저(2023) 제3장을 참조하였다.

체적 · 정신적 조건, 사상적 신조, 학력이나 직업, 소득수준 등에 의하여 인간성이 무시되거나 경시되는 일이 없는 사회를 일컫는다.

평등의 개념은 수량적 평등(numerical equality), 비례적 평등(proportional equality), 그리고 기회의 평등(equal opportunity)으로 구분할 수 있다(송근원 · 김태성, 1995: 209-210).

수량적 평등은 결과의 평등(equality of result)이라고도 하는데, 모든 사람을 똑같이 취급하여 사람들의 욕구나 능력에 상관없이 사회적 자원을 동등하게 분배하는 것을 의미한다. 수량적 평등은 가장 적극적인 의미의 평등이다. 기여 없이 조세로 모든 국민에게 동등한 의료서비스를 제공하는 영국의 국민보건서비스(NHS)가 대표적이다.

비례적 평등은 개인의 욕구, 노력, 능력에 따라 사회적 자원을 다르게 배분하는 것을 말하는데, 흔히 조건의 평등 또는 형평(equity)이라고도 불린다. 예를 들면, 사회보험의 경우 보험료 납부수준에 비례하여 급여를 받는 경우 비례적 평등의 가치를 반영하고 있다. 국민연금의 산정방식에서 소득비례부분이 이에 해당한다.

기회의 평등은 모두에게 기회를 평등하게 주어 자유경쟁을 통해 결과를 결정하는 것을 말한다. 세 가지 평등 가운데 상대적으로 가장 소극적인 의미를 지닌다. 기회의 평등은 결과는 무시되고 과정상의 동등한 기회만을 강조한다. 즉, 기회의 평등은 과정상의 기회만 평등하다면 개인들 사이의 능력, 노력의 차이로 생겨난 결과에 대해서는 불평등이 정당화될 수 있다고 본다. 기회의 평등을 위한 정책은 조기에 개입하는 것이 효과적이기 때문에 아동에게 초점이 맞춰진다.

3) 자유

자유(freedom)란 스스로 결정할 수 있는 권리를 말한다. 일반적으로 자유의 개념은 소극적 자유와 적극적 자유로 구분된다. 소극적 자유(negative freedom)란 타인이나 사회 또는 국가로부터 간섭을 받지 않을 자유를 말한다. 국가의 역할과 개입을 최소화해야 한다고 주장하는 신자유주의자들이 강조하는 자유가 바로 이 소극적 자유의 개념이다. 이들이 강조하는 자유의 개념은 '국가로부터의 자유'의 의미가 강하다.

반면 적극적 자유(positive freedom)는 자신이 원하거나 바람직하다고 생각하는 것을 할 수 있는 자유를 말한다. 적극적 자유의 개념은 '~를 향한 자유'로, 자기개발, 자아실현, 개성 표현, 공공선의 실현, 창조, 연대 등의 다양한 방식으로 나타난다. 나아가 적극적 자유는 '국가에 의한 자유'의 의미가 강하다. 소극적 자유와는 달리 국가의 적극적인 역할과 개입을 강조한다. 적극적 자유의 개념에는 국가가 적극적으로 개입하여 국민의 생활과 자유를 보장해야 한다는 의미가 강하게 내포되어 있다.

사회복지정책은 특정한 사람들의 소극적 자유를 감소시키는 반면, 다른 사람들의 적극적 자유를 증가시킨다. 즉, 사회복지정책이 시장기제에 개입하여 개인들의 자유로운 선택의 기회를 제한할 때는 소극적 자유를 침해하는 것이고, 반면에 사회복지정책을 통하여 가난한 사람들이 자신이 원하는 것을 할 수 있는 능력을 갖추게 되는 것은 적극적인 자유를 신장시키는 것이다. 어떠한 상태가 바람직한가 하는 문제는 자유에 대한 가치관에 따라 다를 수 있지만, 소극적 자유보다는 적극적 자유를 높이는 것이 사회적으로 더 바람직하다. 그 이유는 적극적 자유가 소극적 자유의 가치를 높일 수 있고, 소극적 자유로부터 감소되는 효용이 적극적 자유로부터 증가되는 효용보다 적을 수 있기 때문이다(송근원 · 김태성, 1995: 268-269).

4) 사회적 공평

사회복지정책의 핵심적인 가치인 사회적 공평(social equity)은 수평적 공평과 수직적 공평으로 구분된다(송근원 · 김태성, 1995: 104-105).

수평적 공평이란 동일한 처지에 있는 사람을 동일하게 취급하자는 이념이다. 예컨대, 복지서비스를 제공할 때 그 결정기준이 되는 특성을 가진 모든 사람에게 같은 양의 서비스가 제공되어야 한다는 것을 뜻한다. 곧 같은 조건의 클라이언트에 대한 서비스의 배분이 동일해야 한다는 이념이다.

수직적 공평이란 서로 다른 처지에 있는 사람을 적절히 상이하게 취급하자는 이념이다. 예컨대, 성별, 나이, 지리적 위치, 건강, 소득 따위의 차이가 있는 시민들 사이의 복지서비스 배분에는 서로 다른 기준이 적용되어야 한다는 것이다.

사회적 공평이 사회복지정책의 중요한 가치로 주목받는 이유는 사회체제가 사회적 약자에게 불리한 구조이기 때문이다. 사회체제로부터 불리한 대우를 받는 사회적 약자들을 보호하고, 진정한 공정을 이루기 위해서는 사회적 약자에 대한 정책적 고려가 필요한 것이다. 따라서 사회적 공평의 이념은 사회복지정책의 분야에서 중요한 길잡이 역할을 한다고 할 수 있다.

5) 효율성

효율성(efficiency)이란 최소한의 자원을 투입하여 최대한의 결과를 얻는 것을 의미한다. 즉, 효율성은 투입과 산출의 비율을 의미한다. 일반적으로 사회복지정책의 효율성을 논의할 때 수단으로서의 효율성, 즉 목표효율성(target efficiency)과 운영효율성(administrative efficiency)을 고려한다(송근원 · 김태성, 1995: 230-238).

목표효율성은 정책이 목표하는 대상자에게 자원이 얼마나 집중적으로 할당되는가를 판단하는 기준을 말하며, 대상효율성이라고도 한다. 예를 들면, 공공부조는 자원을 저소득층에게 집중적으로 할당하므로 사회보험보다 목표효율성이 높다.

반면에 운영효율성은 정책을 운영하는 데 얼마나 적은 비용을 사용하는가가 기준이 된다. 말하자면, 운영비를 줄여 비용절감효과를 높이고자 하는 것이다. 공공부조는 비록 목표효율성은 높아도 운영효율성은 낮다. 왜냐하면, 공공부조는 대상자를 선정하는 과정에서 자산조사 등의 막대한 행정비용을 수반하기 때문이다.

6) 사회적 효과성

사회복지정책의 목표달성도와 관련된 수단지향적 행정이념으로서 효과성이라는 가치가 있다. 효과성(effectiveness)은 문제해결에 동원되는 자원과 이로부터 나타나는 복지서비스의 관계, 즉 투입과 산출의 관계에서 투입은 상관없이 산출을 최대한으로 만드는 것을 말한다(송근원 · 김태성, 1995: 103-104; 송근원, 2004: 54-55).

사회복지정책에서 효과성을 중요한 가치로 여기는 이유는 사회복지정책이 인간의 존엄성을 가장 중요한 궁극적 가치로 보기 때문이다. 즉, 다른 정책의 분야에서는 효율성이 지상의 목표일 수 있으나, 사회복지정책에서는 인간의 존엄성을 전제로 하는 까닭에 효율성보다는 효과성을 중요시하는 경우가 많다(송근원, 2004: 55). 이때 효과성이라는 말 대신에 흔히 사회적 효과성(social effectiveness)이라는 말을 더 많이 사용한다. 사회적 효과성은 사회복지가 소비가 아니고 하나의 투자이며, 장기적으로 사회통합을 이룸으로써 사회비용(social cost)을 줄이는 작용을 하므로 사회복지자원의 투입은 경제적 효율(economic efficiency)보다는 사회적 효과성을 염두에 두고 이루어져야 한다는 가치이다(박광준, 2002: 35). 예를 들어, 무상의 보편주의 교육과 보건의료서비스를 위해 많은 자원을 투입하게 되면 청소년 비행이나 정신적 · 신체적 장애로 인한 제반 사회적 비용들을 사전에 예방하는 효과가 있다고 하는 인식이 사회적 효과의 가치이다.

3. 사회복지실천의 가치

1) 인간의 존엄성과 배분적 사회정의

인간의 존엄성과 배분적 사회정의는 사회복지실천의 본질적 가치로 사회복지실천의 이중(double)가치체계로 불린다.

사회복지실천에서 사회복지사는 인간의 존엄성과 인간에 대한 가치를 존중해야 한다. 이 같은 가치를 실행하기 위해 사회복지사는 과거의 행동, 현재의 모습과 지위, 삶의 방식, 인종, 전통과 역사 등을 불문하고, 인간이라면 누구나 각자 고유한 본질적인 가치를 가지고 있다는 믿음을 가져야 한다. 이는 인간에 대한 존경이 원조관계에서 가장 핵심적인 요소라는 것을 의미한다(양옥경, 2017: 27). 사회복지서비스는 모든 인간을 존엄한 존재로 인정하는 데에서 시작되는 것이다.

한편, 배분적 사회정의는 사회의 책임성과 참여를 중시하는 것이다. 개인의 문제는 사회적 자원의 결핍이나 사회환경의 역기능적 영향에 의해 발생하는 것이기 때문에 사회는 개인의 발전을 위해 최소한의 사회적 자원을 공평하게 배분해 주어야 한다는 가치이다. 사람들은 인간적인 삶을 영위하기 위해서는 최소한의 사회적 자원을 필요로 한다. 따라서 사회복지사는 모든 사람이 모든 자원에 공평하게 접근할 권한을 가지고 있다는 것을 믿어야 한다. 그리고 어떤 종류의 차별도 허용되지 않아야 한다. 사회복지사는 욕구가 충족되지 않은 클라이언트를 위해 자원을 확보하고, 정책을 개발하며, 정책을 실행하기 위해 다양한 서비스와 프로그램을 개발해야 한다(양옥경, 2017: 28).

2) 클라이언트의 자기결정

클라이언트의 자기결정(self-determination)이란 자신과 관련된 문제에 대해 외부의 압력에 구애받지 않고, 주어지는 다양한 선택 가운데서 스스로 결정하는 것을 의미한다(김기덕 외, 2012: 197). 클라이언트의 자기결정 가치는 인간이 갖는 천부적 존엄성에 대한 신념에서 나온다. 인간이 천부적 존엄성을 가지고 있다면, 자신의 삶에 영향을 미치는 결정에 스스로 참여할 수 있어야 하며, 클라이언트의 결정도 이러한 맥락에서 이루어진다(김상균 외, 2002: 123).

비에스텍(Biestek, 1979: 103)은 클라이언트의 자기결정은 사회복지실천의 전 과정에 걸쳐서 클라이언트가 모든 의사결정과정에 참여하여 스스로 선택하고 결정하고자 하는 권리와 욕구에 대한 실천적 인식이라고 했다. 클라이언트는 비록 스스로 문제해결에 어려움을 느껴 사회복지사에게 도움을 요청하지만, 그렇다고 해서 그의 기본적 권리마저 양도할 생각은 없는 것이다. 따라서 사회복지사는 클라이언트의 자기결정의 권리를 존중해야 하며, 클라이언트가 최적의 조건에서 가장 좋은 결정을 내릴 수 있도록 도움을 주어야 한다. 클라이언트의 자기결정이 제대로 이루어지기 위해서는 클라이언트의 문제해결을 위한 다양한 대안들이 제시되고, 바람직한 결정을 내리는 데 필요한 충분한 정보가 제공되어야 한다(김기덕 외, 2012: 198).

한편, 자기결정의 원리는 클라이언트의 책임성을 전제로 한다. 클라이언트의 결정이 자신이나 타인에게 위해를 가할 위험이 있을 수도 있다. 이런 경우 클라이언트의 자기결정이 제한될 수 있다. 사회복지사는 클라이언트의 자기결정과 전체 사회에 대한 책임을 연결하여 균형을 유지해야 한다.

3) 고지된 동의

고지된 동의(informed consent)는 충분한 설명에 근거한 동의라는 의미로

2가지 개념적 차원이 존재한다(김기덕 외, 2012: 227).

첫째, 사회복지사가 개입을 시작하기 전에 혹은 서비스를 진행하기 전에 클라이언트에게 충분한 정보제공과 설명을 통해 반드시 사전동의를 얻어야 한다는 것을 말한다. 이런 의미에서 사전적 동의라고도 한다.

둘째, 사회복지사가 클라이언트의 삶에 간섭하지 않고, 클라이언트의 동의 없이는 정보를 타인에게 제공해서는 안 된다는 것을 의미한다. 즉, 클라이언트와 관련된 정보를 공개해야 할 경우 동의 절차를 거치는 것이다.

고지된 동의는 알 권리에 바탕을 둔다. 따라서 사회복지현장에서 고지된 동의가 진행되기 위해서는 서비스 계약단계에서 일단 충분한 정보의 제공과 클라이언트의 알 권리가 확보되었는지 검토되어야 한다. 이때 다음의 사항을 민감하게 고려해야 한다. 첫째, 서비스의 내용에 대한 충분한 설명이 클라이언트가 이해할 수 있는 방식으로 전달되어야 한다. 둘째, 클라이언트가 이해할 수 있는 클라이언트의 언어로 설명하며, 전문용어의 사용을 자제해야 한다. 셋째, 동의가 자발적이지 않았다거나 강요에 의해서, 그것이 겉으로 드러난 강요가 아니라 하더라도 강요의 힘이 작용하였다든지 혹은 대안이 전무한 상황이라면 고지된 동의라고 보기 어렵기 때문에 잘 살펴야 한다(김기덕 외, 2012: 228-229).

한편, 획득한 클라이언트의 정보에 대한 고지된 동의도 필요하다. 사회복지사는 실천과정에서 클라이언트로부터 획득한 정보에 대한 목적과 활용에 대해서 클라이언트에게 구체적으로 알려야 하며, 정보의 공개에 대한 동의를 받아야 한다. 정보획득의 방법에도 동의가 필요한데, 기록, 녹음, 녹화영상 등에 대해서도 동의를 획득해야 한다(김기덕 외, 2012: 230). 고지된 동의는 서면이나 구두로 할 수 있다.

4) 비밀보장

비밀보장(confidentiality)이란 사회복지사가 클라이언트의 동의 없이는 클라이언트로부터 취득한 정보는 누구에게도 공개할 수 없다는 원칙이다. 즉, 대인서비스조직에서 일하는 전문가가 클라이언트와의 전문적 관계에서 확보한 정보를 누설하거나, 그러한 정보를 획득하게 된 목적 외의 다른 목적으로 사용하지 말아야 할 의무를 말한다(김기덕 외, 2012: 232).

비밀보장은 사회복지실천의 7대 원칙 중 하나로 중요하게 다루고 있고, 한국 사회복지사 윤리강령에서도 중요한 원칙으로 다루어지고 있다. 즉, "사회복지사는 클라이언트의 사생활을 존중하고 보호하며, 직무 수행과정에서 얻은 정보에 대해 철저하게 비밀을 유지해야 한다"라고 규정하고 있다(Ⅱ-1-4). 비밀보장은 사생활 보호에 대한 사회적 가치를 토대로 함을 알 수 있다.

5) 전문직 가치

전문직 가치는 어떠한 직업이 사회에서 전문직으로 인정되는 과정에서 그 전문직의 독특한 실천활동과 관련하여 요구되는 가치이다. 레비(Levy, 1973)는 사회복지전문직의 가치를 3가지 범주로 구분하였다(양옥경, 20017: 14에서 재인용).

첫째, 사람 우선 가치이다. 이것은 모든 전문직이라면 갖추고 있어야 하는 자신들의 클라이언트에 대한 기본적이 가치이다. 사회복지실천에서 클라이언트를 개별화된 인간으로 보고 능력을 인정해주는 가치이다. 예를 들면, 인간의 가치와 존엄성 존중, 상호적 책임, 소속의 욕구, 개인의 독특성 등이다.

둘째, 결과 우선 가치이다. 이것은 서비스가 클라이언트에게 전달되었을 때 보이는 결과에 대한 가치이다. 사회가 개인의 발전을 위해 사회참여 기회를 동등하게 제공해야 한다는 사회적 책임에 대한 믿음이다. 예를 들면, 자원에 대한 공평한 기회 제공이라든가 부적절한 교육이나 주택문제 등의 사회문제를 제거하는 것을 들 수 있다.

셋째, 수단 우선 가치이다. 이것은 모든 종류의 접근방법, 측정도구, 그리고 각종 도구에 대한 가치이다. 사람은 존경과 존엄으로 다루어져야 하고, 자기결정의 권리를 가져야 하며 사회변화에 참여하도록 촉진되어야 한다는 믿음이다. 자기결정권 존중, 비심판적 태도 등이 그 예이다.

4. 사회복지실천의 윤리

1) 사회복지실천윤리의 개념

사회복지실천윤리란 사회복지실천과정에서 사회복지사가 직면할 수 있는 다양한 윤리적 쟁점에 대하여 올바른 판단을 내릴 수 있도록 하는 체계적 준거 틀을 말한다(Levy, 1976). 즉, 사회복지사에게 무엇이 윤리적으로 올바른 실천방법인지 인식할 수 있게 도와주며, 사회복지실천에서 초래되는 윤리적 측면과 관련된 올바른 실천행위를 결정하고, 행동으로 옮기는 방법이 바로 사회복지실천윤리이다(Loewengerg & Dolgoff, 1996: 8).

사회복지실천윤리는 다음과 같은 특징을 지닌다(양옥경, 2017: 219-220).

첫째, 사회복지실천윤리는 사회복지사가 주어진 상황에서 취해야 할 실천의 방향과 지혜를 제시해 준다. 윤리는 사회복지사가 클라이언트와 함께 일할 때 인권을 지키고 보장해 주기 위한 실천지침이다.

둘째, 사회복지실천윤리는 인간의 존엄성, 인간평등, 권익옹호, 차별금지, 사회정의, 도덕성, 책임성 등을 기본으로 인권존중과 인권 지킴을 최우선 가치로 제시한다.

셋째, 가치 중심적이고 가장 규범적인 사회복지실천윤리는 곧 인권실천이며, 이를 실무자의 역할에 포함시킨다. 인간 존엄성, 자율성, 기회균등성, 사회책임성의 가치와 윤리가 인권으로 직결된다.

사회복지실천에 있어 윤리 기준을 마련하고 실천지침을 제공하는 일은 전문가의 가장 핵심적인 역할 가운데 하나이다. 사회복지실천윤리의 기준을 마련하는 일은 전문가가 전문가로서의 정체성을 확보하는 데 도움이 된다(오혜경, 2015: 99).

2) 사회복지실천윤리의 필요성

리머(Reamer, 1995)는 사회복지실천윤리의 필요성을 다음과 같이 설명하고 있다(김상균 외, 2002: 26-27에서 재인용).

첫째, 전문가 자신의 가치관과 다른 사람들(클라이언트, 지역주민, 동료, 직장 상사 등)의 가치관 사이에 어떤 공통점과 차이점이 있는가에 관해 체계적인 확인을 위해 필요하다. 사회복지사는 사회적 공인으로서 필요한 경우에는 자신의 가치관을 공개할 수 있어야 한다.

둘째, 윤리적 딜레마(ethical dilemmas)의 실태를 이해하고, 이에 대처할 수 있는 능력을 갖추는 데 필요하다. 전문가는 딜레마 상황을 적절하게 타개할 수 있어야 한다. 따라서 사회복지와 관련된 윤리적 딜레마에 대해 사전대비를 해야 한다.

셋째, 서로 다른 가치들 사이의 관계 정립을 위해서 필요하다. 윤리를 뒷받침하는 가치나 덕목은 경우에 따라서 '자유와 평등'과 같이 두 개 이상의 가치가 상충할 수도 있다. 따라서 일단의 가치 군집 내에 질서를 수립할 필요가 생기는 것이다.

넷째, 사회복지의 현재 주류의 가치가 얼마나 정당한가를 반성하고 나아가서 시대적 조류에 맞는 가치를 정립하기 위해 필요하다. 사회복지의 주요 가치는 절대적이지도 않으며, 정태적이지도 않아 끊임없이 변화하기 때문이다.

다섯째, 사회복지실천방법을 개발하거나 전문가의 전문경력을 발전시키기 위해 필요하다. 사회복지학은 사회복지의 전문지식과 기술을 지속적으로 개발해야 하며, 사회복지전문가는 그것을 꾸준히 습득하고 연마해야 한다.

3) 사회복지실천의 윤리강령

사회복지의 윤리적 실천을 뒷받침해 주는 강력한 도구가 바로 윤리강령이다. 윤리강령이란 전문가들이 지켜야 할 전문적 행동기준과 원칙을 기술해 놓은 것이다. 로웬버그와 돌고프(Loewenberg & Dolgoff, 1996)는 사회복지실천 전문가 윤리강령의 필요성을 다음과 같이 소개하고 있다(오혜경, 2015: 99에서 재인용). 첫째, 실천 현장에서 윤리적인 딜레마가 발생하게 될 때 이를 해결하기 위해 실천가를 안내하기 위한 목적이다. 둘째, 불완전한 실천가로부터 공공을 보호하기 위한 목적이다. 셋째, 정부의 조정보다는 자율에 의한 규정을 강조하기 위한 목적이다. 넷째, 동료 전문가와의 상호작용을 위한 기준을 제시하고 바른 동료 관계를 가능하게 하기 위한 목적이다. 다섯째, 소송으로부터 전문가를 보호하기 위한 목적이다.

한국의 사회복지사 윤리강령

한국의 사회복지사 윤리강령은 한국사회복지사협회에 의해 채택되었다. 사회복지사의 윤리강령은 1970년대 제정의 필요성이 논의되었고, 1982년 1월에 제정되었다. 1988년 3월에 1차 개정이 이루어져 같은 해 4월에 공포되었다. 이후 1992년 10월에 2차 개정, 2001년 12월에 3차 개정, 2021년 7월에 4차 개정이 이루어졌다.[2)]

전문

사회복지사는 인본주의 · 평등주의 사상에 기초하여, 모든 인간의 존엄성과 가치를 존중하고 천부의 자유권과 생존권의 보장활동에 헌신한다. 특히 사회적 · 경제적 약자들의 편에서 서서 사회정의와 평등 · 자유와 민주주의 가치를 실현하는 데 앞장선다. 또한, 도움을 필요로 하는 사람들

2) 한국사회복지사협회 홈페이지(http://www.welfare.net)의 연혁을 참고하기 바란다. 한국사회복지사 윤리강령은 동 홈페이지에 소개되어 있다.

의 사회적 지위와 기능을 향상시키기 위해 저들과 함께 일하며, 사회제도 개선과 관련된 제반 활동에 주도적으로 참여한다.

사회복지사는 개인의 주체성과 자기결정권을 보장하는 데 최선을 다하고, 어떠한 여건에서도 개인이 부당하게 희생되는 일이 없도록 한다. 이러한 사명을 실천하기 위하여 전문적 지식과 기술을 개발하고, 사회적 가치를 실현하는 전문가로서의 능력과 품위를 유지하기 위해 노력한다. 이에 우리는 클라이언트 · 동료 · 기관 그리고 지역사회 및 전체 사회와 관련된 사회복지사의 행위와 행동을 판단 · 평가하며 인도하는 윤리기준을 다음과 같이 선언하고 이를 준수할 것을 다짐한다.

윤리기준

Ⅰ. 사회복지사의 기본적 윤리기준

1. 전문가로서의 자세

1) 사회복지사는 전문가로서의 품위와 자질을 유지하고, 자신이 맡고 있는 업무에 대해 책임을 진다.
2) 사회복지사는 클라이언트의 종교 · 인종 · 성 · 연령 · 국적 · 결혼상태 · 성적 지향 · 경제적 지위, 정치적 신념, 정신적 · 신체적 장애, 기타 개인적 선호 · 특징 · 조건 · 지위를 이유로 차별대우하지 않는다.
3) 사회복지사는 전문가로서 성실하고 공정하게 업무를 수행하며, 이 과정에서 어떠한 부당한 압력에도 타협하지 않는다.
4) 사회복지사는 사회정의 실현과 클라이언트의 복지증진에 헌신하며, 이를 위한 환경 조성을 국가와 사회에 요구해야 한다.
5) 사회복지사는 전문적 가치와 판단에 따라 업무를 수행함에 있어 기관 내외로부터 부당한 간섭이나 압력을 받지 않는다.
6) 사회복지사는 자신의 이익을 위해 사회복지전문직의 가치와 권위를 훼손해서는 안 된다.
7) 사회복지사는 한국사회복지사협회 등 전문가단체 활동에 적극 참여하여, 사회정의 실현과 사회복지사의 권익옹호를 위해 노력해야 한다.

2. 전문성 개발을 위한 노력

1) 사회복지사는 클라이언트에게 최상의 서비스를 제공하기 위해 지식과 기술을 개발하는 데 최선을 다하며 이를 활용하고 전파할 책임이 있다.
2) 클라이언트를 대상으로 연구하는 사회복지사는 저들의 권리를 보장하기 위해 자발적이고 고지된 동의를 얻어야 한다.

3) 연구과정에서 얻은 정보는 비밀보장의 원칙에서 다루어져야 하고, 이 과정에서 클라이언트는 신체적, 정신적 불편이나 위험 · 위해 등으로부터 보호되어야 한다.
4) 사회복지사는 전문성을 개발하기 위해 노력하되, 이를 이유로 서비스의 제공을 소홀히 해서는 안 된다.
5) 사회복지사는 한국사회복지사협회 등이 실시하는 제반 교육에 적극 참여하여야 한다.

3. 경제적 이득에 대한 태도

1) 사회복지사는 클라이언트의 지불능력에 상관없이 서비스를 제공해야 하며, 이를 이유로 차별대우를 해서는 안 된다.
2) 사회복지사는 필요한 경우에 제공된 서비스에 대해 공정하고 합리적으로 이용료를 책정해야 한다.
3) 사회복지사는 업무와 관련하여 정당하지 않은 방법으로 경제적 이득을 취하여서는 안 된다.

II. 사회복지사의 클라이언트에 대한 윤리기준

1. 클라이언트와의 관계

1) 사회복지사는 클라이언트의 권익옹호를 최우선의 가치로 삼고 행동한다.
2) 사회복지사는 클라이언트에 대하여 인간으로서의 존엄성을 존중해야 하며, 전문적 기술과 능력을 최대한 발휘한다.
3) 사회복지사는 클라이언트가 자기결정권을 최대한 행사할 수 있도록 도와야 하며, 저들의 이익을 최대한 대변해야 한다.
4) 사회복지사는 클라이언트의 사생활을 존중하고 보호하며, 직무 수행과정에서 얻은 정보에 대해 철저하게 비밀을 유지해야 한다.
5) 사회복지사는 클라이언트가 받는 서비스의 범위와 내용에 대해 정확하고 충분한 정보를 제공함으로써 알 권리를 인정하고 존중해야 한다.
6) 사회복지사는 문서, 사진, 컴퓨터 파일 등의 형태로 된 클라이언트의 정보에 대해 비밀보장의 한계, 정보를 얻어야 하는 목적 및 활용에 대해 구체적으로 알려야 하며, 정보공개 시에는 동의를 얻어야 한다.
7) 사회복지사는 개인적 이익을 위해 클라이언트와의 전문적 관계를 이용하여서는 안 된다.
8) 사회복지사는 어떠한 상황에서도 클라이언트와 부적절한 성적 관계를 가져서는 안 된다.
9) 사회복지사는 사회복지 증진을 위한 환경조성에 클라이언트를 동반자로 인정하고 함께 일해야 한다.

2. 동료의 클라이언트와의 관계

1) 사회복지사는 적법하고 적절한 논의 없이 혹은 다른 기관의 클라이언트와 전문적 관계를 맺어서는 안 된다.
2) 사회복지사는 긴급한 사정으로 인해 동료의 클라이언트를 맡게 된 경우, 자신의 의뢰인처럼 관심을 갖고 서비스를 제공한다.

Ⅲ. 사회복지사의 동료에 대한 윤리기준

1. 동료

1) 사회복지사는 존중과 신뢰로서 동료를 대하며 전문가로서의 지위와 인격을 훼손하는 언행을 하지 않는다.
2) 사회복지사는 사회복지전문직의 이익과 권익을 증진시키기 위해 동료와 협력해야 한다.
3) 사회복지사는 동료의 윤리적이고 전문적인 행위를 촉진시켜야 하며, 이에 반하는 경우에는 제반 법률규정이나 윤리기준에 따라 대처해야 한다.
4) 사회복지사는 전문적인 판단과 실천이 미흡하여 문제를 야기시켰을 때에는 적절한 조치를 취하여 클라이언트의 이익을 보호해야 한다.
5) 사회복지사는 전문직 내 다른 구성원이 행한 비윤리적 행위에 대해, 제반 법률 규정이나 윤리기준에 따라 조치를 취해야 한다.
6) 사회복지사는 동료 및 타 전문직 동료의 직무가치와 내용을 인정 · 이해해야 하며, 상호간에 민주적인 직무관계를 이루도록 노력해야 한다.

2. 슈퍼바이저

1) 슈퍼바이저는 개인적인 이익의 추구를 위해 자신의 지위를 이용해서는 안 된다.
2) 슈퍼바이저는 전문적 기준에 의해 공정하게 책임을 수행하며, 사회복지사, 수련생 및 실습생에 대한 평가는 저들과 공유해야 한다.
3) 사회복지사는 슈퍼바이저의 전문적 지도와 조언을 존중해야 하며, 슈퍼바이저는 사회복지사의 전문적 업무 수행을 도와야 한다.
4) 슈퍼바이저는 사회복지사, 수련생 및 실습생에 대해 인격적, 성적으로 수치심을 주는 행위를 해서는 안 된다.

Ⅳ. 사회복지사의 사회에 대한 윤리기준

1) 사회복지사는 인권존중과 인간평등을 위해 헌신해야 하며, 사회적 약자를 옹호하고 대변하는

일을 주도해야 한다.

2) 사회복지사는 필요한 사회서비스를 개발하기 위한 사회정책의 수립, 발전, 입법, 집행에 적극적으로 참여하고 지원해야 한다.
3) 사회복지사는 사회환경을 개선하고 사회정의를 증진시키기 위한 사회정책의 수립, 발전, 입법 집행을 요구하고 옹호해야 한다.
4) 사회복지사는 자신이 일하는 지역사회의 문제를 이해하고 그것을 해결하는 일에 적극적으로 참여해야 한다.

V. 사회복지사의 기관에 대한 윤리기준

1) 사회복지사는 기관의 정책과 사업목표의 달성, 서비스의 효율성과 효과성의 증진을 위해 노력함으로써 클라이언트에게 이익이 되도록 해야 한다.
2) 사회복지사는 기관의 부당한 정책이나 요구에 대하여 전문직의 가치와 지식을 근거로 이에 대응하고 즉시 사회복지윤리위원회에 보고해야 한다.
3) 사회복지사는 소속기관 활동에 적극 참여함으로써 기관의 성장발전을 위해 노력해야 한다.

VI. 사회복지윤리위원회의 구성과 운영

1) 한국사회복지사협회는 사회복지윤리위원회를 구성하여, 사회복지윤리실천의 질적인 향상을 도모하여야 한다.
2) 사회복지윤리위원회는 윤리강령을 위배하거나 침해하는 행위를 접수받아 공식적인 절차를 통해 대처해야 한다.
3) 사회복지사는 한국사회복지사협회의 윤리적 권고와 결정을 존중하여야 한다.

4) 사회복지실천의 윤리적 책임과 원칙

사회복지사 윤리의 일반원칙

미국사회복지사협회(이하, NASW) 윤리강령 전문에서 제시하고 있는 사회복지전문직의 기본가치와 윤리기준은 다음과 같다(김상균 외, 2002: 118-119; 오혜경, 2015: 107-109).

첫째, 인간의 존엄성과 가치존중의 원칙이다. 사회복지사는 각 사람의 가치를 존중하고 개인적 차이와 문화적, 인종적 차이를 존중해야 한다. 사회복지사는 클라이언트의 책임 있는 의사결정을 증진시키고, 클라이언트의 능력과 기회를 향상시키기 위해 노력해야 하며, 전문가의 가치와 윤리적인 기준을 토대로 클라이언트의 이익과 사회 이익 간의 갈등을 해결하기 위해 노력해야 한다.

둘째, 사회정의의 원칙이다. 사회복지사는 상처받기 쉽고 억압받는 사회적 약자를 위해 그들과 함께 활동하고 사회적 변화를 추구한다. 그 노력은 빈곤, 실업, 차별, 기타 사회적 불의의 문제에 초점을 맞춰야 한다.

셋째, 서비스의 원칙이다. 사회복지사의 궁극적인 목표는 욕구가 있는 사람들을 원조하고 동시에 사회문제를 해결하는 것이다. 사회복지사는 자신의 개인적인 이익을 초월하여 자신이 지닌 전문적인 지식, 가치, 기술들을 활용하여 다른 사람들과 사회문제의 해결을 위해 실천해야 한다.

넷째, 인간관계(human relationships) 중요성의 원칙이다. 사회복지사는 개인, 가족, 사회집단, 조직과 지역사회의 복지를 증진하고, 회복, 유지시키기 위한 활동에서 사람들 간의 관계를 강화하여야 한다.

다섯째, 성실성(integrity)의 원칙이다. 사회복지사는 신뢰받을 수 있게 행동해야 한다. 즉, 사회복지사는 지속적으로 전문가의 임무, 가치, 윤리적인 원칙과 기준을 인식하고, 책임 있는 행동을 하며 윤리적인 실천을 향상시켜야 한다.

마지막으로 능력(competence)의 원칙이다. 사회복지사는 전문성에 기초한 지식과 기술의 범위 내에서 서비스를 제공해야 한다. 그러므로 사회복지사는 지속적으로 자신의 전문지식과 기술을 향상시켜 자신의 실천에 적용시키기 위해 노력해야 한다. 능력을 갖추는 것은 사회복지사의 의무이다.

사회복지사 윤리의 실천원칙

다음으로 NASW의 윤리강령의 내용을 중심으로 사회복지사 윤리의 실천원칙을 살펴보면 다음과 같다(김상균 외, 2002: 120-132; 오혜경, 2015: 110-113).

첫째, 클라이언트에 대한 윤리적 책임이다. 클라이언트에 대한 윤리적 책임은 클라이언트의 이익 우선, 자기결정, 고지된 동의, 사회적 문화적 다양성의 존중, 클라이언트에 대한 헌신, 사생활과 비밀보장, 도덕성과 품위 등의 원칙을 포함하고 있다.

둘째, 동료에 대한 윤리적 책임이다. 사회복지사의 전문가인 동료들과의 관계에서는 동료 상호 간의 존경, 직무상의 비밀보장, 학제 간 활동의 협력, 동료의 무능력이나 비윤리적 행위에 대한 책임을 강조하고 있다.

셋째, 실천현장에서의 윤리적 책임이다. 사회복지사는 자신의 지식과 능력의 범위 안에서 수행해야 하며, 착취나 위험의 소지가 있으면 이중적 또는 다중적 관계를 해서는 안 된다는 것이다.

넷째, 전문가로서의 윤리적 책임이다. 전문가로서의 윤리책임은 사회복지사의 권한과 능력, 차별행위의 금지, 사적 행위 금지, 개인적인 손상, 전문직의 대변 등의 내용을 포함하고 있다. 이 밖에도 윤리강령은 정기적인 전문 문헌 검토와 비평, 지속적인 교육 참여 등을 권고하고 있다.

다섯째, 사회에 대한 윤리적 책임이다. 사회복지실천 전문가는 사회정의에 대해 항상 헌신하여야 한다. 이러한 활동들로는 사회복지의 증진과 정치 · 사회적인 행동 등이 포함된다. 사회복지사는 지역적 수준에서 지구적 수준에 이르는 전체 사회의 복지를 증진해야 할 책임이 있다. 사회복지사는 인간의 기본적인 욕구충족을 위해 정치적 로비, 입법 활동 등의 노력을 해야 한다. 그리고 문화적 및 사회적 다양성을 존중하고, 사회적 차별을 예방하기 위해 노력해야 한다.

5) 사회복지실천의 윤리적 딜레마

윤리적 딜레마의 정의

사회복지실천에 임하는 사회복지사는 개인적 가치, 전문적 가치, 클라이언트의 가치, 사회의 가치에 의해 영향을 받으며, 이러한 가치 간의 갈등으로 인해 윤리적 딜레마를 겪게 된다(김성천 외, 2009: 264). 윤리적 딜레마(ethical dilemmas)란 사회복지사가 전문가로서 지켜야 하는 윤리적 의무와 책무가 서로 충돌함에 따라 어떤 실천행동을 선택하는 것이 윤리적으로 올바른 것인지 판단하기 힘든 상태를 말한다(김기덕, 2002: 258). 이처럼 윤리적 딜레마는 전문직의 의무와 책무들이 상충하는 상황에서 발생한다. 즉, 가치가 구체적 행위로 나타나는 다양한 의무와 책무 중에서 무엇이 우선되어야 할지를 결정해야 하는 경우이다(Reamer, 1999: 4).

윤리적 딜레마의 범주

사회복지실천활동과 관련하여 발생할 수 있는 윤리적 딜레마 상태는 크게 다음 같은 3가지 범주로 구분할 수 있다(김기덕, 2002: 258-265).

첫째, 직접적인 실천과 관련된 윤리적 딜레마이다. 사회복지사는 개인, 가족, 혹은 집단을 대상으로 직접적인 실천을 수행해나가는 과정에서 여러 가지 윤리적 딜레마에 직면한다. 대표적인 것은 비밀보장, 클라이언트의 자기결정, 온정주의,[3] 진실의 의무 등이 있다. 윤리적 가치나 의무들은 어느 정도까지 보장해야 하는가 하는 형태의 갈등구조를 지닌다.

둘째, 사회복지정책 및 프로그램 차원의 딜레마이다. 사회복지정책 및 프로그램을 기획하고 실행해 나가는 과정에서 발생하는 것으로 간접적인 사회복지실천활동으로 분류되는 영역에서 제기된다. 대표적으로 '분배문제'를 들 수 있는데, 제한된 자원을 누구에게 어떻게, 얼마만큼 배분하는 것이 가장 정당한 것인가를 결정하는 윤리적 기준의 문제가 쟁점이 된다.

---

3) 온정주의(paternalism)는 자유와 자율성을 억압당하는 사람의 복지, 행복, 욕구, 이익, 가치 등을 위해 그 개인의 자유로운 행위에 대해 간섭하는 것을 정당화하는 것이다. 예를 들어, 클라이언트가 자해하는 것을 막기 위해 사회복지사가 클라이언트의 자기결정권을 제한하는 것은 온정주의에 근거한 행위이다. 일반적으로 온정주의는 다음의 3가지 형태로 나타난다. 첫째, 사회복지사가 클라이언트의 이익을 위해 클라이언트에게 정보를 공개하지 않는 것이 정당하다고 믿는 경우이다. 둘째, 사회복지사가 클라이언트의 이익을 위해 클라이언트에게 실제로 거짓말을 하는 경우이다. 셋째, 자기 자신의 이익을 위한 클라이언트의 바람과 상반되게 클라이언트에게 신체적 간섭을 하는 경우이다(Reamer, 1999: 106-107; 김상균 외, 2002: 235).

셋째, 사회복지 조직체 및 동료 사회복지사와 관련된 윤리적 딜레마이다. 사회복지 조직체 및 동료 사회복지사 사이의 관계와 관련된 것으로 한 조직체의 일원, 즉 고용된 사람으로서의 사회복지사가 겪을 수 있는 갈등이다.

윤리적 딜레마의 주요 요인

그렇다면 윤리적 딜레마는 어떤 상황에서 발생하는가? 사회복지사가 겪게 되는 윤리적 딜레마는 다양한 유형으로 나타난다(Loewenberg & Harrington, 2005; 김성천 외, 2009: 265-267).

첫째, 가치 상충이다. 사회복지사가 두 개 또는 그 이상의 경쟁적 가치와 직면했을 때 어떤 가치를 우선으로 선택해야 하는지 결정하지 못하는 경우 윤리적 딜레마에 빠지게 된다. 자주 문제가 되는 것은 '클라이언트의 자기결정이라는 가치'와 '인간의 생명보호'라는 가치 사이에서 윤리적 결정을 내려야 하는 상황이다. 또, 보호시설 입소를 원하지 않는 클라이언트와 입소가 클라이언트에게 도움이 된다고 여겨서 입소를 권하는 사회복지사 간에 클라이언트의 자기결정의 가치와 온정주의의 가치가 상충되는 상황을 들 수 있다.

둘째, 의무 상충이다. 사회복지사가 기관의 의무와 클라이언트에 대한 의무가 상충한 상황에서 갈등하게 되는 경우이다. 사회복지사는 자신이 속한 기관의 정책을 따라야 하지만, 그 행동이 클라이언트의 이익에 위배되면 윤리적 딜레마에 직면하게 된다. 클라이언트의 이익이 최선이라는 가치에도 불구하고 기관에 자원이 부족하기 때문에 클라이언트에게 최선의 서비스를 제공하지 못하는 경우가 있다.

셋째, 클라이언트체계의 다중성이다. 클라이언트가 여러 명이면 누가 클라이언트이고, 누구의 이익을 최우선으로 고려하여 개입해야 하는지를 판단하기 어려운 경우이다. 예를 들어, 아동학대문제, 부부폭력, 남편의 정신질환 등 다양하고 복합적인 문제를 가진 가족에게 개입하는 경우 사회복지사는 누가 클라이언트인가를 결정하는 데 어려움을 겪는다.

넷째, 결과의 모호성이다. 사회복지사가 내릴 결정의 결과가 불투명할 때 어떤 결정을 내려야 할지 갈등이 생기는 경우이다. 예를 들면, 부모의 경제적인 이유로 아이를 해외 입양시키는 것이 그 아이를 위해 최선의 결정인지 확신할 수 없어서 의사결정을 하지 못하는 사회복지사의 경우를 들 수 있다.

다섯째, 힘 또는 권력의 불균형이다. 사회복지사와 클라이언트의 관계에서 힘의 불균형이 일어날 때 발생하는 딜레마이다. 클라이언트는 도움을 받는 입장이고, 사회복지사는 전문가로서 도움을 제공하는 입장이기 때문에 클라이언트가 전문가에게 의존하는 관계가 되기 쉬운데, 이러한 상황에서 발생하는 갈등이다. 예를 들면, 의사결정을 내리기 어려워하거나 문제해결능력이 부족한 아동이 자신의 결정과 선택을 전문가에게 의존함으로써 클라이언트의 자기결정권이 포기되는 경우이다.

사회복지실천 윤리적 딜레마의 쟁점

사회복지실천과정에서 경험하게 되는 대표적인 윤리적 딜레마의 쟁점으로는 다음과 같은 것들이 있다(양옥경, 2017: 31-38).

첫째, 클라이언트의 자기결정권이다. 사회복지사는 클라이언트가 스스로 선택하고 결정할 수 있도록 클라이언트의 권리와 욕구를 인정해야 한다. 그러나 클라이언트의 상황이 자기결정을 어렵게 하는 경우가 있기 때문에 사회복지사가 100% 자기결정을 지켜준다는 것은 현실적으로 어렵다. 클라이언트의 이익을 위해 클라이언트의 자기결정권을 제한하는 결과를 가져올 수 있다. 예를 들면, 클라이언트가 너무 어려서 스스로 결정할 능력이 없거나 자신에게 해를 끼칠 것으로 예상되는 상황이나 생명에 위험을 초래하는 결정 등에서 제한을 받게 된다. 예컨대, 클라이언트의 자학하는 행동을 제한하거나 원하지 않는 치료나 서비스를 받도록 하는 것 등이다. 이처럼 클라이언트의 자기결정이 지켜지기 어렵기 때문에 더욱 노력해야 한다는 점이 강조된다.

둘째, 클라이언트의 비밀보장이다. 사회복지사는 클라이언트의 동의 없이 클라이언트에 대한 정보를 누설해서는 안 된다. 그러나 클라이언트가 자기 자신이나 다른 사람에게 피해를 초래할 위험이 있을 때 비밀보장은 제한된다.

따라서 일반적으로는 상담 중에 하는 이야기에 대한 비밀이 보장되지만, 경우에 따라서(예를 들면, 법정에서 사회복지사가 증언할 경우나 교육의 현장에서 슈퍼비전을 위한 전문가 회의 등) 비밀보장이 제한될 수 있다는 사실을 클라이언트에게 알려야 한다(김상균 외, 2002: 203; 양옥경, 2017: 34-35). 이때 고지된 동의의 중요성이 강조된다.

셋째, 진실성 고수와 알 권리이다. 클라이언트는 자신의 문제에 대한 전문가들의 해석, 그에 관한 정보, 그가 처한 상황 등에 관해 정확하게 알 권리가 있다. 그리고 사회복지사들은 이 정보에 대해 정확하고 진실되게 알려줄 의무가 있다. 그러나 제3자가 사회복지사에게 클라이언트에 관한 정보를 제공했을 때, 그 사실을 클라이언트에게 알려주는 것이 좋은지, 만약 알려준다면 그 사람의 비밀보장은 어떻게 되는지, 제3자의 정보에 대한 비밀보장 원칙과 클라이언트의 알 권리 사이에서 윤리적 딜레마를 경험하게 된다. 또한, 클라이언트가 진실을 알게 될 경우 클라이언트에게 해가 된다고 판단될 때 사회복지사는 윤리적 딜레마를 경험할 수 있다. 그러나 어떤 경우라도 클라이언트에게 진실을 유보하는 결정이 선한 결정이 되기는 어렵다.

넷째, 제한된 자원의 공정한 분배이다. 사회복지실천과정에서 활용 가능한 자원을 분배하여 클라이언트에게 제공할 때 동등하게 자원을 분배해야 한다. 그러나 사회복지사들이 사용할 수 있는 사회자원은 매우 제한적이다. 따라서 모든 클라이언트에게 사회의 자원을 공정하고 동등하게 배분하는 원칙을 고수하는 것은 상호 모순적이다. 따라서 사회복지사는 형평성의 기준을 가지고 그에 맞추어 자원을 분배해야 한다. 그러나 형평성의 기준을 찾는 것은 매우 어렵다.

다섯째, 상충되는 의무와 기대이다. 사회복지사를 둘러싸고 있는 클라이언트, 동료, 상사, 기관, 사회 등이 서로 상충된 기대를 할 때, 사회복지사는 누구의 욕구를 우선으로 의무를 행사해야 하는지 딜레마에 빠지게 된다. 그러나 어떠한 상황에 놓이더라도 직접 클라이언트에 대한 의무를 중심으로 생각하는 것이 가장 바람직하다.

여섯째, 전문적 관계 유지이다. 전문적 관계는 사회복지사와 클라이언트가 클라이언트의 문제를 중심으로 맺는 두 사람 간의 공적인 관계이다. 문제를 해결하기 위해서는 친근하고 수용적이며, 공감적인 관계를 형성하고 유지해야 하지만, 자칫 잘못하여 그와 같은 관계를 사적인 관계로 오인하여 전문적 도움 이상의 것을 요구하게 됨으로써 윤리적 갈등이 발생하기도 한다. 클라이언트와의 공적 관계와 함께 또 다른 개인적인 사적 관계를 동시에 맺고 있는 이중적 관계가 형성될 수 있으나 전문적 관계를 유지해야 한다.

일곱째, 클라이언트의 이익 대 사회복지사의 이익이다. 이것은 사회복지사들이 클라이언트를 돕는 과정에서 자신의 이익을 도모하기 위한 행동을 해서는 안 된다는 것을 의미한다. 사회복지사도 사람이기 때문에 클라이언트를 돕다가 자신의 생명이 위태롭다든지 자신의 직업이나 가족 등의 희생이 요구될 때 딜레마를 경험하게 된다. 사회복지사는 어떤 경우에도 클라이언트의 이익을 우선 생각해야 하며, 클라이언트의 이익에 반하는 자신의 이익을 챙겨서는 안 된다. 하지만 자신을 위험에 노출하면서까지 지켜야 한다는 의미는 아니다.

여덟째, 동료 관계이다. 기관에서 함께 일하는 동료들과 일상에서 관계를 맺을 수밖에 없는 상황은 사회복지사로 하여금 함께 일하는 동료를 존중할 것을 요구한다. 사회복지사와 동료들은 서로에게 해를 입히거나 고통을 주어서는 안 되고, 그와 같은 일을 겪게 될 때 불필요하게 참아서도 안 된다. 그와 같은 잘못된 행위를 목격했을 때에도 그냥 지나치거나 묵과하지 말고 정당한 과정을 통해 문제가 해결될 수 있도록 노력해야 한다.

아홉째, 규칙과 정책의 준수이다. 모든 기관은 정책이나 규정을 가지고 있는데, 사회복지사는 소속기관의 정책이나 규칙을 준수해야 한다. 그런데 문제해결을 위해 내린 결정사항이 기관의 정책과 상충될 수 있다. 소속기관의 정책과 규칙을 준수해야 하지만 클라이언트의 문제를 해결하기 위해 내린 결정이 기관의 정책에 어긋날 때 사회복지사는 딜레마 상황에 놓이게 된다.

윤리적 딜레마의 해결

사회복지사는 다양한 윤리적 갈등상황에서 윤리적 의사결정을 내려야 한다. 윤리적 의사결정(ethical decision making)이란 사회복지실천과정에서 발생하는 다양한 윤리적 교착상태를 해결하고자 하는 목적에서 사회복지사가 선택할 수 있는 다양한 개입행위의 대안들 가운데 가장 윤리적인 선택행위를 의미한다(오혜경, 2015: 140). 이때 사회복지사가 도움을 받을 수 있는 윤리적 딜레마의 해결을 위한 의사결정모델을 소개한다(Loewenberg & Dolgoff, 1996; 김기덕, 2002: 286; 김상균 외, 2002: 147-166; 오혜경, 2015: 140-144).

윤리적 의사결정모델은 의사결정의 과정에 해당하는 것으로서 어떤 절차를 거치면서 의사결정을 내리는 것이 윤리적으로 도움이 되는지를 제시해 준다. 로웬버그와 돌고프(Loewenberg & Dolgoff, 1996)는 사회복지사들이 최선의 윤리적 결정을 하기 위해서 적용 가능한 일반결정모델(general decision-making model)을 제시하였는데, 사회복지실천에서 윤리적 의사결정을 내리는 데 좋은 지침이 된다.

〈표 6-1〉 로웬버그와 돌고프의 일반결정모델

단계	내용
1단계	문제가 무엇이며, 또한 문제를 지속시키는 요인들이 무엇인지 확인한다.
2단계	누가 클라이언트이고 피해자인지, 지지체계와 다른 전문가 등 해당 문제와 관련된 사람과 단체는 누구인지 확인한다.
3단계	확인된 여러 관계자들이 당면 문제와 관련해서 갖고 있는 가치인 사회의 가치, 전문적 가치, 그리고 클라이언트와 사회복지사의 개인적 가치를 확인한다.
4단계	당면 문제를 해결하거나 혹은 적어도 감소시킬 수 있는 목적과 목표를 확인한다.
5단계	대안적인 개입전략과 개입대상을 확인한다.
6단계	확정된 목표에 따라 설정된 각 대안의 효과성과 효율성을 평가한다.
7단계	의사결정에 관여해야 할 사람들을 결정한다.
8단계	가장 적절한 전략을 선택한다.
9단계	선택된 전략을 실행한다.
10단계	실행을 검토하고 예기치 않은 결과가 나타나는지 특별한 주의를 기울인다.
11단계	결과를 평가하고 추가적인 문제들이 무엇인지 확인한다.

〈표 6-2〉의 윤리 사정 심사표(Ethical Assessment Screen: EAS)는 사회복지실천에서의 의사결정의 윤리적 측면을 더욱 명료화하고 통합하기 위한 것이다.

〈표 6-2〉 윤리 사정 심사표

1	직면해 있는 윤리적 딜레마와 관련되는 개인적 가치를 확인한다.
2	윤리적 결정에 관련되는 사회의 가치를 확인한다.
3	관련되는 전문적 가치와 윤리를 확인한다.
4	선택할 수 있는 윤리적 대안들을 확인한다.
5	어떤 대안적인 윤리적 행동들이 다른 사람들의 권리와 복지뿐 아니라 클라이언트의 권리와 복지를 최대한 보호할 것인가?
6	어떤 대안적인 행동이 사회의 권리와 이익을 최대한 보호할 것인가?
7	위의 1, 2, 3번 사이의 갈등을 줄이기 위해서 무엇을 할 수 있는가?
8	어떤 대안적인 행동이 최소한 손실의 원칙을 지킬 수 있도록 할 것인가?
9	대안적 행동들이 어느 정도로 효율적이고 효과적이며 또한 윤리적일 수 있는가?
10	대안적 행동들의 단기적이고 장기적인 윤리적 결과들을 모두 고려하고 비교평가했는가?

〈표 6-3〉의 윤리 규칙 심사표(Ethical Rules Screen: ERS)는 윤리강령 적용에 대한 지침으로서 사회복지사들은 윤리 원칙 심사 이전에 우선적으로 사용한다.

〈표 6-3〉 윤리 규칙 심사표

1	윤리강령을 살펴보고 어떤 규칙을 적용할 수 있는지 결정한다. 이러한 규칙들은 사회복지사의 개인적 가치체계에 우선한다.
2	적용 가능한 한 가지나 그 이상의 강령규칙들을 따른다.
3	특정 문제에 대해서 강령이 적용되지 않거나 여러 개의 강령규칙이 상충되는 지침을 제공하는 경우에는 윤리 원칙 심사를 적용한다.

사회복지사들이 윤리 규칙 심사표를 사용해도 만족스러운 지침이 제공되지 않을 경우에 다음 단계로 윤리 원칙 심사표(Ethica Principles Screen: EPS)를 사용한다. 윤리적 딜레마의 해결을 위한 준거 틀로서 특정 문제에 대해 윤리강령 등으로 해결되지 않는 경우 최후의 수단으로 사용된다.

이 준거 틀은 순서가 있다. 원칙 1이 가장 중요한 원칙이고, 원칙 7은 가장 하위의 원칙이다. 여러 가지 원칙이 충돌하는 경우 상위의 원칙이 우선 적용된다. 어떤 실천상황에서든지 관련된 윤리 원칙과 법적 의무를 확인해야 한다. 이후 갈등이 생기면 '윤리적 준거 틀'에서 제시된 범주에 따라 결정한다.

〈표 6-4〉 윤리 원칙 심사표(EPS: Ethical Principles Screen)

1	생명보호의 원칙	인간의 생명보호가 다른 모든 것에 우선한다.
2	평등과 불평등의 원칙	능력이나 권력이 같은 사람들은 '똑같이 취급받을 권리'가 있고, 능력이나 권력이 다른 사람들은 '다르게 취급받을 권리'가 있다.
3	자율과 자유의 원칙	사회복지실천과정에서 개인의 자율성과 자유를 존중하는 결정을 내려야 하지만, 개인의 자율성과 자유도 자신이나 타인의 생명을 위협하는 경우에는 허용되지 않는다.
4	최소 손실의 원칙	손실만 초래될 가능성이 큰 선택에서 비록 손실이 발생하더라도 손실이 최소화되거나 쉽게 회복될 수 있는 것을 선택한다.
5	삶의 질의 원칙	인간의 삶의 질을 더 향상시키는 기회는 선택해야 한다.
6	사생활보호와 비밀보장의 원칙	사회복지사가 클라이언트에 대해서 알게 된 사실을 다른 사람에게 공개해서는 안 된다.
7	진실성과 정보공개의 원칙	클라이언트 및 관련자에게 오직 진실만을 이야기하며, 관련 정보를 충분히 공개해야 한다.

제7장

사회복지의 제도적 범위와 개념

INTRODUCTION TO SOCIAL WELFARE

이 장에서는 한국 사회복지제도의 큰 틀과 개념을 이해하기 위해 사회복지 관련법이 규정하고 있는 사회복지의 제도적 범위, 즉 사회보험, 공공부조, 사회서비스, 사회수당의 개념과 내용을 살펴본다.

1. 사회복지의 제도적 범위[1)]

사회복지의 제도적 범위는 국가에 따라 달리 규정되지만, 여기서 말하는 제도적 범위란 한국의 사회복지 관련법이 규정하고 있는 사회복지의 범위를 말한다. 왜냐하면, 사회복지제도란 사회복지 관련법에 근거하여 만들어지는 것이기 때문이다.

우리는 앞에서 사회복지의 개념을 "인간의 기본적인 사회적 욕구를 충족시키고 사회문제를 해결하기 위한 모든 제도와 실천"으로 정의하였다. 이러한 사회복지의 개념은 넓은 의미의 사회복지로서 사회보장제도를 포함하고 있다. 즉, 사회복지란 사회보장과 사회복지서비스를 포함하는 개념이다.

그런데 한국 사회보장기본법에서는 사회보장과 사회복지서비스를 구분하지 않고, 사회보장의 체계 안에 사회복지서비스라는 용어 대신 사회서비스를 포함시키고 있다. 사회보장기본법에 따른 사회보장체계는 사회보험, 공공부조, 사회서비스로 구성되어 있다. 그리고 아동수당법에 기초한 사회수당(아동수당)이 있다. 따라서 사회복지 관련법이 규정하고 있는 사회복지의 제도적 범위는 일반적 사회보장체계와 마찬가지로 사회보험, 공공부조, 사회서비스, 사회수당 등으로 구성된다.

2. 사회보장

1) 사회보장의 개념

'Social security'의 번역용어로 사용되는 사회보장이라는 공식적인 용어가

1) 이 장은 졸저(2020a; 2020b; 2023)의 내용을 토대로 작성한 것이다.

최초로 사용된 것은 1935년 미국의 사회보장법(Social Security Act)이다. 이 법에서는 사회보장법을 일반복지(general welfare)의 증진을 위해 연방정부가 관장하는 노령급여제도를 실하고, 주 정부가 관장하는 노인, 시각장애인, 요보호아동, 장애아동을 위한 복지, 모자복지, 공중보건 및 실업보상법의 관리운영을 지원하며, 사회보장청의 신설과 재정조달 및 기타 목적을 추진하기 위한 법으로 규정하고 있다. 이 정의에서 미국의 사회보장체계는 사회보험, 공공부조 및 사회복지서비스로 구성되어 있음을 알 수 있다.

사회보장이란 용어를 미국이 가장 먼저 사용했지만, 사회보장에 대한 이론적 접근은 영국의 베버리지(W. Beveridge)가 단연 앞섰다. 베버리지는 1942년에 발간한 『사회보험과 관련 서비스에 관한 보고서(*Social Insurance and Allied Services*)』에서 사회보장을 "실업, 질병, 재해로 인해 소득이 감소하였을 때, 정년퇴직으로 소득이 중단되었을 때, 주된 소득자가 사망하여 생계를 책임질 사람이 없어졌을 때, 출생, 사망, 결혼 때문에 추가적인 비용이 지출될 때를 대비한 소득보장정책"(Beveridge, 1942: 9)이라고 정의하였다. 베버리지의 정의는 소득보장정책으로서의 사회보장의 의미가 강함을 알 수 있다.

한편, 국제노동기구(International Labour Organization: 이하 ILO)는 사회보장을 "사람들이 여러 가지 위험들로 인해 소득이 일시적으로 중단되거나, 지출이 크게 증가하여 이전의 생활을 하지 못할 경우, 이전의 생활을 유지할 수 있도록 하는 국가의 모든 프로그램"으로 규정했다. ILO에서 제시하고 있는 사회보장은 전체 국민을 대상으로 하며, 급여수준은 수급자의 종전 소득과 비례하여 지급하되 법정 최저액을 보장하고, 비용부담은 국가 또는 사용자 혹은 양자가 공동으로 부담하는 것을 주요 내용으로 하고 있다.

마지막으로 한국의 사회보장기본법 제3조에 명시되어 있는 사회보장의 정의를 보면, "사회보장이란 출산, 양육, 실업, 노령, 장애, 질병, 빈곤 및 사망 등의 사회적 위험으로부터 모든 국민을 보호하고 국민 삶의 질을 향상시키는 데 필요한 소득 · 서비스를 보장하는 사회보험, 공공부조, 사회서비스"를 말한다.

2) 사회보장의 목적과 기능

사회보장의 목적

일반적으로 강조되는 사회보장의 목적은 욕구충족, 소득재분배, 사회통합 등이다. 욕구의 충족을 강조한 베버리지는 모든 시민이 자기의 책임을 해결하는 데 항상 충분한 소득을 보증하여 줌으로써 결핍을 해소하는 것이라고 하였다. 재분배적 기능을 강조한 티트머스(Titmuss)는 경제제도가 만든 소득과 평생 동안의 자원분배에 있어서 불평등을 감소시키는 것이라고 하였다. 일본의 저명한 학자인 고하시(孝橋正一, 1969: 148, 151)는 경제적 불안을 해소하고 국민의 생존권을 실현하여 빈곤으로부터 해방시키는 데 사회보장의 주요한 목적이 있는데, 이러한 목적을 달성하기 위해서는 소득재분배의 기능이 가장 중요하다고 보았다. 그리고 사회통합을 강조한 견해는 뉴질랜드 왕립사회보장위원회인데, 이 위원회는 사회보장의 목적을 "모든 사람이 지역사회의 다른 사람과 동등한 생활수준을 누리고, 따라서 지역사회에 소속되고 참여를 느낄 수 있는 것을 보증하는 것"이라고 하였다(김영모 편, 1997: 8). 사회보장의 목적은 이러한 기능들을 동시에 지닌 것이라고 말할 수 있다.

사회보장의 기능

사회보장제도의 가장 기본적인 기능은 사회구성원의 최저생활보장 기능이다. 대부분 현대국가는 나름대로 건강하고 문화적인 삶의 수준을 보장하는 것이 국가의 임무임을 인식하고 헌법에 명시하고 있다. 국가가 사회보장 등의 공공정책을 통해서 모든 국민의 최저한도의 생활수준을 보장해야 한다는 사상이 국민최저기준(national minimum)의 사상이다. 국가는 국민최저기준을 확보하기 위해 노력해 왔는데, 그 내용은 사회보장제도의 충실화로 대변된다. 사회보장의 출발점은 최저수준 이하에서 생활하는 인간의 고통에 대한 사회적 분노와 그 해결에 대한 자신감이다. 그 자신감의 표현이 사회보장제도이다. 또한, 그러한 자신감의 표현은 곧 국가의 존재 이유가 된다.

사회보장의 또 다른 중요한 기능 중 하나는 소득재분배기능이다. 소득재분배가 시장의 실패를 시정하는 기능을 수행하기 때문이다. 자본주의사회에서는 아무리 시장메커니즘이 완전하다 하더라도 사회적인 불평등은 발생할 수밖에 없으므로 국가가 개입하여 불평등을 완화 또는 수정하게 되는데, 그 메커니즘이 바로 소득재분배이고, 소득재분배기능을 수행하는 대표적인 제도가 바로 사회보장제도이다.[2)]

마지막으로 들 수 있는 사회보장의 기능은 경제성장과 안정이다. 사회보장은 인적자본의 질적 수준을 향상시켜 생산 경쟁력을 높이고 경제성장을 안정화시킨다. 거시적인 측면에서 사회보장은 경기안정기능을 수행하며, 또한 사회보장은 자본축적의 기능을 수행한다.[3)]

3) 사회보장의 원칙

사회보장기본법 제25조에 명시되어 있는 사회보장제도의 운영 원칙은 다음과 같다. 첫째, 국가 및 지방자치단체는 사회보장제도를 운용함에 있어 이를 필요로 하는 모든 국민에게 적용하여야 한다. 둘째, 국가 및 지방자치단체는 사회보장제도의 급여수준 및 비용부담 등에 있어서 형평성을 유지하여야 한다. 셋째, 국가 및 지방자치단체는 사회보장제도의 정책결정 및 시행과정에 공익의 대표자 및 이해관계인 등을 참여시켜 이를 민주적으로 결정하고 시행하여야 한다. 넷째, 국가와 지방자치단체가 사회보장제도를 운영할 때에는 국민의 다양한 복지욕구를 효율적으로 충족시키기 위하여 연계성과 전문성을 높여야 한다. 다섯째, 사회보험은 국가의 책임으로 시행하고, 공공부조와 사회서비스는 국가와 지방자치단체의 책임으로 시행하는 것을 원칙으로 한다. 다만 국가와

2) 소득재분배에 대한 자세한 설명은 제2장을 다시 참조하기 바란다.
3) 경제성장과 안정에 대한 자세한 설명은 제2장을 다시 참조하기 바란다.

지방자치단체의 재정 형편 등을 고려하여 이를 협의 · 조정할 수 있다.

3. 사회보험

1) 사회보험의 개념

사회보험의 정의

사회보험은 사회보장제도의 가장 핵심적인 제도로서 기여-비자산조사 프로그램이다. 사회보험은 미래의 위험에 대비하여 기여금(contribution)을 지불한 후 일정한 법적조건에 해당하면(해당되는 위험이 발생하면) 소득조사나 자산조사 없이 급여를 받는 제도이다. 이 제도는 위험분산과 공동부담이라는 보험원리와 강제가입과 법적 권리라는 사회적 성격을 지니고 있다. 사회보험의 가입 대상자는 법에 따라 규정되며, 급여를 받을 수 있는 권리는 대개 수혜자의 과거의 기여금 지불실적에 따라 결정된다. 기여금과 급여는 일반적으로 대상자의 과거 소득에 연계되어 결정된다. 사회보험의 재원은 대부분 노동자와 사용자의 기여금에 의해 충당되며, 기여금에 의해 마련된 기금은 정부의 일반재정과 분리된 별도의 특수기금으로 운영된다(오세영, 2020b: 28).

한국의 사회보장기본법 제3조에서는 사회보험을 "국민에게 발생하는 사회적 위험을 보험방식에 의해 대처함으로써 국민건강과 소득을 보장하는 제도"라고 정의하고 있다. 한국은 국민연금, 국민건강보험, 산업재해보상보험,[4] 고용보험, 노인장기요양보험의 5대 사회보험체계를 갖추고 있다. 이 중에서 건강보험과 고용보험, 산업재해보상보험, 노인장기요양보험은 질병, 실업, 산재 등 생활상의 예측하지 못한 위험, 단기적 위험 · 사건에 대비하는 일종의 단기

4) 한국 산업재해보상보험은 줄여서 산재보험으로 불리는데, 이 책에서는 혼용해서 쓰고 있다.

보험의 성격을 지닌다. 반면, 국민연금은 은퇴 후 노년기의 삶을 보장하기 위해 젊은 시절부터 보험료를 납부하고, 60세부터 연금을 받는 장기보험의 성격을 지닌다.

사회보험의 특성

사회보험은 보험이기 때문에 민간보험과 유사한 점이 많고 또 소득보장정책이란 점에서 공공부조와 동일한 목적을 갖는다. 레자(Rejda)는 사회보험의 특성으로 다음과 같은 점들을 지적했다(원석조, 2006: 224에서 재인용).

첫째, 강제적 프로그램이다. 사회적 위험(사망, 노령, 장애, 질병 등)으로부터 사람을 보호하기 위한 의무적 제도이다.

둘째, 사회적 위험에 대비하기 위한 최저소득보장제도이다.

셋째, 개인적 형평성보다 사회적 적합성을 중시한다. 사회적 적합성이란 모든 가입자에게 최저생계 수준 이상을 유지토록 급여를 제공하는 것을 말한다. 개인적 형평성이란 자신이 낸 보험료에 비례하여 급여를 받는 것을 말한다. 사회보험은 사회적 적합성을 보장하기 위해 저소득층, 대가족, 노령층 등이 더 유리하도록 배려한다.

넷째, 일반적으로 급여수준과 소득수준은 직접적인 연관이 없다. 개인적 생활수준이나 자신이 낸 보험료 액수보다는 현재의 욕구에 따라 급여가 결정된다. 그러나 소득비례연금 등에서 보듯이 급여와 소득이 비례하는 경우도 있다.

다섯째, 급여는 권리이며, 자산조사가 없다. 사회보험수급권은 수급자와 보험자 간의 계약에 의해 규정된 권리(contractual right)이고, 수급자가 수급에 필요한 제반 요건을 다 충족시켰기 때문에 수급하는 것이며, 사회보장 관련법에 따라 보장된 권리이다. 사회보험수급권은 수혜자의 존엄성을 보장해 준다.

여섯째, 사전에 규정된 욕구(presumed need)에 따라 급여가 제공된다. 예를 들면, 연금의 경우 모든 노인에게 자동으로 지급되는 게 아니라 관련 규정에 의거 정년 퇴직자에게만 지급된다.

일곱째, 사회보험 재정은 그 수혜자인 피용자와 자영업자 그리고 피용자를 고용하는 고용주가 책임진다. 이것을 수익자재정책임원칙이라 한다.

여덟째, 급여는 법으로 규정된다. 수급자격과 급여내용은 법적으로 규정되어 있어 행정업무를 담당하는 사람의 재량적인 여지가 거의 없다.

아홉째, 사회보험은 정부가 주도하지만, 정부의 피용자인 공무원만을 위해서가 아니라 정부개입이 필요한 사회문제의 해결을 위해 운용된다.

마지막으로 재정의 완전적립(full funding)이 불필요하다. 왜냐하면, 사회보험은 일정 기간만 운용되는 것이 아니라 영속적인 프로그램이기 때문이다. 또한, 사회보험은 강제적용이기 때문에 신규 가입자가 계속해서 발생하고, 중앙정부가 궁극적으로 책임을 지므로 재정적자가 발생하면 보험료를 인상하는 등의 방법을 통해 해결할 수 있다. 경제적 측면에서도 완전적립은 바람직하지 않다(재정적자, 수요억제 등).

사회보험의 재정

사회보험의 재정은 주로 보험료로 충당된다. 보험료는 국가에 의하여 강제로 부과하고, 관리 · 운영되기 때문에 공공부문의 재원으로 분류된다. 보험료는 소득비례보험료와 정액보험료의 두 가지 종류가 있다. 소득비례보험료는 소득의 일정률을 갹출하는 것이고, 정액보험료는 소득과 재산에 관계없이 동일 액수의 보험료를 부담하는 것이다.

보험료는 사회보험과 민간보험에서 그 의미를 달리하고 있는데, 이 두 단어의 의미 차이를 통해서 보험료의 성격을 파악할 수 있다. 사회보험에서의 보험료는 'contribution'이라고 하고, 민간보험의 보험료는 'premium'이라고 한다. premium이라는 용어는 민간보험에서 보험가입자가 보험자와 계약을 맺어 개인적인 필요성과 지불능력에 따라 보험자에게 지불되는 돈을 뜻한다. 반면에 'contribution'은 강제성을 띠고 있고 보험통계에 따라서 사정되지는 않으며, 사회적 위험을 공동체적으로 분산하기 위해 보험가입자가 보험자에게 지불함으로써 결과적으로 공동체에 기여하는 것을 말한다. 그러므로 사회보험에서의 보험료는 엄격히 말해서 기여금이라고 해야 정확하다. 기여금은 보험료와 달리 '타 먹는' 것이 전제되어 있지 않다(김영모 편, 1997: 75-76).

한편, 사회보험의 재정은 본인부담금으로 보충된다. 본인부담금은 말 그대로 서비스를 이용할 때 일정 부분을 이용자 본인이 부담하는 것을 말한다. 주로 건강보험에 적용된다. 본인부담금은 비용의 일정 비율을 부담하는 정률제(coinsurance), 서비스 비용과 관계없이 일정액을 부담하는 정액제(copayment), 일정 금액까지는 본인에게 전액 부담시키고 그 이상의 금액에 대해서만 사회보험에서 보장하는 공제제(deductible)가 있다.

본인부담금은 기본적으로 역진적인 성격을 지니고 있다. 본인부담률이 높으면 저소득층의 부담이 고소득층에 비해 상대적으로 크기 때문에 소득재분배를 악화시킬 수 있다. 본인부담금이 크지 않더라도 저소득층에게는 부담이 될 수 있어 서비스 이용의 억제요인으로 작용하는 문제를 안고 있다.

2) 사회보험과 민간보험

사회보험과 민간보험의 공통점

사회보험과 민간보험의 공통점은 '보험'요소에서 찾을 수 있다. 즉, 사회보험의 보험요소는 다음과 같다(원석조, 2006: 226-227).

① 위험분산(risk pooling or combination): 위험 발생 가능성을 가진 많은 사람을 하나로 묶어 정확한 장래의 손해를 예측한다. 개개인의 손해를 합한 다음 평균치를 계산해 내고 그 평균 손해로 실제 손해(개인별 손해)를 대치시키는 것이다. 이는 민간보험이 오랫동안 발전시켜온 기술이다.

② 손해의 우연성(fortuitous loss): 우발적인 사고로서 보험가입자의 통제를 벗어난 손해를 대상으로 한다. 민간보험은 우연한 손해만을 대상으로 했는데, 사회보험도 이를 받아들였다(사망, 질병, 장애 등).

③ 위험의 이전(risk transfer): 민간보험에서는 개인의 손해를 보험회사가 떠

안는다. 이를 위험의 이전이라고 한다. 사회보험에서도 개인의 위험(사망, 노령, 장애, 질병 등의 발생)이 보험자에게로 이전(보험급여의 재정적 책임)된다.

④ 배상: 민간보험은 가입자의 손해를 배상한다. 배상이란 손해에 대해 전부 또는 일부를 현금, 보수, 대체 등의 방법으로 보상해 주는 것을 말한다.

사회보험과 민간보험의 차이점

이처럼 사회보험과 민간보험은 공통점이 있지만, 다음과 같은 본질적으로 전혀 다른 차이가 있다(채구묵, 2015: 38-39).

첫째, 사회보험은 가입이 강제적인 반면, 민간보험은 자발적이다. 즉, 사회보험은 법적 대책이지만, 민간보험은 보험자와 피보험자 간의 완전한 계약관계이다. 바로 이러한 강제성 때문에 사회보험은 국가만이 담당할 수 있는 중요한 이유가 된다.

둘째, 사회보험은 평균적인 위험이나 소득에 비례해서 법령으로 보험료가 결정되는데, 민간보험에서는 보험료가 개인적인 위험의 정도나 개인의 의사에 의해 결정된다. 예를 들면, 사회보험은 대체로 소득에 비례해서 보험료를 부과하거나 평균적 위험에 따라 정액기여금을 부과하며 법령으로 정한다. 한편, 정부가 일반 조세로 보험기금을 상당 부분 지원하기 때문에 보험료가 낮다. 그러나 민간보험은 고위험군의 보험료가 높은 반면, 저위험군의 보험료는 낮다(예: 자동차보험). 그리고 민간의료보험의 경우 부자들은 고액의 치료가 요구되는 내용을 포함하는 계약을 하기 때문에 보험료가 높다.

셋째, 사회보험은 보험급여가 사회적 적합성(복지)에 의해 결정되는 반면, 민간보험에서는 보험급여가 개인적 형평성에 의해 결정된다. 사회보험에서는 보험수리 원칙에서 벗어나 급여액이 보험료에 비례하지 않는다. 급여액은 별도의 법령에서 정한 급여산정방식에 의해 결정되며, 이때 고려되는 것이 사회적 적합성이다. 반면, 민간보험에서는 보험급여액이 보험수리 원칙에 따라 결정된다. 즉, 가입자의 보험료 납부액이 많으면 보험급여액도 비례적으로 많아진다. 이를 가입자의 개인적 형평성 원칙이라 한다.

넷째, 사회보험은 국가 또는 국가가 위임한 단체가 독점적으로 관리하나, 민간보험은 민영기관들에 의해 경쟁체제로 운영된다. 사회보험은 영리를 목적으로 하지 않지만 민간보험은 영리를 목적으로 한다. 이런 면에서 사회보험은 사회복지제도의 하나지만, 민간보험은 경제제도의 하나이다.

다섯째, 사회보험의 재원조달은 완전기금 적립방식을 취하기 어려운 반면, 민간보험은 완전기금 적립방식을 택하고 있다. 사회보험은 법에 따라 의무적으로 보험료를 징수할 수 있기 때문에 미래에 지급해야 할 지출액을 현재 적립하지 않아도 된다. 하지만 민간보험에서는 미래에 지급해야 할 지출액을 적립해야 한다.

여섯째, 사회보험의 조건은 법으로 규정되며 가입자는 보험급여에 대한 법적 권리를 가진다. 반면, 민간보험은 개별적 요구에 따라 보험조건이 결정되며, 보험자가 파산했을 때 가입자가 경제적 보호를 받을 수 있는 법적 권리가 없다.

일곱째, 사회보험은 인플레이션에 의한 실질 가치의 변동을 보장하지만, 민간보험은 인플레이션에 취약하다. 사회보험의 경우 물가가 급상승할 때 이에 대한 보험급여 보전을 받을 수 있으나 민간보험은 그렇지 않다. 또한, 사회보험은 경제성장에 따른 기본생활비 증가에 대한 보전을 받을 수 있지만, 민간보험은 그렇지 않다. 이는 사회보험이 기본생활보장 기능을 가지고 있기 때문이다.

3) 한국의 5대 사회보험

(1) 국민연금

도입 및 발달과정

국민연금제도는 국민의 노령, 장애 또는 사망에 대하여 연금급여를 시행함으로써 국민의 생활안정과 복지증진에 기여함을 목적으로 하는 사회보장제도이다. 한국의 경우 1986년 12월 31일에 국민연금법이 제정되었고, 1988년 1월 1일부터 국민연금제도가 최초로 시행되었다. 시행 초기에는 10인 이상의 사업장을 당연적용대상으로 하였으나, 점차 확대되어 1992년에는 5인 이상의 사업장으로 확대 적용되었고, 1995년 7월 1일부터는 농어촌지역으로 확대되었다. 1999년 4월부터 도시자영업자에게까지 가입대상을 확대하여 시행하였고, 마침내 '전 국민 연금시대'를 맞이하게 되었다.

적용대상

국민연금의 가입대상은 18세 이상 60세 미만의 국내에 거주하는 국민(외국인 포함)이다. 다만, ① 특수직역연금가입자, 즉 공무원연금법, 군인연금법, 사립학교교직원연금법 및 별정우체국법을 적용받는 공무원, 군인, 교직원 및 별정우체국 직원, ② 퇴직연금 등 수급권자, 즉 공무원연금법, 군인연금법, 사립학교교직원연금법, 별정우체국법에 따른 퇴직연금(군인의 경우는 퇴역연금), 장해연금(군인의 경우는 상이연금), 퇴직연금(군인의 경우는 퇴역연금일시금) 수급권자(이하, 퇴직연금등수급권자), ③ 국민기초생활보장법에 따른 생계급여 및 의료급여수급자,[5] ④ 납부 이력이 없는 18세 이상 27세 미만인 자로서 학생이거나 군 복무 등의 이유로 소득이 없는 사람, ⑤ 연금가입자의 배우자이면서 소득이 없는 사람, ⑥ 1년 이상 행방불명된 자는 적용대상에서 제외된다.

국민연금가입자의 종류는 사업장가입자, 지역가입자, 임의가입자 및 임의계속가입자로 구분된다. 사업장가입자는 1명 이상의 근로자를 사용하는 사업장의 근로자와 사용자이다. 지역가입자는 도시자영업자, 농어민, 일용근로자 등 사업장가입자가 아닌 자를 말하며, 임의가입자는 사업장가입자와 지역가입자가 아닌 자로서 공단에 가입신청을 한 자를 말한다. 임의계속가입자는 60세에 도달하여 국민연금가입자의 자격을 상실하였으나, 가입기간이 부족하여

5) 국민기초생활보장제도의 수급자라도 사업장에 종사하고 있는 경우에는 사업장가입자가 된다. 종전에는 사업장에서 종사하고 있더라도 국민기초수급자에게는 임의가입만을 허용하였으나, 사업장가입자로 적용받도록 법이 개정되었다(국민연금법 제8조 참조). 다만 생계급여나 의료급여수급자는 본인의 신청에 따라 가입자에서 제외될 수 있다.

연금을 받지 못하거나 가입기간을 연장하여 더 많은 연금을 받고자 하는 경우 65세에 달할 때까지 신청에 의하여 가입할 수 있다.

급여

국민연금급여의 종류로는 노령연금(분할연금), 장애연금, 유족연금, 반환일시금, 사망일시금이 있다.

노령연금은 가입자가 노령이 되어 소득활동에 종사하지 못할 경우 생활안정과 복지증진을 위해 지급되는 급여이다. 가입기간(연금보험료 납부기간)이 10년 이상이면 지급연령(60~65세) 이후부터 평생 매월 지급받을 수 있으며,[6] 국민연금의 기초가 되는 급여이다. 가입기간, 연령, 소득활동 유무에 따라 〈표 7-1〉과 같이 분류된다.

〈표 7-1〉 노령연금 급여의 종류

구분	가입기간	수급연령	직업 유무
완전노령연금	20년 이상	60세 이상	무직
감액노령연금	10년 이상 20년 미만	60세 이상	무직
소득활동에 따른 노령연금	10년 이상	60세 이상 65세 미만	유직
조기노령연금	10년 이상	55세 이상	무직
분할연금	가입기간 중 혼인 기간이 5년 이상인 노령연금 수급권자의 배우자가 60세 이상인 경우 지급		

장애연금은 장애로 인한 소득감소 부분을 보전함으로써 자신과 가족의 안정된 생활을 보장하기 위한 급여이다. 가입자의 직업과 관계없이 가입 중에 발생한 질병이나 부상으로 인해 완치된 후에도 장애가 남았을 때 장애 정도에 따라 급여를 지급한다.

유족연금은 수급권자가 사망할 경우 그 유족들에게 지급되는 연금으로 가

6) 노령연금의 수급연령은 2013년부터 5년마다 1세씩 연장되어 2033년에는 65세가 된다.

입자의 사망으로 인한 유족의 생계보호를 위한 급여이다.

반환일시금은 연금을 받지 못하거나 더는 가입할 수 없는 경우 청산적 성격으로 지급하는 급여이다. 즉, 지급연령이 되었을 때 연금급여를 받을 수 있는 요건을 충족하지 못하였거나 사망, 국외 이주 등으로 더 이상 국민연금가입대상이 아닌 경우 납부한 연금보험료에 이자를 더해 일시에 지급하는 급여이다.

사망일시금은 유족연금 및 반환일시금을 받지 못할 경우 장제비적 성격으로 지급하는 급여이다.

재원

국민연금의 재원은 사업장가입자의 보험료로 이루어진다. 원칙적으로 보험료는 근로자, 사용자가 각각 기준소득월액의 일정 비율[7]을 절반씩 부담하게 되어 있다. 여기서 말하는 기준소득월액이란 연금보험료 및 연금급여를 산정하기 위하여 국민연금가입자의 소득월액을 기준으로 대통령령으로 정한 금액을 말한다. 지역가입자는 보험료율의 보험료를 개인이 부담한다. 말하자면, 지역가입자의 경우는 사용자가 없으므로 전액 가입자 부담인 셈이다.

관리운영체계

국민연금의 관장자는 보건복지부장관이다. 보건복지부장관의 위탁을 받아 국민연금제도를 실질적으로 집행하기 위해 국민연금법에 따라 무자본특수법인인 국민연금공단을 설립하고 각 시 · 도에 지부와 출장소를 두어 운영하고 있다. 국민연금공단의 업무는 ① 국민연금가입자에 대한 기록의 관리 및 유지, ② 급여의 결정 및 지급, ③ 가입자, 가입자였던 자 및 수급권자를 위한 노후설계서비스 및 자금의 대여와 복지시설의 설치 · 운영 등 복지증진사업,

---

7) 이것을 보험료율이라고 하는데, 보험료율은 1988년 국민연금제도 도입 당시 3%였으나, 1993년 6%, 1998년 9%로 조정된 이후 계속 유지되어 왔으나, 2025년 3월 20일 보험료율 13%, 소득대체율 43% 등을 담은 국민연금법 일부개정법률안이 국회 본회의를 통과하였다. 다만, 국민부담을 고려하여 2026년부터 매년 0.5%P씩 단계적으로 인상하며, 2033년에 13%에 도달하게 된다.

④ 가입자 및 가입자였던 자에 대한 기금증식을 위한 자금대여사업, ⑤ 가입대상과 수급권자 등을 위한 노후준비서비스사업, ⑥ 국민연금제도 · 재정계산 · 기금운용에 관한 조사연구, ⑦ 국민연금에 관한 국제협력, ⑧ 그밖에 이 법 또는 다른 법령에 따라 위탁받은 사항, ⑨ 그밖에 국민연금사업에 관하여 보건복지부장관이 위탁하는 사항 등이다.

(2) 국민건강보험제도

도입 및 발달과정

한국은 1963년 12월 16일 의료보험법이 최초로 제정되었으나 시행이 이루어지지 않았다. 그러다가 1976년의 의료보험법 개정(제2차 개정)을 계기로 1977년 7월 1일부터 의료보험제도가 본격적으로 실시되었다. 1977년 12월 31일에는 공무원 및 사립학교교직원의료보험법이 제정되어 1979년 1월부터 특수직 건강보험이 시작되었다.

한편, 1988년 1월부터 농어촌지역의료보험이 실시되었으며, 1989년 7월부터 도시자영업자를 포함한 지역의료보험이 실시되었다. 이로써 1989년에 전국민의료보험이 달성되었다.

1997년 12월 31일에는 공무원 및 사립학교교직원 의료보험과 지역의료보험을 통합한 국민의료보험법이 제정되었으며, 이 법이 1998년 10월 1일 시행되면서 공무원 · 사립학교교직원공단과 227개 지역의료보험조합이 통합되어 국민의료보험관리공단이 출범하였다(1단계 통합).

1999년 1월 6일에는 의료보험 통합 시행을 골자로 한 국민건강보험법이 국회를 통과하여 2000년 7월 1일 시행됨으로써 139개의 직장의료보험조합과 국민의료보험관리공단이 통합되어 국민건강보험공단으로 단일화되었다(2단계 통합).

건강보험재정은 2003년 7월에 직장과 지역건강보험의 재정통합이 이루어졌다(3단계 통합). 이로써 건강보험은 보험재정도 단일화를 이루게 되었다. 그 후 2009년 5월 2일 국민건강보험법 개정으로 2011년 1월 1일부터 모든 사회보험료 징수업무가 국민건강보험공단으로 일원화되었다.

적용대상

국민기초생활보장수급자, 국가유공자 등 보험료를 지불하지 않고 의료급여를 받는 자를 제외한 모든 국민은 건강보험의 적용대상이 된다. 건강보험의 가입자는 직장가입자와 지역가입자로 구분된다. 모든 사업장의 근로자와 사용자, 공무원, 교직원은 직장가입자가 된다. 지역가입자는 직장가입자와 그 피부양자를 제외한 가입자를 말한다.

급여

건강보험의 급여는 현물급여를 원칙으로 하되, 현금급여를 병행한다. 현물급여는 요양기관으로부터 의료서비스를 제공받는 것으로 요양급여와 건강검진이 있다. 현금급여는 가입자의 신청에 의해 공단으로부터 현금으로 제공받는 것으로 요양비, 임신 · 출산진료비, 장애인보장구급여비, 본인부담상한액, 선별급여 등이 있다.

재원

직장가입자의 보험료는 모든 근로자의 소득 능력에 따라 보험료를 부과한다. 직장가입자의 월별 보험료액은 보수월액보험료와 보수 외 소득월액보험료로 한다. 보수월액보험료는 보수월액에 보험료율을 곱하여 얻은 금액으로 한다. 보수월액은 당해 연도에 받은 보수 총액을 근무 월수로 나눈 금액이다. 보수 외 소득월액보험료는 소득월액에 보험료율을 곱하여 얻은 금액으로 한다. 보수 외 소득월액은 보수월액의 산정에 포함된 보수를 제외한 직장가입자의 소득, 즉 보수 외 소득(예컨대, 이자소득, 배당소득, 사업소득, 직장 외 근로소득, 연금소득 등)이 대통령령으로 정하는 금액을 초과하는 경우 산정한다.[8)]

반면, 지역가입자의 월별 보험료액은 세대 단위로 산정한다. 지역가입자가 속한 세대의 월별 보험료액은 보험료부과점수에 보험료부과점수당 금액을 곱

8) 소득월액의 산정방식은 (연간보수 외 소득-대통령령으로 정하는 금액)×1/12이다.

한 금액으로 한다. 보험료부과점수는 지역가입자의 소득 및 재산을 기준으로 산정한다. 즉, 지역가입자의 소득월액에 보험료율을 곱하여 얻은 금액과 재산보험료부과점수에 재산보험료부과점수당 금액을 곱하여 얻은 금액을 합산하여 보험료로 계산하고 있다.

한편, 국민건강보험제도는 본인부담제도를 두고 있다. 본인부담률 및 부담액은 다음과 같이 계산한다.

첫째, 입원진료 및 보건복지부장관이 정하는 요양급여를 받은 경우 요양급여비용 총액[9]의 20%에 해당하는 금액[10]에 식대를 포함한다.

둘째, 요양병원에서 입원진료를 받는 사람 중 입원치료보다는 요양시설이나 외래진료를 받는 것이 적합한 환자로서 보건복지부장관이 정하여 고시하는 환자군에 해당하는 경우에는 요양급여비용 총액의 40%에 입원기간 중 식대의 50%를 더한 금액을 본인이 부담한다.

셋째, 외래진료의 경우 및 보건복지부장관이 정하는 의료장비 · 치료재료를 이용한 진료의 경우에는 요양기관 및 지역에 따라 본인부담률 및 부담금이 다르다.[11]

넷째, 진료비 부담이 큰 중증질환자에 대하여 환자의 진료비를 경감해 주는 건강보험 산정특례제도가 있다. 산정특례제도는 대상자에 따라 본인부담률이 다른데, 암환자의 경우 등록일로부터 5년간 총진료비의 5%를 부담하며, 희귀 · 중증난치질환 등록자의 경우는 10%, 뇌혈관질환자 및 심장질환자의 경우는 5%(최대 30일)를 부담한다. 결핵등록자의 경우는 결핵 치료기간 동안 부담하는 본인부담금이 없다.

9) 보건복지부장관이 고시하는 식대와 장애인 치과진료에 대한 가산금액은 제외한다.

10) 상급종합병원에서 일반입원실 및 정신과 폐쇄병실의 4인실을 이용한 경우에는 그 입원료에 한정하여 30%로 한다.

11) 자세한 사항은 국민건강보험법 시행령 제19조 제1항 별표2와 의료법 제3조, 제3조의 2~4를 참조하기 바란다.

관리운영체계

국민건강보험제도의 운영을 관장하는 기관은 보건복지부이지만, 이 제도를 직접 운영하는 집행기관은 국민건강보험의 보험자인 국민건강보험공단이다. 국민건강보험공단의 주요 업무는 다음과 같다. ① 가입자 및 피부양자의 자격관리, ② 보험료 및 기타 국민건강보험법에 의한 징수금의 부과 · 징수, ③ 보험급여의 관리, ④ 가입자 및 피부양자의 건강 유지 · 증진을 위한 가입자 보호사업, ⑤ 보험급여비용의 지급, ⑥ 자산의 관리 · 운영 및 증식사업, ⑦ 의료시설의 운영, ⑧ 건강보험에 관한 교육 훈련 및 홍보, ⑨ 건강보험에 관한 조사연구 및 국제협력, ⑩ 「징수위탁근거법」에 따라 위탁받은 업무, ⑪ 그 밖의 위탁받은 업무 등이다.

(3) 산재보험

도입 및 발달과정

산업재해보상보험(이하, 산재보험)은 한국 5대 사회보험 중 최초의 사회보험 제도이다.[12] 1963년 11월 5일에 제정되어 1964년 7월부터 상시 500인 이상 근로자를 사용하는 광업 및 제조업을 대상으로 실시되었다. 사업장과 적용대상 업종이 점차 확대되어 2000년 7월 1일부터 1인 이상 사업으로 적용대상이 확대되어 거의 모든 사업에 산재보험이 적용되었다.

적용대상

산재보험의 가입대상은 근로자를 사용하는 모든 사업이며, 적용단위는 사업 또는 사업장이다. 가입자의 종류에는 당연적용가입자, 임의적용가입자, 특례가입자, 의제적용가입자가 있다.

당연적용사업이란 사업이 개시되어 적용요건을 충족하게 되었을 때 사업주

12) 1960년 공무원연금이 가장 먼저 시행되었지만, 전 국민을 대상으로 하는 5대 보험 중에서는 산재보험이 가장 먼저 시행되었다.

의 의사와는 관계없이 자동적으로 보험 관계가 성립하는 사업을 말한다.

임의적용사업은 산재보험 당연적용대상사업에 해당되지 않는 경우로 보험 가입 여부가 사업주의 자유의사에 일임되어 있는 사업이다.

특례가입자는 국외의 사업, 해외파견자, 현장실습생, 중소기업 사업주, 특수형태근로종사자,[13] 국민기초생활보장에 따른 자활수급자 등을 일컫는다.

의제적용사업은 사업주가 산재보험의 당연가입자가 되는 사업이 사업 규모의 변동 등의 사유로 당연적용 제외 사업에 해당하게 되었을 때[14]에는 그 사업주는 그날부터 1년이 범위 안에서 보험에 가입한 것으로 본다.

급여

산재보험 급여의 종류는 크게 현물급여와 현금급여로 나눌 수 있다. 현물급여에는 요양급여가 있고, 현금급여에는 휴업급여, 장해급여, 간병급여, 유족급여, 상병보상연금, 장례비, 직업재활급여, 특별급여가 있다.

요양급여는 근로자가 업무상의 사유로 부상을 당하거나 질병에 걸린 경우에 그 근로자에게 지급하는 급여이다. 요양급여는 본인부담 없이 전액 지급하되, 산재보험 의료기관에서 요양하게 한다. 대기일은 3일이다.

휴업급여는 업무상 사유로 부상을 당하거나 질병에 걸린 근로자에게 요양으로 인해 취업하지 못한 기간에 대하여 지급하는 소득 보상 성격의 급여이다. 요양기간 중 1일당 지급액은 평균임금의 70%에 상당하는 금액으로 한다.

장해급여는 근로자가 업무상의 사유로 부상을 당하거나 질병에 걸려 치유된 후 신체 등에 장해[15]가 있는 경우에 그 근로자에게 지급한다. 장애급여는

---

13) 계약의 형식과 관계없이 근로자와 유사하게 노무를 제공함에도 근로기준법 등이 적용되지 아니하여 업무상의 재해로부터 보호할 필요가 있는 자로서 예를 들면, 보험설계사, 우체국보험의 모집을 전업으로 하는 사람, 건설기계를 직접 운전하는 사람, 화물차주, 방문강사, 골프장 캐디, 택배원, 대출모집인, 신용카드회원 모집인, 대리운전 업무를 하는 사람, 방문판매원, 대여제품 방문점검원, 가전제품설치 및 수리원 등이 해당된다(산업재해보상보험법 시행령 제125조).

14) 예를 들어 농업 · 어업 · 임업 및 수렵업 중 법인이 아닌 사업의 근로자가 상시 5인 이상에서 5인 미만으로 감소된 경우를 말한다.

15) 장해란 부상 또는 질병이 치유되었으나 정신적 또는 육체적 훼손으로 인하여 노동능력이 상

장애등급(1~14급)에 따라 장해보상연금 또는 장해보상일시금으로 지급한다. 단, 장해등급 1~3급은 연금으로만 지급한다.

간병급여는 요양급여를 받은 자 중 치유 후 의학적으로 상시 또는 수시로 간병이 필요하여 실제로 간병을 받는 자에게 지급한다.

유족급여는 근로자가 업무상의 사유로 사망한 경우에 유족에게 지급한다.

상병보상연금은 요양급여를 받는 근로자가 요양을 시작한 지 2년이 지난 날 이후에도 그 부상이나 질병이 치유되지 아니한 상태이며, 그 부상이나 질병에 따른 중증요양상태[16]의 정도가 1~3급에 해당하고, 요양으로 인하여 취업하지 못했을 경우 휴업급여 대신 상병보상연금을 그 근로자에게 지급하는 급여이다.

장례비는 근로자가 업무상의 사유로 사망한 경우에 지급하되, 평균임금의 120일분에 상당하는 금액을 그 장제(葬祭)를 지낸 유족에게 지급한다.

직업재활급여는 피재근로자가 취업하는데 필요한 직업훈련, 직장 복귀에 필요한 직장적응훈련, 재활운동 등에 드는 비용을 지급하는 급여이다.

특별급여는 사업주의 고의 또는 과실로 인해 산업재해가 발생했을 경우, 산재보험법에 의한 보상 외에 사업주에 대해 민법상의 손해배상을 청구할 수 있는데, 이 경우 불필요한 소송비용이나 시간이 많이 소요되므로 대신 산재보험에서 유족 및 장해특별급여를 지급해 주고, 그 지급 상당액을 사업주가 납부하도록 하는 제도이다.

재원

산재보험의 재원은 주로 가입자의 보험료로 충당되며, 국가는 매년 예산의 범위에서 보험사업의 관리·운영에 드는 비용을 부담할 수 있다.

실되거나 감소된 상태를 말한다.

16) 중증요양상태란 업무상의 부상 또는 질병에 따른 정신적 또는 육체적 훼손으로 노동능력이 상실되거나 감소된 상태로서 그 부상 또는 질병이 치유되지 아니한 상태를 말한다.

관리운영체계

산재보험사업은 고용노동부장관이 관장하지만, 산재보험을 직접 집행하는 기관은 고용노동부장관의 위탁을 받은 근로복지공단이다. 근로복지공단은 ① 보험가입자와 수급권자에 관한 기록의 관리 · 유지, ② 보험급여의 결정과 지급, ③ 보험급여 결정 등에 관한 심사 청구의 심리 · 결정, ④ 산업재해보상보험 시설의 설치 · 운영, ⑤ 근로자의 복지증진을 위한 사업, ⑥ 그 밖에 정부로부터 위탁받은 사업 등을 수행한다.

(4) 고용보험

도입 및 발달과정

고용보험법은 1993년 12월 27일에 제정되고, 1995년 7월 1일에 시행되었다. 시행 초기에는 30인 이상 사업장을 대상으로 한 실업급여사업과 70인 이상 사업장을 대상으로 한 고용안정사업 및 직업능력개발사업으로 출발하였다. 1997년 말 IMF 경제위기를 겪으면서 빠른 속도로 적용범위가 확대되어 1998년 10월 1일부터 상시 근로자 4인 이하인 농업 · 어업 · 임업 · 수렵업 등 일부 업종을 제외하고 근로자를 1인 이상 고용하는 전 사업장으로 확대되었다. 2002년 12월 30일 농업 · 어업 · 임업 · 수렵업 중 상시 4인 이하의 근로자를 고용하는 법인까지 적용범위가 확대되었다.

2001년에는 모성보호급여(육아휴직급여, 산전후휴가급여)를 지급하기 시작하였고, 2002년에는 고용보험법이 개정되어 2004년 1월 1일부터 일용직근로자 및 시간제근로자(월간 60시간 · 주당 15시간 이상)에게도 고용보험이 적용되었다. 이로써 농업 · 어업 · 임업 · 수렵업 중 상시 4인 이하의 근로자를 고용하는 비법인사업장의 근로자를 제외한 모든 사업장 및 사업장의 근로자(일용근로자와 시간제근로자 포함)가 고용보험의 적용대상이 되었다.

적용대상

고용보험의 가입대상은 근로자를 사용하는 모든 사업이고, 적용단위는 사업 또는 사업장이다. 즉, 근로자를 1인 이상 사용하는 모든 사업 또는 사업장이 고용보험의 적용대상이 된다. 고용보험은 사업주와 근로자 모두가 보험가입자가 된다. 근로자는 보험가입자가 되는 동시에 피보험자가 된다(자영업자도 피보험자에 해당한다).

급여

고용보험의 사업은 실업급여, 육아휴직 · 출산전후휴가급여, 고용안정 · 직업능력개발사업으로 구분된다. 이중에 실업급여와 육아휴직 · 출산전후휴가급여는 전적으로 근로자에게 지급되는 것들이지만, 고용안정 · 직업능력개발사업 대부분 급여는 사업주에게 지급되는 것들이고, 근로자에게 지급되는 급여가 일부 포함되어 있다.

실업급여는 구직급여(구직급여, 상병급여, 연장급여)와 취업촉진수당(조기재취업수당, 직업능력개발수당, 광역구직활동비, 이주비)으로 구분된다.

〈표 7-2〉 실업급여

구분	급여	내용
구직급여	구직급여	근로자가 실직하였을 때 일정 기간 생계유지에 필요한 소득을 보전해 주는 현금급여
	상병급여	실업신고를 한 이후 질병 · 부상 · 출산으로 취업할 수 없어 실업의 인정을 받지 못한 경우 지급되는 급여
	연장급여	수급자격자의 개별사정이나 경기침체 등 특수한 상황으로 인해 구직급여 기간 내에 재취업이 어려운 경우에 구직급여를 연장해서 지급하는 급여
취업촉진 수당	조기재취업수당	실업급여를 받고 있던 수급자격자가 빠른 시일 내에 안정된 직장에 재취직하는 경우에 지급되는 보너스 성격의 수당
	직업능력개발수당	소정급여기간 중 직업안정기관의 장이 지시한 직업능력 개발훈련 등을 받은 경우에 교통비, 식대 등 직업훈련 등의 수강에 필요한 비용

	광역구직활동비	수급자격자가 자신이 살고 있는 지역에 재취업하기 어려워 지방노동관서장이 소개하는 먼 지방에 출장하여 직장을 구하는 경우에 소요된 비용을 지급하는 수당
	이주비	수급자격자가 취직으로 거주지를 이전하거나 지시한 훈련을 받기 위하여 이사를 해야 하는 경우에 이사 비용으로 지급

육아휴직 · 출산전후휴가급여는 임신 · 출산과정에서 일과 육아를 병행할 수 있도록 여성의 권리를 보호하는 동시에 여성에 대한 기업의 부담을 사회적 연대 차원에서 나누기 위한 사업이다.

고용안정 · 직업능력개발사업은 피보험자 및 피보험자이었던 자, 그밖에 취업할 의사를 가진 자에 대한 실업의 예방, 취업의 촉진, 고용기회의 확대, 직업능력개발 · 향상의 기회 제공 및 지원, 그 밖에 고용안정과 사업주에 대한 인력 확보의 지원을 위하여 고용노동부장관이 실시하는 사업이다.

재원

고용보험의 재원은 주로 가입자의 보험료로 충당되며, 국가는 매년 예산의 범위에서 보험사업의 관리 · 운영에 드는 비용을 부담할 수 있다.

고용보험의 보험료는 고용보험의 사업내용에 따라 분리 적용한다. 고용보험료는 보험 수지의 동향과 경제성장 등을 고려하여 3% 범위 안에서 고용안정 · 직업능력개발사업의 보험료율 및 실업급여보험료로 구분하여 정한다. 실업급여사업에 해당하는 보험료는 사업주와 근로자가 각각 50%씩 부담하고, 고용안정 · 직업능력개발사업에 해당하는 보험료는 사업주가 전액 부담한다.

관리운영체계

고용보험 운영을 관장하는 기관은 고용노동부이다. 그러나 고용보험 업무를 집행하는 기관은 근로복지공단과 고용노동부의 중앙 · 지방행정기관으로 이원화되어 있다. 즉, 고용보험을 관장하는 부처는 고용노동부인데, 실질적인 행정업무를 담당하는 것은 하부조직인 근로복지공단과 고용센터이다.

고용노동부의 고용센터는 주로 피보험자 관리, 실업급여 지급, 고용안정·직업능력개발사업 관련 각종 사업의 지원업무를 담당한다.

(5) 노인장기요양보험

도입 및 발달과정

노인장기요양보험법은 2007년 4월 2일 국회를 통과하여 2008년 7월 1일부터 시행되었다. 이후 2014년 6월 25일 노인장기요양보험법이 개정(2014년 7월 1일 시행)되었는데, 이 개정을 통하여 노인장기요양등급 체계가 3등급 체계에서 5등급 체계로 변경되었다.

적용대상

노인장기요양보험의 가입자는 국민건강보험 가입자와 같다. 그런데 노인장기요양보험을 신청할 수 있는 대상은 65세 이상의 노인 또는 65세 미만의 자로서 치매, 뇌혈관성 질환 등 노인성 질병을 가진 자이다. 그리고 노인 등으로서 장기요양보험가입자 또는 그 피부양자나 의료급여 수급권자 중 하나에 해당하는 자격을 갖춘 자가 신청할 수 있다. 단, 장기요양급여를 받기 위해서는 장기요양의 인정이 있어야 한다. 장기요양의 인정은 국민건강보험공단 내에 설치된 등급판정위원회의 심의를 통해 이루어진다. 노인장기요양법에 따른 등급 판정기준은 다음 〈표 7-3〉과 같다.

〈표 7-3〉 장기요양등급 판정기준

등급	심신의 기능상태	장기요양 인정점수
1등급	일상생활에서 전적으로 다른 사람의 도움이 필요한 상태	95점 이상
2등급	일상생활에서 상당 부분 다른 사람의 도움이 필요한 상태	75점 이상 95점 미만
3등급	일상생활에서 부분적으로 다른 사람의 도움이 필요한 상태	60점 이상 75점 미만
4등급	일상생활에서 일정 부분 다른 사람의 도움이 필요한 자	51점 이상 60점 미만
5등급	노인성 질병에 해당하는 치매환자	45점 이상 51점 미만
인지지원등급	노인성 질병에 해당하는 치매환자	45점 미만

출처: 노인장기요양법 시행령 제7조.

급여

노인장기요양보험 급여는 등급 판정에 의한 등급별 월 사용한도액 범위 내에서 급여가 선택되어 지급된다. 장기요양인정으로 판정을 받은 대상자는 현물급여인 재가급여, 시설급여와 현금급여인 특별현금급여 등 3가지 형태의 서비스를 받을 수 있다.

재가급여는 가정에서 타인으로부터 식사 도움, 세면, 목욕, 외출동행 등 신체활동서비스, 집안 청소 등 가사활동서비스, 간호, 진료 등 간호서비스를 받은 것을 의미한다. 또한, 하루 중 일정 시간 동안 주·야간보호시설을 이용하여 기본적인 요양서비스 외에도 신체 또는 정신기능 유지 및 기능 향상 프로그램 등에 참여할 수 있고, 가족 등이 불가피하게 일정 기간 집을 비울 때 노인을 단기보호시설에 입소시켜 필요한 서비스를 받을 수 있다.

시설급여는 요양에 필요한 시설과 설비 및 전문인력을 갖추고 있는 장기요양기관이 운영하는 노인의료복지시설(요양병원은 제외) 등에 장기간 입소하여 신체활동 지원 및 심신기능의 유지·향상을 위한 교육 훈련 등을 제공하는 장기요양급여이다.

특별현금급여는 도서·벽지 지역 등 요양시설이 현저히 부족한 지역에 거주하는 자 등 불가피하게 가족 등으로부터 장기요양을 받는 경우에 지원되는 현금급여이다.

재원

노인장기요양보험의 재원은 가입자의 보험료와 정부의 재정지원, 본인부담금으로 충당된다. 장기요양보험료는 노인장기요양보험제도의 재정 원천이 된다. 장기요양보험료 부담의 대상자는 국민건강보험의 가입자와 동일하며, 직장 및 지역별 건강보험료액에 건강보험료율 대비 장기요양보험료율을 곱하여 산정된다.[17] 장기요양보험료는 건강보험과 통합하여 징수되고, 장기요양보험

17) 장기요양보험료율은 노인장기요양보험법 시행령 제4조에 명시되어 있다.

료와 건강보험료는 각각의 독립회계로 관리된다.

정부재정지원은 장기요양보험료 예상수입액의 20%(국고)에 상당하는 금액을 공단에 지원한다. 그리고 국가와 지방자치단체는 의료급여 수급권자의 장기요양보험급여비용, 의사소견서 발급비용, 방문간호지시서 발급비용 중 공단이 부담하여야 할 비용 및 관리운영비의 전액을 부담한다.

본인부담금은 월 한도액 범위 내에서 시설급여는 20%, 재가급여는 15%이며, 월 한도액[18)]을 초과하는 비용은 본인이 모두 부담한다. 국민기초생활보장 수급자는 본인부담부분이 면제되며, 의료급여수급권자와 소득 · 재산 등 보건복지부장관이 정하여 고시하는 일정 기준 이하인 자는 본인부담 부분의 일부가 경감된다.

관리운영체계

노인장기요양보험제도의 운영을 관장하는 기관은 보건복지부이다. 하지만 이를 직접 관리 · 운영하는 기관은 지방자치단체와 국민건강보험공단으로 이원화되어 있다. 지방자치단체의 경우는 장기요양 기본계획에 따라 세부시행계획을 수립 · 시행해야 하고, 장기요양기관의 설치 · 운영, 장기요양서비스의 관리 · 지도 · 감독에 관한 업무 등을 관장한다. 국민건강보험공단은 보험자로서 장기요양보험제도의 자격 및 재정에 관한 사업을 직접 관리 · 운영한다.

---

18) 월 사용한도액은 장기요양등급 및 장기요양급여의 종류 등을 고려하여 산정하는데, 해마다 변동이 있으며, 장기요양급여 제공기준 및 급여비용 산정방법 등에 관한 고시를 통해 발표된다.

4. 공공부조

1) 공공부조의 개념

공공부조의 정의

공공부조(public assistance)는 사회보장제도 중 사회보험 다음으로 큰 비중을 차지하고 있는 제도로서 비기여-자산조사 프로그램이다. 공공부조는 국가에 따라 사회부조(social assistance), 국민부조(national assistance)라고도 부른다. 공공부조는 기여금을 지불하지 않았으나 일정한 소득조사, 자산조사를 거쳐 그 조건에 해당하는(기준소득 및 자산 이하인) 사람에게 소득을 지원하는 제도이다. 공공부조의 급여수준은 일반적으로 수급자의 경제상태나 요구 수준에 따라 결정되며, 공공부조의 재원은 국가의 일반조세에 의해 충당된다. 빈곤한 사람들에게 집중적으로 급여를 제공하여 경제적 효율성과 소득재분배효과가 높다. 그러나 낙인이 발생하고 국민연대감을 훼손할 수 있다(오세영, 2020b: 28).

한국의 사회보장기본법에 의하면, 공공부조는 “국가 및 지방자치단체의 책임하에 생활 유지능력이 없거나 생활이 어려운 국민의 최저생활을 보장하고 자립을 지원하는 제도”(제3조)라고 정의하고 있다. 한국의 대표적인 공공부조 제도 관련 법률로는 국민기초생활보장법, 의료급여법, 기초연금법, 장애인연금법, 긴급복지지원법 등이 있다.

공공부조의 목적

공공부조는 헌법상 국민의 생존권 보장이념에 그 근거를 두고 있으며, 다음의 2가지 측면의 목적을 지니고 있다(이인재 외, 2008: 256-257).

첫째, 최저생활보장이다. 최저생활이란 헌법 제34조의 인간다운 생활, 국민기초생활보장법 제4조의 ‘건강하고 문화적인’ 최저생활을 의미한다.[19] 최저생활의 보장은 보장대상자의 수요를 기초로 하여 본인이나 부양의무자의 자조

노력에 의하여도 보장이 되지 않는 부족분을 급여하는 것을 원칙으로 한다.

둘째, 자활조성이다. 공공부조제도는 단지 최저생활을 보장하는 것만이 아니라 궁극적으로 생활이 어려운 자의 자립을 조장(자활조성)하는 것을 목적으로 한다. 자활조성이란 경제적 의미에서의 자활뿐만 아니라 인격적 의미에서의 자활을 동시에 의미한다. 따라서 경제적 자활보호뿐만 아니라 비물질적 지원도 필요하다. 기초생활보장대상자의 자활을 위해서는 사회복지전문가의 전문적 서비스가 필수적으로 제공되어야 한다.

2) 공공부조의 원리와 원칙

공공부조의 기본 원리

공공부조의 기본 원리는 다음과 같다(이인재 외, 2008: 257-261).

첫째, 생존권보장의 원리이다. 이 원리는 헌법 제34조[20]에 따라 생존권 보장의 이념을 실현함으로써 국민에게 보호를 받을 권리를 보장하는 원리이다. 즉, 국가가 생활이 곤궁한 국민에 대하여 곤궁한 정도에 따라 필요한 보호를 하여 최저한의 생활을 보장하는 것이다.

둘째, 평등보장의 원리이다. 이 원리는 공공부조의 요건을 충족하는 한 법상의 보호는 평등하게 이루어져야 한다는 원리이다. 생존권보장의 이념에 따라 모든 국민은 공공부조의 법률적 요건을 충족하는 한 원인, 인종, 신조, 성별 및 사회적 신분의 여하를 불문하고, 평등하게 보장을 받을 권리가 있다.

셋째, 최저생활보장의 원리이다. 국민 각자는 소득의 높고 낮음, 직업의 차이, 가족의 대소 등 차이는 있겠지만 모든 국민은 최저한도의 생활이 객관적

19) 헌법 제34조 제1항에서 "모든 국민은 인간다운 생활을 할 권리를 가진다."라고 규정하고 있으며, 국민기초생활보장법 제4조 제1항에서는 "이 법에 따른 급여는 건강하고 문화적인 최저생활을 유지할 수 있는 것이어야 한다."고 규정하고 있다.

20) 헌법 제34조 제2항에서 "국가는 사회보장 · 사회복지의 증진에 노력할 의무를 진다."라고 규정하고 있으며, 제5항에서는 "신체장애자 및 질병 · 노령 기타의 사유로 생활능력이 없는 국민은 법률이 정하는 바에 의하여 국가의 보호를 받는다."라고 규정하고 있다.

으로 보장될 수 있도록, 그리고 이러한 보장을 위협하는 원인을 배제하는 조치를 취하는 원리이다.

넷째, 보충성의 원리이다. 보충성의 원리란 법의 급여를 받으려고 하는 사람은 그 전제조건으로서 개인적으로 가능한 모든 자원을 동원하여 생활유지에 최대한 노력해야 하고 그렇게 노력한다고 하더라도 부족할 때, 그 부족한 부분을 법의 제도를 통해 급여하자는 원리인 것이다. 이 원리는 공공부조의 본질을 가장 잘 나타낸 것이다.[21)]

공공부조의 원칙

앞서 말한 공공부조의 원리에 따라 구체적인 법의 실시에 있어 기본적인 준거가 되는 공공부조의 원칙은 다음과 같다(이인재 외, 2008: 262-267).

첫째, 신청보호의 원칙이다. 생활의 보호는 요보호자와 그의 부양의무자 또는 그 밖에 동거하는 친족의 신청에 따라 개시하는 것을 원칙으로 한다.

둘째, 기준 및 정도의 원칙이다. 보호의 기준에 의해 측정된 요보호자의 수요를 기본으로 하여, 그 가운데 본인이 수입이나 자산으로 충당할 수 있는 부분을 빼 부족 부분만 보충한다.

셋째, 필요즉응의 원칙이다. 요보호자의 연령, 성별, 건강 상태 등 그 개인 또는 세대의 실제 필요의 상태를 고려하여 적절하게 행해져야 한다는 원칙이다.

넷째, 세대단위의 원칙이다. 보호는 세대를 단위로 하여 그 보호의 필요 여부 및 정도를 정해야 함을 원칙으로 한다.

다섯째, 현금부조의 원칙이다. 의료급여 등 현물급여 이외에는 급여를 현금 또는 수표에 의한 현금급여의 방법으로 제공하는 것을 현금부조의 원칙이라고 한다.

여섯째, 거택보호의 원칙이다. 보호의 제공은 피보호자가 거주하는 자택에

21) 국민기초생활보장법은 제3조에서 보충성의 원리를 명시하고 있는데, 제1항은 급여수급의 요건(자산 · 능력 등의 활용의무)을, 제2항은 급여의 순서(친족부양우선 및 타법우선)를 규정하고 있다.

서 행하는 것을 원칙으로 한다. 만약 자택에서 보호할 수 없거나 보호의 목적 달성에 부적당한 경우, 피보호자가 희망할 때에는 보호시설에 수용하거나 개인의 가정에 위탁해 보호할 수도 있다.

3) 공공부조의 특성

공공부조제도는 최후의 사회적 안전망 역할을 하는 것으로, 일반조세를 재원으로 하며 일정 소득(자산) 이하의 사람들에게만 최저수준의 급여를 제공한다. 공공부조는 기본적으로 다음과 같은 특징을 지닌다(김영모 편, 1997: 25).

첫째, 빈곤한 개인과 가족의 소득, 재산, 지원 가용 원천이 욕구의 공식적인 결정기준 이하에 떨어졌을 때 다양한 급여가 제공된다.

둘째, 복지신청자는 자산조사를 하여야만 한다. 신청자는 자기의 소득과 재산이 공식적으로 규정된 기준 이하라는 것을 보여주어야 한다.

셋째, 급여는 일반적으로 특수한 조세에서보다도 오히려 정부의 일반조세에서 재원이 마련된다.

넷째, 임의적인 욕구조사와 엄격한 자격요건의 요구 때문에 공공부조 급여는 예상하기가 가끔 어렵다.

공공부조제도는 다른 제도에 비해 상대적으로 수직적 재분배효과가 크게 나타난다. 왜냐하면, 공공부조제도는 누진세를 기초로 한 조세를 기본재원으로 하고, 가장 소득이 낮은 계층을 대상으로 집중적으로 급여를 제공하기 때문이다. 그리고 공공부조제도는 제한된 예산을 저소득층에게 집중적으로 사용할 수 있다는 점에서 비용효율성의 장점을 지닌다.

반면에 공공부조제도는 수급자격을 결정하기 위한 소득 · 자산조사를 실시하는 데 행정비용이 많이 소요되는 단점이 있다. 그리고 공공부조제도는 수급자의 근로의욕을 저하시킬 수 있으며, 수급자에게 낙인감이나 수치심을 줄 수 있다. 또한, 공공부조제도는 적용대상이 제한적이기 때문에 사회보험이나 사회수당에 비해 정치적 지지가 줄어드는 경향이 있다.

4) 사회보험과 공공부조

사회보험과 공공부조의 차이를 정리하면 다음과 같다(김영모 편, 1997: 26).

첫째, 사회보험에 있어서 급여의 양을 예상할 수 있지만, 공공부조에서는 그것을 예상하기가 어렵다.

둘째, 사회보험은 욕구조사를 필요로 하지 않는데, 공공부조는 수급자가 빈민임을 증명해야 하므로 자산조사가 불가피하다. 공공부조가 수급자의 현재 드러난 욕구(demonstrated need)에 기초해 있다면, 사회보험은 앞으로 예상되는 욕구(presumed need)에 기초해 있기 때문이다.

셋째, 사회보험은 임금에 부과되는 보험료(earmarked taxes)로 재정을 충당하지만, 공공부조는 정부의 일반조세에서 재원을 마련한다.

넷째, 사회보험은 모든 참여자가 피보험자이고 특정 시점에서 일부만이 실질적으로 수혜자가 된다. 그러나 공공부조의 직접 참여자는 급여를 받는 사람이다. 따라서 사회보험의 대상자 수는 공공부조대상자 수보다 많다.

다섯째, 사회보험은 법적 권리에 의하여 자산조사 없이 급여를 받기 때문에 낙인감이 없지만, 공공부조는 그 대상자가 수급자격을 획득하는 과정에서 자신이 빈민임을 사회적으로 증명해야 하므로 낙인을 피할 수 없다.

여섯째, 사회보험은 자산조사 없이 개인이 보험료를 낸 것에 비례하여 급여를 받는다. 반면, 공공부조는 무차별 평등의 원리를 따른다.

일곱째, 사회보험은 자신이 낸 것이 있기 때문에 권리성이 강하지만, 공공부조는 자산조사를 통해 빈곤을 입증해야 하고, 특별히 개인이 내는 부담금이 없기 때문에 권리성이 약하다.

5) 한국의 공공부조제도

(1) 국민기초생활보장제도

도입 및 발달과정

한국의 대표적인 공공부조제도는 국민기초생활보장제도이다. 국민기초생활보장제도는 1999년 9월 7일 국민기초생활보장법이 제정 · 공포되면서 2000년 10월 1일부터 시행되었는데, 1961년에 제정된 생활보호법을 완전히 대체한 것이다. 1997년 말에 불어 닥친 IMF 외환위기를 배경으로 1999년 9월 7일 국민기초생활보장법을 제정하였고, 2000년 10월 1일 시행에 들어갔다.

국민기초생활보장제도는 2000년 시행 이후 많은 변화를 보여 왔다. 가장 큰 변화로는 통합급여체계가 2015년 7월부터 개별급여체계, 이른바 맞춤형 급여체계로 전환되었다는 점을 들 수 있다. 통합급여체계란 수급자가 되면 모든 급여를 받을 수 있고 수급자가 되지 않으면 아무 급여도 받을 수 없는 체계를 말한다. 맞춤형 급여체계는 기초생활수급자의 가구 여건에 맞는 지원을 위하여 생계급여, 의료급여, 주거급여, 교육급여 등 급여별로 선정기준을 다층화하여 지원하는 것을 말한다. 기존에는 가구의 소득이 최저생계비 이하인 경우에만 생계, 의료, 주거, 교육급여 등 모든 급여를 지원해 왔지만, 기준 중위소득의 일정 비율 이하 대상자에게 해당 급여를 각각 지급하는 방식으로 전환된 것이다.

적용대상

국민기초생활 보장법에 따른 수급자 선정기준은 기준 중위소득[22]을 적용하며, 급여별 선정기준을 중위소득과 연동한다. 국민기초생활보장제도의 적용

---

22) 기준 중위소득은 통계청이 공표하는 통계자료의 가구 경상소득(근로소득, 사업소득, 재산소득, 이전소득을 합산한 소득)의 중간값에 최근 가구소득 평균증가율, 가구 규모에 따른 소득 수준의 차이 등을 반영하여 가구 규모별로 정하도록 되어 있다(국민기초생활보장법 제6조의2 제1항).

대상은 소득인정액[23]이 급여 종류별 선정기준 이하인 자이다. 수급자로 선정되기 위해서는 소득인정액 기준, 부양의무자 기준을 동시에 충족시켜야 한다. 다만, 부양의무자 기준은 의료급여에만 적용된다.

급여

국민기초생활보장제도의 급여는 생계급여, 의료급여, 주거급여, 교육급여, 해산급여, 장제급여, 자활급여의 7가지 종류가 있다.

생계급여는 수급자에게 의복, 음식물 및 연료비와 그 밖에 일상생활에 기본적으로 필요한 금품을 지급하여 그 생계를 유지하도록 하는 급여이다. 생계급여 선정기준은 기준 중위소득의 32% 이하로 한다.

의료급여는 별도의 법률인 의료급여법에 따라 지급된다. 의료급여는 수급권자의 질병 · 부상 · 출산 등에 대해 진찰 · 검사, 약제 · 치료재의 지급, 처치 · 수술과 그 밖의 치료, 예방 · 재활, 입원, 간호, 이송과 그 밖의 의료목적을 위한 조치 등을 지급하는 급여이다. 의료급여 선정기준은 기준 중위소득의 40% 이하로 한다.

주거급여는 수급자에게 주거 안정에 필요한 임차료, 수선유지비, 그 밖의 수급품을 지급하는 급여이다. 주거급여 선정기준은 기준 중위소득의 48% 이하로 한다.

교육급여는 수급자에게 입학금, 수업료, 학용품비, 그밖에 수급품을 지급하는 급여이다. 교육급여 선정기준은 기준 중위소득의 50% 이하로 한다.

해산급여는 수급자 중 출산한 여성에게 조산, 분만 전과 분만 후의 필요한 조치와 보호를 지급하는 급여이다. 해산급여는 생계급여, 주거급여, 의료급여 중 하나 이상의 급여를 받는 수급자에게 자격이 주어진다.

장제급여는 수급자가 사망한 경우 사체의 검안 · 운반 · 화장 또는 매장, 그

---

23) 소득인정액이란 보장기관인 국가와 지방자치단체가 급여의 결정 및 실시 등에 사용하기 위하여 산출한 개별가구의 소득평가액(실제소득-가구 특성별 지출비용-근로소득공제)과 재산의 소득환산액〔(재산-기본재산액-부채)×소득환산율〕을 합산한 금액을 말한다.

밖에 장제 조치하는 데 필요한 비용을 지급하는 급여이다. 장제급여는 생계급여, 주거급여, 의료급여 중 하나 이상의 급여를 받는 수급자에게 수급자격이 주어진다.

자활급여는 근로능력이 있는 국민기초생활 수급자의 자활을 돕기 위해 자활에 필요한 금품의 지급 또는 대여, 자활에 필요한 근로능력의 향상 및 기능습득의 지원, 취업알선 등 정보의 제공, 자활을 위한 근로기회의 제공, 자활에 필요한 시설 및 장비의 대여, 창업교육 · 기능훈련 및 기술 · 경영지도 등 창업지원, 자활에 필요한 자산형성 지원, 그 밖에 대통령령이 정하는 자활을 위한 각종 지원을 제공하는 급여를 말한다.

자활급여대상자는 조건부수급자, 자활급여 특례자, 생계급여수급자 중 근로능력이 없는 자, 의료 · 주거 · 교육급여수급자, 특례수급가구의 가구원, 차상위자[24]이다.

재원

국민기초생활보장제도 시행에 따른 비용을 보장비용이라 하며, 보장비용은 보장업무에 드는 인건비와 사무비, 생활보장위원회의 운영에 드는 비용, 급여 실시비용, 그 밖에 국민기초생활 보장법에 따른 보장업무에 드는 비용의 네 가지로 나눌 수 있다. 보장비용은 조세로 충당된다.

관리운영체계

국민기초생활보장제도의 관장 부서는 보건복지부이고, 직접적인 시행 주체는 지방자치단체이다. 국민기초생활보장법에 따른 급여를 실시하는 국가 또는 지방자치단체를 같은 법에서는 보장기관이라고 한다. 즉, 국민기초생활보장법에 의하여 급여를 행하는 보건복지부장관, 특별시장 · 광역시장 · 도지사, 시장 · 군수 · 구청장(교육급여인 경우에는 특별시 · 광역시 · 특별자치시 · 도 · 특별

---

24) 차상위자 또는 차상위계층은 수급권자에 해당하지 않으면서 소득인정액이 기준 중위소득의 100분의 50 이하인 사람을 말한다.

자치도의 교육감)을 말한다.

(2) 기초연금

도입 및 발달과정

2014년도 5월 제정되어 같은 해 7월부터 시행된 기초연금제도는 노인에게 기초연금을 지급하여 안정적인 소득기반을 제공함으로써 노인의 생활안정을 지원하고 복지증진을 목적으로 하는 제도이다. 기초연금법이 제정되기 전에는 노인의 노후소득을 보장하기 위한 제도로서 1991년 노령수당제도를 도입한 바 있다. 노령수당제도는 70세 이상 거택보호 가구주 등에게 월 1만 원의 노령수당을 지급하는 제도였다. 그러다가 1997년 노인복지법이 전면 개정되면서 노령수당제도는 폐지되고, 무갹출 노령연금이 지급되어 왔다. 노령연금의 지급액은 그 수준이 매우 낮았기 때문에 노후소득보장제도의 기능을 수행하지 못한다는 비판에 직면하게 되었다. 이에 대한 보완책으로 2007년 4월 25일 기초노령연금법이 제정되어 2008년 1월 1일부터 시행되었다. 기초노령연금법은 전체 노인 중 소득 하위 60%를 대상으로 국민연금가입자의 평균 소득월액의 5%를 중앙 및 지방정부의 재원으로 지급한다는 것이 주요 골자였다. 2007년 7월 27일 기초노령연금법이 개정되면서 2009년 1월 1일부터 65세 이상 노인 중 소득 하위 70%까지 수급대상이 확대되었다(오세영, 2020b: 330-331).

적용대상

기초연금은 65세 이상인 사람으로서 소득인정액이 보건복지부장관이 정하여 고시하는 금액(선정기준액) 이하인 사람에게 지급한다. 보건복지부장관은 선정기준액을 정하는 경우 65세 이상인 사람 중 기초연금수급자가 100분의 70 수준이 되도록 한다. 즉, 기초연금을 받기 위해서는 연령이 65세 이상이어야 하고, 소득인정액이 선정기준액 이하(소득 하위 70%)이어야 한다.

공무원, 사립학교교직원, 군인, 별정우체국직원 등 직역연금수급권자 및 그 배우자는 기초연금수급대상에서 제외한다. 다만, 직역 재직기간 10년 미만인 연계연금수급권자 및 그 배우자는 기초연금수급이 가능하며, 장해보상금, 유족연금일시금 유족일시금을 받은 이후 5년이 지난 직역연금수급권자 및 그 배우자도 기초연금수급대상에 포함된다(오세영, 2020b: 332-333).

급여

기초연금의 급여액은 최대한 받을 수 있는 기준연금액을 매년 정하고,[25] 이것을 바탕으로 대상 유형에 따라 개인별 기초연금액을 정한다. 그런 다음 가구 유형과 소득에 따라 일부 금액을 감액하여 최종 급여액을 정한다.

재원

기초연금에 필요한 재원은 일반조세에 의해 충당한다. 국가는 지방자치단체의 노인인구비율 및 재정 여건 등을 고려하여 기초연금의 지급에 드는 비용 중 40% 이상 90% 이하의 범위에서 대통령령으로 정하는 비율에 해당하는 비용을 부담한다. 국가가 부담하는 비용을 뺀 비용은 특별시 · 광역시 · 특별자치시 · 도 · 특별자치도와 시 · 군 · 구가 상호 분담한다(기초연금법 제25조 제1항, 제2항).

관리운영체계

기초연금을 받으려는 사람은 특별자치시장 · 특별자치도지사 · 시장 · 군수 · 구청장에게 기초연금의 지급을 신청할 수 있다. 특별자치시장 · 특별자치도지사 · 시장 · 군수 · 구청장은 조사를 한 후 기초연금수급권의 발생 · 변경 · 상실 등을 결정한다. 기초연금수급권자로 결정한 사람에 대하여 기초연금의 지급을 신청한 날이 속하는 달부터 기초연금수급권을 상실한 날이 속하는 달까지 매월 정기적으로 기초연금을 지급한다(기초연금법 제13조, 제14조).

---

25) 기준연금액은 보건복지부장관이 그 전년도의 기준연금액에 대통령령으로 정하는 바에 따라 전국소비자물가변동률을 반영하여 매년 고시한다(기초연금법 제5조 제2항).

(3) 장애인연금제도

도입 및 발달과정

2010년 7월에 도입된 장애인연금제도는 중증장애인에게 근로능력의 상실 또는 현저한 감소로 인해 줄어드는 소득과 장애로 인해 추가로 드는 비용을 보전하기 위하여 매월 일정액의 연금을 지급하는 제도이다. 장애로 인하여 생활이 어려운 중증장애인에게 장애인연금을 지급함으로써 중증장애인의 생활 안정 지원과 복지증진 및 사회통합을 도모하는 데 이바지함을 목적으로 한다.

적용대상

대상자는 18세 이상의 등록한 중증장애인 중 본인과 배우자의 소득과 재산을 합한 금액(소득인정액)이 선정기준액 이하인 자이다. 다만, 만 20세 이하로서 학교에 재학 중인 자는 제외한다. 중증장애인이란 장애인복지법에 따라 등록한 장애인 중 근로능력이 상실되거나 현저하게 감소하는 등 장애 정도가 중증인 사람으로 대통령령으로 정하는 사람을 말한다.

급여

급여는 기초급여와 부가급여로 구분된다. 기초급여는 근로능력의 상실 또는 현저한 감소로 인하여 줄어드는 소득을 보전해 주기 위하여 지급하는 급여이며, 18세 이상 64세 미만에게 지급된다. 65세 이상은 같은 성격의 기초연금으로 전환하여 지급하고 기초급여는 지급하지 않는다. 부부가 모두 기초급여를 받는 경우는 각각의 기초급여액에 20%를 감액한다.

한편, 부가급여는 장애로 인하여 추가로 지급되는 비용의 전부 또는 일부를 보전하여 주기 위해 지급하는 급여이다. 부가급여의 대상자는 장애인연금 수급권자 중 국민기초생활보장수급자와 차상위계층, 차상위 초과자이다. 부가급여액은 월정액으로 하며, 수급권자와 그 배우자의 소득수준 및 장애로 인한 추가비용 등을 고려하여 대통령령으로 정한다.

재원

장애인연금에 필요한 재원은 국가와 지방자치단체가 분담한다.

관리운영체계

장애인연금을 받으려는 사람은 관할 특별자치시장 · 특별자치도지사 · 시장 · 군수 · 구청장에게 장애인연금의 지급을 신청할 수 있다. 특별자치시장 · 특별자치도지사 · 시장 · 군수 · 구청장은 장애인연금 지급의 여부와 내용을 결정하였을 때에는 수급 희망자 또는 수급권자에게 장애인연금 지급의 신청일부터 30일 이내에 통지하여야 한다. 그리고 해당 수급권자에게 장애인연금을 신청한 날이 속하는 달부터 수급권이 소멸한 날이 속하는 달까지 매월 정기적으로 지급한다(장애인연금법 제8조~제15조).

(4) 긴급복지지원제도

도입과 발달

긴급복지지원제도는 생계 곤란 등의 위기상황에 처하여 도움이 필요한 사람을 신속하게 지원함으로써 이들이 위기상황에서 벗어나 건강하고 인간다운 생활을 영위하게 하기 위한 제도이다. 2005년 12월에 제정되어 이듬해 3월 24일부터 시행하였다. 본래는 시행일로부터 5년간 효력을 갖는 한시법이었으나, 2009년 5월 28일 개정으로 한시법 조항이 삭제되었다. 2012년부터는 지원 위기상황에 해당하는 사유가 확대되었다.

적용대상

긴급복지지원의 대상자는 위기상황에 처한 사람으로서 긴급복지지원법에 따른 지원이 긴급하게 필요한 사람(긴급지원대상자)으로 한다. 여기서 위기상황이란 본이 또는 본인과 생계 및 주거를 같이하고 있는 가구구성원이 다음의 어느 하나에 해당하는 사유로 인하여 생계유지 등이 어렵게 된 것을 말한다

(긴급복지지원법 제2조).

① 주소득자의 사망, 가출, 행방불명, 구금시설 수용 등의 사유로 소득을 상실한 경우

② 중한 질병 또는 부상을 당한 경우

③ 가구구성원으로부터 방임 또는 유기되거나 학대 등을 당한 경우

④ 가정폭력을 당하여 가구구성원과 함께 원만한 가정생활을 하기 곤란하거나 가구구성원으로부터 성폭력을 당한 경우

⑤ 화재 또는 자연재해 등으로 인하여 거주하는 주택 또는 건물에서 생활하기 곤란하게 된 경우

⑥ 주소득자 또는 부소득자의 휴업, 폐업 또는 사업장의 화재 등으로 인하여 실질적인 영업이 곤란하게 된 경우

⑦ 주소득자 또는 부소득자의 실직으로 소득을 상실하게 된 경우

⑧ 보건복지부령으로 정하는 기준에 따라 지방자치단체의 조례로 정한 사유가 발생한 경우

⑨ 그밖에 보건복지부장관이 정하여 고시하는 사유가 발생한 경우

급여

긴급지원은 금전 또는 현물 등의 직접지원과 민간기관 · 단체와의 연계 등의 지원으로 나눌 수 있다. 구체적인 내용은 다음 〈표 7-4〉와 같다.

재원

긴급복지지원에 필요한 재원은 국가와 지방자치단체가 분담한다.

관리운영체계

긴급복지지원은 긴급지원대상자의 거주지를 관할하는 시장 · 군수 · 구청장이 한다. 다만, 긴급지원대상자의 거주지가 분명하지 아니한 경우에는 지원요청 또는 신고를 받은 시장 · 군수 · 구청장이 한다. 시장 · 군수 · 구청장은 긴

급지원사업을 수행할 담당공무원(긴급지원담당공무원)을 지정하여야 한다. 이 경우 긴급지원담당공무원은 긴급지원사업을 포함한 복지 관련 교육 훈련을 받은 사람으로 한다(긴급복지지원법 제6조).

〈표 7-4〉 긴급지원의 종류와 내용

<table>
<tr><th colspan="2">종류</th><th>지원내용</th><th>기본</th><th>최대수급
가능기간</th></tr>
<tr><td rowspan="6">금전·현물지원</td><td>생계지원</td><td>식료품비 · 의복비 등 생계유지에 필요한 비용 또는 현물지원</td><td>1개월+2개월</td><td>6개월</td></tr>
<tr><td>의료지원</td><td>각종 검사 및 치료 등 의료서비스 지원</td><td>1회</td><td>2회</td></tr>
<tr><td>주거지원</td><td>임시거소 제공 또는 이에 해당하는 비용지원</td><td>1개월+2개월</td><td>12개월</td></tr>
<tr><td>사회복지시설 이용지원</td><td>사회복지시설 입소 또는 이용 서비스 제공이나 이에 필요한 비용지원</td><td>1개월+2개월</td><td>6개월</td></tr>
<tr><td>교육지원</td><td>초 · 중 · 고등학교의 수업료, 입학금, 학교운영 지원비 및 학용품비 등 필요한 비용지원</td><td>1회</td><td>4회</td></tr>
<tr><td>그 밖의 지원</td><td>연료비, 그밖에 위기상황의 극복에 필요한 비용 또는 현물지원</td><td>1개월+2개월</td><td>6개월</td></tr>
<tr><td colspan="2">민간기관 · 단체와의 연계 등의 지원</td><td colspan="3">대한적십자사, 사회복지공동모금회 등의 사회복지기관 · 단체와의 연계 지원, 상담 · 정보제공 그 밖의 지원</td></tr>
</table>

5. 사회수당

1) 사회수당의 개념

사회수당(social allowance)은 복지국가의 발달에 따라 늦게 도입된 제도로 비기여-비자산조사 프로그램이다. 사회수당은 일정한 인구학적 조건만 갖추면[26] 기여금을 지불하지 않으며, 소득조사나 자산조사를 받지 않고 급여를 지

26) 예컨대 해당 국적을 가진 국민, 해당 국가에 일정 기간 거주한 사람, 아동, 장애인, 노인 등을 말한다.

급받는 제도이다. 이 제도는 기여금을 지불하지 않는다는 점에서는 공공부조와 같으나 소득조사나 자산조사를 받지 않고 급여를 받을 수 있다는 점에서 공공부조와 다르다. 한편, 기여금을 지불하지 않고 급여를 받는다는 점에서 사회보험과 다르다. 사회수당의 재원은 국가의 일반조세에 의해 충당된다. 사회수당은 사회보장 프로그램으로 늦게 도입된 제도이나 가장 발전된 제도라 할 수 있다. 따라서 복지제도가 발달한 스칸디나비아 국가들에서 많이 채택하고 있다.

사회수당은 초·중등학교 무상교육, 국민보건서비스(National Health Service: NHS)와 같이 인구학적 제약 없이 모든 국민에게 급여를 제공하는 제도와 아동수당, 장애인수당, 노인기초연금 등 일정한 인구학적 조건을 갖춘 사람에게 급여를 제공하는 제도가 있다. 즉, 모든 국민은 과거의 기여 여부 및 소득이나 자산수준에 관계없이 초·중등학교 무상교육과 의료서비스를 받을 수 있으며, 아동이 있는 부모, 장애인, 65세 이상 노인은 과거의 기여 여부 및 소득이나 자산수준에 관계없이 아동수당, 장애인수당, 기초연금을 받을 수 있다. 사회수당은 국민의 사회적 권리를 가장 강하게 보장하고 있는 제도인 반면, 재원이 많이 들고 제한된 자원에서는 급여수준이 높지 않다는 한계를 지니고 있다(오세영, 2020b: 29-30).

2) 아동수당제도

한국은 2018년에 와서야 비로소 사회수당제도인 아동수당제도가 도입되었다. 아동수당제도는 아동에게 아동수당을 지급하여 아동양육에 따른 경제적 부담을 경감하고, 건강한 성장 환경을 조성함으로써 아동의 기본적 권리와 복지를 증진함을 목적으로 한다. 아동수당은 8세 미만의 아동에게 매월 정액으로 지급한다.[27] 아동수당의 지급신청은 보호자 등이 특별자치시장·특별자치

27) 아동수당은 매월 10만 원을 지급한다. 그런데도 2세 미만의 아동에게는 매월 50만 원을 추가

도지사 · 시장 · 군수 · 구청장에게 할 수 있다.

특별자치시장 · 특별자치도지사 · 시장 · 군수 · 구청장은 조사 · 질문 등을 거쳐 아동수당 수급권의 발생 · 변경 · 상실에 관한 사항을 확인하고, 아동수당의 지급 여부 등을 결정한다. 결정이 끝나면 서면 또는 전자적 방법으로 그 결정 내용과 이유를 구체적으로 밝혀 아동수당 지급신청자에게 통지해야 한다. 또한, 특별자치시장 · 특별자치도지사 · 시장 · 군수 · 구청장은 수급 아동의 보호자가 서류 또는 자료를 제출하지 않거나 거짓의 서류 또는 자료를 제출한 경우, 조사 · 질문을 거부 · 방해 또는 기피하거나 거짓 답변을 한 경우에는 아동수당지급의 결정을 취소할 수 있다.

6. 사회(복지)서비스

1) 사회복지서비스

사회복지사업법에 의하면, 사회복지서비스란 국가 · 지방자치단체 및 민간부문의 도움을 필요로 하는 모든 국민에게 사회보장기본법 제3조 제4호에 따른 사회서비스 중 사회복지사업을 통한 서비스를 제공하여 삶의 질이 향상되도록 제도적으로 지원하는 것을 말한다(제2조 제6항). 그리고 같은 법에서는 사회복지사업을 다음과 같이 규정하고 있다. 즉, 사회복지사업이란 다음의 법률에 따른 보호 · 선도(善導) 또는 복지에 관한 사업과 사회복지상담, 직업지원, 무료 숙박, 지역사회복지, 의료복지, 재가복지, 사회복지관 운영, 정신질환자 및 한센병력자의 사회복귀에 관한 사업 등 각종 복지사업과 이와 관련된 자원봉사활동 및 복지시설의 운영 또는 지원을 목적으로 하는 사업을 말한다(제2조 제1항).

로 지급한다.

사회복지사업법에서 규정하고 있는 사회복지사업 관련법은 다음 〈표 7-5〉와 같다.

〈표 7-5〉 사회복지사업법에 명시된 사회복지사업 관련법

• 국민기초생활보장법 • 아동복지법 • 노인복지법 • 장애인복지법 • 한부모가족지원법 • 영유아보육법 • 성매매방지 및 피해자보호 등에 관한 법률 • 정신건강증진 및 정신질환자 복지서비스 지원에 관한 법률 • 성폭력방지 및 피해자보호 등에 관한 법률 • 입양특례법 • 일제하 일본군위안부 피해자에 대한 생활안정지원 및 기념사업 등에 관한 법률 • 사회복지공동모금회법 • 장애인 · 노인 · 임산부 등의 편의증진 보장에 관한 법률	• 가정폭력방지 및 피해자보호 등에 관한 법률 • 농어촌주민의 보건복지증진을 위한 특별법 • 식품 등 기부활성화에 관한 법률 • 의료급여법 • 기초연금법 • 긴급복지지원법 • 다문화가족지원법 • 장애인연금법 • 장애인활동 지원에 관한 법률 • 노숙인 등의 복지 및 자립지원에 관한 법률 • 보호관찰 등에 관한 법률 • 장애아동 복지지원법 • 발달장애인 권리보장 및 지원에 관한 법률 • 청소년복지 지원법 • 그 밖에 대통령령으로 정하는 법률

사회복지서비스는 국가에 따라 다양한 형태가 채택되고 있으나, 주로 비기여-소득 · 자산조사 프로그램이나 비기여-비소득 · 자산조사 프로그램 형태로 실시되고 있다. 즉, 기여금을 지불하지 않았으나 일정한 소득조사, 자산조사를 거쳐 그 조건에 해당하는 사람에게 급여를 제공하거나 일정한 인구학적 조건만 갖추면 기여금을 받지 않고, 소득조사나 자산조사 없이 급여를 제공하는 제도로 채택되고 있다.

한편, 수급자가 일정 비율을 부담하고 나머지는 정부의 재정지원에 의해 급여가 제공되는 경우도 있다. 사회복지서비스가 공공부조와 다른 점은 물질적 보상과 더불어 비물질적 보상을 내용으로 개별 차원의 서비스를 제공한다는 점이다. 사회복지서비스의 재원은 주로 국가의 일반조세에 의해 충당되나, 일부는 본인부담에 의해 충당되는 경우도 있다(오세영, 2020b: 30).

2) 사회서비스

한편, 사회보장기본법에 의하면 사회복지서비스란 용어 대신 사회서비스를 사용하고 있다. 같은 법 제3조에 의하면, 사회서비스란 국가 · 지방자치단체 및 민간부문의 도움이 필요한 모든 국민에게 복지, 보건의료, 교육, 고용, 주거, 문화, 환경 등의 분야에서 인간다운 생활을 보장하고 상담, 재활, 돌봄, 정보의 제공, 관련 시설의 이용, 역량 개발, 사회참여 지원 등을 통하여 국민의 삶의 질이 향상되도록 지원하는 제도를 말한다.

앞서 살펴본 바와 같이, 사회복지사업법에서 규정한 사회복지서비스는 사회보장기본법 제3조 제4호에 따른 사회서비스 중의 하나이다. 이러한 개념 규정에 의하면 한국에서는 사회서비스의 개념이 사회복지서비스의 개념보다 더 넓은 의미로 사용되고 있음을 알 수 있다.

이상의 이론적인 내용을 토대로 한국 사회복지의 제도적 범위를 정리하면 다음 〈표 7-6〉과 같다.

〈표 7-6〉 사회복지의 제도적 범위

구분	사회보험	공공부조	사회수당	사회(복지)서비스
주체	국가	국가 및 지방자치단체	국가	사회복지법인
대상	모든 국민	저소득층	모든 국민	보호를 필요로 하는 자
재원	기여금	조세	조세	국가보조금 · 공동모금 등
관련 법률	• 국민연금법 • 건강보험법 • 산재보험법 • 고용보험법 • 노인장기요양보험법	• 국민기초생활보장법 • 의료급여법 • 기초연금법 • 장애인연금법 • 긴급복지지원법	• 아동수당법	• 사회복지사업법 • 사회복지사업 관련 법(〈표 7-5〉)
성격	보편주의	선별주의	보편주의	보편주의+선별주의 (상호보완)

제8장

사회복지의 대상과 공급주체, 전달체계

INTRODUCTION TO SOCIAL WELFARE

이 장에서는 사회복지를 누구에게 누가 어떤 책임을 가지고 어떻게 어떤 방식으로 제공할 것인가, 즉 사회복지의 대상과 공급주체, 그리고 전달체계에 대해 살펴본다. 사회복지의 대상은 사회계층, 사회문제론, 인권·발달의 측면에서 살펴본다. 사회복지의 공급주체는 국가부문, 비영리부문, 영리부문으로 구분하여 논의한다. 그리고 사회복지를 공급하는 주체와 수급자 간의 조직체계인 사회복지전달체계는 공적 전달체계와 사적 전달체계로 구분하여 살펴보며, 사회복지전문직과 사회복지인력을 포함한다.

1. 사회복지의 대상

사회복지가 그 대상으로 삼고자 하는 객체는 인간의 사회적 욕구와 사회문제임을 제1장에서 설명하였다. 인간이 가지고 있는 사회적 욕구충족과 사회문제 해결을 위해서 사회복지의 대상을 이분법적으로 단순화시켜 보편주의와 선별주의로 설명할 수 있지만,[1] 이론적으로 사회계층, 사회문제론, 인권 · 발달의 측면에서도 설명할 수 있다(오세영, 2020a).

1) 사회계층의 측면에서 본 대상

사회계층의 측면에서 볼 때, 사회복지의 본원적인 대상은 빈곤층 · 저소득층이라고 할 수 있다. 또한, 노동자나 자영업자, 농민층 등 일하고 있는 국민소득계층과 고령자, 어린이 등과 같이 노동력 인구에는 포함되지 않지만, 보호가 필요한 제 계층도 사회복지의 일반적 대상이 된다.

사회복지의 일반적 대상은 빈곤상태에 있지 않더라도 가족의 규모가 작고 거주나 수입, 고용 등 생활의 제 조건이 불안정한 상황에 있는 계층이다. 이러한 계층은 생활기반이 약하기 때문에 건강문제나 실업, 고립 등이 심화되면 본원적 대상으로 전락할 위험성을 항상 지니고 있다.

또한, 생활 제 조건은 어느 정도 안정되어 있으나 사회적 관계의 약화, 사회적 고립, 일상생활 행위의 불안정, 발달저해 등의 문제상황에 있는 사람들도 대상이 된다. 물론 본원적 대상인 빈곤층 · 저소득층은 이러한 문제상황에 처해 있는 경우가 많다. 사회복지의 대상으로서 최저생활 수준 이상은 유지할 수 있지만, 어떤 생활상의 문제상황을 안고 있는 경우에는 국민 제 계층도 사회복지의 대상이 되고 있다(藤松素子編, 2006).

---

1) 보편주의와 선별주의에 대해서는 제9장에서 자세하게 살펴볼 것이다.

2) 사회문제론적 측면에서 본 대상

사회문제론적 측면에서 볼 때 사회복지의 대상은 사회문제가 된다. 사회문제는 다양하게 분류된다. 외국 학자의 견해를 먼저 예로 들면, 머튼과 니스벳(Merton & Nsibet, 1971)은 사회문제를 사회해체와 일탈행위 2가지로 분류했다. 아이첸과 진(Eitzen & Zinn, 2000)은 체제문제, 인구문제, 불평등문제, 제도적 문제, 일탈문제 5가지로 분류하였다. 자스트로(Zastrow, 2000)도 사회문제를 일탈문제, 불평등문제, 글로벌문제와 함께 제도적 문제를 사회문제의 한 유형으로 분류했다. 그리고 슈나이더 등(Schneider et al., 2000)은 비극적 사회문제, 부정의 사회문제, 위협적 사회문제, 추행적 사회문제, 고압적 사회문제, 결함적 사회문제 6가지로 분류하였다. 마지막으로 하나만 더 예를 들어 보면, 파릴로 등(Parrillo, Stimson & Stimson, 1999)은 사회문제를 개인의 복지를 위협하는 문제, 사회적 평등을 위협하는 문제, 사회제도를 위협하는 문제, 삶의 질을 위협하는 문제로 분류하였다. 외국 학자에 따른 사회문제의 분류를 세부적으로 정리하면, 〈표 8-1〉과 같다.

〈표 8-1〉 외국 학자의 사회문제 분류

학자명	분류	세부 분류
Merton & Nsibet (1971)	사회해체문제	인구문제, 인종문제, 가족문제, 노동문제, 빈곤문제, 도시문제, 해체문제, 갈등문제, 폭력문제 등
	일탈행위문제	정신장애문제, 범죄, 비행, 약물중독, 알코올중독, 성매매, 자살문제 등
Eitzen & Zinn (2000)	체제문제	부와 권력문제, 사회체제문제, 부의 집중문제, 정경유착문제, 권력집중문제 등
	인구문제	글로벌문제, 환경문제, 인구고령화, 도시문제, 식량문제 등
	불평등문제	빈곤, 인종문제, 성차별, 동성애 등
	제도적 문제	노동문제, 고용문제, 가족문제, 교육문제, 보건의료문제, 테러문제 등
	일탈문제	정신문제, 범죄, 약물중독, 부적응문제 등
Zastrow (2000)	일탈문제	범죄, 비행, 정신질환, 약물남용, 동성애 등
	불평등문제	빈곤, 인종문제, 성차별, 고령화 등
	제도적 문제	가족문제, 교육문제, 보건의료문제, 대기업 · 기술 · 노동문제 등
	글로벌 문제	폭력 · 테러리즘 · 전쟁, 도시문제, 인구문제, 환경문제 등

Schneider et al. (2000)	비극적 사회문제	정신질환, 자살, 알코올중독 등
	부정의 사회문제	인종차별, 빈곤, 성차별 등
	위협적 사회문제	범죄, 인구문제, 흡연문제, 약물중독 등
	추행적 사회문제	대량살인, 대량자살, 아동학대, 여성강간, 전쟁 등
	고압적 사회문제	낙태문제, 안락사문제 등
	결함적 사회문제	관료주의문제, 부도덕문제 등
Parrillo, Stimson & Stimson (1999)	개인의 복지를 위협하는 문제	알코올문제, 약물남용, 성적 문제, 범죄문제, 폭력문제, 테러문제 등
	사회적 평등을 위협하는 문제	인종문제, 빈곤문제, 착취문제, 성차별문제 등
	사회제도를 위협하는 문제	가족문제, 교육문제, 노동문제, 고용문제, 보건문제 등
	삶의 질을 위협하는 문제	도시문제, 인구문제, 환경문제 등

한편, 국내 학자들의 분류를 살펴보면, 사회문제를 구조적 문제, 해체적 문제, 탈선적 문제로 분류하기도 하고(예를 들면, 김영모 편, 1982), 사회변동 또는 사회해체문제, 사회적 불평등 문제, 사회적 일탈문제로 분류하기도 한다(예를 들면, 최일섭 · 최성재 공편, 1994).

〈표 8-2〉 국내 학자의 사회문제 분류

학자명	분류	세부 분류
김영모 (1982)	구조적 문제	빈곤문제, 소득분배, 노동문제, 교육불평등 등
	해체적 문제	가족해체, 빈민지역, 인구문제, 환경문제 등
	탈선적 문제	범죄, 소년비행, 매춘, 자살, 알코올중독, 정신질환 등
최일섭 · 최성재 (1994)	사회변동 · 사회해체문제	가족문제, 환경문제, 노인문제 등
	사회적 불평등문제	빈곤문제, 성차별문제, 노사문제 등
	사회적 일탈문제	청소년 비행, 성폭력, 범죄, 약물중독, 정신건강문제 등
최선화 외 (2005)	사회구조적인 문제	빈곤문제, 노동문제, 의료문제, 주택문제, 범죄문제 등
	취약계층의 문제	가족문제, 아동 및 청소년문제, 노인문제, 장애인문제, 여성문제 등

또한, 사회문제를 사회구조적인 문제와 취약계층의 문제로 구분하는 경우도 있는데(예를 들면, 최선화 외, 2005), 사회구조적인 문제로는 빈곤문제, 노동문제, 의료문제, 주택문제, 범죄문제 등이 있고, 취약계층의 문제로는 가족문제, 아동 및 청소년문제, 노인문제, 장애인문제, 여성문제 등이 있다.

3) 인권, 발달의 측면에서 본 대상

인간의 사회적 욕구를 충족시키기 위한 제도와 실천이 사회복지라면 이러한 욕구의 충족을 규범적으로 표현하는 것이 곧 인권이다. 즉, 인권이란 인간의 욕구를 충족해야 하는 당위성과 규범성을 표현한 것이라고 할 수 있다(김상균 외, 2009: 348). 인권 및 발달의 측면에서 보면, 사회복지의 대상은 사회적 욕구를 지닌 전체 국민이 된다. 예들 들면, 보육서비스의 경우 안정된 계층이라 하더라도 맞벌이 부부에게는 자녀의 인권보장 및 발달보장의 욕구가 있기 때문에 사회복지의 대상이 되는 것이다. 보육서비스는 현상적으로는 서비스 충족의 욕구이지만, 본질적으로는 인권보장 및 발달보장의 욕구인 것이다.

또한, 고령자의 장기요양을 예로 들면, 경제적으로는 어느 정도 안정되어 있지만 질병이나 장애로 인해 일상생활 동작이 혼자서는 불가능하여 생활의 유지 및 재생산이 곤란한 상태에 있는 경우나 이로 인해 사람들과의 교류가 희박해져 고립된 생활에 빠질 위험에 처해 있는 경우 등은 인권보장이라는 시점에서 간과할 수 없는 상황이기 때문에 사회복지의 대상이 되는 것이다.

인권보장 및 발달보장의 욕구는 현재의 상태를 계속시키거나 방치하면 인권이 박탈된 상태가 되며, 발달이 저해된다는 의미에서 빈곤문제, 생활문제 등으로 이어질 수 있다. 인권보장 및 발달보장의 욕구는 사회계층이나 사회문제와 분리된 욕구가 아니라 사회문제로서의 빈곤문제, 생활문제를 인권 및 발달의 시점에서 바라본 것이다.

이상을 정리하면, 사회복지의 대상은 이론적으로 사회계층의 측면에서 보면 빈곤층, 저소득층, 생활불안정층이 그 대상이 되고, 사회문제론적 측면에서 보면 사회문제, 본원적으로는 빈곤문제가 대상이 되며, 인권 · 발달의 측면에서 보면 전체 국민의 인권보장 및 발달보장의 욕구가 사회복지의 대상이 된다.

2. 사회복지의 공급주체

사회복지의 공급주체는 누가 어떤 책임을 가지고 사회복지를 공급할 것인가 하는 것이다. 사회복지의 공급체계 유형 구분은 그 기준에 따라 매우 다양하게 구분되지만,[2] 여기에서는 국가부문, 비영리부문, 영리부문으로 구분하여 논의한다.[3]

1) 국가부문: 국가사회복지의 정당성

사회복지의 재화나 서비스를 왜 국가가 주도하여 제공하여야 하는가? 그것은 일반적으로 '시장의 실패(market failure)'에 대한 대응으로 설명된다. 시장의 실패란 경제활동을 시장에 맡길 경우, 효율적인 자원배분과 균등한 소득분배를 실현하지 못하는 상황을 총칭하는 말이다. 시장의 실패에 관한 이론적 내용은 공공재, 외부효과, 정보의 비대칭성, 역선택, 도덕적 해이, 규모의 경제 등으로 정리할 수 있다.

---

2) 일반적으로 사회복지공급체계는 크게 공공적 복지공급체계와 비공공적 복지공급체계로 구분하기도 하고, 가족, 시장, 국가의 세 가지로 구분하기도 하며, 비공식부문, 국가부문, 자원부문, 상업부문의 네 가지로 구분하기도 한다. 또한, 비공식부문, 공식부문, 민간비영리부문, 민간영리부문으로 구분하기도 한다(박경일 외, 2014).

3) 사회복지공급체계에 관해서는 졸저(2023)의 제3장 내용을 참조하였다.

사회복지의 공공재적 성격

사회복지서비스는 사적 시장으로서는 제공할 수 없는 성격을 가지고 있다. 사회는 공공재와 사적재라는 두 종류의 재(財)를 생산한다. 공공재(public goods)는 정부가 조세 또는 공채로 조달해서 무료로 제공하는 모든 재(재화·서비스·지식 등)를 말하고, 사적재(private goods)는 가계가 각자 시장에서 구입하는 모든 재를 말한다. 공공재는 이른바 배제원리를 적용할 수 없고, 그 이용자로부터 비용징수(pricing)를 할 수 없으므로 사적 기업의 활동에 의해서는 제공되지 않는 재이다. 사적재를 이용하기 위해서는 개인은 비용을 지불해야 하고, 그 비용을 지불하지 않는 사람에 대해서는 그 재의 이용을 억제할 수가 있다. 그러나 공공재는 비경쟁적이며 비배타적인 성격을 지닌다. 이러한 공공재의 공급을 시장에 맡겨두면 무임승차(free-rider)의 문제가 발생할 수 있으므로 정부가 개입하여 문제를 해결할 수밖에 없게 된다. 즉, 국가는 무임승차들을 처벌하거나 공공재를 직접 공급함으로써 문제를 해결할 수 있다. 국가는 국방, 학교, 공원 등과 같은 공공재를 생산하기 위하여 국민에게 세금을 부과하여 그 재원으로 필요한 공공재를 공급하는 것이다.

사회복지의 재화나 서비스도 공공재의 성격을 지니고 있다. 사회복지는 순수한 의미에서 공공재가 아니더라도 광범위한 의미에서 비경쟁적이며, 비배타적인 성격을 가지고 있다. 즉, 사회복지의 재화나 서비스가 제공되면 타인에게 아무런 영향을 주지 않으면서 모든 국민이 혜택을 받을 수 있다. 예를 들면, 국가가 어떤 사회복지프로그램을 통하여 그 나라의 모든 아동의 건강과 교육수준을 높이면 그 아동들이 건전한 시민으로 성장하고 또한 생산성을 높여 사회 전체가 이득을 보게 되는데, 이때 이러한 혜택은 그 나라 모든 국민이 받게 되는 것이다.

외부효과

외부효과(externality)란 어떤 경제활동과 관련하여 제3자에게 의도하지 않은 혜택이나 손해를 가져다주면서도 이에 대한 대가를 받지도 지불하지도 않는 상태를 말한다. 외부효과에는 외부역효과와 외부순효과가 있다. 외부역효과는 어느 경제주체의 생산이나 소비행위가 다른 경제주체에게 부정적인 결과를 발생시키는 생산이나 소비행위의 효과를 말한다. 예를 들어, 어느 지역에 공장이 새로 설립되면 공장에서 나온 매연과 오염물질로 그 지역의 환경은 파괴되고 말 것이다. 이것이 외부역효과이다. 따라서 이런 경우에는 국가 개입이 필수적이다.

반면에 외부순효과는 어느 경제주체의 생산이나 소비행위가 다른 경제주체에게 긍정적인 결과를 나타내는 경우를 말한다. 예를 들어, 한 지역의 복지 인프라를 확충하면, 그 지역뿐 아니라 지역 외 사람들도 혜택을 누릴 수 있는 그러한 효과를 말한다. 국가가 결핵환자들을 무료로 치료해 주는 것도 주위의 많은 사람을 결핵 전염으로부터 보호하는 외부순효과를 가지고 있기 때문이다.

사회복지의 재화나 서비스는 외부순효과를 많이 만들어 내는 데 반해 시장 기제를 통하여 재화나 서비스를 이용하게 되면 사회적으로 바람직한 수준의 공급이 이루어지지 않아 시장의 실패를 가져오기 때문에 사회복지 재화나 서비스를 국가가 제공해야 한다.

정보의 비대칭성

정보의 비대칭성(asymmetry of information)이란 시장에 참가한 거래당사자 간에 쌍방이 동일한 정보를 가지기보다 여러 거래에서 어느 한쪽이 더 많은 정보를 가지기 쉽다는 것을 말한다. 일반적으로 어떤 재화가 시장 메커니즘에서 공정한 배분이 이루어지기 위해서는 수요자나 공급자 둘 다 그 재화의 질과 가격에 대한 충분한 정보를 갖고 효용을 극대화하는 합리적 선택이 있어야 한다. 따라서 어떤 재화에 대한 충분한 정보가 없는 경우에는 시장에서 비록 소비자가 요구하는 형태의 재화가 배분되더라도 이러한 배분은 소비자가 진정으로 원하는 것이 아닌 경우가 있고, 이럴 때 비효율적인 배분이 될 가능성이 크다. 이러한 상황에서 재화의 소비자들보다 국가가 이러한 재화에 대한 정보를 더 많이 갖고 있다면 국가가 주도하여 이러한 재화를 제공하는 것이 더 효율적인 배분이 될 수 있다(김태성 · 성경륜, 1993: 206).

역선택

국가공급의 강제적 보험을 정당화하는 논리적 근거로서 역선택을 들 수 있다. 역선택(adverse selection)이란 정보의 비대칭성으로 인해 발생하는 것으로 위험 발생률이 높은 사람들이 보험에 집중적으로 가입하게 되어 평균적인 위험확률과 보험료가 높아지는 악순환이 생겨서 시장의 실패를 가져오는 문제를 말한다. 민간보험시장에서는 질병이나 실업 등의 사회적 위험에 많이 노출되어 있는 이른바 고위험집단이 곧 보험에 가입하고자 하는 경향이 강하다. 그런데 보험회사에서는 사전에 그 사람들에 대한 정보를 알고 있지 못하기 때문에 매우 불안정한 시장이 형성되어 잠재적으로 엄청나게 높은 보험료가 책정될 수밖에 없다. 보험료가 비싸지면 위험 발생 확률이 낮은 보험가입자들은 도중에 해약하거나 좀 더 싼 보험자를 찾게 된다. 그렇게 되면 위험 발생 확률이 높은 고위험 피보험자만 남게 되고 보험자는 또다시 보험료를 인상할 수밖에 없다. 이것이 악순환되어 결국에는 시장의 실패를 가져오게 되는 것이다.

역선택의 문제는 보험가입자가 많으면 많을수록 발생하기 어렵게 된다. 따라서 국가가 개입하여 국민에게 강제로 보험에 가입하게 하면 위험부담을 한 곳에 집중되지 않도록 분산시키는 효과가 있다. 이에 비해 민간보험은 광범위한 파국에 대처할 능력이 없다.

도덕적 해이

도덕적 해이(moral hazard)란 사회보험의 계약이 가입자의 동기와 행동에 영향을 미치는 현상을 말한다. 즉, 어떤 사람이 보험에 가입했다 하여 보험에 가입하기 전보다 위험 발생을 예방할 행위를 적게 하여 결과적으로 위험 발생이 높아지게 된다. 이러한 결과로 민간보험에서는 대상이 되는 위험이 자주 발생할 때는 높은 보험료를 부과하고, 또한 일정 이하의 위험(가벼운 위험)이 발생하면 보험금을 지불하지 않거나 위험이 발생했다 하더라도 보험금 일부만을 지불하고 나머지는 본인이 부담하게 하는 등 다양한 방법을 사용할 것이다. 이렇게 되면 가입자는 줄어들게 되고, 결국 이 문제가 심각해지면 상품은 민간보험에서 제공하기 어렵게 되는 것이다(김태성 · 성경륭, 1993: 210-211). 결국, 도덕적 해이의 문제는 어떤 서비스의 제공자가 수혜자의 행위에 대한 충분한 정보를 갖고 그들의 행위를 모니터하고 통제함으로써 해결될 수 있다. 이러한 정보를 갖추기 위해서는 막대한 비용과 대규모의 조직이 필요하다. 이러한 관점에서 민간보험보다는 국가가 집단적으로 혹은 강제적으로 하는 것이 비용이 적게 들고 더 효율적이다.

규모의 경제

규모의 경제(economy of scale)란 원래 경제학 용어로서 생산량이 늘어감에 따라 평균 생산비용이 더 줄어드는 현상을 말한다. 다시 말해서 일반적으로 어떤 기업이 생산설비를 확대해서 대규모 설비를 갖추게 되면 경제성 신기술의 도입 등으로 생산비용을 낮출 수 있고, 생산원료의 대량 구입에 따른 운임이나 원료비 저하로 생산비가 낮춰지기 때문에 평균 생산비용도 낮추어진다는 것이다. 한 마디로 크면 클수록 좋다는 뜻이다. 그런데 규모의 경제가 존재하면, 큰 경제주체는 재화를 단위당 싼 가격에 만들어 팔 수 있으므로 작은 경제주체를 몰아내고 시장을 지배하여, 결과적으로 자원의 비효율적인 배분이 이루어질 수 있다. 이러한 경우는 국가가 개입하여 규모경제효과가 큰 재화를 제공하는 것이 사회적으로 바람직한데, 사회복지의 재화나 서비스 역시 이러한 규모경제의 속성을 많이 가지고 있다. 예를 들면, 대중교육, 대량의 공공주택 건설, 전 국민의료서비스, 전 국민 대상의 사회보험이 이에 해당한다. 따라서 이러한 재화나 서비스들은 국가가 직접 제공하는 것이 단위당 비용이 적게 들고, 또한 재화나 서비스가 민간부문의 여러 공급자에 의하여 제공되는 것보다 필요한 거래비용(transaction costs)도 줄일 수 있다(김태성 · 성경륭, 1993: 213).

이상을 정리하면, 시장에서 재화들이 효율적으로 배분되기 위해서는 첫째, 그 재화가 공공재가 아닌 사적재여야 하고, 둘째, 그 재화의 거래에서 외부효과가 발생하지 말아야 하고, 셋째, 그 재화에 대해 수요자와 공급자가 충분한 정보를 가지고 있어야 하고, 넷째, 역선택과 도덕적 해이가 발생하지 말아야 하고, 다섯째, 규모의 경제의 효과가 작아야 한다. 이러한 조건들이 충족되지 않으면 시장의 실패를 가져올 수밖에 없고, 이는 곧 국가 개입을 통해서 해결할 수 있는 것이다.

2) 비영리부문: 비영리조직의 정당성[4)]

(1) 비영리조직의 개념

사회복지는 근본적으로 국가, 즉 공공부문에 의해 제공되어야 하지만, 최근에는 민간부문이 더욱더 강조되고 있다. 특히, 비영리조직의 확대 등이 그 좋은 예라고 할 수 있다. 일반적으로 비영리조직이란 영리를 목적으로 하지 않는 조직으로 사회복지법인, 협동조합, 의료법인, 학교법인, 재단법인, 사단법인 등을 말한다. 이러한 비영리조직은 일반적으로 몇 가지 특성을 지닌다. 첫 번째는 공식적인 조직이라는 점, 두 번째는 정부로부터 법제상 분리되어 있다는 점, 세 번째는 자기 통치를 하고 있다는 점, 네 번째는 영리를 목적으로 분배를 하지 않는다는 점, 다섯 번째는 공익을 추구한다는 점이다. 이 중에서도 자기 통치는 가장 결정적인 요소가 되어 왔다(Brenton, 1985: 9).

비영리조직은 1970년대 중반 이후 '복지국가의 위기'를 배경으로 일반적 관심이 고조되어 왔다. 대부분 복지국가의 경우 정부는 사회복지서비스를 비영리조직이 직접 전달하게 하였고, 이에 대한 재정적 원조는 비영리조직의 수를 증가시켰다.

4) 비영리부문의 내용은 졸저(2022), pp.127-136에 근거하고 있다.

(2) 비영리조직의 확대요인

그렇다면 왜 정부도 아니고 시장도 아닌 제3섹터,[5] 즉 비영리조직의 민간 활동이 사회적으로 요구돼 왔는가? 그것은 복지다원주의로 설명이 가능해진다. 복지다원주의(welfare pluralism)란 사회복지서비스의 공급주체를 다원화하려는 것으로 기존의 국가 중심의 복지공급을 지양하고 비영리부문, 영리부문, 가족이나 이웃 등 복지의 주체를 다원화하는 것으로 영국에서 발전한 개념이다.[6] 복지다원주의는 복지의 혼합경제, 복지사회라는 개념과 맥을 같이 하고 있는데, 이러한 개념은 복지서비스 공급 형태의 다양성을 강조한다. 복지서비스의 범위나 종류는 다수의 원천에서 제공되는 것이 그렇지 않은 경우보다 확대한다는 것이다. 또한, 국가가 사회에 있어서 복지를 모두 공급하는 것은 불가능하다고 본다(ポール・スピッカー著, 2001: 143). 이처럼 복지다원주의는 국가 중심의 복지공급체계 변화이면서 다른 한편으로는 복지공급의 주체로서 영리부분과 비영리부분의 역할을 확대하자는 것이라 할 수 있다.

복지다원주의로 인해 그 위상이 강화된 비영리조직들은 주로 종교적 배경을 가지고 있는 전통적 비영리조직들이 주축을 이루어 왔다. 한국도 종교계에서 운영하는 비영리조직의 사회복지활동 비중이 매우 크다.

(3) 비영리조직의 존재 이유

그렇다면 왜 비영리조직이 사회복지를 제공해야 할까? 정부도 아닌 시장도 아닌 제3섹터, 즉 비영리조직이 존재하는 이유는 비영리섹터의 공공재이론과 계약의 실패이론에서 확인된다.

---

5) 제3섹터란 볼런티어, 민간비영리단체, 이웃, 가족을 포함한 사회부문을 일컫는다. 이 중에서 가족이나 이웃은 비공식적인 섹터로서 개별적으로 유형화되는 경우도 있다. 또한 비영리단체(NPO)와 비정부조직(NGO)는 실제로 중복되는 개념이지만 전자가 영리활동을 목적으로 하지 않는 것을 강조하는 것에 비해 후자는 정부활동과 구분을 하고자 하는 것이 강조된다.

6) 복지다원주의라는 용어는 1978년 'Wolfenden Report, The Future of Voluntary Organization'에서 처음 사용된 것으로 알려져 있다. 캘러헌 노동당정부의 재정지출 억제정책의 전략적 일환으로 제시된 것이 대처 보수당정부에 들어서서 핵심이념으로 전개되었다.

공공재 이론

와이스브로드(Weisbrod, 1986)는 비영리조직을 공공재를 제공하는 사적 생산자로 정의하고, 비영리조직의 역할에 관해서 '정부의 실패'라는 관점에서 일반 경제이론을 제시하였다. 그에 의하면, 정부는 대다수 국민을 만족시키는 수준의 공공재를 공급하는 경향을 보이기 때문에 중간적인 공공재보다도 수준 높은 공공재를 요구하는 사람들 사이에서 불만족과 충족되지 않은 수요가 남는다. 충족되지 않은 수요를 가지고 있는 사람들, 즉 고수요자들에게 이 '정부의 실패'를 보완하는 수단으로 남게 되는 옵션은 바로 민간영리시장과 비영리섹터이다. 그러나 민간영리시장에 의존하는 것은 사적으로는 최적일지 모르지만, 사회적으로는 비효율적이다. 와이스브로드는 여기에서 비영리섹터 발전의 합리성을 보고 있다. 즉, 비영리조직은 잔여적인 수요에 대응해서 정부를 양과 질적인 면에서 보충하는 공공재를 공급한다. 좋은 품질과 높은 수준의 수요에 대해서는 민간이 대응하고 그렇지 않은 중간 내지 낮은 품질과 수준의 수요에 대해서는 정부가 담당한다. 와이스브로드는 정부와 민간의 역할분담을 상정하고 다양한 수요에 다양한 공급주체가 존재하는 것을 인정한다. 말하자면, 정부의 실패에 대한 민간활동의 대응을 설명한 이론이라고 할 수 있다.

계약의 실패이론

일반적으로 비영리섹터는 정부의 대체적 존재로서 인식되는 경향이 있지만, 한즈만(Hansmann, 1987)에 의하면 비영리섹터는 이론적으로 시장의 실패에 대한 대응으로서 존재하고 있다고 한다. 이것을 그는 '계약의 실패(contract failure)'라고 말한다. 그에 의하면, 영리라는 형태보다도 비영리 형태가 신뢰에 대한 가치가 있고, 정부에 의한 모니터링이 불가능한 경우 소비자에 의한 관리는 영리기업보다도 비영리의 형태가 훨씬 용이하다. 생산자는 소비자보다도 생산물의 품질에 관해서 보다 많은 정보를 보유하고 있다. 소비자는 품질의 수준을 관찰할 수 없기 때문에 생산자를 모니터링할 수 없고, 생산자는 항상 부정을 취할 수 있는 인센티브를 갖게 된다. 이 때문에 소비자는 영리의 형태보다도 비영리의 형태에 의한 조직의 서비스 제공을 바라는 것이다. 즉, 계약의 실패이론에 의하면 정보의 비대칭성이 비영리조직을 존재하게끔 한다는 것이다. 영리기업은 정보의 면에서 소비자보다 압도적으로 유리하지만, 비영리조직은 정보의 비대칭성이 적고 의뢰인의 욕구를 충족시켜 줄 수 있는 대리인으로서의 역할을 수행할 수 있다는 신뢰감이 있다는 것이다. 그리고 비영리조직은 일반적으로 조직의 신뢰도를 증가시키기 때문에 여러 형태의 기부를 촉진한다. 여기에서 기부자를 의뢰인으로 하고 단체 경영자를 대리인으로 생각한다면, 비영리조직은 정보의 비대칭성이 적기 때문에 의뢰인이 원하는 대로 대리인이 활동할 가능성이 높다(武智秀之, 1996).

(4) 비영리조직의 한계 : 자원부문 실패이론

하지만 비영리조직도 한계는 있다. 살라몬(Salamon, 1995)은 비영리섹터에 내재하는 한계를 시장의 실패와 정부의 실패에 견주어 '자원부문의 실패(voluntary failure)'라고 이름을 붙이고 다음과 같이 정리하였다.

첫째로 비영리조직은 커뮤니티의 복지욕구에 대처하는 데 충분한 재정을 조달할 수 없다는 문제이다. 즉, 공공재의 생산에 수반하는 무임승차문제 또는 부의 지역적 편재 때문에 자발적인 기부에만 의존하는 시스템으로는 안정적인 재원조달에 한계가 있다.

둘째로 비영리조직 및 그 후원자는 특정의 집단(예를 들면, 같은 종파의 사람)에게만 서비스를 제공하는 경향이 있고, 그로 인해 지역사회주민 중에 서비스를 받을 수 없는 사람들도 생길 가능성이 있다. 게다가 집단의 명예를 위해서 경쟁하는 단체나 시설이 늘어날 수 있으며, 중복된 서비스가 제공될 가능성이 있다.

셋째로 민간의 자선이 민간단체를 지탱하는 유일한 자원인 이상, 민간단체가 제공하는 서비스의 내용이나 대상자의 결정은 지역사회 전체가 아니라 경제적으로 여유 있는 사람들에 의해 좌우될 수 있다. 그 결과 이들이 바라는 서비스는 장려되고, 반대로 가난한 사람들이 바라는 서비스는 억제될 수도 있다.

마지막으로 아마추어리즘의 문제이다. 빈곤이나 '부도덕' 등 인간이 안고 있는 다양한 문제나 욕구에 대해서 도덕적인 설득이나 종교적 설교를 취지로 하는 아마추어적 대응은 한계가 있다.

3) 영리부문: 시장화[7)]

사회복지의 공급주체의 변화에 있어서 비영리조직의 확대와 더불어 최근의 가장 큰 변화는 '시장화'라고 할 수 있다. 일반적으로 시장(market)은 화폐를 매개로 한 재화 및 서비스 매매 관계의 총체를 의미한다. 즉, 기본적으로는 판매자와 구매자가 주가 되어 가격을 판단재료로 해서 스스로의 자유로운 의사에 의해 매매행위를 함으로써 성립하는 것이 시장이다. 시장은 경쟁을 통해서 재화나 서비스를 배분하는 기능을 하고 있지만, 때로는 가격이 규제되거나 참가가 제한되고 사업내용에 규제가 가해지는 경우, 이를 규제된 시장 또는 준시장(quasi-market)이라고 한다.

준시장이 전통적인 시장과 다른 점은 다음의 3가지로 설명된다(Grand & Bartlett, 1993). 첫째, 서비스 공급자 간에 고객 확보를 위한 경쟁이 존재하는 것은 전통적 시장과 같지만, 그 공급자에게는 이익의 극대화를 목적으로 하지 않는 공적 부문이나 비영리단체도 포함되어 있다. 둘째, 소비자의 구매력은 화폐로 나타나지 않고 특정 서비스의 구입을 목적으로 할당된 예산(earmarked budget)이나 바우처(vouchers) 등이 이용자에게 배분되거나 정부에 의한 단일 구입자에게 구입이 집중된다. 셋째, 대부분은 서비스 이용자가 구입을 선택하는 것은 어렵고, 의료에서는 가정의, 커뮤니티케어에서는 케어매니저 등과 같은 제3자에게 결정을 위임한다.

시장과 구별되는 관계를 가령 '비시장(非市場)'이라 한다면, 양자를 구별하는

7) 시장화의 내용은 졸저(2023), pp.69-71을 참조하였다.

결정적인 기준은 화폐를 매개로 매매 관계를 기본으로 하고 있느냐 아니냐 하는 점이다. 이상 정리한 것에 비추어 보면 '시장화'의 내용은 분명해진다. 즉, 행정규칙에 기초해서 행정이 직접 서비스의 이용 및 제공에 대해서 책임을 지는 구조에서 이용자와 제공자와의 화폐를 매개로 한 직접적인 매매 관계로 전환시키는 것을 가리킨다. 반복하지만 '시장화'로의 결정적인 변화는 서비스의 이용과 제공이 행정에 의해서 결정되는 구조에서 이용자와 제공자가 화폐를 매개로 하여 직접 매매하는 구조로 바뀌고, 복지서비스의 이용 및 제공의 책임이 행정에서 이용자 및 제공자로, 즉 직접적인 당사자에게로 전가된다는 것에 있다. 이와 같은 시장화의 가장 큰 배경으로는 신자유주의적 세계화를 들 수 있다. 시장경제원리를 신봉하는 신자유주의는 1980년대부터 강화되기 시작하였는데, 그 영향으로 국가복지는 축소되었고, 대신에 민간영리부문의 역할이 강화되었던 것이다.

이상 살펴본 바와 같이 최근 사회복지의 공사 관계는 사회복지서비스 공급체계 부문에서 큰 변화의 경향을 보이고, 이 변화는 복지다원주의와 사회복지의 시장화로 대변된다. 그러나 영리조직의 참가를 포함한 사회복지공급 조직의 다원화, 즉 복지다원주의와 시장화는 사회복지에 대한 공적 책임의 후퇴를 초래할 수 있다. 공공부문의 복지체제가 확립되어 있지 않은 한국적 상황에서 시장화를 추진하는 것은 상당한 부작용을 초래할 위험이 있다는 사실을 인식하는 것이 중요하다. 즉, 민간영리부문의 역할은 공적 부문의 복지공급이 확립되어 있을 때만 가능한 것이다.

3. 사회복지전달체계

지금까지 사회복지를 누구에게 누가 어떻게 제공할 것인가에 관한 논의였다면, 지금부터는 사회복지를 어떠한 방식으로 전달할 것인가에 관한 논의를 진행한다. 즉, 사회복지를 공급하는 주체와 수급자 간의 조직체계인 사회복지 전달체계에 대해 살펴본다.[8)]

1) 사회복지전달체계의 개념

사회복지전달체계란 사회복지정책을 사회복지서비스로 전환시키는 과정에서 서비스 공급자들 사이 또는 서비스 공급자와 수급자 사이에 존재하는 조직체계를 의미한다. 사회복지전달체계는 사회복지급여와 서비스를 적절하고 효율적으로 대상자에게 전달하여 그들의 욕구를 효과적으로 충족시키는 데 결정적인 역할을 수행하기 때문에 매우 중요하다. 즉, 사회복지급여 및 서비스 대상자의 자격요건을 조사하고, 심사하는 일과 급여와 서비스의 제공과정과 절차 등은 결국 전달체계상에서 대상자와 밀접하게 접촉하면서 실천되기 때문에 전달체계가 그만큼 중요한 것이다. 결국, 사회복지전달체계가 어떻게 구축되느냐에 따라 서비스의 양과 질이 달라진다고 볼 수 있다.

사회복지전달체계는 일반적으로 공적 전달체계와 사적(민간) 전달체계로 구분된다. 공적 전달체계는 정부(중앙정부와 지방정부)나 공공기관이 직접 관리하고 운영하는 체계이며, 사적 전달체계는 민간단체와 개인이 직접 관리하고 운영하는 체계를 말한다. 공적 전달체계의 경우 재정적으로는 안정적이지만 관료적이고 경직되어 있으며 복잡한 체계를 가지고 있는 반면, 사적 전달체계의 경우는 재정적 취약성을 극복하기 어렵지만 융통성이 있고 보다 클라이언트에게 가깝게 있으며 창의적이고 유연한 장점이 있다.

---

8) 사회복지전달체계의 내용은 졸저(2022) 제3장에 근거하고 있다.

2) 사회복지전달체계의 원칙

사회복지전달체계의 궁극적인 목적은 서비스를 효과적이고 효율적으로 전달하는 것이라 할 수 있다. 그런데 서비스를 전달하는 데는 많은 문제점이 발생한다. 길버트와 테렐(Gilbert & Terrell, 2002: 166)은 서비스의 효율성과 효과성을 떨어뜨리는 사회복지전달체계의 문제점을 서비스의 분열성, 비접근성, 불연속성, 무책임성의 4가지로 요약하고 있다.

첫째, 서비스의 분열성(fragmentation)은 서비스가 한 장소에서 다 이루어지고 있지 않을 뿐만 아니라 기관들이 그들의 활동을 조화시키기 위해 노력하고 있지 않은 문제를 말한다.

둘째, 비접근성(inaccessibility)은 클라이언트의 소득, 연령, 종교, 이용료 부담, 지리적 위치 등에 따라 서비스 이용에 제한을 두는 문제를 말한다.

셋째, 불연속성(discontinuity)은 클라이언트가 서비스를 이용하는 데 있어서 불편을 겪거나 의사소통과 후송에 필요한 채널이 충분하지 못한 것을 말한다.

넷째, 무책임성(unaccountability)은 원조에 필요한 것들이 그 환경에 영향을 주는 의사결정에 영향을 미치지 않는 문제, 의사결정권자가 클라이언트의 욕구와 이익에 무감각한 문제를 말한다.

이렇게 볼 때, 이상적인 사회복지서비스 전달체계는 '통합되어 있고, 연속적이며, 접근 가능성이 크고, 그 책임성이 명백한 방향으로' 이루어진 체계를 의미한다. 그러나 현실사회에서는 이러한 4가지의 문제를 동시에 해결하기는 쉽지 않다. 왜냐하면, 이 4가지 요소는 서로 상충하는 성격을 부분적으로 가지고 있기 때문이다. 예를 들면, 타 기관에 적극적으로 의뢰를 하는 것은 분열성을 감소시키지만, 무책임성을 증가시키는 등의 문제를 초래할 수 있는 것이다.

3) 공적 사회복지전달체계

공적 사회복지전달체계는 국가 또는 지방자치단체가 수립과 운영주체인 경우를 말한다. 각종 사회보험은 중앙정부 차원에서 전달되고 있고, 공공부조와 사회복지서비스 전달체계는 중앙 및 지방자치단체에서 분담하는 형태를 취하고 있다. 각각의 전달체계를 간략하게 제시하면 다음 [그림 8-1]과 같다.

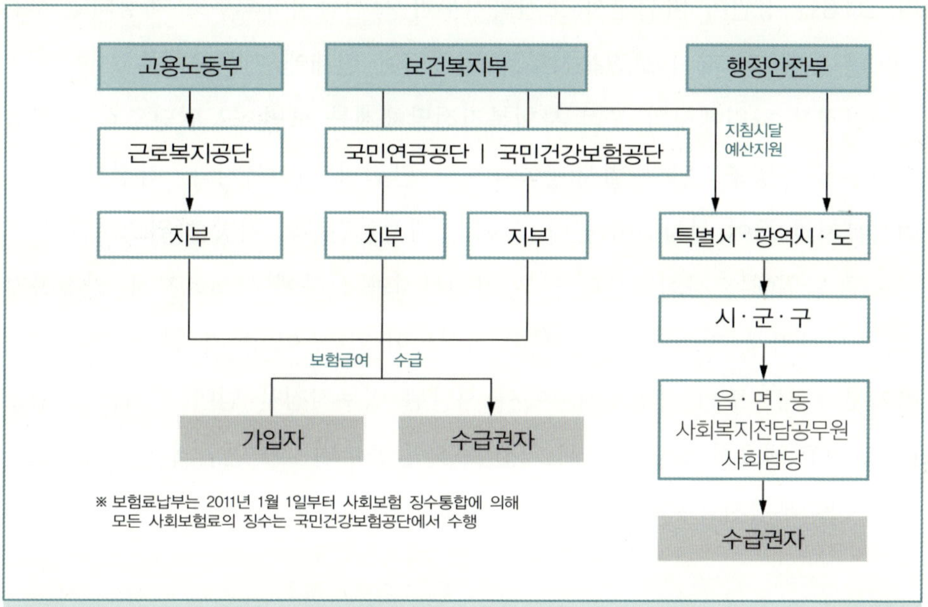

[그림 8-1] 공적 사회복지전달체계의 구조
출처: 현외성(2004), p.252에서 수정 작성.

중앙정부 차원에서의 공적 사회복지전달체계를 보면, 산재보험과 고용보험은 고용노동부 소관으로 하고 있다. 실제적인 업무는 근로복지공단에 위탁하여 처리하고 있다. 근로복지공단은 각 지역 단위로 하여 지부를 두어 운영되고 있다. 반면에 국민연금과 국민건강보험, 노인장기요양보험의 소관부서는 보건복지부이다. 역시 산하에 지역 단위로 지부가 관련 업무를 처리하고 있다. 그러나 공공부조와 사회서비스는 사회보험과는 조금 다른 전달체계의 모습을 보인다. 소관 중앙부서는 보건복지부이지만, 지방에는 보건복지부 지부나 사무소가 없다. 행정안전부 소속의 지방조직에 공공부조와 사회서비스 업무를 위탁하여 운영하고 있다. 이처럼 공적 사회복지전달체계는 소관부서가 서로 다름을 알 수 있다.

중앙정부 차원에서의 사회복지행정은 1948년 정부수립과 동시에 사회부가 발족되어 담당하였는데, 이는 1955년에 보건부와 사회부가 보건사회부로 개편되었고, 1994년 보건사회부가 보건복지부로 개칭(30여 회의 직제 개정)되었으며, 2008년 정권이 바뀌면서 보건복지부가 보건복지가족부로 개칭되었으나, 2010년 3월부터 다시 보건복지부로 변경되어 현재에 이르고 있다.

지방정부 차원에서의 공적 사회복지전달체계를 보면, 그 담당조직은 행정자치부의 지방조직인 특별시(광역시) · 도 단위의 사회복지과 · 가정복지과 · 여성복지과 등이 설치되어 있다. 그리고 행정안전부의 지방 하위조직인 시 · 군 · 구 단위에는 사회복지과 혹은 가정복지과 산하에 사회복지계, 가정복지계, 부녀복지계, 청소년복지계 등이 설치되어 있다. 이 중 가정복지계가 보건복지부나 시 · 도의 가정복지국에서 시달된 업무지침을 받아 사업을 시행한다. 그리고 필요한 업무는 다시 일선 조직인 읍 · 면 · 동 단위의 사회복지계나 소속 사회복지전담공무원으로 이어진다.

4) 사적 사회복지전달체계

(1) 사적 사회복지전달체계의 개요

사적(민간) 사회복지조직이란 영리를 목적으로 하지 않는 주민조직과 사회복지법인, 재단법인 및 사단법인, 종교단체, 법정단체 및 기타 특수법인, 등록단체나 그 법인 또는 단체가 사회복지사업을 목적으로 운영하는 시설과 기관을 말한다. 이러한 사적 사회복지조직에 의해 전달되는 사회복지전달체계는 대부분 사회복지서비스 부문에 집중되어 있다. 물론 사회복지 공급주체에 따라 전달체계가 약간 상이하지만 대부분 정부에서 일부분의 재정지원과 행정적 지도 감독을 하고 있다. 사적 사회복지전달체계의 구조를 살펴보면 [그림 8-2]와 같다.

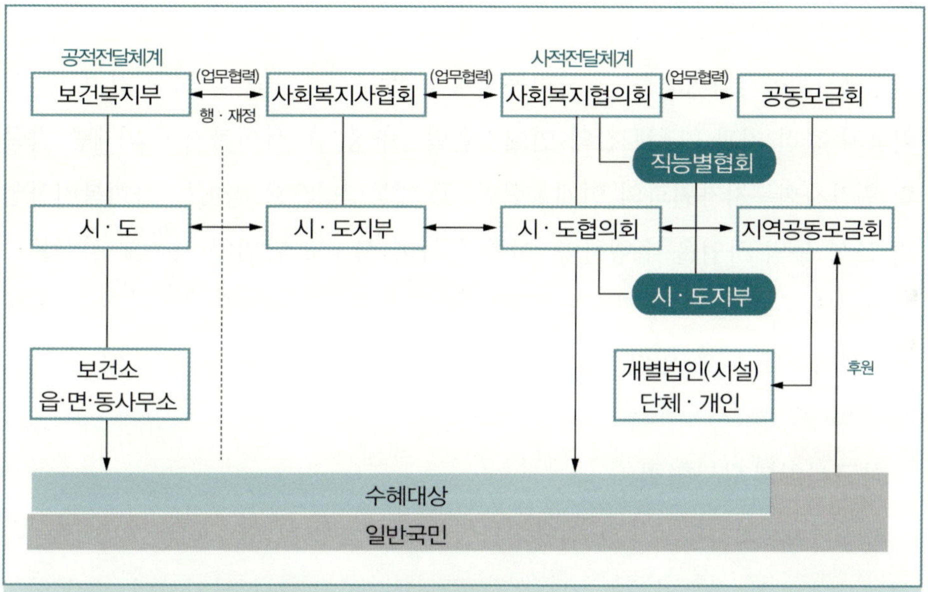

[그림 8-2] 사적 사회복지전달체계의 구조
출처: 현외성(2004), p.239.

(2) 사회복지협의체

사적 사회복지전달체계에서 중요한 기능을 하는 것이 사회복지협의체이다. 한국의 대표적인 사회복지협의체로는 한국사회복지협의회와 한국사회복지사협회가 있다. 이 두 협의체는 사회복지사업법에 의하여 규정된 사회복지법인으로 각 시 · 도에 지회를 두고 있으며, 민간사회복지분야에서 조직과 인력, 자원 동원에 있어서 중추적인 역할을 하고 있다.

한국사회복지협의회

사회복지협의회는 민간복지 중심의 사회복지기관과 단체의 협의체이며, 지역주민에 대한 복지서비스 제공뿐만 아니라 지역사회 내의 다양한 사회복지기관들의 기능을 강화하기 위해 정보를 제공하고 서비스를 조정하는 역할을 수행하는 조직이다.

한국사회복지협의회는 ① 사회복지에 관한 조사 · 연구 및 정책 건의, ② 사회복지 관련 기관 · 단체 간의 연계 · 협력 · 조정, ③ 사회복지 소외계층 발굴 및 민간사회복지자원과의 연계 · 협력, ④ 대통령령으로 정하는 사회복지사업의 조성 등의 사업을 수행한다. 이를 위하여 시 · 도 단위의 시 · 도 사회복지협의회를 두고 있으며, 필요한 경우에는 시 · 군 · 구 단위의 시 · 군 · 구 사회복지협의회를 두고 있다.

한국사회복지사협회

한국사회복지사협회는 사회복지사업법 제46조[9]에 의한 법정단체이며, 사회복지에 관한 전문지식과 기술을 개발 · 보급하고, 사회복지사의 자질 향상을 위한 교육 훈련 및 사회복지사의 복지증진을 목적으로 하고 있다.

한국사회복지사협회에서 ① 사회복지사에 대한 전문지식과 기술의 개발 · 보급, ② 사회복지사의 전문성 향상을 위한 교육 훈련 및 보수교육, ③ 사회복지사의 국가시험 운영 및 자격증 발급 등의 수탁업무, ④ 사회복지사의 권익옹호와 복지증진, ⑤ 사회복지사와 관련된 조사연구 및 홍보 · 출판, ⑥ 국내외 사회복지 관련 전문가단체와의 교육 · 협력 등의 사업을 주로 하고 있다.

---

9) 사회복지사업법 제46조 제1항에 의하면, "사회복지사는 사회복지에 관한 전문지식과 기술을 개발 · 보급하고, 사회복지사의 자질 향상을 위한 교육 훈련을 실시하며, 사회복지사의 복지증진을 도모하기 위하여 한국사회복지사협회를 설립한다"라고 규정되어 있다.

(3) 사회복지공동모금회

사회복지공동모금회는 1998년 11월에 설립된 사회복지법인으로 주요 업무는 모금과 배분이다. 모금사업은 크게 연중모금과 연말집중모금으로 구분된다. 배분은 모금한 자원을 투명한 법적 절차에 따라 나누는 과정이다. 배분은 공정성과 투명성, 효과성과 효율성 등을 담보해야 하므로 규정이 많고 매우 엄격하다. 공동모금회의 배분사업은 크게 신청사업, 기획사업, 지정기탁사업, 긴급지원사업의 4가지로 명시되어 있으며, 그 밖에 복권기금위원회로부터 위탁받아 복권기금사업을 진행하고 있다(본서 제4장 참조).

(4) 사회복지법인

사회복지법인이란 사회복지사업을 행할 목적으로 설립된 법인을 말한다(사회복지사업법 제2조 제2항). 사회복지법인은 사회복지사업법에 규정된 것을 제외하고는 민법과 공익법인의 설립 운영에 관한 법률을 준용한다(사회복지사업법 제32조). 한국 사회복지법인은 공공기관이 아닌 민간기관이면서도 그 설치 및 운영에서는 공공적 성격을 띠고 있다. 즉, 사적 성격과 공적 성격을 동시에 지니고 있다는 것이다. 사회복지법인이 사적 성격을 지니고 있다는 것은 국가 및 지방자치단체와는 다르고, 구성원이 공무원이 아니라 민간인이며, 사회복지의 테두리 안에서 융통성이 있게 사업수행을 할 수 있다는 것을 의미한다. 반면, 공적 성격을 지니고 있다는 것은 사회복지사업법상 특정하게 명칭이 결정되어 있고, 법적 근거를 가지고 있다는 점, 출연재산은 사적 소유를 떠나 공공화된 사회재산이라는 점, 법인의 행위에 대하여 각종 엄격한 요구사항과 통제가 이루어진다는 점, 수익사업을 하더라도 그 취지와 목적, 수익의 활용에서 제약이 많다는 점 등에서 그렇다(김진우, 2015: 465).

(5) 사회복지시설

사회복지시설은 사회복지사업을 할 목적으로 설치된 시설을 말한다(사회복지사업법 제2조). 사회복지시설은 주거서비스 제공 여부에 따라 생활시설과 이용시설로 구분된다. 생활시설은 주거를 포함한 제반 사회복지서비스를 제공하는 곳을 말하며, 이용시설은 지역사회에 거주하는 클라이언트를 대상으로 서비스를 제공하는 시설이나 기관을 말한다.

또한, 사회복지시설은 설립과 운영주체에 따라 공립 공영시설, 공립 민영시설, 사립 공영시설, 사립 민영시설로 구분할 수 있다. 공립 공영시설은 국가 또는 지방자치단체가 설립하고 직접 운영하는 시설이며, 공립 민영시설은 국가 또는 지방자치단체가 설립하고 민간법인이 위탁 운영하는 시설이다. 사립 공영시설은 민간에서 설립하고 국가 및 지방자치단체에 위탁하거나 기부한 시설을 말하며, 사립 민영시설은 개인이 설립하고 운영하는 시설을 말한다(김혜영 외, 2018: 59). 그럼 사회복지시설의 종류를 분야별로 구분해서 살펴보기로 하자.

사회복지관

사회복지관이란 지역사회를 기반으로 일정한 시설과 전문인력을 갖추고 지역주민의 참여와 협력을 통하여 지역사회복지문제를 예방하고 해결하기 위하여 종합적인 복지서비스를 제공하는 시설을 말한다. 사회복지관은 지역사회 모든 주민을 대상으로 하는 지역사회복지관과 특정 분야를 대상으로 하는 노인종합복지관, 장애인종합복지관 등이 있다.

아동복지시설

아동복지시설은 아동과 그 부모가 필요에 따라 지역사회 내 시설을 이용하는 이용시설과 단기 · 장기적으로 상주하여 생활하며 보호, 상담, 치료, 훈련을 받는 생활시설로 나뉜다.

〈표 8-3〉 아동복지시설의 종류

종류	시설	시설의 기능
이용 시설	아동상담소	아동과 그 가족의 문제에 관한 상담, 치료, 예방 및 연구 등을 목적으로 하는 시설
	아동전용시설	어린이공원, 어린이놀이터, 아동회관, 체육 · 연극 · 영화 · 과학실험전시 시설, 아동휴게숙박시설, 야영장 등 아동에게 건전한 놀이 · 오락, 그 밖의 각종 편의를 제공하여 심신의 건강유지와 복지증진에 필요한 서비스를 제공하는 것을 목적으로 하는 시설
	지역아동센터	지역사회 아동의 보호 · 교육, 건전한 놀이와 오락의 제공, 보호자와 지역사회의 연계 등 아동의 건전육성을 위하여 종합적인 아동복지서비스를 제공하는 시설
	아동보호전문기관	아동학대예방사업을 주목적으로 하는 시설
	가정위탁지원센터	가정위탁사업의 홍보 및 가정위탁을 하고자 하는 가정의 발굴을 주목적으로 하는 시설
생활 시설	아동양육시설	보호대상아동을 입소시켜 보호, 양육 및 취업훈련, 자립지원 서비스 등을 제공하는 것을 목적으로 하는 시설
	아동일시보호시설	보호대상아동을 일시보호하고 아동에 대한 향후의 양육대책수립 및 보호조치를 행하는 것을 목적으로 하는 시설
	아동보호치료시설	아동에게 보호 및 치료 서비스를 제공하는 시설
	공동생활가정	보호대상아동에게 가정과 같은 주거여건과 보호, 양육, 자립지원 서비스를 제공하는 것을 목적으로 하는 시설
	자립지원시설	아동복지시설에서 퇴소한 사람에게 취업준비기간 또는 취업 후 일정기간 동안 보호함으로써 자립을 지원하는 것을 목적으로 하는 시설

출처: 아동복지법 제52조에 근거하여 필자 작성.

노인복지시설

노인복지시설 역시 노인이용시설과 노인생활시설로 구분하여 살펴볼 수 있다. 노인 이용시설은 노인의 심신의 건강 유지 및 삶의 질을 높이기 위하여 지역사회 내에서 노인들이 이용할 수 있는 시설을 말한다.

노인이용시설의 종류에는 노인여가복지시설, 노인재가복지시설, 노인보호전문기관, 노인일자리지원기관, 학대피해노인전용쉼터 등이 있다. 노인여가복지시설은 노인의 여가를 위한 시설을 말하며, 노인재가복지시설은 노인을 가정에서 돌볼 수 없는 가정을 위한 노인복지서비스를 말한다. 노인보호전문기관은 지역 간의 연계체계 구축을 통해 노인학대를 예방하기 위한 기관을 말한다. 노인일자리지원기관은 노인의 능력과 적성에 맞는 일자리지원사업을 전문적 · 체계적으로 수행하기 위한 전담기관이다. 마지막으로 학대피해노인전용쉼터는 노인학대로 인하여 피해를 당한 노인을 일정 기간 보호하고 심신 치유 프로그램을 제공하기 위한 시설이다.

〈표 8-4〉 노인복지시설의 종류: 이용시설

종류	시설	시설의 기능
노인여가 복지시설	노인복지관	노인의 교양 · 취미생활 및 사회참여활동 등에 대한 각종 정보와 서비스를 제공하고, 건강증진 및 질병예방과 소득보장 · 재가복지, 그 밖에 노인의 복지증진에 필요한 서비스 제공
	경로당	지역노인들이 자율적으로 친목도모 · 취미활동 · 공동작업장 운영 및 각종 정보교환과 기타 여가활동을 할 수 있도록 하는 장소 제공
	노인교실	노인들에 대하여 사회활동 참여욕구를 충족시키기 위하여 건전한 취미생활 · 노인건강유지 · 소득보장 · 기타 일상생활과 관련한 학습프로그램 제공
재가노인 복지시설	방문요양서비스	가정에서 일상생활을 영위하고 있는 노인으로서 신체적 · 정신적 장애로 어려움을 겪고 있는 노인에게 필요한 각종 편의를 제공하여 지역사회 안에서 건전하고 안정된 노후를 영위하도록 하는 서비스
	주 · 야간보호 서비스	부득이한 사유로 가족의 보호를 받을 수 없는 심신이 허약한 노인과 장애노인을 주간 또는 야간 동안 보호시설에 입소시켜 필요한 각종 편의를 제공하여 이들의 생활안정과 심신기능의 유지 · 향상을 도모하고, 그 가족의 신체적 · 정신적 부담을 덜어주기 위한 서비스
	단기보호서비스	부득이한 사유로 가족의 보호를 받을 수 없어 일시적으로 보호가 필요한 심신이 허약한 노인과 장애노인을 보호시설에 단기간 입소시켜 보호함으로써 노인 및 노인가정의 복지증진을 도모하기 위한 서비스
	방문목욕서비스	목욕장비를 갖추고 재가노인을 방문하여 목욕을 제공하는 서비스
	방문간호서비스	간호사 등이 의사, 한의사 또는 치과의사의 지시서에 따라 재가노인의 가정 등을 방문하여 간호, 진료의 보조, 요양에 관한 상담 또는 구강위생 등을 제공하는 서비스
	재가노인지원 서비스	재가노인에게 노인생활 및 신상에 관한 상담을 제공하고, 재가노인 및 가족 등 보호자를 교육하며 각종 편의를 제공하여 지역사회 안에서 건전하고 안정된 노후생활을 영위하도록 하는 서비스

노인보호 전문기관	노인보호전문기관	시·도지사가 노인보호전문기관을 지정·운영, 노인학대 신고, 상담, 보호, 예방 및 홍보, 24시간 신고·상담용 긴급전화(1577-1389) 운영
노인일자리 지원기관	노인일자리 지원기관	지역사회 등에서 노인일자리의 개발·지원, 창업·육성 및 노인에 의한 재화의 생산·판매 등을 직접 담당하는 노인일자리전담기관 운영
학대피해노인 전용쉼터	학대피해노인 전용쉼터	노인학대로 인하여 피해를 입은 노인을 일정기간 보호하고 심신 치유 프로그램을 제공하기 위한 시설

출처: 노인복지법 제4장에 근거하여 필자 작성.

한편, 노인생활시설은 노인들이 입소하여 생활하는 곳으로 노인의 일상생활 편의를 위한 각종 프로그램과 서비스, 그리고 치료 및 재활과 같은 의료서비스를 제공하는 시설을 말한다.

노인생활시설의 종류로는 노인주거복지시설과 노인의료복지시설이 있다. 노인주거복지시설은 노인을 입소시켜 보호하는 시설로 양로시설, 노인공동생활가정, 노인복지주택 등을 포함한다. 노인의료복지시설은 만성질환으로 인해 장기요양을 필요로 하는 노인을 위한 시설로 노인요양시설과 노인요양공동생활가정이 있다.

〈표 8-5〉 노인복지시설의 종류: 생활시설

종류	시설	시설의 기능
노인주거 복지시설	양로시설	노인을 입소시켜 급식과 그 밖에 일상생활에 필요한 편의를 제공
	노인공동 생활가정	노인들에게 가정과 같은 주거여건과 급식, 그 밖에 일상생활에 필요한 편의를 제공
	노인복지주택	노인에게 주거시설을 분양 또는 임대하여 주거의 편의·생활지도·상담 및 안전관리 등 일상생활에 필요한 편의를 제공
노인의료 복지시설	노인요양시설	치매·중풍 등 노인성 질환 등으로 심신에 상당한 장애가 발생하여 도움을 필요로 하는 노인을 입소시켜 급식·요양과 그 밖에 일상생활에 필요한 편의를 제공
	노인요양 공동생활가정	치매·중풍 등 노인성 질환 등으로 심신에 상당한 장애가 발생하여 도움을 필요로 하는 노인에게 가정과 같은 주거여건과 급식·요양, 그 밖에 일상생활에 필요한 편의를 제공

출처: 노인복지법 제4장에 근거하여 필자 작성.

장애인복지시설

장애인복지시설이란 장애인시설에 입소하거나 통원하여 재활에 필요한 상담, 치료, 교육 및 요양 등의 장애인복지서비스를 제공받을 수 있는 사회복지시설을 말한다. 장애인복지시설은 장애인거주시설, 장애인지역사회재활시설, 장애인직업재활시설, 장애인의료재활시설, 장애인생산품판매시설로 구분할 수 있다.

장애인거주시설은 거주공간을 활용하여 일반가정에서 생활하기 어려운 장애인에게 일정 기간 동안 거주 · 요양 · 지원 등의 서비스를 제공하는 동시에 지역사회생활을 지원하는 시설을 말한다.

장애인지역사회재활시설은 장애인을 전문적으로 상담 · 치료 · 훈련하거나 장애인의 일상생활, 여가활동 및 사회참여 활동 등을 지원하는 시설을 말한다.

장애인직업재활시설은 일반 작업환경에서는 일하기 어려운 장애인이 특별히 준비된 작업환경에서 직업훈련을 받거나 직업생활을 할 수 있도록 하는 시설을 말한다.

장애인의료재활시설은 장애인을 입원 또는 통원하게 하여 상담, 진단 · 판정, 치료 등 의료재활서비스를 제공하는 시설을 말한다.

장애인생산품판매시설은 장애인생산품의 판매 활동 및 유통을 대행하고, 장애인생산품이나 서비스 · 용역에 관한 상담, 홍보, 판로 개척 및 정보 제공 등 마케팅을 지원하는 시설을 말한다.

〈표 8-6〉 장애인복지시설의 종류

종류	시설	시설의 기능
장애인 거주시설	장애 유형별 거주시설	장애 유형이 같거나 유사한 장애를 가진 사람들을 이용하게 하여 그들의 장애 유형에 적합한 주거지원 · 일상생활지원 · 지역사회생활지원 등의 서비스를 제공하는 시설
	중증장애인 거주시설	장애의 정도가 심하여 항상 도움이 필요한 장애인에게 주거지원 · 일상생활지원 · 지역사회생활지원 · 요양서비스를 제공하는 시설
	장애영유아 거주시설	6세 미만의 장애영유아를 보호하고 재활에 필요한 주거지원 · 일상생활지원 · 지역사회생활지원 · 요양서비스를 제공하는 시설

	장애인 단기거주시설	보호자의 일시적 부재 등으로 도움이 필요한 장애인에게 단기간 주거서비스, 일상생활지원서비스, 지역사회생활서비스를 제공하는 시설
	장애인 공동생활가정	장애인들이 스스로 사회에 적응하기 위하여 전문인력의 지도를 받으며 공동으로 생활하는 지역사회 내의 소규모 주거시설
장애인 지역사회 재활시설	장애인복지관	장애인에 대한 각종 상담 및 사회심리 · 교육 · 직업 · 의료재활 등 장애인의 지역사회생활에 필요한 종합적인 재활서비스를 제공하고 장애에 대한 사회적 인식 개선사업을 수행하는 시설
	장애인 주간이용시설	일상생활 및 지역사회생활을 영위하는 데 지원이 필요한 장애인에게 낮 시간 동안 활동 위주의 프로그램 및 교육 지원 등을 제공하는 시설
	장애인체육시설	장애인의 체력증진 또는 신체기능 회복활동을 지원하고 이와 관련된 편의를 제공하는 시설
	장애인수련시설	장애인의 문화 · 취미 · 오락활동 등을 통한 심신수련을 조장 · 지원하고 이와 관련된 편의를 제공하는 시설
	시각장애인 등 생활지원센터	시각장애인 등에게 이동서비스를 지원하고, 지역사회 거주 시각장애인 등을 적시에 발굴하여 재활상담, 보행 · 점자 · 정보화 등 교육, 일상생활기술 훈련 등 개인별 맞춤 복지서비스를 제공하는 시설
	수어통역센터	의사소통에 지장이 있는 청각 · 언어장애인에게 수어통역 및 상담서비스를 제공하는 시설
	점자도서관	시각장애인에게 점자간행물 및 녹음서를 열람하게 하는 시설
	점자도서 및 녹음서 출판시설	시각장애인을 위한 점자간행물 및 녹음서를 출판하는 시설
	장애인 재활치료시설	장애아동을 포함한 장애인에게 언어 · 미술 · 음악 등 재활치료에 필요한 치료, 상담, 훈련 등의 서비스를 제공하고 서비스를 이용한 자로부터 비용을 수납하여 운영하는 시설
장애인자립 생활지원시설	장애인자립 생활지원시설	장애인의 자립생활 역량을 강화하기 위하여 동료상담, 지역사회의 물리적 · 사회적 환경개선 사업, 장애인의 권익 옹호 · 증진, 장애인 적합 서비스 등을 제공하는 시설
장애인 직업재활시설	장애인보호 작업장	직업능력이 낮은 장애인에게 직업적응능력 및 직무기능 향상훈련 등 직업재활훈련 프로그램을 제공하고, 보호가 가능한 조건에서 근로의 기회를 제공하며, 이에 상응하는 노동의 대가로 임금을 지급하며, 장애인 근로사업장이나 그 밖의 경쟁적인 고용시장으로 옮겨갈 수 있도록 돕는 역할을 하는 시설
	장애인근로 사업장	직업능력은 있으나 이동 및 접근성이나 사회적 제약 등으로 취업이 어려운 장애인에게 근로의 기회를 제공하고, 최저임금 이상의 임금을 지급하며, 경쟁적인 고용시장으로 옮겨갈 수 있도록 돕는 역할을 하는 시설
	장애인직업적응 훈련시설	작업능력이 극히 낮은 장애인에게 작업활동, 일상생활훈련 등을 제공하여 기초 작업능력을 습득시키고, 작업평가 및 사회적응훈련 등을 실시하여 장애인보호작업장 또는 장애인근로사업장이나 그 밖의 경쟁적인 고용시장으로 옮겨갈 수 있도록 돕는 역할을 하는 시설

장애인 의료재활시설	장애인의료 재활시설	장애인을 입원 또는 통원하게 하여 상담, 진단 · 판정, 치료 등 의료재활서비스를 제공하는 시설
장애인쉼터	장애인쉼터	장애인학대로 인하여 인권침해 등의 피해를 입은 장애인의 임시보호 및 사회복귀 지원을 위한 시설
피해장애인 아동쉼터	피해장애인 아동쉼터	장애인학대로 인하여 인권침해 등의 피해를 입은 장애아동의 임시보호를 위한 시설
장애인생산품 판매시설	장애인생산품 판매시설	장애인생산품의 판매활동 및 유통을 대행하고, 장애인생산품이나 서비스 · 용역에 관한 상담, 홍보, 판로개척 및 정보제공 등 마케팅을 지원하는 시설

출처: 장애인복지법 시행규칙 [별표 4] 참조.

청소년복지시설

청소년복지지원법에 따른 청소년복지지원기관 및 청소년복지시설은 다음 〈표 8-7〉과 같다.

〈표 8-7〉 청소년복지시설의 종류

종류	시설	시설의 기능
청소년복지 지원기관	한국청소년상담 복지개발원	청소년 상담 및 복지와 관련된 정책의 연구 등을 수행하는 기관
	청소년상담 복지센터	청소년에 대한 상담 · 긴급구조 · 자활 · 의료지원 등의 업무를 수행하기 위한 기관
청소년 복지시설	청소년쉼터	가출청소년에 대하여 가정 · 학교 · 사회로 복귀하여 생활할 수 있도록 일정 기간 보호하면서 상담 · 주거 · 학업 · 자립 등을 지원하는 시설
	청소년자립 지원관	일정 기간 청소년쉼터 또는 청소년회복지원시설의 지원을 받았는데도 가정 · 학교 · 사회로 복귀하여 생활할 수 없는 청소년에게 자립하여 생활할 수 있는 능력과 여건을 갖추도록 지원하는 시설
	청소년치료 재활센터	학습 · 정서 · 행동상의 장애를 가진 청소년을 대상으로 정상적인 성장과 생활을 할 수 있도록 해당 청소년에게 적합한 치료 · 교육 및 재활을 종합적으로 지원하는 거주형 시설
	청소년회복 지원시설	소년법 제32조 제1항 제1호에 따른 감호 위탁 처분을 받은 청소년에 대하여 보호자를 대신하여 그 청소년을 보호할 수 있는 자가 상담 · 주거 · 학업 · 자립 등 서비스를 제공하는 시설

출처: 청소년복지지원법 제22조, 제29조, 제31조에 근거하여 필자 작성.

기타 시설

그 밖에도 한부모가족을 지원하기 위한 시설로 모자가족복지시설, 부자가족복지시설, 미혼모자가족복지시설, 일시지원복지시설, 한부모가족복지상담소 등이 있으며, 다문화가족을 지원하기 위한 시설로 다문화가족지원센터가 있다.

그리고 노숙인 등의 복지 및 자립지원을 위한 시설로 노숙인 일시보호시설, 노숙인 자활시설, 노숙인 재활시설, 노숙인 요양시설, 노숙인 급식시설, 노숙인 진료시설 등이 있다.

성매매방지 및 피해자 보호를 위한 시설로는 성매매피해지원시설(일반지원시설, 청소년지원시설, 외국인여성지원시설 등)이 있으며, 성폭력 방지 및 피해자 보호를 위한 시설로 성폭력 피해 상담소, 성폭력 피해자 보호시설, 성폭력 피해자 통합지원센터 등이 있다. 또한, 가정폭력방지 및 피해자 보호를 위한 시설로 가정폭력상담소와 가정폭력피해자보호시설 등이 있다.

마지막으로 건강가정사업을 실시하도록 설립된 기관으로 건강가정지원센터가 있으며, 정신질환자의 발견 · 상담 · 진료 · 사회복귀훈련 및 이에 관한 사례관리 등을 실시하는 시설로 정신건강복지센터가 있다.

4. 사회복지전문직과 사회복지전문인력

사회복지전달체계에는 사회복지조직뿐만 아니라 서비스 전달을 담당할 인력도 포함되기 때문에 사회복지전문직과 사회복지전문인력에 대해 살펴볼 필요가 있다.

1) 사회복지전문직

전문직의 개념

전문직(professions)이란 전문성을 가진 직업이나 그 직업에 종사하는 사람들의 집단을 의미한다. 전문직은 장기간의 교육 훈련을 통해서 습득한 지식과 기술을 바탕으로 그들이 일하는 조직에서 독립된 지위를 형성한 직업을 일컫는 용어로 사용되어 왔다. 사회복지전문직이 갖추어야 할 조건을 종합하면 다음과 같다(Greenwood, 1957; Millerson, 1964; 엄기욱 외, 2014: 64-67).

첫째, 체계적인 이론과 기술이다. 전문직은 직무수행에 사용되는 지식이나 기술이 전문적이고 체계적인 이론을 기초로 하고 있어야 한다. 이를 위해 전문직의 교육 훈련은 일정 기간 체계적으로 이루어질 필요가 있다.

둘째, 사회적 승인이다. 사회복지의 체계적 이론을 토대로 사회복지사가 가지고 있는 전문적 지식과 기술이 사회적인 유용성을 갖기 위해서는 사회나 법률로 인지되고 승인되어야 한다. 사회복지사는 클라이언트의 일상적인 생활문제뿐만 아니라 개인적인 생활 등 기본적인 인권과 관련된 업무에 관여하고 있기 때문에 반드시 사회적 승인이나 검증을 받아야 한다.

셋째, 윤리강령이다. 전문직의 본질적 속성에는 공공의 복지를 달성하기 위한 일정한 가치실현이 포함된다. 사회복지사에게는 사회로부터 위임받은 일정의 사명을 실행하기 위해 행동규범, 자기규제가 요구되는데, 이것이 바로 윤리강령이다. 사회복지 전문직에 윤리가 요구되는 이유는 많은 클라이언트가 심각한 생활문제와 인권침해 등에 직면하고 있으면서도 스스로의 권리를 주장할 수 없는 상황에 놓여 있기 때문이다.

넷째, 전문직 단체의 조직화이다. 전문직이 사명을 달성하기 위해서는 정치 등의 권력 기구로부터의 외압이나 지시에 따라 행동하지 않고 독립적인 위치에 있어야 한다. 이를 위해서 상호 단결하여 독자의 판단과 행동의 가치 기준을 가진 직능적 전문직 단체를 조직화해야 한다.

다섯째, 노동조건 및 노동환경의 개선이다. 전문기술직으로서의 사회적 평가는 임금수준과 어느 정도 비례한다고 볼 수 있으며, 열악한 노동환경은 전문직으로서의 활동을 제약한다. 따라서 전문적인 기술발전을 위해서는 임금, 노동시간, 노동 강도 등 직접적인 노동조건이 개선되어야 한다.

여섯째, 조직과 운영의 민주화이다. 사회복지전문직에 대한 자율성을 증대시키고 전문성 향상에 기여하기 위해서는 사회복지조직의 운영이 민주적이고 개방적으로 이루어져야 한다.

마지막으로 연구, 연수체제의 확립을 들 수 있다. 전문직으로서의 사회복지직은 일상적인 실천활동을 통한 실천기술의 축적 이외에 연수나 연구체제를 확립하면서 전문적 능력이나 기술을 향상시킬 수 있다.

한국의 사회복지직은 한국사회복지사협회와 같은 전국적인 법정단체와 2003년부터 시작된 사회복지사 1급 국가시험제도에 따라 사회복지사제도와 전문교육체계를 갖추었다. 또한, 2007년에 사회복지사에 대한 정기적인 보수교육제도를 도입하여 매년 보수교육이 의무화되었으며, 2011년에는 사회복지사 등의 처우 및 지위 향상을 위한 법률이 제정되어 사회복지사 등의 처우 개선과 지위 향상을 위한 법률적 조치가 강구되고 있다. 이러한 노력에도 불구하고 전통적인 전문가집단과 비교하면 사회복지전문직이 가진 자율성은 충분히 확보되어 있지 않다.

사회복지사 자격증 제도

한국 사회복지사 자격증 제도는 1970년의 사회복지사업법의 제정과 함께 시작되었다. 당시의 명칭은 사회복지사업종사자였다. 사회복지사업종사자 자격증은 실무경험을 근거로 사회복지사업에 일정 기간 근무경험이 있거나 사회복지에 관한 훈련을 이수하면 자격증이 부여되었다. 그러나 당시 자격증 취득을 위한 교육수준이 낮고 전문성이 미흡하였기 때문에 1983년 사회복지사업법 개정 당시에 사회복지사업종사자를 사회복지사로 그 명칭을 개정하였고, 자격증을 1, 2, 3급으로 등급화하였다. 그러다가 1997년 사회복지사업법 개정이 이루어지면서 사회복지사 1급 자격증 취득을 위한 국가시험제도가 도입되었다. 이로 인해 2003년부터 사회복지사 1급 자격증이 국가시험에 합격한 자에 한하여 교부되고 있다. 사회복지사의 자격은 다음 〈표 8-8〉과 같다.

〈표 8-8〉 사회복지사의 자격

등급	자격기준
1급	대학, 대학원에서 사회복지학 전공 교과목과 사회복지 관련 교과목을 이수하고 학위를 취득한 후 국가시험에 합격한 자, 전문대 졸업자는 사회복지사업 1년 이상 경력자로서 국가시험에 합격한 자
2급	전문대학, 대학, 대학원에서 사회복지학 전공 교과목과 사회복지 관련 교과목을 이수하고 학위를 취득한 자
3급	전문대 및 고교를 졸업하고 보건복지부장관이 지정하는 훈련기관에서 사회복지사업에 관한 교육훈련을 이수한 자

사회복지사 자격취득을 위하여 필요한 사회복지학 전공 교과목과 사회복지 관련 교과목은 다음 〈표 8-9〉와 같다.

〈표 8-9〉 사회복지학 전공 교과목과 관련 교과목

구분	교과목	이수과목(학점)	
		대학 · 전문대학	대학원
필수과목	사회복지학개론, 인간행동과 사회환경, 사회복지정책론, 사회복지법제와 실천, 사회복지실천론, 사회복지실천기술론, 사회복지조사론, 사회복지행정론, 지역사회복지론, 사회복지현장실습	10과목 (30학점) 이상	6과목 (18학점) 이상
선택과목	아동복지론, 청소년복지론, 노인복지론, 장애인복지론, 여성복지론, 가족복지론, 산업복지론, 정신건강사회복지론, 의료사회복지론, 학교사회복지론, 교정복지론, 사회보장론, 정신건강론, 사회문제론, 자원봉사론, 사회복지지도감독론, 사회복지자료분석론, 프로그램 개발과 평가, 사회복지역사, 사회복지윤리와 철학, 복지국가론, 가족상담 및 가족치료, 사회복지와 문화다양성, 사례관리론, 국제사회복지론, 빈곤론, 사회복지와 인권	7과목 21학점 (과목당 3학점) 이상	2과목 6학점 (과목당 3학점) 이상

사회복지사 국가시험제도

2003년 1월부터 시행된 사회복지사 1급 국가시험의 응시자격과 그 밖의 관련 사항은 다음 〈표 8-10〉과 같다.

〈표 8-10〉 사회복지사 국가시험의 응시자격

구분	응시자격 및 과목		
사회복지사 1급	응시자격	• 사회복지사 2급 자격에 해당하는 자격을 가진 자. 단 전문학사 또는 그와 동등한 학력을 가진 자는 1년 이상 사회복지사업의 실무경험이 있어야 한다.	
	시험 일시	• 연 1회, 별도 공지(1월경)	
	시험과목	1교시 사회복지기초 (50문항)	• 인간행동과 사회환경 (25문항) • 사회복지조사론 (25문항)
		2교시 사회복지실천 (75문항)	• 사회복지실천론 (25문항) • 사회복지실천기술론 (25문항) • 지역사회복지론 (25문항)
사회복지사 1급		3교시 사회복지정책과 제도 (75문항)	• 사회복지정책론 (25문항) • 사회복지행정론 (25문항) • 사회복지법제와 실천 (25문항)
	합격자	• 시험의 합격 결정은 매 과목 40% 이상, 전 과목 총점의 60% 이상을 득점한 자를 합격예정자로 결정. 합격자 점수: 3과목(8영역) 200문항 중 60% 이상 120문항 이상 득점하고, 과목별로 40% 이상(사회복지기초 20문항 이상 득점, 사회복지실천 30문항 이상 득점, 사회복지정책과 제도 30문항 이상 득점) 득점해야 한다.	
	실시기관	한국산업인력공단: www.q-net.or.kr 한국사회복지사협회: www.welfare.net	

2) 사회복지전문인력

공공사회복지인력

공공사회복지의 영역에서 사회복지사로 충원되는 지위를 가진 집단은 사회복지전담공무원이다. 사회복지전담공무원이란 시 · 도, 시 · 군 · 구 및 읍 ·

면 · 동에서 사회복지사업에 관한 업무를 담당하는 공무원을 말한다. 사회복지전담공무원은 1987년부터 사회복지전문요원이란 명칭으로 지방공무원 별정직 7급으로 전국에 배치되었으나, 2000년부터 사회복지직의 직렬화가 이루어져 사회복지직 9급부터 출발하게 되었다. 사회복지전담공무원은 사회복지사의 자격을 가진 사람만이 임용될 수 있다.

그 밖에도 행정고시 5급부터 출발하는 사회복지직 중앙공무원이 있으며, 보호관찰직, 교정직의 공무원을 들 수 있다. 그리고 공공사회복지 인력은 앞서 공적 사회복지전달체계에서 소개하였던 사회보험을 집행하는 기관인 국민연금공단, 국민건강보험공단, 근로복지공단 등에서 활동하고 있다. 그러나 이 분야는 사회복지사뿐만 아니라 일반 전공자들도 활동할 수 있다.

민간사회복지인력

민간사회복지의 인력은 주로 사회복지사와 자원봉사자를 들 수 있다. 사회복지사는 공공사회복지분야 외에 지역사회복지, 아동복지, 노인복지, 장애인복지, 여성복지, 정신보건 등의 민간사회복지기관, 단체 등 제반 영역에서 활동하고 있다. 사회복지사업법 제13조에 의하면, 사회복지법인 및 사회복지시설을 설치 · 운영하는 자는 사회복지사를 채용하도록 되어 있다. 그리고 사회복지사의 업무는 사회복지사업법 시행령 제6조에 ① 사회복지프로그램의 개발 및 운영 업무, ② 시설거주자의 생활지도업무, ③ 사회복지를 필요로 하는 사람에 대한 상담업무로 제시되어 있다.

한편, 사회복지사 이외에 민간사회복지인력으로 빼놓을 수 없는 것 중의 하나가 바로 자원봉사자이다. 자원봉사자란 "개인의 자발적인 선택에 의해 경제적인 이익을 추구하지 않고, 공공의 이익과 복지 향상을 위해 조직적이고 체계적으로 지속적인 활동을 하는 사람"(오세영, 2011: 12)을 말한다. 이 개념 정의에서 나타나듯이 자원봉사는 자발성, 공공성, 조직성, 지속성, 무보수성, 이타성의 특성을 지니고 있다.

자원봉사는 신뢰와 사회복지자원에 의해서 결정적인 영향을 받는다. 즉, 네트워크가 긴밀하게 구축되어 있는 지역사회나 조직일수록 사회복지자원의 수요에 대한 홍보가 잘 이루어져 기부금과 자원봉사자들을 동원할 수 있다. 또한, 네트워크가 잘 구축되어 있으면 자원봉사자들은 자신의 능력과 적성에 적합한 자원봉사 프로그램을 발견할 수 있기 때문에 지속적이고 책임감 있는 자원봉사를 수행할 수 있다.

결코, 화려하거나 빛나지도 않고 크나큰 보상이나 대가가 주어지지도 않는 자원봉사는 우리 사회를 발전시키고 지탱해 주는 위대한 힘이 되고 있고, 인간의 삶의 질과 가치를 창조하는 새로운 패러다임으로 자리 잡고 있다.

제9장

사회복지의 급여와 재원

INTRODUCTION TO SOCIAL WELFARE

이 장에서는 사회복지의 급여와 재원에 대해서 다룬다. 즉, 사회복지의 급여를 누구에게 어떤 선정기준을 가지고 무엇을 제공할 것인가, 그리고 이에 드는 재정을 어떻게 마련할 것인가 하는 문제를 논의한다.

1. 사회복지의 급여대상[1)]

1) 보편주의와 선별주의

사회복지급여의 혜택을 누가 받을 것이며, 그 자격조건을 어떻게 규정할 것인가라는 문제는 오랫동안 쟁점이 되어 왔다. 누구에게 사회복지의 혜택을 줄 것인가를 결정하는 데 적용되는 원칙은 매우 다양하다. 사회복지급여의 대상은 바로 이들 다양한 기준에 내재되어 있는 일반적 원리를 가리킨다. 보편주의와 선별주의는 가장 기본적인 급여대상의 기준이 된다.

보편주의

보편주의(universalism)란 시민권에 입각하여 하나의 사회적 권리(social right)로서 복지서비스가 사회구성원 모두에게 주어져야 한다는 원리이다. 또한, 소득과 자산을 포함한 경제적 기준과 관계없는 기준에 근거하여 사회구성원 일부에 국한되어 제공되는 것도 보편주의에 포함된다. 즉, 보편주의는 사회구성원 모두에게 적용되거나 경제적 기준과 관계없는 기준에 근거하여 사회구성원의 일부에 국한되어 제공되는 원리를 말한다. 부연하면, 보편주의에는 다음과 같은 제도가 원리적으로 상응한다(유춘근 외, 2011).

첫째, 사회구성원 모두를 대상으로 하는 제도가 있다. 이는 사회적 위험 자체가 경제적 능력과 상관없이 보편적인 경우에 해당하며, 대표적인 예로 건강보험을 들 수 있다. 둘째, 경제적 기준과 관계없는 기준에 따라 사회구성원의 일부에게 국한되지만, 일종의 권리로서 제공되는 제도 원리상 보편적인 제도가 있다. 대표적인 예로 사회수당, 사회보험, 사회서비스 등이 있다.

사회수당은 소득과 무관하게 인구학적 기준으로 제공되는 급여를 말한다.

---

1) 이 장은 졸저(2023) 제5장과 제7장을 토대로 작성하였다.

이러한 이유로 데모그란트(Demogrant)라고 불린다. 빈곤과 같은 사회적 위험으로부터 보호하는 일차적인 안전기제이다. 재원은 세금이며, 대표적인 예로는 기초연금, 아동수당 등이 있다.

사회보험은 주로 근로자와 관련된 사회적 위험에 보험기제를 통해 대처하는 사회적 안전망의 기초 부분이다. 재원은 주로 보험료(국가보조 기능)이며, 연금보험, 건강보험, 산재보험, 고용보험, 노인장기요양보험 등이 있다.

사회서비스는 사회수당, 사회보험, 공공부조로 해결할 수 없는 구성원의 다양한 욕구를 경제적 상태와 무관하게 충족하는 기제이다. 재원은 세금이며, 예로는 보육, 돌봄 등이 있다.

보편주의의 가장 큰 장점은 인간의 존엄성과 사회통합을 유지할 수 있다는 점이다. 보편주의는 사회복지의 권리성, 사회적 연대성, 사회통합의 가치를 강조하고, 포괄성의 원칙에 입각한 복지프로그램을 중시한다. 보편적 제도를 통해 사회구성원들이 주는 자와 받는 자로 분리되지 않고, 그 결과 인간의 존엄성과 사회통합이 유지될 수 있으며, 이를 통해 사회적 효과성을 높일 수 있다. 또한, 보편주의는 복지수혜 자격과 기준을 균등히 하여 복지서비스 수급자들이 어떠한 열등감이나 낙인감을 갖지 않게 한다. 보편주의는 개별적 욕구조사나 자산조사를 하지 않기 때문에 행정절차가 용이하고, 행정비용이 적게 들어 운영효율성이 높다.

반면에 전체 비용이 많이 들고, 한정된 자원을 꼭 필요한 부분에 효과적으로 사용하는 데는 한계가 있다.

선별주의

선별주의(selectivism)는 사회복지대상자들을 사회적·신체적·교육적·경제적 기준에 따라 구분한 다음 복지서비스를 제공하는 것을 의미한다. 선별주의에서는 급여에 대한 개인적 욕구(individual needs)에 기초하여 대상자가 결정되며, 욕구의 존재 여부는 자산조사에 의해 판별된다. 다시 말해, 선별주의는 급여가 개인의 욕구에 기초하여 제공되어야 한다는 원리로서 사회복지의 급여를 제공받기 원하는 개인과 가족은 자산조사를 통해 욕구가 있음을 증명해야 한다는 것이다. 이를 통해 총지출은 감소시키고 가장 욕구가 큰 사람에게 가용재원을 집중시킬 수 있고, 따라서 자원의 낭비가 적다. 투입된 자원 대비 빈곤 감소 효과가 크므로 비용효과성(cost-effective)[2]이 크다.

하지만 자산조사 과정에서 낙인(stigma)을 피할 수 없다.[3] 낙인은 인간의 존엄성이라는 가치를 훼손할 수 있다. 즉, 사회복지 급여를 제공받는 사람들이 무가치한 존재 혹은 사회적으로 인정받지 못하는 사람으로 간주될 수 있다는 의미이다.

선별주의에 원리적으로 상응하는 제도로는 공공부조가 대표적이다. 즉, 공공부조는 빈곤선 이하의 사회구성원에게 인구학적 기준을 적용하지 않고 일반적인 빈곤 대책으로 운영되는 제도이기 때문이다. 공공부조의 재원은 조세로 마련된다.

〈표 9-1〉 보편주의와 선별주의의 장단점

구분	보편주의	선별주의
장점	• 사회적 권리보장 → 인간의 존엄성, 사회통합 유지 가능 → 사회적 효과성 높음 • 수급자에게 낙인(stigma)을 가하지 않음 → 수급자의 존엄성 유지 • 급여의 균일성 유지 가능 • 유효수요 유지 → 경제적 안정과 성장에 기여 • 행정절차 용이, 행정비용 절감 → 운영효율성 높음 • 전 국민의 복지 향상 가능	• 욕구가 가장 큰 사람에게 가용재원 집중 • 자원의 낭비가 없음 → 비용 절약 → 비용효과성이 큼 • 정책의 목표효율성이 높음
단점	• 전체 비용이 많이 듦 • 목표효율성이 떨어짐	• 자산조사 과정에서 낙인(stigma) 발생 → 개인의 존엄성 훼손 • 운영효율성이 떨어짐

2) 비용효과성은 욕구가 가장 많은 경우, 즉 시장에서 자신들이 필요로 하는 것을 구입할 능력이 가장 적은 사람들에게 어느 정도 자원이 할당되는가에 의해 측정된다. 즉, 투입된 비용에 비해 효과가 얼마나 큰가를 측정하는 것이다. 욕구가 가장 큰 저소득층에게 자원을 집중적으로 배분할수록 투입된 자원 대비 빈곤 감소효과가 크기 때문에 비용효과성이 크다고 볼 수 있다.

3) 일반적으로 자산조사나 자격조사과정에서 개인의 재산상태뿐만 아니라 가족관계 등에 관한 설명을 해야 하는 경우가 발생하기도 하고, 대상자에 포함되기 위해 스스로 빈민임을 증명하는 과정에서 좌절감이나 굴욕감이 발생하기도 한다.

2) 대상자 선정기준

보편주의와 선별주의의 이분법적 구분은 수급자격에 관한 개념을 확립하는 데 매우 유용한 도구이지만, 실제로 사회적 할당의 기반은 훨씬 더 복잡한 성격을 지니고 있다. 현실적으로 보편주의와 선별주의라는 이분법보다는 선택을 하나의 연속체상에서 개념화하는 것이 더 유용하다. 길버트와 테렐(Gilbert & Terrell, 남찬섭 · 유태균 옮김, 2007)은 사회복지대상자 선정의 기준을 보편주의와 선별주의의 이분법보다 더 세분화하여 귀속적 욕구, 보상, 등급 분류, 자산조사 욕구의 4가지로 분류하였다.

귀속적 욕구

귀속적 욕구(attributed need)는 시장에 존재하는 기존의 제도에 의해서는 충족되지 않는 욕구를 공통으로 가진 집단에 속한 경우를 대상자로 선정하는 것이다. 귀속적 욕구는 전문가의 규범적 판단기준에 의해 정해진다. 여기서 욕구는 가장 광범위하게는 모든 국민에게 귀속된 것일 수 있다. 이러한 욕구 규정에 따른 제도로는 모든 시민을 대상으로 하는 영국의 국민보건서비스(NHS)를 들 수 있다. 그리고 인구학적 기준이 사용되는데, 모든 노인에게 지급되는 노령수당, 모든 아동에게 제공되는 아동수당이 대표적이다. 또한, 욕구는 더욱 제한적인 집단에 귀속된 것으로 한정될 수도 있는데, 예컨대, 취업모나 아동 또는 저소득지역 주민 등이 그 예이다.

결론적으로 귀속적 욕구의 원리는 ① 욕구에 대한 규범적 기준(normative criteria of need)에 근거한 ② 집단 지향적 할당(group-oriented allocations)이라는 2가지 조건을 가지고 있다. 이러한 귀속적 욕구에 의한 사회복지제도는 수평적 재분배효과는 높고, 수직적 재분배효과는 낮으며, 사회통합의 효과가 크다. 낙인문제가 발생하지는 않지만 급여수준이 높지는 않다. 자격조건이 단순하기 때문에 대상자 선별과정 등에 투입되는 행정비용이 상대적으로 적게 소요된다는 점에서 운영효율성이 높다.

보상

보상(compensation)은 사회적 · 경제적으로 특별한 혹은 일정한 기여를 한 사람들의 집단 또는 사회로부터 부당한 피해를 입은 사람들의 집단에 속한 경우를 대상자로 선정하는 경우이다. 사회경제적으로 특별한 혹은 일정한 기여를 한 사람들로는 퇴역군인이나 사회보험에 보험료를 납부한 사람들을 들 수 있으며, 사회로부터 부당한 피해를 입은 사람들로는 사회적 차별 때문에 불이익을 당한 사람들이나 도시재개발 때문에 피해를 입은 사람들을 들 수 있다. 보상의 원리는 ① 욕구에 대한 규범적 기준에 근거한 ② 집단 지향적 할당이라는 2가지 조건을 가지고 있다. 즉, 형평성에 입각하여 전문가가 규범적으로 판단한 특정한 집단을 대상자로 선정하는 것이다.

진단적 차등

진단적 차등(diagnostic differentiation)은 전문가의 분류나 판단에 근거하여 대상자를 선정하는 것이다. 예컨대, 장애인의 경우에는 그들이 각각 어떤 재화와 서비스를 특별히 필요로 할지를 전문가가 판단해야 한다. 즉, 전문가가 정한 장애기준과 등급에 따라 개인적으로 급여를 제공하는 것이다. 진단적 차등의 원리는 ① 욕구에 대한 기술적 · 진단적 기준에 근거한 ② 개인별 할당(individual allocations)이라는 2가지 조건을 가지고 있다. 즉, 욕구에 대한 기술적 분류에 따라 개별적으로 대상을 선정하는 것이다.

자산조사 욕구

자산조사 욕구에 기초한 자격조건이란 한 개인이 필요한 재화나 서비스를 구입할 능력이 없음을 나타내는 증거를 기초로 하여 수급자격을 판정하는 것을 말한다. 어떤 개인이 사회적 급여를 받을 수 있는지는 주로 경제적 조건에 의해 결정된다. 자산조사에 의한 욕구 원리는 ① 욕구에 대한 경제적 기준에 근거한 ② 개인별 할당이라는 2가지 조건에 근거한다. 즉, 욕구의 경제적 기준에 따라 개별적으로 대상자를 선정하는 것이 기본 원칙이다.

이상과 같은 4가지 대상자 선정기준을 욕구 판단기준에 초점을 두고 요약하면, 다음 〈표 9-2〉와 같다.

〈표 9-2〉 대상자 선정과 욕구판단기준

구분	대상자	욕구판단기준
귀속욕구	욕구를 공통으로 가진 집단 (모든 국민 또는 제한적 집단)	전문가의 규범적 판단
보상	기여를 한 사람 또는 피해를 입은 사람 등의 집단	형평성에 입각한 규범적 판단
진단적 차등	전문가의 진단에 의해 등급이 매겨진 개인	기술적 등급 분류
자산조사 욕구	재화나 서비스를 구입할 능력이 없는 개인	경제적 기준

길버트와 테렐은 이러한 대상자 선정의 4가지 기준이 사회복지에 대한 제도적 개념 및 잔여적 개념과 밀접한 관련성을 가지고 있다고 보고, 두 개념에 대입시켜 [그림 9-1]과 같이 기술했다.

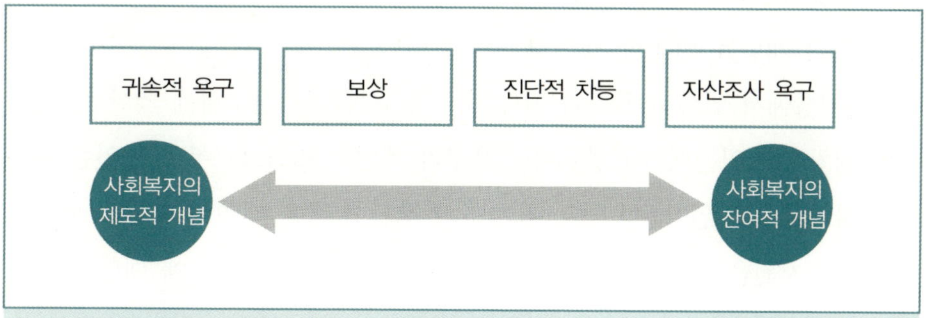

[그림 9-1] 대상자 선정의 기준과 사회복지의 개념
출처: Gilbert · Terrell(2007), p.198의 〈그림 4-2〉 발췌.

제도적 개념은 사회복지를 정상적이고 지속적이며 일차적인 사회기능으로 간주하는 반면, 잔여적 개념은 사회복지를 정상적인 욕구충족 기제가 적절히 작동하지 못할 때 일시적으로 필요한 것으로 간주한다. 이 두 가지 개념의 근본적인 차이는 사회에 존재하는 충족되지 못한 욕구와 문제의 원인 및 발생 정도에 관한 견해 차이에서 비롯된다. 즉, 충족되지 못한 욕구는 체계(사회)의 실패를 반영하는 것인가 아니면 미충족된 욕구를 가진 개인 자신의 실패를 반영하는 것인가, 충족되지 못한 욕구는 일탈적 혹은 특수한 사례에 속하는 것인가 아니면 누구에게나 발생할 수 있는 정상적인 것인가와 같은 문제에 대한 견해가 서로 다른 것이다. 이들 문제에 대한 견해의 차이는 사회적 할당의 기반에 관련된 선택에 반영된다. [그림 9-1]에는 대상자 선정의 기준과 그러한 견해 차이의 관계가 요약되어 있다.

귀속적 욕구의 원리에 근거한 할당은 욕구를 사회에서 흔히 일어날 수 있는 정상적인 일로 간주하며 욕구 발생의 원인은 체계의 부적절성에서 기인한다고 가정한다. 따라서 귀속적 욕구의 원리하에서 수급자격은 예컨대, 시민인가 아닌가, 아동에 속하는가 아닌가, 취업모인가 아닌가, 거류민인가 아닌가 등과 같은 개인이 가진 유기적 지위(organic status)에 따라 결정된다. 귀속적 욕구의 원리에 따라 설계된 정책은 정상적인 것으로서의 욕구를 충족시키기 위한 안정적이고 지속적인 제도적 구조를 추구한다는 점에서 사회복지에 대한 제도적 개념을 반영한 것이라 할 수 있다.

연속선상에서 귀속적 욕구와 반대되는 쪽 끝에는 자산조사에 의한 욕구 기준이 위치하고 있는데, 이 경우에는 욕구가 개인적 결함으로부터 기인한 특수한 상황으로 간주된다. 이 기준에 따라 설계된 정책은 개인이 재활될 때까지 일시적인 지원을 제공함을 목적으로 한다는 점에서 사회복지에 대한 잔여적 개념을 반영한 것이다.

보상의 원리와 진단적 차등의 원리는 사회복지에 대한 제도적 개념과 잔여적 개념의 양극단 중간에 위치한 할당 원리들이다. 이 두 가지 중에서는 체계의 실패 혹은 체계의 책임을 보다 많이 함축하고 있는 보상의 원리가 제도적 개념에 더 가깝다. 보상의 원리에서는 수급자격이 유기적 지위에 따라 결정된다. 진단적 차등에 의한 할당 원리는 개인적 결함이라는 의미를 더 많이 함축하고 있고, 또한 수급자격 결정을 위해 급여신청자의 특수한 상황에 대한 기계적인 평가작업이 필요하다는 점에서 잔여적 개념에 가깝다(Gilbert & Terrell, 2007: 198-200).

길버트와 테렐이 말한 4가지 대상자 선정기준 이외에도 일반적으로 많이 사용되는 기준으로 거주 여부와 거주기간, 인구학적 조건, 근로능력, 전문적 · 행정적 판단 등이 있다(송근원 · 김태성, 1995).

한국 사회복지제도의 대상자 선정기준

이상 논의된 내용을 토대로 한국 사회복지제도의 대상자 선정기준을 정리해보면 다음 〈표 9-3〉과 같다.

〈표 9-3〉 한국 사회복지제도의 대상자 선정기준

제도	대상자 선정기준
국민연금	(급여종류에 따라 차이가 있음) 인구학적 기준, 보험료 기여, 진단적 차등 등
건강보험	(급여종류에 따라 차이가 있음) 기여
고용보험	(급여종류에 따라 차이가 있음) 기여
산재보험	(급여종류에 따라 차이가 있음) 기여, 진단적 차등
노인장기요양보험	인구학적 기준, 기여, 진단적 차등
국민기초생활보장제도	중위소득 기준, 부양의무자 기준
기초연금	인구학적 기준(65세 이상), 자산조사(소득인정액 기준)
장애인연금	인구학적 기준, 진단적 차등, 자산조사(소득인정액 기준)
양육수당, 영유아보육료지원	인구학적 기준

2. 사회복지의 급여형태

1) 기본적 급여형태 : 현금급여와 현물급여

사회복지의 급여는 급여대상자에게 무엇을 제공할 것인가의 문제이다. 가장 전통적이면서 기본적인 급여형태가 현금급여(in cash)와 현물급여(in kind)이다. 현금급여란 급여수급자가 자신에게 필요한 재화와 서비스를 직접 시장에서 구매하도록 현금으로 지급하는 급여이다. 그리고 현물급여는 수급자에게 필요한 재화나 서비스를 직접 급여로 제공하는 형태를 말한다.

현금급여와 현물급여에서 가장 중요하고 또 쟁점이 되는 것은 어느 쪽이 더 효과적인가 하는 것이다. 1930년대에 스웨덴에서 아동을 위한 복지급여의 형태를 무엇으로 할 것인가를 둘러싸고 커다란 논쟁이 있었는데, 현물급여를 명시적으로 지지한 사람은 스웨덴의 저명한 경제학자 알바 뮈르달(Alva Myrdal)이다. 뮈르달은 아동의 경우에는 급여를 현금으로 주는 것보다 현물로 주는 것이 규모의 경제라는 측면에서 더 우수하다고 주장하였다. 즉, 공기업은 대량생산된 재화나 서비스를 가공하고 분배하는 데 있어서 보다 효율적일 수 있기 때문에 신발이나 의류 또는 유사한 재화를 저렴한 가격으로 제공할 수 있다는 것이다. 민간기업이 생산한 재화를 구입할 수 있도록 현금을 급여로 주는 것은 훨씬 더 비용이 많이 든다는 것이다. 뮈르달은 또한 현물급여는 현금급여보다 목표달성에 효과적이라고 주장하였다. 현금급여는 급여의 소비행위를 통제할 수 없는 반면에 현물급여는 용도 외 사용을 막을 수 있기 때문에 정책목표에 맞는 소비가 이루어진다는 것이다. 예컨대, 현금의 아동수당의 경우 부모가 아동양육 이외의 용도로 사용할 수 있는데, 현금급여는 바로 이러한 부분을 통제하지 못하는 것이다(Gilbert & Terrell, 남찬섭 · 유태균 옮김, 2007: 223-224).

반면에 현금급여 찬성론자들은 현금급여야말로 소비자의 선택권을 보장할 수 있고, 효용(utility)을 극대화할 수 있기 때문에 최적의 급여형태라고 주장한다. 즉, 자신이 원하는 대로 현금을 사용하는 것이 자신이 아닌 다른 사람에 의해 선택된 현물을 받는 것보다 항상 더 높은 수준의 만족(복지)을 가져다준다는 것이다. 이러한 논리는 개인이 합리적으로 행동하고 또 정확한 판단능력을 가진 존재라는 것을 전제하고 있으며, 개인의 효용을 극대화하는 것이 곧 사회 전체에도 이익이 된다고 가정하고 있다.

이에 대해 현물급여 찬성론자들은 공동체가 특별히 관심을 두는 문제에 대해 자원을 집중시키는 데에는 현물급여가 효과적이라고 주장한다. 식료품이나 의료서비스, 학교급식 등 기본적 욕구가 그것인데, 이러한 서비스들은 정부의 통제하에 사람들에게 직접 배분될 수 있다는 것이다. 수혜자들에게 선택권을 보장해 준다는 명목으로 현금급여를 주게 되면 수혜자들은 급여로 받은 돈으로 술을 마실 수도 있고 디지털 TV, 값비싼 운동화 등을 살 수도 있다는 것이다. 말하자면, 현금급여는 용도 외 사용을 막을 수 없기 때문에 목표효율성이 떨어진다는 것이다. 하지만 급여를 현물형태로 주게 되면 이와 같은 부적절한 선택은 제한되며, 따라서 바람직한 소비행위에 관한 사회적 판단이 급여에도 관철될 수 있게 된다는 것이다(Gilbert & Terrell, 남찬섭 · 유태균 옮김, 2007: 225).

오늘날의 관점에서 보면, 현물급여 찬성론자들의 주장 가운데 현실적이지 못한 부분이 많다. 예컨대, 공적인 주체가 현물급여를 제공하는 것이 비용을 절감한다는 주장은 상당한 도전을 받고 있다. 오늘날 정부 독점자본에 의한 재화나 서비스의 생산이 상대적으로 더 큰 비용을 발생시키는 경우가 적지 않다. 예를 들면, 철강, 쓰레기 수거, 교육, 보육 등이 그렇다. 또한, 비록 규모의 경제가 일부의 기술에는 적용될 수 있지만, 사회복지실천이나 직업상담과 같은 사회서비스의 경우에는 맞지 않는다. 그리고 현물급여가 비록 이론적으로는 규모의 경제라는 측면에서 효율적이라고 하더라도 현금급여와 관련된 시장에서의 경쟁은 혁신을 초래하여 장기적으로는 현금급여가 오히려 더 비용을 절감할 수 있다는 것도 분명해지고 있다(Gilbert & Terrell, 남찬섭 · 유태균 옮김, 2007: 229-230).

그리고 현금급여는 현물급여보다 관리운영이 간편하므로 그 비용을 절약할 수 있다. 현금급여는 급여를 제공하는 과정에서 드는 비용이나 급여를 관리하는 데 따르는 각종 규제 관련 비용이 거의 들지 않기 때문이다. 또한, 현금급여는 개인의 존엄성을 보장해 줄 수 있다. 즉, 현금급여는 급여를 받은 사람들이 자신의 삶을 자신의 계획대로 운영할 수 있게 해주기 때문에 현물급여에 수반되는 낙인이 현금급여에는 없다. 마지막으로 현금급여는 빈민의 소득을 직접 증대시키기 때문에 효과적인 빈곤 완화수단이 될 수 있다(Gilbert & Terrell, 남찬섭 · 유태균 옮김, 2007: 232).

〈표 9-4〉 현물급여와 현금급여

구분	현금급여	현물급여
주요 내용	자신에게 필요한 재화와 서비스를 직접 시장에서 구매하도록 현금으로 지급하는 형태	물품(product) 또는 서비스(service)를 직접 급여로 제공하는 형태
장점	• 선택의 자유 극대화 • 수급자의 효용(만족감) 극대화 • 수급자의 존엄성 유지 • 관리비용 절감 → 운영효율성 높음 • 빈민소득의 직접적 향상	• 규모의 경제 효과 • 용도 외 사용 금지 • 정책의 목표효율성이 높음 • 목표달성에 효과적 • 가시적 성격 → 정치적으로 선호
단점	• 용도 외 사용 가능 • 목표효율성이 떨어짐	• 선택의 자유 제한 • 관리비용이 많이 듦 • 운영효율성이 떨어짐 • 낙인(stigma) 발생 → 개인의 존엄성 훼손

결론적으로 말해서 현물급여와 현금급여 간의 선택에 있어서 중요한 것은 개인의 자유 대 사회통제 간의 갈등에 있는 것이 아니라 어떻게 하면 정부의 사회복지정책 안에서 수급자 개인의 선택권을 최대한 보장해 줄 수 있을 것인가 하는 것이다. 아무리 현금급여를 옹호하는 사람일지라도 특수한 경우 예컨대, 지적장애인의 문제를 해결하는 데는 현금급여 대신 현물급여를 받아들인다. 또한, 대개 사람들은 예컨대, 노숙자들에게 현금급여를 주는 것보다 식료품이나 주거 지원 등 현물급여를 주는 것을 더 선호한다. 또한, 현물급여를

주장하는 사람들도 적절한 수준의 현금급여는 필요하다는 사실과 소비자에게 선택을 부여함으로써 자기표현과 자율성을 보장하게 되고, 그로부터 얻게 되는 사회적 · 심리적 편익이 존재한다는 사실을 잘 인식하고 있다(Gilbert & Terrell, 남찬섭 · 유태균 옮김, 2007: 234-235).

2) 대안적 급여형태 : 선택의 확장

사회적 급여의 형태는 현금급여와 현물급여라는 두 가지 기본적인 급여형태가 있지만, 실제로는 보다 세분화된 형태로 나타난다. 길버트와 테렐(Gilbert & Terrell, 남찬섭 · 유태균 옮김, 2007)은 사회적 급여의 형태를 기회, 서비스, 재화, 증서와 세금공제, 현금, 권력 등 6가지로 분류했다.

기회

기회(opportunities)란 바람직한 어떤 목적을 성취하기 위해 활용되는 유인과 제재(incentives and sanctions)를 말한다. 즉, 기회는 무형의 급여형태로서 사회적으로 취약한 위치에 있는 집단이나 불평등한 처우를 받는 집단에 유리한 기회를 제공하여 더욱 나은 생활을 유지할 수 있도록 하려는 것이다. 재화나 서비스와 달리 기회의 범주에 속하는 급여는 시민권 보장과 예외적인 기회의 제공을 포함한다. 예외적인 기회의 급여는 공무원임용시험에 퇴역군인에게 가산점을 부여하는 것이라든지, 사회에서 불이익을 받는 계층에 속하는 학생들에게 특례입학을 허용하는 것 등이 그러한 예이다.[4] 그리고 기회의 급여는 타인에게 양도할 수 없으며, 다른 형태의 급여와 바꿀 수가 없다.

---

4) 이러한 정책들은 부정적인 의미의 차별과 구별해서 긍정적 차별(positive discrimination) 또는 적극적 차별시정조치(affirmative action)라고도 부른다. 긍정적 차별정책은 특정 집단이 차별의 결과로 과거로부터 불이익을 받아왔다면 사회는 이 집단에 대한 어떤 특별한 처우를 제공함으로써 그들에게 그동안 가해졌던 부정의를 제거해야 할 의무를 져야 한다는 생각에 바탕을 둔다.

서비스

서비스(services)란 클라이언트를 위해 제공되는 활동을 말한다. 가정봉사서비스, 상담, 사례관리, 그리고 훈련 등이 서비스의 범주에 속한다. 서비스의 범주에 속하는 급여도 수혜자에 대한 직접적인 시장가치의 측면에서 보면 다른 재화와 교환할 수 없다.

재화

재화(goods)란 식품, 의류, 주택 등과 같은 물질적 상품을 말한다. 재화의 범주에 속하는 급여는 제한적인 전이 가치를 갖는다. 대개 그 교환은 전당포나 벼룩시장, 또는 개인적인 교환 등의 주변적인 수단에 의한 교환에 한정되어 있다.

바우처와 세금공제

바우처(vouchers)와 세금공제(tax credits)는 구조화된 교환가치를 가지고 있는 급여로서 일정하게 정해진 범위 내에서 자원을 선택할 수 있는 전이 가능성을 가지고 있다. 예컨대, 세금공제는 자녀양육비를 보조하는 데 사용될 수 있으며, 식품 교환권(food stamp)은 다양한 식료품과 교환될 수 있다. 이들 급여형태는 재화나 서비스보다 선택의 자유가 더 많은 장점이 있다. 사회적 급여의 한 형태인 바우처는 현금급여와 현물급여의 중간 성격을 갖고 있다. 바우처는 정해진 사용 범위 내에서는 일정 정도의 소비자 주권을 보장해 주면서 동시에 정해진 범위 외부에 증서가 사용되는 것을 금지함으로써 사회통제도 가능하다. 따라서 바우처는 집합주의자들과 개인주의자들 모두로부터 지지를 받고 있다.

[책갈피 9.1] 바우처(vouchers)

바우처는 현금급여의 장점인 소비자 선택의 자유를 제한적이지만 살릴 수 있고, 목표효율성이 떨어지는 현금급여의 단점을 어느 정도 보완할 수 있다. 그리고 현물급여보다 수급자의 효용을 증가시키고 운영효율성을 높일 수 있다. 하지만 급여 양에 대한 통제가 있으며, 오남용 문제를 줄일 수 있지만, 원천적으로는 막을 수 없고, 서비스 공급자가 특정 소비자를 선호, 회피하는 현상이 발생할 수 있다.

우리나라는 2007년부터 전자바우처 방식의 사회서비스를 도입했는데, 주로 노인, 장애인, 산모 및 신생아, 아동 등을 대상으로 하는 사업들에서 시행하고 있다. 예를 들면, 노인돌봄종합서비스(노인단기가사서비스, 치매환자가족휴가지원서비스), 장애인활동지원사업, 지역자율형 사회서비스투자사업(지역사회서비스투자사업, 산모·신생아건강관리지원사업, 가사간병방문지원사업), 발달재활서비스, 언어발달지원사업, 발달장애인부모상담서비스, 임신출산진료비지원, 청소년산모임신출산의료비지원, 기저귀·조제분유지원 등이 그것이다.

현금급여

공공부조, 아동수당, 사회보험 등이 현금급여에 해당한다. 현금급여는 보편적인 교환가치를 가지는 것으로 소비자들에게 많은 선택의 자유를 부여한다. 한국의 경우 국민기초생활보장제도의 생계급여·교육급여·해산급여·장제급여, 국민건강보험의 요양비·장애인보장구 구입비, 국민연금의 노령연금·장애연금·유족연금, 고용보험의 실업급여, 산재보험의 휴업급여·장해급여·상병보상연금·유족급여, 장애인연금 등이 여기에 해당된다.

권력

권력(power)이란 재화와 자원의 통제에 영향을 미칠 수 있는 힘을 재분배하는 것을 말한다. 즉, 수급자에게 정책결정 권한을 부여하여 그들에게 유리하게 결정될 수 있도록 하는 것이다. 우리나라의 경우 사회보장위원회에 수급자 대표를 참여시키는 것이 여기에 해당된다. 권력은 현금이나 증서처럼 쓰일 수 없지만, 현물이나 기회보다는 훨씬 더 많은 선택의 여지를 제공할 수도 있다. 이러한 점에서 권력은 유동적인 교환가치를 갖는 것이다.

3. 사회복지의 재원

사회복지의 재원은 크게 볼 때 공공부문의 재원과 민간부문의 재원으로 구분된다. 공공재원은 크게 조세와 사회보험료로 구분되고, 민간부문의 재원은 자발적 기여, 이용자 부담, 기업복지 등으로 분류된다.

1) 공공재원

사회복지의 공공재원으로 가장 큰 비중을 차지하는 것이 조세이다. 조세는 국가에 의해 개인과 법인에게 강제적으로 부과되는 일종의 부담금(levy)이다. 조세에는 일반세, 목적세, 조세비용 등이 있다.[5] 조세방식은 저소득계층의 생존권을 보장해야 할 의무를 국가가 수행해야 한다는 것을 뒷받침해 주고, 소득재분배의 기능을 수행하며, 사회복지대상자의 범위를 넓힐 수 있다는 점에서 서구 복지국가들의 대부분은 사회복지 재원의 상당 부분을 조세방식을 통하여 충당하고 있다(최경구 외, 2010).

(1) 일반세

일반세는 정부가 특별히 지출 용도를 정하지 않고 징수하는 조세로서 크게 3가지로 구분된다. 즉, 소득에 부과하는 소득세(개인소득세와 법인소득세)와 소비에 부과하는 소비세(부가가치세 등), 그리고 부(富)에 부과하는 세(예를 들면, 재산세, 상속세 등)이다.

---

5) 한국의 조세는 과세 주체별로 보면 중앙정부가 징수하는 국세와 지방자치단체가 징수하는 지방세가 있다. 국세는 국가의 수입에 포함되어 국방, 외교, 사회기반시설 구축, 사회보장 등에 사용한다. 국세 중 일반세로는 (종합)소득세, 법인세, 부가가치세, 양도소득세, 상속세 등이 있다. 지방세는 지방자치단체의 수입에 포함되어 지역 경제발전, 보건위생, 교육 등 주민복리에 사용한다. 지방세 중 일반세로는 주민세, 취득세 · 등록세, 재산세 등이 있다.

소득세

소득세는 개인의 소득을 과세의 기준으로 삼고 정부가 개인에게 강제적으로 부과하는 조세를 말한다. 조세의 대상은 개인이지만 세원(source)은 소득이 된다. 소득세는 개인의 경제적 행위에 여러 가지 형태로 영향을 미친다. 즉, 근로동기, 저축의욕, 그리고 직업선택에도 영향을 미치는 것으로 보고되고 있다(최경구 외, 2010: 168).

소득세는 일반세 가운데 조세의 누진성을 높이는 데 가장 크게 기여한다. 소득세 중에서도 개인소득세가 특히 조세의 누진성이 강하고 소득재분배효과가 높다. 그 이유는 세 가지로 설명할 수 있다. 첫째, 개인소득세는 기본적으로 부담능력의 원칙(ability to pay)에 따라 세율이 부과되기 때문에 고소득층의 세율이 저소득층보다 높다. 둘째, 개인소득세는 다른 조세에 비하여 각종 조세감면을 통해 저소득층의 조세부담을 면제 또는 감면시켜 줌으로써 소득재분배효과를 높인다. 셋째, 아무리 조세가 누진성이 강해도 일반예산에서 차지하는 비중이 작으면 소득재분배효과는 적을 수밖에 없지만, 개인소득세는 일반예산을 구성하는 조세 가운데 가장 비중이 크다(송근원 · 김태성, 1995: 329-330).

[책갈피 9.2] 조세의 누진성과 역진성

어떤 조세가 누진적(progressive)이란 경제적 능력이 클수록, 대표적으로 소득이 높을수록 조세부담률이 높아지는 것을 의미한다. 한마디로 많이 벌수록 세금을 많이 내는 것을 말한다. 개인소득세가 대표적인 누진세이다. 개인소득세는 기본적으로 부담능력의 원칙에 따라 세율이 부과되므로 고소득층의 세율이 저소득층보다 높다. 그리고 개인소득세가 일반예산을 구성하는 조세 가운데 양적으로 가장 크기 때문에 소득재분배에 미치는 효과도 크다. 반대로 어떤 조세가 역진적(regressive)이란 경제적 능력이 클수록 오히려 조세부담률이 낮아지는 것을 의미한다. 한마디로 많이 벌수록 세금을 조금 내는 것을 말한다. 소비자의 소득에 상관없이 상품에 동일 세율을 부과하는 소비세(부가가치세)가 대표적인 역진성 조세이다. 어떤 조세가 누진적인지 역진적인지를 구분할 때 고려하는 하는 것은 '세액'이 아니라 '세율'이라는 점에 주의해야 한다.

한편, 소득세 가운데 법인세는 기업을 하나의 법인으로 간주하고, 이 법인에 대하여 과세하는 조세이다. 따라서 법인세의 세원은 법인의 소득이 되며, 과세의 대상으로 간주함으로써 자연인인 개인과 마찬가지로 소득을 획득하였을 때 조세를 부과하는 근거를 마련하게 된다. 그러나 모든 조세의 최종적인 부담자는 개인이기 때문에 법인세도 궁극적으로는 개인이 내는 것이나 다름없다. 다시 말해서, 법인세를 냄으로써 기업의 소유주인 주주들에게 돌아가는 이익이 줄어들게 되며, 이러한 이유로 개인소득세와 함께 법인세를 부과하는 것이 이중과세라는 지적도 있다. 그러나 기업이 영리를 추구하는 과정에서 국가로부터 유형 또는 무형의 혜택을 받고 있으며, 이 혜택은 기업을 소유하거나 투자한 사람들에게 과세하여도 충분한 가치가 있다는 것이 법인세를 부과하는 근거가 된다. 또한, 세금을 걷는 입장에서 볼 때, 개인보다 법인이 훨씬 더 쉽다는 점이 있고, 많은 사람이 개인과 기업을 분리하여 생각하고 있었다는 점에서 법인세가 존속되어야 할 이유가 있다(최경구 외, 2010: 170).

소비세

일반세를 구성하는 조세 가운데 두 번째로 큰 것은 소비세이다. 소비세는 부담능력을 고려하지 않고 상품을 소비할 때 부과하는 세금을 말한다. 소비세에는 일반소비세와 개별소비세가 있다. 일반소비세는 모든 상품에 단일 세율을 부과하는 것이고, 특별소비세는 특정 재화나 서비스에 대하여 높은 세율을 부과한다. 일반소비세처럼 모든 재화나 서비스를 소비할 때 동일한 세율을 부과하게 되면 저소득층이 고소득층보다 부담이 크기 때문에 소득 역진성이 크다. 즉, 일반소비세는 소득에 상관없이 소비에 대하여 동일 세율을 부담하기 때문에 가장 역진적인 조세라 할 수 있다. 반면에 개별소비세는 고소득층이 주로 소비하는 재화나 서비스(예, 귀금속, 고급호텔 등)에 높은 세율을 부과하기 때문에 일반소비세보다 소득 역진성이 작다.

부(富)세

일반세 가운데 가장 적은 비중을 차지하는 것이 부(富)에 관한 조세인데, 이 가운데 가장 중요한 조세가 재산세(property tax)이다. 재산세는 소유 재산에 부과되는 세금으로 지방정부의 주요 재원이다. 재산세는 세금의 부과기준이 되는 재산의 가치를 시가로 계산하기 어려운 문제가 있다. 재산세는 대개 단일세율을 부과하고, 세금부과대상이 되는 재산의 가치평가액이 시장가격의 변화에 따라 빨리 변화하지 못한다. 그리고 많은 재산을 포괄적으로 세금부과대상에 포함시키는 것이 어렵다. 그러므로 일반적으로 재산이 많은 사람이 없는 사람들에 비해 재산세에 대한 실질 조세부담률이 적다고 볼 수 있다. 반면에 상속세나 증여세와 같은 조세들은 비록 누진적인 세율이 적용되나 실질적으로 이러한 세를 내는 사람은 매우 소수이고 그 액수도 적기 때문에 일반세에서 차지하는 비중은 미미하다 할 수 있다(송근원 · 김태성, 1995: 331).

납부방법에 따른 일반세의 분류

일반세는 납부방법에 따라 직접세와 간접세로 분류되기도 한다. 직접세는 납세 의무자와 그 세금을 부담하는 자가 일치하는 세금으로 소득세, 상속세, 법인세, 주민세 등이 있다. 직접세는 재산이나 소득이 높을수록 많은 세율이 적용되는 누진세이다. 소득재분배효과가 높고 누진적이다. 직접세는 간접세보다 조세저항이 강하며 징수하기가 수월하지 못하다는 단점이 있으나, 소득 및 재산에 따라 과세 부담된다는 것은 합리적이다. 선진국의 경우 대체로 직접세의 비율이 높은 편이다.

간접세는 납세 의무자와 그 세금을 부담하는 자가 일치하지 않는 세금으로 부가가치세, 개별소비세 등이 있다. 간접세는 재산이나 소득에 상관없이 과세대상에 대해 동일한 세율이 적용되는 세금이다. 소득재분배효과가 낮고 역진적이다. 상품에 부과되는 세금이 그 예이다. 또한, 간접세 인상은 물가상승의 요인이 된다. 간접세는 조세에 대한 저항이 적고 징세가 편리하며 조세수입의 확보가 쉬운 장점이 있지만, 개개인의 사정을 고려하여 세율을 정할 수 없으므로 누진세율을 채택하지 못하고 비례세율이 적용됨으로써 저소득층에게 상대적으로 높은 조세부담률이 되는 역진성을 띠게 된다.

(2) 목적세

목적세(earmarked tax)는 특별한 목적을 위해 지출 용도를 정해놓고 걷는 세금이다. 우리나라의 경우는 목적세가 많고 조세수입도 비교적 큰 편이다. 대표적인 목적세로 교육세, 교통세, 방위세, 농어촌특별세 등이 있다.[6)]

서구 복지국가의 경우는 사회보장을 위한 조세가 큰 비중을 차지한다. 사회보장성 조세는 사회보험을 위한 기여금을 사용자나 피고용자에게 강제로 부과하여 일종의 세금과 같은 기능을 한다. 한국도 사회복지에서 사회보장성 조세의 비중은 커질 것으로 전망된다. 따라서 사회보장성 조세인 사회보험료를 중심으로 살펴보기로 한다.

사회보험료는 보험료이긴 하지만 국가에 의하여 조세처럼 강제로 부과하고 또한 관리 · 운영되기 때문에 공공부문의 재원으로 분류된다.[7)] 사회보험의 재정은 주로 보험료로 충당되며, 목적세와 본인부담금으로 보충된다. 그렇다면 왜 사회보험 재원을 일반예산에 의존하지 않고 사회보장성 조세에 의존하는가? 그 이유는 다음과 같이 설명된다(송근원 · 김태성, 1995; 김태성, 2008).

첫째, 가장 본질적이고 중요한 이유는 사회보험도 보험이기 때문이다. 일반적으로 사람들이 보험에 가입하는 이유는 보험의 대상이 되는 위험(노령, 실업, 질병, 장애 등)에 당면하여 소득이 중단 혹은 상실될 때를 대비하여 이전의 소득수준을 유지하고자 하는 데 있다. 이러한 목표를 이루기 위해서는 보험료를 적게 낸 저소득층에 비하여 보험료를 많이 낸 고소득층이 받는 사회보험 급여액이 높아야 한다. 일반예산을 통해서는 사회보험의 목표를 이루기 어렵다.

6) 지방세 중 목적세로는 도시계획세, 공동시설세, 지역개발세, 사업소세 등이 있다.

7) 그래서 많은 나라에서 사회보험료의 명칭도 사회보장성 조세(social security tax) 혹은 pay-roll tax라고 하여 세금이라고 분류하는 경향이 강하며, 또한 조세부담률에 포함시켜 조세수입으로 간주하는 경향이 있다(김태성, 2008: 259).

둘째, 사회보장성 조세는 조세저항이 상대적으로 적기 때문에 정치적인 측면에서 유리하다. 사회보장성 조세가 조세저항이 적은 이유는 일반조세와 달리 미래에 받을 수 있는 사회보장 급여에 대한 '권리'를 갖는 것으로 인식되기 때문이다.

셋째, 일반적으로 사람들은 자신들이 낸 세금이 어디에 사용되는가에 관심이 있다. 그런데 일반조세는 다양한 용도로 사용되기 때문에 많은 사람은 자신들이 낸 세금의 사용처에 대한 의구심을 가질 수 있고, 증세에 대한 막연한 거부감을 느끼는 경향이 있다. 반면에 사회보장성 조세는 사용되는 용도가 비교적 명확하기 때문에 상대적으로 조세에 대한 거부감이 적다. 대표적인 예로 교육이나 사회복지의 재원을 마련하기 위하여 사회적으로 바람직하지 않은 재화(담배, 술, 도박 등)나 서비스의 사용에 세금을 높게 부과해도 조세저항이 크지 않는 것이다.

한편, 사회보장성 조세의 문제점도 적지 않다. 가장 큰 문제점은 일반세보다 소득재분배효과가 크지 않다는 것이다. 그 이유는 다음과 같다(송근원 · 김태성, 1995: 334-336; 김태성, 2008: 291-293).

첫째, 대부분 국가에서 사회보장성 조세는 피고용자의 경우 모든 근로소득에 동률로 부과한다는 점이 역진성을 높일 수 있다. 왜냐하면, 고소득층은 자산소득(이자, 임대료, 주식배당금 등)이 많은 반면, 저소득층은 자산소득이 적거나 없기 때문에 명목적으로는 동률이라도 전체 소득의 관점에서 보면 실질적으로는 고소득층의 부담이 상대적으로 적기 때문이다.[8]

둘째, 대부분 국가에서는 사회보장성 조세는 소득의 상한액(ceiling)을 두고 있는데, 이것은 사회보장성 조세의 역진성에 기여한다. 상한액 이상의 고소득층의 조세부담을 저소득층에 비하여 상대적으로 낮추는 효과가 있기 때문이다.

---

8) 한국 건강보험의 경우 소득파악이 제대로 안 되어 있는 상황에서 지역가입자(예, 자영업자 등)에 대해서는 재산도 고려하여 건강보험 보험료를 부과하나, 대부분은 탈루소득이 많기 때문에 실질적으로 고소득인 자영업자가 소득이 낮은 피고용자보다 부담이 적기 때문에 역진성의 문제가 더욱 심각하다고 볼 수 있다(김태성, 2008: 292).

셋째, 사회보장성 조세는 대부분 사용자와 피고용자가 동률로 부담하든지 아니면 사용자가 대부분 부담하는데, 이때 사용자가 부담하는 것이 피고용자에 줄 임금이라면 사회보장성 조세의 역진성은 더욱 커질 수 있다.

넷째, 정부의 일반예산에서 가장 중요한 개인소득세는 다양한 조세감면제도를 통해 저소득층 특히 저임금 근로자들의 부담을 줄여주지만, 사회보장성 조세는 모든 근로소득에 부과하기 때문에 저소득층의 부담이 크다.

(3) 조세비용

조세비용(tax expenditure)은 세금을 걷어 사회복지급여로 지출하는 대신 각종 조세를 감면시켜 사회복지의 목표를 이루는 방법이다. 조세지출이라고도 한다. 이는 실질적인 조세수입의 감소를 통해 특정의 목적을 달성하기 때문에 공공부문 재원으로 분류한다. 정부의 입장에서는 조세지출만큼 조세수입이 줄고, 따라서 그만큼 정부지출을 한 것과 비슷하기 때문에 실질적으로 정부지출의 하나로 파악한다. 이러한 이유로 조세비용이라 부르는 것이다. 즉, 조세비용도 정부지출에 쓰일 잠재적 예산인 것이다.

경제적 욕구를 고려하여 다양한 형태로 총소득에서 과세대상을 제외시켜서 세금을 줄여주는 조세감면과 본인을 비롯한 배우자, 노인, 장애인, 아동 등에 대한 인적공제(personal exemption)와 근로소득공제, 보험료, 의료비, 교육비, 주택비 등의 지출액에 대해 총소득에서 공제하여 결과적으로 세금을 줄여주는 소득공제(deduction), 내야 할 세금액수를 줄여주는 제도인 세액공제(tax credit) 등이 있다.

조세비용의 가장 큰 장점은 조세를 부과하고, 거두어들이고 지출하는 데 드는 많은 시간적, 물질적, 인적 비용을 줄임으로써 운영의 효율성을 높이는 데 있다. 또한, 과대정부 혹은 정부실패에 대한 비판을 피하고 민간부문의 효율성을 높이기 위한 것이다. 즉, 과대한 정부의 지출에서 흔히 나타나는 관료성, 경직성, 비창의성 등의 문제를 줄일 수 있기 때문이다(김태성, 2008: 294).

반면에 조세비용 또한 소득 역진적인 한계를 지니고 있다. 즉, 많은 수의 저소득층은 소득이 낮아 과세 대상에서 제외되어 조세감면 혜택은 누리지 못하고, 소득이 높을수록 공제 대상 지출이 크기 때문에 고소득층이 유리하다. 또한, 누진적인 개인소득세 구조에서 소득이 높을수록 조세감면의 액수가 커지기 때문에 고소득층이 유리하다.

2) 민간재원

자발적 기여

자발적 기여(voluntary contribution)는 민간의 자발적인 기부금을 의미하는데, 기여의 형태는 크게 개인, 재단(foundation), 법인, 기업, 그리고 유산 등으로 이루어진다. 국가사회복지가 발달한 국가들에서도 여전히 자발적 기여에 의한 사회복지도 무시하지 못할 정도로 존재한다.

그러나 자발적인 기여 역시 소득재분배의 역진성 문제가 가장 큰 문제로 지적된다. 예컨대, 기여를 어떤 사람이 하는가 하는 측면에서 보면 고소득층과 저소득층의 차이가 없다는 것이다. 문제는 자발적 기여는 대부분 세제감면의 혜택을 받는데, 이때 고소득층의 한계세율이 높기 때문에 세금감면을 통한 실질적인 이득은 고소득층이 크다는 점에 있다. 달리 표현하면, 자발적 기여 대신에 혹은 자발적 기여에 대한 조세감면이 없이 조세(개인소득세)로 재원을 마련하는 것이 소득재분배의 누진성을 높일 수 있는 것이다.

둘째, 자발적 기여에 의한 집단적 혹은 지역적인 특수한 욕구를 해결하려는 정책이 발전하다 보면, 국가 전체적인 포괄적이고 통합적인 정책 발전에 장애가 될 수 있다. 즉, 국가 전체를 위한 정책의 필요성에 대한 동기가 약화되고, 따라서 국가정책에 대한 정치적 저항세력이 커지게 된다.

셋째, 자발적 기여에 의한 재원은 불안정하여 지속적이고 체계적인 정책의 수립과 집행이 어렵다. 자발적 기여는 기여하는 주체들인 개인, 기업, 재단 등이 문자 그대로 자발적으로 기여하는 것이다. 그런데 이러한 자발성 때문에 기여하는 주체들이 처한 상황의 변화에 따라 기여의 규모가 크게 바뀔 수 있다(송근원 · 김태성, 1995: 345-346).

이용자 부담

이용자 부담(user fee)은 사회복지서비스를 이용한 사람이 부담하는 비용을 말한다. 이용자 부담의 필요성은 다음과 같이 제기된다(송근원 · 김태성, 1995: 341).

첫째, 이용자 부담을 통하여 사회복지서비스의 남용을 막고자 하는 데 있다. 이것은 특히 의료서비스에서 중요한데, 이용자 부담으로 불필요한 혹은 지나치게 많은 서비스 이용을 억제할 수 있다. 이용자 부담은 이른바 도덕적 해이(moral hazard) 문제를 해결할 수 있어 사람들이 질병에 걸리지 않도록 조심할 동기를 제공할 수 있다.

둘째, 사회복지서비스의 수급자들이 비록 일부분이지만 부담을 하게 되면, 서비스의 형태와 질에 대한 관심이 높아져, 서비스 제공자들로 하여금 보다 높은 질의 서비스를 제공하도록 하는 동기를 강화할 수 있다.

셋째, 서비스를 이용할 때 본인이 일부라도 비용을 부담하게 되면 치욕을 줄이고 자기 존중(self-respect)을 높일 수 있다. 따라서 상담서비스와 같은 개별적 사회서비스의 경우 수급자가 서비스를 적극적으로 이용하게 하여 결과적으로 문제해결을 쉽게 이룰 수 있는 것이다.

그러나 이용자 부담은 다음과 같은 문제점을 지니고 있다(송근원 · 김태성, 1995: 342).

첫째, 사회복지서비스의 주된 이용자는 저소득층인 경우가 많기 때문에 이용자 부담은 기본적으로 역진적일 수밖에 없다. 따라서 저소득층의 부담이 고소득층에 비하여 상대적으로 커 소득재분배를 악화시킬 수 있다.

둘째, 이용자 부담 액수가 크지 않더라도 저소득층에게는 부담이 되어 필요한 사회복지서비스 이용의 억제요인으로 작용할 수 있다. 따라서 사회복지서비스의 이용에 있어 저소득층과 고소득층의 차이가 발생할 수 있다. 교육서비스의 경우 중산층이 가장 많은 혜택을 보는 경향이 있는데, 그 이유는 저소득층이 교육서비스의 이용자 부담을 할 능력이 없기 때문이다.

셋째, 이용자 부담은 이용자의 선택권을 강화시키는 이점이 있지만, 이용자 중에는 선택능력이 없는 경우가 많은데, 이 경우의 이용자 부담은 불필요하다.

정리하면, 일반적으로 민간부문의 재원의 대부분이 그러하듯이 이용자 부담의 가장 큰 문제점은 소득재분배를 악화시킬 수 있으며, 실제로 이용자 부담은 저소득층의 서비스 이용 억제요인으로 작용하고 있다.

(3) 기업복지

기업복지(occupational welfare)는 기업이 그 피용자들에게 제공하는 임금 외 급여 또는 부가급여(fringe benefits)를 말한다. 기업복지에는 소득보장의 영역에서는 기업연금(occupational pension)이 있고, 의료서비스 영역에서는 기업건강보험, 교육에서는 피고용자 자녀들의 학비보조, 주택에서는 사원주택, 개별 사회서비스에서는 탁아프로그램을 포함한 다양한 프로그램이 있다.

기업복지의 재원은 사용자의 입장에서 보면, 피고용자들에게 직접적인 임금 대신 기업복지 형태의 지급이 세제상 유리하고, 양질의 근로자들을 고용하고 유지할 수 있다는 점에서 필요하다. 피고용자의 입장에서도 임금 대신 기업복지의 형태로 보상받는 것이 유리하다. 일반적으로 기업복지 형태의 급여는 과세 대상에서 제외되기 때문에 개인소득세의 높은 누진적인 조세율에서는 기업복지 형태의 급여가 임금보다 순이득의 측면에서 유리할 수 있다. 정부의 입장에서 보더라도 기업복지의 재원은 필요한데, 그 이유는 기업복지의 확대로 국가복지에 사용될 재원을 절감할 수 있기 때문이다.

그러나 기업복지는 소득재분배를 악화시킬 수 있다는 문제가 있다. 기업복지에 사용되는 재원은 대부분 조세감면을 받는데 이때 고소득층일수록 조세감면 혜택이 더 클 뿐만 아니라 기업복지의 급여가 대부분 고소득층에게로 집중된다는 것이다. 이러한 측면에서 볼 때 기업복지는 본질적으로 고소득층에 대한 보상적 성격을 지니고 있다고 할 수 있다(송근원 · 김태성, 1995: 346-349).

제10장

사회복지와 인권

INTRODUCTION TO SOCIAL WELFARE

사회복지와 인권과의 관계는 모든 사람은 인간다운 생활을 영위할 권리를 갖고 있다는 전제에서 출발한다. 인간이 인간다움을 유지하며 존재하기 위해서는 인간의 기본적인 욕구가 충족되어야 한다. 인권이 인간의 욕구를 충족해야 하는 당위성과 규범성을 표현한 것이라면, 사회복지는 욕구를 충족하기 위한 제도와 실천이라 할 수 있다. 이 장에서는 사회복지와 인권에 대해 다룬다. 인권의 개념, 인권의 역사, 사회복지와 인권과의 관계, 사회문제와 인권, 사회복지법과 인권, 사회복지실천과 인권 등의 내용을 중심으로 살펴본다.

1. 인권이란 무엇인가

1) 인권의 개념과 특성

인권의 정의

인권이라는 용어는 페인(Paine, 1953)의 저서 『인간의 권리(Rights of Man)』에서 처음 쓰였으며, 이는 그가 사용한 '인간의 권리'에 그 유래를 두고 있다. 그리고 그의 저서 『인간의 권리』는 프랑스 혁명(1789) 이후 프랑스 의회가 1789년 8월 26일 헌법 서문으로 채택한 '인간과 시민의 권리에 대한 선언'을 영어로 번역 소개한 것이다(이봉철, 2001: 105-106; 유동철, 2013: 18). 그러나 오늘날 인권의 개념을 한마디로 정의하는 것은 상당히 어렵다. 인권의 영어표현인 Human rights가 단수가 아닌 복수형태로 제시되고 있는 것처럼 인간이 지니는 권리는 다양하기 때문이다. 따라서 인권은 다양한 의미와 차원에서 논의될 수밖에 없는데, 일반적으로 다음의 4가지 관점이 많이 제시되고 있다(손병돈 외, 2008: 14-16).

첫째, 자연권적 관점이다. 이 관점은 인권의 천부성, 보편성과 양도 불가능성을 핵심으로 하고 있다. 인간이라면 누구나 어떠한 사회적 조건에 있든 상관없이 인간이라는 이유만으로 누려야 할 평등하고 양도 불가능한 천부적 권리를 가지는데, 그러한 권리가 인권이라는 관점이다. 미국의 독립선언문(1776), 프랑스의 인권선언문(1789), 유엔 인권선언문(1948) 등에서 이러한 관점이 잘 나타나 있다. 그러나 자연권적 관점은 인권의 내용이 시간에 따라 변화하고 확대되는 과정을 설명하지 못한다.

둘째, 제도론적 관점이다. 이 관점에서 보는 인권은 유엔의 인권규약에서 제시된 자유권, 평등권, 사회권 등 국가의 제도 차원에서의 권리보장을 의미한다. 제도론적 관점은 인권을 구체적인 법, 제도 차원과 연결함으로써 인권의 실질적 보장 여부를 평가하고 판단할 수 있게 해준다. 그러나 제도론적 관점은 인권이 법과 규칙, 제도와 같은 범위 내에서만 제기될 수 있는가, 다시 말하면, 법이나 제도, 규칙으로 뒷받침되지 않는 인간의 권리는 인권이 아닌 가라는 비판으로부터 자유로울 수 없다.

셋째, 인간의 존엄성 관점이다. 이 관점은 인권을 도덕적 · 가치론적 차원에서 정의한다. 사람들은 각자가 원래 인간으로서 갖는 가치나 존엄성을 가지며, 스스로가 목적 그 자체이고, 인권은 이러한 인간이 갖는 도덕적 권리라는 것이다. 이 관점은 인간에게 있어서 가장 기본적인 가치라고 볼 수 있지만, 인권의 준수와 침해를 판가름할 수 있는 공통의 기준이 무엇인가라는 문제가 제기될 수 있다.

넷째, 구성주의적 관점이다. 이 관점은 '인권은 인간들에 의해서 생산되고 합의되고 규정되는 것'이라고 보는 관점이다. 이 경우 인권은 시간적 · 사회적으로 고정된 것이 아니라 변화하고 발전하는 동태적인 것으로 이해된다. 인간들의 합의 폭을 얼마만큼 확장해 나가느냐에 따라 인권의 구체적인 모습들은 달라질 것이며, 인간의 합의 폭을 넓혀나갈 수 있는 주체도 인간밖에 없으므로 결국 '인간에 의한, 인간을 위한, 인간의 인권'인 셈이다(유동철, 2013: 23).

인권의 특성

인권의 개념을 좀 더 구체적으로 이해하기 위해서 인권의 특성을 살펴보면 도움이 될 것 같다. 인권의 주요한 특성은 보편성, 도덕성, 법 또는 제도와의 관계, 권리성 등에서 찾을 수 있다(손병돈 외, 2008: 17-23).

첫째, 보편성이다. 인권은 국적이나 인종, 문화, 연령, 성별 또는 그 밖의 어떤 것과도 무관하게 모든 사람에게 적용되는 것으로서 주장되는 권리를 의미한다. 어느 한 사회에서 어떤 사회경제적 지위에 있는가와 상관없이 인권을 누릴 수 있다는 것이 보편성의 핵심이다.

둘째, 도덕성이다. 인권을 구속력이라는 측면에서 볼 때, 인권의 특성은 그 구속력이 근본적으로 도덕적이라는 데 있다. 인권의 도덕적 특성은 인권의 근거가 인간의 존엄성에서 찾아진다는 점에서 기인한다. 즉, 사람들은 각자가 원래 인간으로서 갖는 가치나 존엄성을 가지며, 스스로가 목적 그 자체이고, 인권은 이러한 인간이 갖는 도덕적 권리라는 것이다.

셋째, 인권의 개념과 인권 관련 국제규약과의 관계와 인권과 시민권과의 관계를 살펴보면, 그 관계가 명확해질 수 있다. 먼저, 인권의 개념과 인권 관련 국제규약 및 선언과의 관계를 살펴보면, 인권은 도덕적 · 가치론적 차원에서 법, 제도, 규범과 같은 구체적 차원까지를 아우르는 포괄적이고, 다차원적인 개념인 데 반해, 인권 관련 국제규약은 도덕적 · 가치론적 차원의 인권 개념을 구체적으로 실현하고, 실질적으로 구속할 수 있는 국제적 규범으로 구체화한 것이다. 그리고 인권과 시민권과의 관계를 살펴보면, 인권은 국가나 사회집단, 인종, 성, 종교, 재산, 출생지에 상관없이 누구나 인간이면 누려야 하는 권리를 의미한다. 반면에 시민권은 특정 인간이 소속된 자기 국가나 사회집단 안에서 주장하거나 누릴 수 있는 권리를 말하며, 이는 곧 국가의 법률적 체계 안에서 규정되며, 효력을 가질 수 있는 국민의 권리이다(이삼열, 2001; 이봉철, 2001: 20).

마지막 특성은 권리성이다. 인권 역시 권리의 하나이다. 그렇다고 해서 모든 권리가 인권으로 간주되는 것은 아니다. 인권은 보편적이기 때문에 어느 지역 누구에게나 적용되는 것이어야 한다. 따라서 어떤 환경 속에 있는 일부 사람들에게만 적용되는 특정의 제한된 권리는 인권으로 간주되지 않는다. 만일 인권과 특정 집단의 권리 주장 간 갈등이 있을 경우에는 다른 어떤 권리의 요구보다도 우선권을 가진다.

2) 인권의 유형과 범주

짐 아이프(Jim Ife)는 역사적 발전단계를 기준으로 인권을 제1세대 인권, 제2세대 인권, 제3세대 인권으로 구분하고 있다(Jim Ife 지음, 김형식 · 여지영 옮김, 2001; 손병돈 외, 2008: 28-29).

제1세대 인권은 인권의 내용에서 자유권을 의미하며, 소극적 권리로 지칭된다. 제1세대 인권은 개인주의에 기반을 두고 있으며, 민주주의와 시민사회를 효과적이고 공정하게 조직화하는 데 필수적인 것으로 간주되는 기본적 자유에 관심을 집중한다. 예를 들면, 거주이전의 자유, 언론출판의 자유, 종교·집회·결사의 자유 및 사생활의 자유 등의 자유권과 성별, 종교, 장애, 나이, 출신 지역, 인종, 피부색 등에 의해 교통, 통신, 교육시설, 주거시설 등에서 차별받지 않을 권리 등이 여기에 속한다. 또한, 선거권, 피선거권, 공무담임권, 국민투표권 등의 정치적 기본권도 제1세대에 속한다. 국가는 이러한 권리들이 위협받거나 침해되지 않도록 보장할 것을 요구받는다.

제2세대 인권은 인권의 내용에서 사회권을 의미하며, 적극적 권리로 지칭된다. 제2세대 인권은 국가가 적극적으로 서비스의 권리를 추구하는 방향으로 발전하여 사회권보장으로 발전하게 된다. 제2세대 인권에는 적절한 의료서비스를 받을 권리, 사회보장에 대한 권리 등 복지권, 일할 권리, 적정임금을 받을 권리와 같은 노동권, 적절한 교육을 받을 권리 및 여가에 대한 권리 등 일반 사회권, 자유로이 문화생활에 참여할 권리인 문화권 등이 포함된다. 국가는 다양한 사회적 급여를 통하여 이러한 권리들을 실질적으로 보장하는 역할을 요구받는다.

제3세대 인권은 인권보장의 개념을 개인에 국한하지 않고 집단적 차원으로 발전시킨 개념이다. 예를 들면, 경제개발에 대한 권리, 안정적이고 공동체적 사회에서 살 권리, 깨끗하고 오염되지 않은 공기, 물, 식량에 대한 권리, 인간의 완전한 잠재성이 획득되도록 하는 물리적 환경에 대한 권리 등이 제3세대 인권에 해당한다.

3) 인권과 기본권

기본권의 개념

인간이기 때문에 당연히 갖고 누려야 하는 보편적 권리를 인권이라고 본다면, 기본권은 국민이 향유하는 기본적 권리로서 헌법에 따라 보장되는 권리를 말한다. 헌법에도 "모든 국민은 인간으로서의 존엄과 가치를 가지며, 행복을 추구할 권리를 가진다. 국가는 개인이 가지는 불가침의 기본적 인권을 확인하고 이를 보장할 의무를 진다"(제10조)라고 규정하고 있다. 그 밖에도 기본권이 규정된 헌법 조항을 보면 다음과 같다.

〈표 10-1〉 기본권이 규정된 헌법 조항 및 의의

조항	내용	의의
헌법 제10조	• 모든 국민은 인간으로서의 존엄과 가치를 가지며, 행복을 추구할 권리를 가진다. 국가는 개인이 가지는 불가침의 기본적 인권을 확인하고 이를 보장할 의무를 진다.	기본권 보장의 대원칙 규정
헌법 제34조1항	① 모든 국민은 인간다운 생활을 할 권리를 가진다.	생존권 보장의 기본원칙
헌법 제34조 2항 이하	② 국가는 사회보장, 사회복지의 증진에 노력할 의무를 진다. ③ 국가는 여자의 복지와 권익의 향상을 위하여 노력하여야 한다. ④ 국가는 노인과 청소년의 복지 향상을 위한 정책을 실시할 의무를 진다. ⑤ 신체장애자 및 질병, 노령, 기타의 사유로 생활능력이 없는 국민은 법률이 정하는 바에 의하여 국가의 보호를 받는다. ⑥ 국가는 재해를 예방하고 그 위험으로부터 국민을 보호하기 위하여 노력하여야 한다.	복지권을 구체적으로 규정
헌법 제32조	① 모든 국민은 근로의 권리를 가진다. 국가는 사회적 · 경제적 방법으로 근로자의 고용증진과 적정임금의 보장에 노력하여야 하며, 법률이 정하는 바에 의하여 최저임금제를 시행하여야 한다. ③ 근로조건의 기준은 인간의 존엄성을 보장하도록 법률로 정한다. ④ 여자의 근로는 특별한 보호를 받으며, 고용 · 임금 및 근로조건에 있어서 부당한 차별을 받지 아니한다. ⑤ 연소자의 근로는 특별한 보호를 받는다. ⑥ 국가유공자, 상이군경 및 전몰군경의 유가족은 법률이 정하는 바에 의하여 우선적으로 근로의 기회를 부여받는다.	근로자의 생존권 보장

기본권의 유형

기본권의 유형은 크게 3가지, 즉 포괄적 기본권, 자유권적 기본권, 사회권적 기본권으로 구분된다.

포괄적 기본권은 인간의 존엄과 가치, 행복추구권, 평등권 등을 내용으로 하고 있으며, 헌법 제10조에서 포괄적으로 규정하고 있다. 포괄적 기본권은 궁극적으로 국가에 의해 보장되어야 한다. 이를 위해 국가는 헌법에 규정하지 아니한 기본권도 행복실현을 위해 필요한 경우에는 기본권으로 인정하고 있다(헌법 제37조 제1항).

자유권적 기본권(이하, 자유권)은 개인의 신체 및 재산 등에 대하여 국가공권력으로부터 침해나 간섭을 받지 않을 권리를 말한다. 이는 1세대 인권에 해당한다.

사회권적 기본권(이하, 사회권)은 국민이 국가기관에 대하여 인간다운 생활과 최저한의 생활보장을 적극적으로 요구할 수 있는 권리를 말한다. 생활권적 기본권, 생존권적 기본권이라고도 일컫는다. 2세대 인권이 이에 해당한다. 사회권 중에서 사회복지와 관련해서 파악해야 하는 것은 특히, 인간다운 생활을 할 권리이다. 인간다운 생활을 할 권리 중에서도 사회보장수급권과 사회복지수급권이 대표적이다.

사회보장수급권이란 질병 · 노령 · 실직 등으로 인해 보호를 필요로 하는 개인이 인간의 존엄에 상응하는 인간다운 생활을 하기 위하여 국가에 대해 일정한 내용의 급부와 배려를 적극적으로 요구할 수 있는 권리를 말한다.[1)]

사회복지급여수급권은 공법 주체인 사회급여 관리 · 운영 주체와 수급권자 간의 사회법 관계에서 발생하는 사회복지급여의 지급을 청구할 수 있는 권리를 말한다.

---

1) 사회보장수급권에 관한 법 조항은 사회보장기본법 제9조(사회보장을 받을 권리)에 "모든 국민은 사회보장에 관한 관계 법령이 정하는 바에 의하여 사회보장의 급여를 받을 권리를 가진다"라고 명시되어 있다.

2. 인권의 역사: 세계인권선언을 중심으로

현대적 인권 개념이 형성된 것은 1948년 12월 10일 유엔총회에서 채택된 세계인권선언 이후라 할 수 있다. 제2차 세계대전 이후 자유주의와 공산주의라는 첨예한 이념의 양극적 대립을 상징하는 냉전의 시기에 국제연합(United Nations: UN)이 창설되었고, 유엔은 오늘날 수많은 국제인권조약의 바탕을 이루는 세계인권선언과 국제인권규약을 제정함으로써 사회권을 역사의 전면에 등장시켰다.

1) 세계인권선언의 역사적 과정

제2차 세계대전이 발발하자 프랭클린 루스벨트 대통령은 1941년 성명을 통해 미래세계에 대한 비전을 제시했다. 이것이 바로 '4가지 자유'다. 즉, 언론과 표현의 자유, 종교의 자유, 결핍으로부터의 자유, 공포로부터의 자유였다. 연합국은 '4가지 자유'를 채택하고, 전쟁 종료 후 세계 평화를 유지하고, 기본적인 인권을 보호해 줄 기본적 장치인 국제기구의 필요성을 절감하고 논의하기 시작했다. 그래서 탄생한 것이 국제연합, 즉 UN이다(양옥경, 2017: 168).

1945년 6월 26일 샌프란시스코에 모인 대표들은 유엔헌장(Charter of the United Nations)을 승인했다. 동년 10월 24일에 반포됨과 동시에 발효된 유엔헌장은 법적 효력을 갖는 규약이었다. 이를 바탕으로 1946년 6월 유엔 경제사회이사회(the UN Economic and Social Council)는 유엔 내부에 인권위원회(the Commission on Human Right)를 창설하였으며, 유엔으로부터 위임받은 인권 관련 권한을 수행할 수 있는 권한을 부여하였다(유네스코한국위원회, 1995: 38; 양옥경, 2017: 169).

1947년 뉴욕 근교에서 몇 달간의 집중적 준비과정을 거친 후 18개국의 대표들이 참석한 가운데 최초로 인권위원회 전체회의가 소집되었다. 격렬한 논쟁 끝에 세계인권선언문이 다듬어졌다. 1948년 6월 유엔 경제사회이사회는 각국의 의견을 검토한 초안을 9월 총회에 제출하였고, 재토론을 거쳐 12월 10일 총회에 다시 제출하였다.

1948년 12월 10일, 파리에서 열린 유엔총회는 인권 향상을 주요 의제로 다루었다. 전체 총회에 앞서 세계인권선언문 전체가 표결에 부쳐졌는데, 그 결과, 찬성 48표, 반대표는 없었으며, 기권이 8표였다.[2] 직접적인 반대 없이 대다수의 찬성을 얻어 통과기준을 만족시켰다. 이로써 총회는 매우 중요한 선언을 채택하게 되었다. 놀라운 성취였다.

2) 세계인권선언의 내용과 의의

(1) 세계인권선언의 내용

제2차 세계대전 이후 보편적 인권의 시대가 정착하는데 토대가 된 세계인권선언은 전문과 30개의 간결한 조항으로 이루어져 있다.[3]

전문

전문은 세계인권선언의 요약과 같은 것으로 선언문의 탄생 및 존재 이유, 목적, 회원국의 합의 조건과 다짐, 인권수호의 원칙, 그리고 유엔의 역할 등을 포괄적으로 담고 있다. 자유와 정의가 강조되고 있으며, 인류애와 동지애를 강조하고 있다. 첫째, 전문은 세계의 자유, 정의, 평화의 기초가 되는 것은 바

2) 이때 회원국은 58개국이었고, 채택에 손을 든 국가들은 48개국이었다. 기권한 8개국은 소비에트 유니언, 우크라이나공화국, 벨라루스공화국, 유고슬라비아공화국, 폴란드, 남아프리카공화국, 체코슬로바키아, 사우디아라비아였다. 기권한 국가들은 세계인권선언문이 주로 개인주의적인 권리를 담고 있으며, 선언문이 법적으로 구속력이 있는 유엔헌장이 보장한 신성불가침한 국내 관할권에 도전할지도 모른다는 우려 때문이었다(이샤이, 2008: 371). 온두라스와 예멘은 의사표명을 하지 않았다.

3) 세계인권선언의 내용은 양옥경(2017)을 참조하였다.

로 인간의 존엄성과 평등임을 강조하고 있다. 둘째, 인류가 원하는 열망은 언론, 신념, 공포, 궁핍으로부터의 자유를 누리는 세계임을 천명하고 있다. 셋째, 각국에서는 자국민의 인권보호를 위한 법률체계를 갖출 것을 제안하고 있다. 넷째, 세계의 평화는 곧 인권의 목표임을 명시하고 있다. 다섯째, 기본적 인권과 인간의 존엄과 가치, 남녀의 동등한 권리를 재확인하고 있다. 여섯째, 회원국들이 유엔과의 협력하에 인권과 기본적 자유에 대해 서로 존중하고 준수할 것을 서약하였다고 강조하고 있다. 일곱째, 교육과 학업을 통해 권리와 자유에 대한 존중을 신장시킬 것을 강조하고 있다.

30개 조항

선언문의 제1조(평등한 존엄과 권리, 형제애)와 제2조(차별금지)에서는 인권의 토대가 되는 보편적인 성격을 규정하고 있다. 이어 제3조에서 제21조까지는 시민 · 정치적 권리를 규정하고 있다. 즉, 시민사회에서의 개인적 권리에 관한 조항들(제3조~제11조), 시민의 권리보장(제12조~제17조)을 규정하고 있다. 집회 및 결사의 자유, 사상, 양심 및 종교의 자유와 같은 영적인, 공공의, 그리고 정치적인 자유(제18조~제21조)에 관해 다루고 있다. 제22조에서 제27조까지는 경제 · 사회 · 문화적 권리를 규정하고 있다. 이러한 권리를 실현하기 위해서는 사회보장제도의 확보가 전제된다. 제28조에서는 평화적 권리의 내용을 압축해 놓고 있다. 제29조에서는 공동체에 대한 의무, 공공의 질서, 법률의 제한 등을 규정하고 있으며, 제30조에서는 이 조문의 내용을 어겨서는 안 된다는 점을 강조하고 있다.

(2) 세계인권선언의 의의

수년간 선언의 기초에 헌신해 온 사람들이 고수했던 원칙은 이 선언이 누구에게나 적용될 수 있어야 한다는 것이었다. 이런 정신에서 이 문서는 '국제적인' 선언으로 불려왔다. 세계인권선언의 채택은 인권의 '국제화'(Thomas Buergenthal, 1992)를 의미했다. 이는 자국 내의 인권침해가 국제적 관심의 대상이 된다는 것이다. 회원국들은 인권을 신장하기 위한 구체적 의무를 밝혀야 하는 책임을 지니며, 이는 자국 내의 인권유린 상황을 국제적으로 보호하고 유엔에서는 침해사례를 조사하는 적절한 제도적 장치를 가진다는 의미까지 포함한다(이익섭, 2004: 8).

세계인권선언은 수년간의 작업을 통해 만들어졌기 때문에 아주 성공적이었다. 세계인권선언의 공표는 제1차 인권혁명인 '인간과 시민의 권리선언'의 공표에 이어 2차 인권혁명이라고까지 평가받고 있다(조효제, 2007: 90-91). 세계인권선언은 인류를 위한 위대한 공헌이었다.

3) 인권 패러다임의 전환과 인권의 국제적 동향

인권 패러다임의 전환

유엔에서는 세계인권선언에 일정한 규범적 구속력을 부여하기 위하여 구체적인 인권의 영역을 다루는 다양한 국제조약을 채택하게 된다. 세계인권선언의 정신을 현실 세계에서 구현하기 위한 가장 중요한 국제조약은 냉전 시대인 1966년에 채택한 국제인권규약(International Covenant on Human Rights)이다. 국제인권규약을 제정하는 과정에서 문제가 제기된 것은 '자유권'과 '사회권'을 통합하는 규약을 제정할 것인가 아니면 각각 분리하여 따로 규약을 제정할 것인가 하는 점이었다. 물론 당시 이 논쟁에 참여하였던 대다수 국가와 전문가들이 자유권과 사회권은 결국 인권이라는 틀 안에서 통합되어야 한다는 통합적 사고를 지녔으나, 구체적인 실천방법에서는 의견이 엇갈리고 있었다(문진영, 2013: 89).

구(舊) 소비에트권을 중심으로 하였던 사회주의 국가들과 서구, 특히 미국을 중심으로 한 자본주의 진영의 논쟁은 팽팽하게 진행되었으나, 당시 유엔에서 워낙 막강한 영향력을 행사하였던 미국의 의도대로 인권은 두 개의 조약(시민 · 정치적 권리에 관한 국제규약: 이하 B 규약, 경제 · 사회 · 문화적 권리에 관

한 국제규약: 이하 A규약)[4]으로 분리하여 운영하게 되었다(문진영 외, 2008; 문진영, 2013: 90).

이렇듯 인권의 역사는 20세기에 들어서면서 사회권의 등장으로 커다란 패러다임의 변화를 겪었다. 즉, 인간이 스스로 존엄을 유지하면서 살기 위해서는 정신과 육체의 주체적 자유를 보장하는 자유권과 더불어, 사회적 권리(건강권, 교육권, 주거권, 노동권, 그리고 생존권 등)가 필요하고, 따라서 인간의 권리는 자유권과 더불어 사회권이 보장될 때 완성된다는 인식이 공감을 얻게 되었다. 다시 말해서, 인간의 권리는 자유권(제1세대 인권)과 더불어 사회권(제2세대 인권)이 보장될 때 완성된다는 새로운 인식이 싹트게 되었다(문진영, 2013: 90). 요컨대, 인권 패러다임은 자유권(제1세대 인권)에서 사회권(제2세대 인권)으로, B규약에서 A규약으로, 국가로부터의 자유권 보장에서 국가를 향해 요구할 수 있는 권리보장으로 변화되었다.

인권의 국제적 동향

세계인권선언 이후 국제인권규약을 포함하여 지난 수년간 유엔이 채택한 인권 관련 조약들을 정리해 보면, 다음 〈표 10-2〉와 같다.

---

4) 우리가 사회복지정책의 영역이라고 할 수 있는 대부분 주제는 A규약에 망라되어 있는데, 근로권(제6조), 정당한 근로조건을 누릴 수 있는 권리(제7조), 노동조합을 결성하고 가입할 수 있는 권리(제8조), 사회보장권(제9조), 가족의 보호(protection)와 부조(assistance)권(제10조), 적절한 생활수준을 누릴 권리(제11조), 신체적 · 정신적 건강권(제12조), 교육권(제13-14조), 문화권과 기술적 진보의 혜택을 받을 수 있는 권리(제15조)가 포함되어 있다(문진영, 2013: 98).

〈표 10-2〉 인권 관련 국제 문서

조약	채택연도
• 모든 형태의 인종차별 철폐에 관한 국제협약(International Convention on the Elimination of All Forms of Racial Discrimination)	1965
• 인권에 관한 국제규약(International Covenants on Human Rights) – B규약: 시민적 · 정치적 권리에 관한 국제규약(International Covenants on Civil and Political Rights: ICCPR) – A규약: 경제적 · 사회적 · 문화적 권리에 관한 국제규약(International Covenants on E conomics, Social and Cultural Rights: ICESCR)	1966
• 정신지체장애인의 권리선언(Declaration on the Rights of Mentally Retarded Persons)	1971
• 응급 및 전장 상황에서의 여성과 아동보호를 위한 선언	1974
• 장애인권리선언(The Declaration on the Rights of the Disabled Persons)	1975
• 모든 형태의 여성차별 철폐에 관한 협약(The Convention on the Elimination of All Forms of Discrimination Against Women)	1979
• 국제적 아동유괴의 민사적 측면에 관한 협약(헤이그 국제사법회의)	1980
• 모든 형태의 종교차별철폐에 관한 선언(Declaration on the Eliminaton of All Forms of Religious Intolerance)	1981
• 의료윤리 원칙(Principles of Medical Ethics)	1982
• 고문 및 그 밖의 잔혹한 · 비인도적인 또는 굴욕적인 대우나 처벌의 방지에 관한 협약(The Convention Relating to the Status of Refugee)	1984
• 소녀범 사법행정을 위한 유엔 표준최소규칙(United Nations Standard Minimum Rules for the Administration of Juvenile Justice, 베이징 규칙)	1985
• 발전권에 관한 선언(Declaration on the Rights to Development)	1986
• 아동의 권리협약(The Convention on the Rights of the Child)	1989
• 이주 노동자와 그 가족의 권리보호에 관한 조약(The Convention on the Protection of the Rights of the Rights of all Migrant Workers and Members of their Families)	1990
• 아동을 위한 세계 정상회담에서 채택되었던 세계선언과 행동계획	1990
• 아동보호 및 국가 간 입양 관련 협력에 관한 협약	1993
• 장애인권리협약(Convention on the Rights of Persons with Disabilities)	2006

3. 사회복지와 인권과의 관계

사회복지와 인권과의 관계는 모든 사람은 인간다운 생활을 영위할 권리를 갖고 있다는 전제에서 출발한다. 인간이 인간다움을 유지하며 존재하기 위해서는 기본적으로 인간의 기본적인 욕구가 충족되어야 한다. 이러한 욕구를 충족하기 위한 제도와 실천이 바로 사회복지이며, 이러한 욕구의 충족을 규범적으로 표현하는 것이 곧 인권이다. 즉, 인권이 인간의 욕구를 충족해야 하는 당위성과 규범성을 표현한 것이라면, 사회복지는 이러한 욕구를 충족하기 위한 제도와 실천이라 할 수 있다. 따라서 국가와 사회는 이러한 권리를 보장할 의무가 있고, 국민은 이러한 권리를 보장할 것을 국가와 사회에 요구할 수 있다는 의미가 강조된다. 따라서 생존권적 기본권으로서 사회복지는 시혜나 자선이 아닌 인간의 권리로서 당당히 사회적 당위성을 갖게 된 것이다(김상균 외, 2009: 348-352).

그렇다면 왜 인권의 관점에서 사회복지를 바라봐야 하는가? 이 질문에 답하는 것은 그리 쉬운 일이 아니다. 사회복지의 개념도 인권의 개념도 모두 합의된 개념으로서 존재하는 것이 아니고, 논자에 따라 다양하게 정의되기 때문이다. 다만, 이 질문에 대한 답은 인권기반 사회복지의 특성과 원칙(조효제, 2007: 316-318)을 토대로 설명해 볼 수 있다.

첫째, 인권의 관점에서 사회복지를 보게 되면 잔여적 사회복지에서 보편적 사회복지로 정책전환을 할 수 있으며, 사회복지를 모든 정치 및 경제 제도의 핵심영역으로 격상시킬 수 있기 때문이다.

둘째, 모든 사람으로 하여금 인간의 존엄성을 유지하고 확보할 수 있는 방향으로 정책이 개선될 수 있기 때문이다.

셋째, 인권기반 사회복지는 서비스 대상자들을 피동적 존재가 아닌 능동적이고 자신감 있는 존재로 인정하기 때문에 정책 만족도를 향상시킬 수 있다.

넷째, 사회복지 관련 인권 이슈는 정책 아이디어로 자연스럽게 연결될 수 있으며, 새로운 정책개발로 연결될 수도 있다.

다섯째, 사회복지를 인권의 관점에서 접근하면 사회문제의 의제화가 쉽기 때문에 문제해결에 결정적 역할을 할 수 있다.

여섯째, 사회복지를 인권의 관점에서 바라보게 되면 보편적인 접근이 가능하기 때문에 인권보호 범주에서 벗어나는 소수자들도 사회복지의 대상에 포함시킬 수 있다.

한편, 사회복지실천에서도 인권의 관점이 필요하다. 그 이유는 인권은 큰 틀에서 사회복지실천의 근본적 방향을 제시하기 때문이다. 인권의 관점에서 사회복지실천을 하게 되면, 욕구를 가진 클라이언트를 문제를 가진 사람으로 보는 것이 아니라 그와 같은 욕구로 표현되는 권리를 가진 사람으로 보게 된다. 욕구를 가진 클라이언트를 보편화하는 것이다. 이 같은 과정은 클라이언트를 낙인찍지 않고, 인간으로서 존엄성을 유지하게 하는 것으로 클라이언트가 서비스를 선택하는 데 있어 자율적 결정의 주체임을 인정하는 장점이 있다(양옥경, 2017: 218).

참된 인권은 자신의 욕구를 스스로 정의할 수 있는 권리이다. 인권의 관점에서 사회복지를 바라보게 되면, 사회복지사로 하여금 그가 지닌 권한을 클라이언트에게 돌려주어 클라이언트들이 스스로 자신의 욕구를 확인하고 정의할 수 있도록 해줄 수 있다(Ife, 2012: 140; 양옥경, 2017: 218). 클라이언트 스스로 자신의 욕구를 인간으로서의 권리수준에서 정의할 수 있도록 클라이언트에게 힘을 실어주는 것, 그것이 사회복지실천에서의 인권적 실천이기 때문이다.

4. 사회문제와 인권

1) 영역별 사회문제와 인권

(1) 빈곤과 인권

빈곤은 인간사회의 가장 근원적이면서 가장 대표적인 사회문제이다. 중위소득 50% 기준[5] 한국의 빈곤율은 2016년 13.8%에서 2018년 2분기에는 15.7%

5) 중위소득이란 전체 가구를 소득순으로 순위를 매겼을 때 정확히 가운데를 차지한 가구의 소득

로 높아졌다(한국보건사회연구원, 2018: 7). 특히, 우리나라 노인 빈곤율은 OECD 국가 중 1위로 널리 알려진 바와 같이 빈곤에 더 취약한 계층이다. 실제로 노인 상대빈곤율(중위소득 50% 기준)은 2020년 38.9%로 매우 심각한 수준이다. 균등화 처분가능소득이 전체 인구 중위소득의 50%인 빈곤선은 2020년 연 1,499만 원이다. 그보다 소득이 적은 노인이 열 중 넷에 육박하는 이유는 연금소득이 적어 부득이 일은 하지만 근로소득이나 사업소득이 보잘것없기 때문이다(한겨레, 2022.8.6).

여성과 장애인도 빈곤에 더 취약한 계층에 해당한다. 여성의 빈곤율이 높고, 특히 노년층에서 큰 폭으로 증가하고 있다. 그 이유는 남녀 간의 고용률 및 임금 격차 때문이다. 남녀 고용률 격차는 2018년 19.9%로 여전히 크며, 여성의 임금은 남성의 68.8%에 불과하다(통계청 · 여성가족부, 2019).

장애인 빈곤율은 36.3%로 OECD 국가의 평균인 22.1%보다 약 1.6배, 비장애인 14.6%에 약 2.4배 높아 OECD 국가들과 비교했을 때도 매우 높은 편이다(김수정 외, 2021: 207). 이처럼 장애인가구가 비장애인가구에 비해 상대적으로 빈곤수준이 높은 이유는 장애인가구가 비장애인가구에 비해 생활비가 훨씬 더 많이 들고, 장애인가구의 소득이 비장애인가구에 비해 낮다는 점, 이 2가지 요인이 복합적으로 작용하기 때문이다. 즉, 장애는 추가비용이라는 새로운 지출 요인을 발생시킬 뿐만 아니라 소득감소까지 유발시켜 마침내 장애가 있는 개인을 빈곤 상태에 이르게 하는 것이다(서동명 외, 2022: 223-224).

노인과 여성 그리고 장애인에 비해 상대적으로 그 비중이 작긴 하지만,[6] 아동의 빈곤문제 역시 간과해서는 안 되는 문제이다. 부모의 보호와 양육에 의존할 수밖에 없는 아동 역시 빈곤의 영향을 직접 받는 취약한 위치에 있기 때문이다. 아동은 성장 과정에 있기 때문에 그 폐해가 다른 인구집단에 비해

수준을 말한다. 예컨대, 가장 보편적으로 사용하는 OECD 사용기준인 중위소득의 50%를 빈곤선으로 책정할 경우, 사회구성원 99명을 소득액 순으로 나열하여 이 중 50번째 사람의 소득 50%를 빈곤선으로 하는 것이다.

6) 중위소득 50%를 기준으로 설정한 상대 아동 빈곤율은 2003년 14.9%, 2005년 14.0%, 2007년 13.4%, 2009년 12.2%였다.

상대적으로 더 크고 때로는 치명적이다(김성천 외, 2009: 288).

빈곤은 부모세대 빈곤의 만성화와 자녀세대로의 대물림현상을 초래하고, 신체발달과 인지발달을 저해하며, 행동장애와 반사회적 행동을 초래하기도 한다. 빈곤가정과 아동에 미치는 빈곤의 부정적인 파급효과로 인하여 빈곤에 대한 대책은 국가적인 차원의 체계적인 정책수행과 실천적 개입이 요구된다(오정수 · 정익중, 2013: 255).

이상과 같이 한국의 빈곤 상황은 갈수록 악화되고 있으며, 특히 노인 빈곤율은 OECD 회원국 가운데 최상위권에 속할 정도로 매우 심각한 상황이다. 또한, 여성과 장애인의 빈곤율도 높은 편이다. 따라서 기존 소득보장제도를 강화해야 하며, 이를 위해서는 소득보장의 예산 비중을 지속적으로 제고하는 노력이 필요하다.

(2) 노동문제와 인권

노동문제는 자본주의의 산물이다. 노동문제란 자본주의사회의 자본과 임금노동 사이의 관계에서 발생하는 모든 문제를 말한다(김영화 외, 2011: 163). 노동문제의 본질은 자본주의사회의 기본 구조, 즉 착취구조로부터 비롯된다. 이러한 구조 속에서 노동자는 항상 불리한 조건을 감수할 수밖에 없다. 노동자를 주된 대상으로 한 노동문제를 사회복지의 영역으로 설정하는 이유가 바로 여기에 있다. 노동과 관련한 인권 이슈는 노사갈등과 고용문제 그리고 산업재해가 핵심이라 할 수 있다. 특히, 고용문제는 세계적으로 직면하고 있는 가장 심각한 노동문제이다.

실업문제

현대 자본주의사회가 직면하고 있는 가장 큰 노동문제는 실업이다. 높은 실업률은 가장 큰 노동문제일 뿐만 아니라 가장 큰 사회문제이며, 현대 자본주의의 가장 큰 약점이다. 실업은 노동자들에게 거의 파멸적인 영향을 미친다. 실업은 가족을 파괴하고 보다 많은 범죄, 질병, 사망률 상승으로 귀결된다(김

영화 외, 2011: 155).[7)]

한국은 1997년 경제 외환위기 이후 유례없는 실업사태가 발생하였는데, 1998년 2월에 100만 명을 돌파한 실업자 수는 1999년 초에는 약 200만 명 가까이 치솟았다. 경제위기 이전에는 3% 미만을 유지하던 실업률이 1998년에는 7.0%까지 올랐다가 이후 점차 낮아졌으나, 여전히 높은 실업률을 기록하고 있다. 그런데 실업문제의 핵심은 외환 경제위기 이후에 치솟았던 청년실업률이 좀처럼 떨어지지 않는다는 사실이다. 30세 미만의 청년들이 다른 연령 집단들과 견주어 2~3세 이상의 높은 실업률을 보이고 있다. 청년실업의 고착화 · 장기화는 사회 전체의 인적자본 형성을 저해하고 지속적인 경제성장의 토대를 악화시킨다. 청년실업은 미래 세대에게 기회와 희망을 주지 못한다는 점에서 다른 실업에 비해 훨씬 심각한 문제이다(김종일 외, 2010: 292-294). 청년실업문제가 해결되어야만 전체 실업률도 줄어들 수 있다.

노동시장 이중구조: 비정규직 문제

노동문제를 표현하는 방식은 다양하지만, 그중에서도 가장 많이 사용되는 표현이 '노동시장 이중구조'라는 표현일 것이다. 일자리가 두 개로 나누어져 있고, 그 나누어진 둘의 차이가 너무 크다는 이유에서 나온 말이다. 왜 이런 현상이 나타났고, 무엇이 문제인가? 그 배경에는 경제위기와 산업구조의 변화가 있다. 경제위기와 그로 인한 구조조정의 영향으로 두드러지게 나타난 고용불안 현상은 갈수록 심화되어 가고 있다. 또한, 산업구조의 변화, 즉 정보통신을 비롯한 첨단기술 분야가 주요 성장산업으로 등장하면서 이른바 '고용 창출이 없는 성장(jobless growth)'[8)] 현상이 나타나고 있다(김종일 외, 2010: 300).

---

7) 외국의 한 의학 조사에 의하면, 1%의 실업률 증가는 사망률의 2%, 정신질환자 수의 3.4%, 그리고 자살자 수의 4% 상승을 초래한다고 한다(폴 사브첸코 지음, 1989; 김영화 외, 2011: 155에서 재인용).

8) '고용 창출이 없는 성장'이란 경제성장률의 증가에도 불구하고 고용 증대가 수반되지 않는 현상을 가리키는 말로 현재 선진국이 겪는 새로운 사회문제의 하나이다. 이것은 산업구조가 기술집약적이고 지식집약적인 첨단산업 위주로 재편되면서 생기는 현상이라 할 수 있다(김종일 외, 2010: 300).

고용불안을 가장 심각하게 느끼는 사람들은 두말할 것도 없이 비정규직 노동자들이다. 이들은 처음부터 일자리 보장이 없다는 것을 전제로 고용되기 때문이다. 비정규직은 '고용 기간 1년 미만의 단기계약자, 법정노동시간 이하의 불완전 취업자, 계절노동자, 부분 취업의 재택근무자, 일용노동자와 시간제 노동자' 등을 일컫는다(김영화 외, 2011: 165).

1997년 외환위기 이후 노동시장의 유연화로 인해 비정규직은 전체 임금노동자의 절반 이상을 차지할 정도로 지속해서 증가해 왔다. 현재는 다소 줄어 전체 임금노동자의 38.4%(통계청 2021년 기준)를 차지하고 있다. 비정규직은 일자리 안정성이 많이 떨어지고, 안정성만큼이나 보상도 큰 차이가 나며, 복지혜택도 정규직보다 훨씬 적다. 비정규직 노동자들은 정규직 노동자들처럼 임금인상과 노동시간 단축 등의 권리를 주장하기 매우 어렵다. 기업 안에서 노동자는 약자인데, 언제라도 해고될 수 있다는 점은 비정규직을 더 약자로 만든다. 비정규직 노동자들의 임금은 정규직 임금의 65.5%로 매우 낮은데, 그것은 정규직 임금이 높아서가 아니라 비정규직 임금이 너무 낮기 때문이다. 차별시정제도가 시행되고 있지만, 비정규직 노동자들이 차별시정을 신청할 경우 재계약되지 않기에 그 제도로부터도 소외되어 있다. 비정규직 노동자들의 저임금과 차별은 '비정규직'이라는 현실로부터 나온다(김혜진, 2016).

비정규직은 사회적 양극화를 촉진하는 요인으로 작용한다. 노동시장의 이중구조를 풀어야 한다. 노동비용을 절감하고 사고 위험부담을 전가하기 위해 자행되고 있는 '값 후려치기' 하청, 파견, 특수고용 등을 양산하는 왜곡된 경제 · 산업구조를 개선하는 근본적 처방이 필요하다. 이 구조적 문제를 풀려면 정부 차원에서 대기업과 중소기업 사이의 불공정거래를 강력히 단속하고, 공정거래 · 산업 · 금융정책 등 전반에 관한 포괄적 논의와 대책이 필요하다.

산업재해

산업재해란 산업활동에 수반하여 발행하는 사고로 부상 · 질병이환 또는 사망하거나 시설이 파괴되는 것을 말한다(산업재해보상보험법 제2조 제1호). 산업재해는 근로조건과 작업환경의 수준과 깊은 관계가 있다. 근로조건과 작업환경이 중요한 이유는 취업과 임금문제가 해결된다 해도 작업 중 발생하는 위험으로부터 근로자가 노동능력을 상실하고 자신과 가족의 생존에 위협으로 받을 수 있기 때문이다(김근홍 외, 2013: 158).

산업재해의 원인은 개인의 과실에서 비롯되는 것이 아니라 구조적 문제에서 비롯된다. 한국 산업재해의 구조적 특성은 첫째, 재해근로자의 발생은 대규모 사업장보다 영세사업장에서 더 많이 발생한다. 둘째, 경력이 짧은 근로자의 경우 재해 발생 가능성이 크다. 셋째, 사망을 포함해 3개월 이상 요양을 필요로 하는 중대 재해자 수의 비중이 42% 그리고 장기간(15일 이상 3달 미만) 요양이 필요한 재해는 약 55%로 산업재해의 강도가 점차 높아지고 있다. 산업재해는 노동 환경의 개선에 투입될 수 있는 자원의 양과 노동자가 속한 산업 및 직장의 성격에 가장 크게 영향을 받는다(노동부, 1998, 제8장; 김근홍 외, 2013: 159).

이상 우리나라 노동문제의 현실을 개략적으로 살펴보았는데, 노동자들의 인권을 보호하기 위해서는 무엇보다 지속적인 양질의 일자리 창출이 필요하다. 지속적인 일자리 창출을 위해서는 노동시장의 수요와 공급 양쪽을 동시에 아우르는 적극적 노동시장정책(active labor market policy)을 추진해야 한다. 적극적 노동시장정책을 통한 일자리 창출을 하는데 기업들로 하여금 비정규직 노동자를 남용하지 않도록 대책을 시급히 마련해야 한다. 비정규직 남용에 대한 규제와 함께 비정규직 노동자에 대한 균등한 대우가 절실히 요청된다. 또한, 노동시장에서 탈락하거나 배제된 사람들을 일정 기간 시장 밖에서 보호해 주는 역할을 하는 사회안전망(social safety net)을 확충해야 한다.

2) 대상별 사회문제와 인권

(1) 아동 · 청소년문제와 인권

현행 아동과 청소년의 연령에 대한 법적 기준은 개별 법률의 입법 취지에 따라 다르게 규정하고 있다.[9] 청소년은 아동의 개념과 혼재되어 다양한 연령대로 정의되고 있다. 현행 아동 관련 법률들을 기준으로 볼 때, 아동과 청소년의 연령 범위는 대략 만 18세 전후라고 볼 수 있다.

아동과 관련한 인권 이슈는 아동학대를 비롯하여 아동빈곤, 비행과 학교 부적응 문제, 결식아동, 소년소녀가장 문제, 보육문제, 어린이 성폭행, 아동안전 문제, 가정위탁과 입양, 아동보호시설 등이 있다. 이 중에서 아동학대는 심각한 인권 이슈로 떠오르고 있다.

아동학대

아동학대(child abuse)란 "보호자를 포함한 성인이 아동의 건강 또는 복지를 해치거나 정상적 발달을 저해할 수 있는 신체적 · 정신적 · 성적 폭력이나 가혹행위를 하는 것과 아동의 보호자가 아동을 유기하거나 방임하는 것"을 말한다(아동복지법 제3조 제7호 제7항). 적극적인 가혹행위뿐만 아니라 소극적 의미의 유기와 방임행위까지 아동학대의 정의에 포함하고 있다. 양육으로 하지 말아야 할 것을 하는 것이 학대라고 한다면, 방임은 양육으로 해줘야 할 것을 하지 않는 것에서 비롯된다. 여기에는 유기, 제대로 된 의복이나 영양섭취나 보호를 제공하지 않는 환경적 방임, 학교에 제대로 보내지 않는 교육적 방임, 필요한 의료보호를 제공하지 않는 의료적 방임이 포함된다. 학대에 비해 방임은 큰 관심을 받지 못했지만, 실제로 가장 많이 발생하고 있으며 개입이 필요

9) 우리나라 청소년보호법에서는 청소년 연령을 만 19세 미만으로 규정하고 있고, 청소년기본법과 청소년복지지원법에서는 9~24세, 아동복지법에서는 만 18세 미만, 영화 및 비디오물의 진흥에 관한 법률에서는 만 18세 미만으로 규정하고 있다.

한 분야이다. 유기의 경우에는 부모가 부모의 역할을 거부하는 것이다. 하지만 대부분의 방임 사례는 부모가 역할을 제대로 수행하지 못하는 경우이다(찰스 자스트로, 2006: 171).

아동학대의 가장 심각한 결과 중 하나는 폭력이 또 다른 폭력을 양성한다는 것이다. 학대받은 아이들이 부모가 되면 자신들의 자녀를 학대할 가능성이 크다. 이론적으로 학대는 강한 증오심을 유발하고, 이는 이후에 폭력으로 표출될 수 있다. 강간범, 살인자, 강도 또는 가정폭력 가해자들의 상당수가 아동학대를 경험한 사람들이다. 학대받은 아이들을 가출할 가능성이 크고, 가출 후 도둑질, 사기, 매춘 등의 범죄행동의 위험에 처하게 된다(찰스 자스트로, 2006: 170).

아동학대는 우리 사회에서 여전히 자행되고 있을 뿐만 아니라 가정과 사회를 위협하는 수준으로까지 확대되고 있다. 아동학대는 대부분이 성인에 의해 이루어지고 있으며, 그중 친권자인 부모가 전체 행위자의 81.8%를 차지하고 있다(중앙아동보호전문기관, 2017). 이러한 아동학대의 특성으로 말미암아 아동학대는 숨은 범죄가 많은 영역이므로 아동학대를 발견한 경우나 학대가 의심되는 경우를 발견하면 신속한 대응이 중요하다. 그러나 전문인력의 보충이 원활하게 이루어지지 않아 전문인력의 업무량 부담에 따른 소진 현상이 발생하고 있다(박연주, 2020: 139-140). 따라서 아동학대에 대한 신속한 대응 및 전문인력의 강화가 필요하다.

학교폭력

한편, 청소년과 관련한 인권 이슈는 학교폭력, 가출문제, 또래들의 성추행 · 성폭행, 약물중독, 중퇴 등이 있다. 이 중에서도 학교폭력은 심각한 상황이라 할 수 있다. 학교폭력이란 학교 내외에서 학생을 대상으로 발생한 상해, 폭행, 감금, 협박, 약취 · 유인, 명예훼손 · 모욕, 공갈, 강요 · 강제적인 심부름 및 성폭력, 따돌림, 사이버 따돌림, 정보통신망을 이용한 음란 · 폭력 정보 등에 의하여 신체 · 정신 또는 재산상의 피해를 수반하는 행위를 말한다(학교폭력예방 및 대책에 관한 법률 제2조). 이 가운데 속칭 '왕따'로 불리는 따돌림이란 학교 내외에서 2명 이상의 학생들이 특정인이나 특정 집단의 학생들을 대상으로 지속적이거나 반복적으로 신체적 또는 심리적 공격을 가하여 상대방이 고통을 느끼도록 하는 일체의 행위를 말한다(학교폭력예방 및 대책에 관한 법률 제2조1의2). 그리고 사이버 따돌림이란 인터넷, 휴대전화 등 정보통신기기를 이용하여 학생들이 특정 학생들을 대상으로 지속적, 반복적으로 심리적 공격을 가하거나, 특정 학생과 관련된 개인정보 또는 허위사실을 유포하여 상대방이 고통을 느끼도록 하는 일체의 행위를 말한다(학교폭력예방 및 대책에 관한 법률 제2조1의3).

따돌림 현상의 유형은 대화 거부, 약점 들추기, 모함, 비난하기, 위협, 시비걸기, 괴롭히기 등 다양한데, 심각한 것은 따돌림이 집요하게 이루어지고 있다는 것이다. 수법도 교묘하고 은밀하여 교사가 쉽게 눈치채지 못한다. 가해자들이 별로 죄의식을 갖지 않고, 상당수의 학생이 집단따돌림에 무감각하다는 것이다(김근홍 외, 2013: 192).

문제는 현장에 있고, 그 문제에 대한 해답도 현장에 있다. 그러나 학교가 학교폭력 문제를 해결하기보다는 학교폭력의 책임을 교사들에게 떠넘김으로써 문제를 덮기에 급급한 구조이다. 이러한 구조를 바꾸지 않으면 학교폭력 문제는 은폐될 수밖에 없다. 학교폭력을 과감하게 드러낼 수 있는 구조를 만들어야 한다. 학교현장에서 폭력을 예방하고 대처하기 위해서 마련된 '학교폭력 전담기구'를 활성화해야 한다. 학교폭력 전담기구를 담당하는 책임교사를 두고, 해당 학생의 담임교사를 필수적으로 참석시켜 전담기구가 적극인 역할을 할 수 있도록 해야 한다. 10대가 많이 아프다.

(2) 노인문제와 인권

노인의 인권도 헌법 제10조의 규정에 따라 국가에 의해 보호받을 권리가 있다. 노인과 관련한 인권 이슈는 노인차별, 연령규범, 노인학대 등이 있다.

노인차별

노인차별(ageism)은 인종차별(racism)과 성차별(sexism)에 이어 세 번째의 차별로 불린다. 노인차별에 관한 연구를 한 레빈(J. W. Levin)에 의하면, "아동에 관한 농담의 70% 이상은 긍정적인 데 반해, 노인에 대한 농담의 66% 이상의 부정적"이라고 한다(박광준 외, 2010: 293).

피차별 집단(minority)이란 ① 신체적, 문화적으로 사회의 다른 구성원들과는 다른 특징을 가지고, 즉 식별 가능성을 가지고, ② 그 특징을 이유로 차별을 하는 집단에 의해 사회의 다른 구성원과는 다른 불이익을 받고, 즉 차별적 대우를 받으며, ③ 그 차별대우에 대해서는 자신들이 차별받고 있다고 하는 어떤 공통의 감정, 즉 집단동일성을 가지는 사람들로 정의된다(Levin & Levin, 1982). 이러한 특징을 노인에 적용해 본다면, ① 주름이나 백발, 돋보기, 지팡이 등으로 식별되고, 그 집단의 특유한 문화, 즉 언어와 관심, 행동 양식 등에 의해 정형화가 이루어지고, ② 위의 식별에 의해 부정적인 태도가 형성되어 차별대우가 일어나며, ③ 노인이 스스로 노인임을 부정하는 현상도 보이지만, 노인 스스로가 차별받고 있다는 공통된 인식이 있어서 노인권익 확보를 위한 조직화가 진전되고 있는 것이다.

그런데 노인의 차별은 인종차별이나 성차별과는 다른 특성이 있다. 그것은 첫째, 연령은 귀속적인 속성이지만, 일생 거의 변화하지 않는 다른 속성과는 달리 시간에 따라 변화하고, 따라서 살아 있는 사람이라면 누구나가 차별받을 가능성을 가진다는 점, 둘째, 몇 세 이상이 노인인지에 대한 사회적 정의 그 자체가 변화한다는 점, 그리고 셋째, 차별로부터의 해방운동을 노인 스스로가 전개할 수 있는 능력이 상실되어 있다는 것이다(박광준 외, 2010: 293-294).

연령규범

편견(prejudice)이란 확실한 근거나 경험에 기초하지 않고, 어떤 인간이나 집단, 종교 등에 대해서 품고 있는 이미지와 그것에 기초한 부정적 태도를 의미한다. 그러나 편견을 가지고 차별을 하는 사람들은 자신들이 차별하고 있다는 인식을 하지 못하는 경우가 일반적이며, 그것이 차별문제의 큰 특징이기도 하다.

노인에 대한 편견을 형성하게 하는 요인의 대표적인 것이 연령규범(age norm)이다. 연령규범이란 일정 연령에 있어서 그 사람에게 요구되는 바람직한 행동의 규정이다. 즉, 사회가 '연령에 어울리는 행동'을 정형화하여 가지고 있다는 뜻이다. 연령규범은 법제화되는 경우도 있다. 음주, 흡연, 결혼 등을 자신의 의지로 하기 위해서는 일정 연령 이상이 아니면 안 되는 것이 그 예이다.

그러나 노인에 대한 편견은 법제화되지 않은 연령규범이며, 사회에 만연되어 있다. 또한, 스스로 노인이 아니라고 생각하는 노인이 다른 노인에 대해 갖는 편견도 있다. 이것은 노인이 젊음에 큰 가치를 두고 젊음을 과대평가하여, 본래 자신이 소속하고 있는 연령집단에의 귀속을 거부하고 자신을 젊은 층에 귀속시키는 것이며, 자기지향적 편견이라고 할 수 있다. 이 경우 당사자는 '자신보다도 나이가 많은 사람'을 노인으로 규정한다(박광준 외, 2010: 294).

노인에 대한 편견은 비방이나 격리 등의 차별로 나타나지만, 극단적인 경우 신체적 공격으로 나타나기도 한다. 노인만을 대상으로 하는 범죄가 그것이다.

노인학대

노인과 관련한 인권 이슈들 가운데 간과할 수 없는 심각한 상황에 놓여 있는 것 중의 하나가 바로 노인학대(elder abuse)이다. 노인 인권의 침해는 주로 노인학대로부터 발생하기 때문이다. 노인학대란 노인에 대하여 신체적 · 정신적 · 정서적 · 성적 폭력 및 경제적 착취 또는 가혹행위를 하거나 유기 또는 방임하는 것을 말한다(노인복지법 제1조의2).

노인학대는 명백한 증거와 상처를 남기는 신체적인 학대만을 의미하지는 않는다. 노인에게 신체적 · 정서적 · 성적 · 재정적 손상을 가하거나 부양의무를 소홀히 하는 것이 포함되는데, 그 범위는 계속 확대되는 것이 국제적인 경향이다. 가장 흔히 받아들여지고 있는 노인학대의 범위는 ① 신체적 상해나 고통을 주는 신체적 학대, ② 정신적인 고통을 주는 심리적 학대, ③ 자금이나 자원의 불법 혹은 부당한 착취 혹은 사용을 의미하는 물적 학대, ④ 의식적이고 의도적으로 돌봄의 의무를 거부하거나 이행하지 않는 의도적 방치, ⑤ 의식적이고 의도적이지는 않지만 돌봄의 의무를 거부하거나 이행하지 않는 소극적 방치 등의 유형이 있다. 이것은 다양한 학대 유형을 포괄하는 개념이지만, 여기에 노인 자신에 의한 자신의 학대도 포함시키는 경향이 강해지고 있다(박광준 외, 2010: 300).

주된 가해자가 가족이고, 학대를 참고 견디는 노인들이 많다는 점을 고려할 때, 노인학대는 앞으로도 가정에서 지속될 가능성이 크다. 아울러 노인시설에서의 학대문제도 간과할 수 없다. 노인시설에서의 인권침해는 노인 간의 폭언 및 폭행과 종교의 강요 등이 가장 빈번하게 발생하고 있다(김상균 외, 2009: 380). 노인학대의 예방은 노인인권 보호 및 증진을 위해 필수적이라 할 것이다.

노인학대를 방지하기 위해서는 다음과 같은 접근이 필요하다. 첫째, 법 제도적 접근으로, 노인학대에 대해 적극적으로 개입하기 위한 법률적 기초를 다지는 일이다. 둘째, 노인을 돌보고 있는 가족에 대한 사회적 지원책을 확대하는 것이다. 셋째, 사회문화적 접근으로서, 노인에 대한 바람직한 관념, 노인부양가족에 대한 사회적 이해를 증진하기 위하여 사회 전반적인 차원에서 인권침해나 차별 등의 문제를 근본적으로 해결하기 위한 사회문화적인 노력이 필요하다.

(3) 장애인문제와 인권

장애인이 안고 있는 문제는 대부분 인권과 관련이 있다. 장애인 인권과 관련한 이슈는 장애인의 생존권, 노동권, 교육권, 접근권, 참정권, 사회참여권, 탈시설화, 장애인 학대 등 너무도 많다. 그만큼 인권에 취약한 계층이 장애인이라는 방증이다. 이러한 장애인 인권 관련 이슈는 모두 차별에서 비롯된다.

차별은 기본적으로 평등한 지위 집단을 자의적 기준에 의해 불평등하게 대우함으로써 특정 집단을 사회적으로 배제하는 처우를 말한다(손병돈 외, 2008: 186). 차별은 '모든 인간의 평등한 존엄'이라는 대전제에 어긋나는 기초적 인권침해이다(조효제, 2016: 245). 특히, 장애인 차별은 장애인을 주변화시키는 사회적 권력, 문화적 가치, 그리고 개인적 편견 등이 결합되어 부정적으로 장애인을 묘사하고 처우함으로써 장애인을 억압하는 현상으로 나타난다(이선우 · 이수경, 2020: 136).

장애인차별금지법(제4조)에 따르면, 차별의 종류는 6가지, 즉 직접차별, 간접차별, 정당한 편의제공 거부, 광고를 통한 차별, 장애인 대리 · 동행자에 대한 차별, 보조견 또는 장애인보조기구에 대한 차별이 있다.

첫째, 직접차별은 장애인을 장애를 이유로 정당한 사유 없이 제한 · 배제 · 분리 · 거부 등에 의하여 불리하게 대하는 경우를 말한다.

둘째, 간접차별은 장애인에 대하여 형식상으로는 제한 · 배제 · 분리 · 거부 등에 의하여 불리하게 대하지는 않지만, 정당한 사유 없이 장애를 고려하지 않는 기준을 적용함으로써 장애인에게 불리한 결과를 초래한 경우를 말한다.

셋째, 정당한 편의제공 거부는 과도한 부담이나 현저히 곤란한 사정과 같은 정당한 이유 없이 장애인에게 편의시설이나 서비스 등의 제공을 거부하는 경우를 말한다.

넷째, 광고에 의한 차별은 정당한 사유 없이 장애인에 대한 제한 · 배제 · 분리 · 거부 등 불리한 대우를 표시하거나 조장하는 광고를 직접 행하거나 그러한 광고를 허용, 조장하는 경우를 말한다.

다섯째, 장애인을 돕기 위한 목적에서 장애인을 대리, 동행하는 자 등에 대해 차별행위를 하는 경우도 장애인 차별이다.

마지막으로 보조견 또는 장애인보조기구 등의 정당한 사용을 방해하는 경우 차별에 해당하며, 보조견 및 장애인보조기구 등을 대상으로 하는 차별행위도 차별이다.

장애인차별금지법에 따른 차별금지영역은 고용(제10조, 제11조), 교육(제13조, 제14조), 재화 및 용역과 금융상품 제공 및 이용(제15조, 제17조), 시설물의 접근 및 이용(제18조), 이동 및 교통수단(제19조), 정보접근 및 의사소통에 대한 차별금지(제20조, 제21조), 문화 · 예술 · 체육활동(제24조, 제25조), 사법 · 행정절차 및 참정권(제26조, 제27조), 모 · 부성권, 성 등(제28조, 제29조), 가족 · 가정 · 복지시설(제30조), 건강권(제31조), 괴롭힘의 금지(제32조), 장애여성, 장애아동

(제33조, 제35조), 정신적 장애인(제37조) 등이다.

장애인차별시정기구로서 국가인권위원회가 있다. 국가인권위원회는 모든 개인의 기본적 인권을 보호하고 인간으로서의 존엄과 가치구현을 목적으로 하는 유일한 인권전담 국가기구이다. 국가인권위원회는 진정이 접수되면 이에 대한 조사를 통해 인권침해나 차별로 인정되는 경우, 합의 및 당사자 간 조정 또는 구제조치를 권고하고 있다. 장애인차별금지법은 장애인 차별행위에 대한 조사와 구제업무를 전담하는 장애인차별시정소위원회를 국가인권위원회 내에 두도록 규정하고 있다(제40조). 또한, 장애인차별금지법에서 금지하는 차별행위로 인하여 피해를 입은 사람은 국가인권위원회에 진정할 수 있으며, 진정이 없는 경우라도 차별행위의 내용이 중대하다고 인정되는 때에는 국가인권위원회가 직권으로 조사하여 권고할 수 있다(제38조).

이렇듯 장애인의 차별금지와 관련해서는 2007년 3월 6일 장애인차별금지법이 국회를 통과하여 2008년 4월 11일부터 시행되고 있다. "차별금지는 하나의 개별 권리가 아니라 전체 인권의 토대적 가치다"(조효제, 2016: 245). 장애인이 오랫동안 목숨을 건 투쟁 때문에 얻어낸 결과였고, 장애인 인권 패러다임의 전환을 가져왔던 장애인차별금지법의 실효성 확보 노력이 절실히 요청되는 시점에 와 있다.

(4) 여성문제와 인권

여성의 인권문제는 주로 평등권 실현과 여성에 대한 폭력의 철폐와 관련된다. 여성 인권침해의 근본적인 문제는 성차별로부터 비롯된다고 해도 과언이 아니다. 유리천장(glass ceiling)이란 표현이 있다. 이는 개인이 능력과 자격이 있음에도 불구하고 성차별이나 인종차별 등의 이유로 직장에서 성공의 장벽에 부딪히게 되는 현상을 말한다.[10] 이러한 유리천장 현상을 국가 간 비교하기 위해 영국 주간지 이코노미스트는 유리천장 지수(glass ceiling index)를 발표

10) 유리천장이라는 용어는 1970년대 미국 여성이 직장에서 승진 차별을 당하고 있다는 점을 강조하기 위해서 사용되었다고 한다.

하고 있다. 이 지수는 남성과 여성의 고등교육 이수율, 여성의 경제활동 참가율, 남녀임금 격차, 관리자 중 여성 비율, 임금대비 육아비용 등 5개 항목으로 구성되어 있다. 2019년 3월 8일 세계 여성의 날을 맞아 유리천장 지수가 발표되었는데, 조사대상 OECD 29개 회원국 중 한국은 100점 만점에 겨우 20점으로 꼴찌를 차지했다. 특히, 남녀 임금 격차(34.6%),[11] 여성 관리자 비율(12.5%), 그리고 여성 기업 이사의 비율(2.3%) 3개 부문에서 꼴찌를 차지했다. 또한, 고등교육 이수자의 남녀 비율 차가 6.6%로 꼴찌에서 두 번째였고, 노동참여 인구의 남녀 비율도 20.3%로 바닥권인 것으로 나타났다(중앙일보, 2019.3.8; 박연주, 2020: 67-68에서 재인용).

한편, 여성에 대한 폭력의 철폐와 관련하여 사회 구조적으로 주목해야 할 사회문제로서 가정폭력, 성폭력, 가장 역할을 하는 소녀들, 여성노인, 장애여성, 여성 수감자 등에 대한 열악한 사회환경, 의사결정과정과 정책과정에서의 차별 등은 시급히 다루어져야 할 여성 인권의 이슈들이다(양옥경, 2017: 222). 특히, 성폭력에 관한 문제들은 최근 들어 더욱 부각되고 있다. 현직 여검사에 대한 성폭력, 정치인의 수행비서 성폭력, 스포츠 선수들에 대한 코치진들의 성폭력, 데이트 폭력 등의 사건들은 한국에서도 '미투(Me Too) 운동'으로 확산되었다. 이러한 성폭력 문제들의 다발적 출현은 그동안 감춰져 있던 한국의 여성 인권의 암울한 현실을 반영하고 있다. 추가로 성폭력 피해자에게 가해지는 2차 피해도 심각한 문제로 제기되고 있다(박연주, 2020: 66-67).

차별과 폭력으로부터 여성의 인권을 보장하기 위해서는 다방면의 노력이 요구된다. 예를 들면, 교육과 발전에의 남녀 동등한 접근권의 보장, 사업 ·

11) OECD조가 결과, 2021년 기준으로 한국의 남녀 임금 격차는 31.1%로 조금 나아지긴 했지만, 1996년 가입 이래 이 지표에서 줄곧 1위를 기록 중이다. 31.1%의 결과가 의미하는 것은 남녀 노동자를 줄 세웠을 때 각각 한가운데 있는 남성과 여성의 연봉을 비교한 것으로, 한국에선 양자의 차이가 31.1%라는 뜻이다. 조사대상국 30%를 넘긴 곳은 우리나라가 유일하다. 임금 격차의 원인으로는 주로 여성의 경력 단절과 뿌리 깊은 연공서열제가 지적되어 왔다. 지금의 임금체계는 직장에 오래 근무할수록 더 많은 임금을 받게 짜여 있어서 많은 여성이 30대에 임신 · 출산 · 육아 등으로 경력이 단절되고 나면 나중에 직장에 복귀해도 남성 동기들을 따라잡기 어려울 정도로 임금 격차가 벌어지게 된다는 것이다(한겨레, 2022.12.5).

일 · 고용 조건에서 남녀 동일한 조건 보장, 경제적 독립을 위한 동일한 기회의 보장, 가정과 자녀에 대한 책임의 분배, 권한과 영향력의 동일한 분배, 성적 폭력으로부터의 해방 등 권리 · 기회 · 책임에서의 성평등 등이다(국가인권위원회, 2004; 김상균 외, 2009: 381).

(5) 다문화가족과 인권

최근 한국에 체류하고 있는 외국인 규모는 200만 명이 넘는 것으로 보고되고 있다. 체류 외국인의 상당수는 다문화가족의 증가에 기인하고 있다. 다문화가족은 국제결혼으로 인해 부모 중 한쪽이 외국인으로 구성된 가정을 말한다. 중국 및 동남아 여성과의 결혼의 증가로 인해 이러한 다문화가족이 증가하였다. 다문화가족의 증가로 인해 사회문화적 부적응문제(언어소통, 문화의 차이 등), 가족의 안정성 문제(가정폭력, 이혼 증가, 자녀의 학습부진, 정체성 논란 등), 그리고 사회통합 이슈들(기혼 여성의 사회부적응, 차별문제 등)이 주요 사회문제로 등장하고 있다(박연주, 2020: 81).

사회적 차별은 국가, 지자체, 그리고 지역사회의 다양한 체계구성원들의 다문화에 대한 몰이해와 민감성 부족에서 비롯되는 것이므로(손병돈 외, 2008: 232) 국가와 지자체, 지역사회는 사회적 차별을 최소화하고 다문화에 기반을 둔 인권실천을 위해 다문화가족을 지원해야 한다. 인권의 결과물은 통합이다. 다문화가족복지가 안정적으로 실현될 수 있는 사회적 기반을 구축해 나가기 위해서는 다문화가족의 권리와 복지에 대한 책임성의 인식이 전제된다.

5. 사회복지법과 인권

인권은 법으로 구체화하여야 한다. 인권이 추상적이고 자연권적이기 때문이다. 법도 인권을 반영하는 것이어야 한다. 그렇다면 사회복지 관련법에서는 인권을 어떻게 규정하고 있을까?

1) 사회보장기본법과 인권

사회보장기본법은 시행법이 아니라 문자 그대로 기본법이기 때문에 구체적인 규정보다는 사회복지(또는 사회보장) 정책의 지향과 원칙 등을 규정하고 있다. 인권에 관하여 직접적으로 명시하고 있지는 않지만, 헌법 제10조와 제34조에 따라 행복하고 인간다운 생활을 향유할 수 있도록 하는 것이 이 법의 기본 이념이다(법 제2조 전단부). 이것은 헌법 제10조의 행복추구권과 제34조의 인간다운 생활을 할 권리를 지향한다는 선언이다. 헌법이 인정하는 기본적 인권(행복추구권)과 사회권(인간다운 생활을 할 권리)에 부합하고자 하는 법이라는 것이다. 이러한 권리에 대하여 국가와 지방자치단체는 모든 국민의 인간다운 생활을 유지 · 증진하는 책임을 지닌다(법 제5조 제1항). 즉, 인권으로서의 사회권의 보장은 국가와 지방자치단체가 책임을 져야 한다는 것이다. 결론적으로 사회보장기본법은 인권으로서 사회권을 보장하기 위한 사회복지, 사회보장에 대하여 국가책임의 원칙을 규정한 법이다(윤찬영, 2022: 137-138).

2) 사회복지사업법과 인권

사회복지사업법은 그 목적에서부터 인권을 규정하고 있다. 사회복지사업법은 제1조에서 “이 법은 사회복지사업에 관한 기본적 사항을 규정하여 사회복지를 필요로 하는 사람에 대하여 인간의 존엄성과 인간다운 생활을 할 권리를 보장하고 사회복지의 전문성을 높이며, 사회복지사업의 공정 · 투명 · 적정을 도모하고, 지역사회복지의 체계를 구축하고 사회복지서비스의 질을 높여 사회복지의 증진에 이바지함을 목적으로 한다”라고 규정하고 있다. 이처럼 사회복지사업법 역시 헌법의 이념과 규정을 따르고 있다. 사회복지사업법의 궁극적 목적은 사회복지의 증진에 이바지하는 것이다. 따라서 사회복지사업에서는 인권이 이러한 궁극적인 목적을 달성하기 위한 수단의 의미가 담겨 있는 것으로 이해할 수 있다.

사회복지사업법이 추구하는 기본 이념 역시 인권과 밀접한 관련이 있다. 사회복지사업법의 기본 이념은 제1조의2에 잘 나타나 있다.[12] 무엇보다 중요한 것은 사회복지사업법에서는 복지와 인권에 관해 국가와 지방자치단체의 책임을 규정하고 있다는 점이다. 즉, 사회복지사업법 제4조와 제13조에서는 국가와 지방자치단체는 사회복지서비스 이용자에 대한 인권침해 예방과 차별금지, 인권 옹호, 인권침해 상황에 대한 신속한 대응체계 및 구제조치의 마련, 사회복지와 관련한 인권교육의 강화 등에 대한 책임을 규정하고 있다.

사회복지사업법 제5조에서는 "복지업무에 종사하는 사람이 업무를 수행할 때 사회복지를 필요로 하는 사람을 위하여 인권을 존중하고 차별 없이 최대로 봉사하여야 한다"라고 규정하고 있다. 인권존중과 차별 없는 봉사의 원칙을 선언하고 있는 것이다. 국가와 지방자치단체는 복지업무에 종사하는 사람이 그 업무를 수행할 때에 사회복지를 필요로 하는 사람의 인권을 침해하는 행위를 한 경우에는 법률이 정하는 바에 따라 처분하고 그 사실을 공표하는 등의 조치를 하여야 한다.

12) 즉, ① 사회복지를 필요로 하는 사람은 누구든지 자신의 의사에 따라 서비스를 신청하고 제공받을 수 있다. ② 사회복지법인 및 사회복지시설은 공공성을 가지며 사회복지사업을 시행하는 데 있어서 공공성을 확보하여야 한다. ③ 사회복지사업을 시행하는 데 있어서 사회복지를 제공하는 자는 사회복지를 필요로 하는 사람의 인권을 보장하여야 한다. ④ 사회복지서비스를 제공하는 자는 필요한 정보를 제공하는 등 사회복지서비스를 이용하는 사람의 선택권을 보장하여야 한다.

3) 아동복지법과 인권

아동복지법에서는 '아동의 권리에 관한 국제협약'을 토대로 해서 기본적인 아동의 인권을 보장하고 있다. 아동복지법의 기본 이념에서 평등권, 발달권, 보호권 등을 선언하고 있다. 구체적으로 살펴보면 다음과 같다. 첫째, 아동은 자신 또는 부모의 성별, 연령, 종교, 사회적 신분, 재산, 장애 유무, 출생지역, 인종 등에 따른 어떠한 종류의 차별도 받지 아니하고 자라나야 한다. 둘째, 아동은 완전하고 조화로운 인격발달을 위하여 안정된 가정환경에서 행복하게 자라나야 한다. 셋째, 아동에 관한 모든 활동에 있어서 아동의 이익이 최우선적으로 고려되어야 한다. 넷째, 아동은 아동의 권리보장과 복지증진을 위하여 이 법에 따른 보호와 지원을 받을 권리를 가진다.

아동복지법에서는 금지행위(제17조)를 통해 아동학대를 금지하고 있으며, 학대에 따른 예방과 조치 등 다양한 지원을 법률로 규정하고 있다. 예컨대, 아동복지법 제22조에서는 아동학대의 예방과 방지를 위한 각종 정책의 수립 및 시행, 아동학대의 예방과 방지를 위한 연구 · 교육 · 홍보 및 아동학대 실태조사, 아동학대에 관한 신고체제의 구축 · 운영, 피해아동의 보호와 치료 및 피해아동의 가정에 대한 지원 등에 대해 국가와 지방자치단체가 의무를 다해야 한다고 규정하고 있다. 그뿐만 아니라 제22조의 2에서는 국가와 지방자치단체로 하여금 아동학대의 조기 발견 체계 및 아동보호전문기관 등 관련 기관과의 연계체계 구축과 학대 피해 학생의 유치원 또는 학교에서의 안정적 적응을 위한 지원을 하도록 규정하고 있다.

한편, 지방자치단체는 사례관리와 아동학대 예방을 담당하는 아동보호전문기관을 시 · 도 및 시 · 군 · 구에 1개소 이상 두어야 한다. 다만, 시 · 도지사는 관할 구역의 아동 수 및 지리적 요건을 고려하여 조례로 정하는 바에 따라 둘 이상의 시 · 군 · 구를 통합하여 하나의 아동보호전문기관을 설치 · 운영할 수 있다(제45조 제2항). 그리고 아동복지법에서는 아동정책에 대한 종합적인 수행과 아동복지 관련 사업의 효과적인 추진을 위하여 필요한 정책의 수립을 지원하고 사업평가 등의 업무를 수행할 수 있도록 아동권리보장원을 설립하도록 규정하고 있다(제10조 제1항).

4) 노인복지법과 인권

노인복지법은 기본적으로 노인학대 예방을 강조하고 있으며(제6조 제4항), 노인인권을 위해 금지행위(제39조의9)를 통해 노인학대를 금지하고 있다. 그리고 아동복지법과 마찬가지로 노인복지법에서도 노인복지시설 운영자와 종사자는 인권교육을 받아야 하고, 노인에 대하여 인권교육을 시행할 수 있도록 규정하고 있다. 그리고 보건복지부장관은 인권교육을 효율적으로 실시하기 위하여 인권교육 기관을 지정할 수 있다. 이 경우 예산의 범위에서 인권교육에 드는 비용을 지원할 수 있으며, 지정을 받은 인권교육 기관은 보건복지부장관의 승인을 받아 인권교육에 필요한 비용을 교육대상자로부터 징수할 수 있다(제6조의3).

5) 장애인복지법과 인권

장애인복지법은 기본적으로 장애인의 인권을 지향하고 있다. 장애인복지의 궁극적 목적은 장애인의 사회참여와 평등을 통한 사회통합이라 할 수 있다. 그 기본 이념 역시 마찬가지이다(제3조).

> 장애인복지법은 "장애인의 인간다운 삶과 권리보장을 위한 국가와 지방자치단체 등의 책임을 명백히 하고, 장애 발생 예방과 장애인의 의료 · 교육 · 직업재활 · 생활환경 개선 등에 관한 사업을 정하여 장애인복지대책을 종합적으로 추진하며, 장애인의 자립생활 · 보호 및 수당지급 등에 관하여 필요한 사항을 정하여 장애인의 생활 안정에 기여하는 등 장애인의 복지와 사회

활동 참여 증진을 통하여 사회통합에 이바지함을 목적으로 한다."고 규정하고 있다(제1조).

장애인복지법에서는 장애인복지의 궁극적 목적을 달성하기 위해 이러한 기본 이념을 바탕으로 장애인의 인권과 기본적 권리, 차별금지, 자립생활지원 등의 규정을 두고 있다.

장애인복지법 제4조에서는 장애인의 권리를 다음과 같이 규정하고 있다. 첫째, 장애인은 인간으로서 존엄과 가치를 존중받으며, 그에 걸맞은 대우를 받는다. 둘째, 장애인은 국가·사회의 구성원으로서 정치·경제·사회·문화, 그 밖의 모든 분야의 활동에 참여할 권리를 가진다. 셋째, 장애인은 장애인 관련 정책결정과정에 우선적으로 참여할 권리가 있다.

장애인복지법 제8조에서는 차별금지 등을 다음과 같이 규정하고 있다. 첫째, 누구든지 장애를 이유로 정치·경제·사회·문화생활의 모든 영역에서 차별을 받지 아니하고, 누구든지 장애를 이유로 정치·경제·사회·문화생활의 모든 영역에서 장애인을 차별하여서는 아니 된다. 둘째, 누구든지 장애인을 비하·모욕하거나 장애인을 이용하여 부당한 영리 행위를 하여서는 아니 되며, 장애인의 장애를 이해하기 위하여 노력하여야 한다.

장애인의 의사결정에 따른 자립생활지원은 장애인 인권보장을 위한 복지정책과 실천의 방향을 보여준다. 장애인복지법 제53조에서는 "국가와 지방자치단체는 장애인의 자기결정에 의한 자립생활을 위하여 활동지원사의 파견 등 활동보조서비스 또는 장애인보조기구의 제공, 그 밖의 각종 편의 및 정보제공 등 필요한 시책을 강구하여야 한다"라고 규정하고 있다. 장애인의 자립생활을 실현하기 위해 국가와 지방자치단체는 장애인자립생활지원센터를 통하여 필요한 각종 지원서비스를 제공한다(제54조).

또한, 국가와 지방자치단체는 장애인이 일상생활 또는 사회생활을 원활히 할 수 있도록 활동지원급여를 지원할 수 있다. 그리고 임신 등으로 인하여 이동이 불편한 여성장애인에게 임신 및 출산과 관련한 진료 등을 위하여 경제적 부담능력 등을 고려하여 활동지원사의 파견 등 활동보조서비스를 지원할 수 있다.

6. 사회복지실천과 인권: 사회복지실천현장의 인권기반 접근

1) 인권기반 접근의 개념

최근 사회복지실천현장에서 인권을 기반으로 한 서비스의 접근에 대한 목소리가 높아지고 있다. 인권기반 접근(Human Rights-Based Approach: HRBA)이란 "사람들의 욕구(needs)와 문제점, 잠재력(potential)에 집중하여 어떠한 상황에서도 차별받지 않고 존엄성을 보장받을 수 있도록 상황을 개선하는 계획과 과정에 국제 인권의 규범과 원칙, 기준과 목적을 통합시키는 체계를 말한다(HIHR, 2007: 9; UNHAPITAT, 2017: 28; 김수정 외, 2021: 169에서 재인용).

사회복지조직의 존재 이유는 사회적으로 취약한 상황에 놓인 클라이언트의 욕구에 맞게 필요한 서비스를 가장 적절하게 제공하는 것이라 할 수 있다. 그 과정에서 클라이언트를 존엄한 존재로 인식하고, 인권에 기반한 접근을 할 필요가 있다. 덴마크 인권위원회(DIHR)는 인권에 기반한 활동을 하는 조직을 다음과 같이 설명한다.

> 권리주체자들의 삶에 실질적인 변화를 위해 권리주체자들과 함께 의무이행자들에게 자신의 권리보장을 요구할 수 있도록 지원하고, 의무이행자들이 권리주체자의 인권보장에 관한 자신의 책무를 명확히 알고 제대로 이행함으로써 제도적 · 법적, 환경적, 경제적, 기술적, 사회 · 문화적 변화를 끌어낼 수 있도록 의무이행자의 역량 강화를 지원하는 일을 하는 조직이다(김수정 외, 2021: 179에서 재인용).

인권기반 접근에서는 인간의 욕구를 사실 그 자체가 아니라 인권보장을 위한 목적을 달성하기 위한 수단, 즉 필요조건으로 본다(Ife, 2001: 133-153). 권리는 욕구가 충족된 상태, 즉 결과로서의 권리보장도 중요하지만, 과정에서도 권리가 보장되어야 한다. 사회복지현장에서 욕구를 정의 내리는 주체는 존엄한 존재로서의 각각 개인이어야 하며, 각 개인의 자기 선택권과 결정권을 보장하는 것이 과정으로써 인권을 보장하는 것이다(김수정 외, 2021: 170).

사회복지실천에서 완전한 권리를 실현하기 위해서는 클라이언트의 문제상황을 넘어 그 문제의 구조적인 원인을 파악하고, 사회복지기관과 사회복지사로 하여금 그에 대한 책임을 다할 수 있도록 하는 것이 인권기반 접근이라 할 수 있다. 아울러 사회복지사는 클라이언트 개인의 문제를 단순한 개인의 문제로 보지 않고, 그 상황이 심각한 사회문제를 초래할 수 있음을 간파할 수 있어야 한다. 즉, 클라이언트의 문제를 공공의 이슈로 전환할 수 있어야 한다는 것이다.

3) 인권기반 접근의 기본원칙

인권기반 접근을 적용할 때 유엔인권최고대표사무소가 2005년 발간한 『빈곤 감소 전략에 대한 인권적 접근-원칙과 가이드라인』에서 제시하고 있는 PANEL(패널) 원칙을 주로 사용한다(김수정 외, 2021: 173-178).

P: 참여(Participation)

모든 사람은 자신의 인권에 영향을 미치는 결정에 참여할 권리를 가지고 있다는 원칙이다. 참여는 존엄성의 구체적 표현으로서 인간이 스스로에게 영향을 미치는 논의과정에서 참여해서 선택 및 결정하고, 책임을 질 수 있도록 기회가 주어지는 것이다. 참여는 능동적인 시민권의 근간으로서 비판적으로 생각하고 자기결정을 할 수 있도록 촉진시키는 역할을 한다. 따라서 참여는 인권을 위한 수단인 동시에 목표라 할 수 있다.

A: 책무성(Accountability)

책무성은 의무이행자는 권리주체자의 권리를 지켜주어야 할 책임이 있고, 그 책임을 다해야 한다는 원칙이다. 그뿐만 아니라 의무이행자는 권리주체자의 권리를 있는 그대로 존중해 주고 침해받지 않도록 보호해 주어야 하며, 모든 권리가 충족될 수 있도록 해야 한다는 것이다.

N: 비차별(Non-Discrimination)

비차별 원칙은 연령, 성별, 성적 취향 등에 기반한 모든 종류의 차별은 금지되고, 예방되고, 사라져야 한다는 원칙이다. 비차별은 인권의 핵심적 가치이며, 일반 원칙이다. 인권기반 접근은 차별과 불평등으로 고통받는 사람들에 집중하며, 권리보장의 조건을 만들기 위한 노력이 요구된다.

E: 임파워먼트(Empowerment)

권리주체자들이 자신의 권리를 알고, 그 권리를 주장하고 의사결정과정에 참여할 수 있도록 힘(역량)을 키워야 하며, 그 힘을 발휘할 수 있도록 기회를 만들거나 다양한 기회에 조건 없이 참여할 수 있어야 한다는 원칙이다. 권리의 주체자들에게 권한이 주어지려면 우선적으로 권리를 알 권리가 보장되어야 하고, 권리를 배울 기회도 열려 있어야 한다. 또한, 임파워먼트는 의무이행자들에게도 적용된다. 즉, 의무이행자들이 자신의 책무를 인식하고 그 책무를 이행할 수 있도록 권한이 강화되어야 한다.

L: 인권기준과의 연계(Linkages to human rights standards)

인권기준과의 연계의 원칙은 국내 및 국제적으로 승인 · 실행 중인 인권기준과 인권기반 접근의 목표를 연계해야 한다는 원칙이다. 인권기반 접근은 국제 인권의 주요 원칙에 기반하고 있으므로 국내 · 외의 인권 체계에 대한 인식이 바탕이 되어야 한다. 인권기준은 인권 규범과 제도를 포함하여 국내적 기준과 국제적 기준으로 나눌 수 있다. 국내적 기준은 「헌법」의 기본권 조항과 인권 관련 법률과 규정 그리고 판례와 결정례를 말하며, 국제적 기준은 국가가 비준한 「국제인권법」과 「국제관습법」 및 관련 제도를 말한다.

3) 인권실천을 위한 이슈들

사회복지실천에서 인권을 실천하기 위한 이슈로 강점관점, 임파워먼트, 문화민감성이 거론된다(양옥경, 2017: 226-227).

강점관점

강점관점(strength perspective)은 사회복지사들이 클라이언트를 만날 때 갖는 클라이언트에 대한 시각이다. 강점관점을 인지하고 적용하기 때문에 사회복지사들은 클라이언트에게 인권 원칙을 적용할 수 있다는 것이다.

강점관점은 다음과 같은 특징 때문에 사회복지사가 클라이언트의 인권을 보장해 주기 위한 실천을 할 때 필수적인 요소로 간주된다. 첫째, 강점관점은 클라이언트의 강점에 초점을 두고 클라이언트가 가지고 있는 역량을 향상시켜 문제보다는 강점을 강화시키는 데 초점을 둔다. 둘째, 강점관점은 인간의 존엄성과 사회정의라는 사회복지의 기본가치를 실천하는 데 필수적인 관점이다. 셋째, 강점관점은 사회복지의 기본가치가 클라이언트의 잠재력, 능력, 강점을 인지하고 실현할 수 있도록 하는 사회복지전문직의 가치와 일치한다.

임파워먼트 접근

사회복지실천에서 임파워먼트 접근(empowerment approach)은 클라이언트에게 힘을 실어주고, 사회복지사가 가지고 있던 권한을 부여해 주는 권한 부여적 접근이다. 클라이언트의 자신에 대한 또는 타인에 대한 통제력이나 권위나 영향력 등 불균형적인 힘을 균형 있게 해주는 작업이다. 이 접근은 클라이언트의 상황을 환경 안에서 이해하며, 자원과 강점을 찾고, 문제를 없애려 하기보다는 해결책을 찾아내는 데 역점을 둔다. 임파워먼트는 클라이언트가 자신의 권리를 정의할 수 있도록 하고, 힘을 실어준다는 점에서 인권적 실천이 필수적인 개념이다.

문화민감성

문화민감성(culture sensibility)은 인권실천을 위해 사회복지사가 가져야 할 또 하나의 매우 중요한 요소이다. 한 국가 내에서나 국제적으로나 문화나 전통 또는 관습에 대한 민감한 이해와 수용의 자세가 중요한데, 이는 클라이언트들이 문화적으로 취약한 상태에 놓이는 경우가 많기 때문이다. 또한, 정치 · 경제적으로 취약한 계층의 경우 이들이 공유하고 있는 문화나 전통, 관습 등이 주류사회권에 의해 몰이해 되거나 말살대상이라고 여겨지기도 하기 때문이다. 이때 사회복지사는 클라이언트 한 개인뿐 아니라 클라이언트가 속한 문화권 자체에 대해 민감하게 이해해야 한다.

4) 인권의 유형에 따른 사회복지실천방법

인권의 실천방법도 인권의 유형에 따라 다르다. 각 인권 유형별 사회복지실천방법을 살펴보면 다음과 같다(손병돈 외, 2008: 40-44).

제1세대 인권과 사회복지실천

제1세대 인권보장과 관련하여 사회복지는 어떤 실천활동을 할 수 있는가? 사회복지사의 주요한 역할 중 하나가 옹호자의 역할이다. 옹호자로서의 사회복지사는 클라이언트의 인권침해가 발생할 때, 그러한 권익을 보장하는 활동을 해야 하는데, 이런 옹호자의 역할이 사회적 약자의 제1세대 인권실현 활동과 관련된다. 사회복지실천활동의 주 대상인 사회적 약자의 자유권이 제약받을 때, 사회복지사는 그러한 제약을 철폐하기 위한 활동을 전개해야 하는데, 이것이 바로 사회복지사의 옹호자 역할이다. 사회복지사가 옹호자의 역할을 잘 수행하기 위해서는 사회복지실천과 관련한 정치적 · 역사적 맥락을 파악하는 것이 중요하다. 사회복지사는 자신과 클라이언트가 함께 처한 역사적 · 정치적 환경을 이해할 필요가 있다.

제2세대 인권과 사회복지실천

제2세대 인권은 사회권에 관한 것으로 주류 사회복지의 핵심영역과 관련된다. 모든 사회복지활동은 제2세대 인권을 보장하는 활동이라 할 수 있다. 사회복지사는 사회복지실천가이면서 동시에 인권운동가로서의 역할을 수행하고 있다고 해도 과언이 아니다(예: 사회복지전담공무원 → 빈민의 빈곤문제 해결, 아동학대예방센터 사회복지사 → 아동의 인권보장).

짐 아이프는 사회복지가 제2세대 인권과 관련된 인권 전문직으로서의 역할을 수행하려면 사회복지사는 정치적으로 활동할 필요가 있다고 주장한다(김형식 · 여지영 옮김, 2001: 손병돈 외, 2008: 42). 그러기 위해서는 사회복지의 전통적 거시접근을 인권실천의 필수요소로 포괄하여야 한다. 즉, 사회복지정책의 분석을 통해 현 사회복지정책이 제2세대 인권보장에서 한계를 지적하고 적절한 대안 제시 활동이 필요하며, 또한 현 사회복지정책을 축소하려 하거나 폐지하려 할 때 옹호활동을 통해서 현 사회복지정책을 유지 또는 지켜내는 활동도 필요한 것이다.

제3세대 인권과 사회복지실천

제3세대 인권은 집단적 권리이다. 제3세대 인권 개념을 사회복지실천과의 관계에서 살펴보면, 지역사회복지와 밀접한 관계가 있다. 지역사회복지는 지역사회 차원에서의 사회복지실천방법으로서 이를 통해 지역사회의 변화와 발전을 도모하고, 그 결과로서의 혜택이 지역주민에게로 돌아가게 하는 것을 목적으로 한다. 따라서 짐 아이프의 제3세대 인권과 관련한 사회복지실천방법이라 할 수 있다.

제3세대 인권실현의 방법으로서 지역사회복지는 상대적으로 경시되어 왔지만, 최근에는 그 중요성에 대한 인식이 확산되고 있다. 시민단체의 활동가들도 사회복지에 대한 지식과 실천기법에 대한 필요성을 인식하고 수용하는 추세이다. 이런 점에서 볼 때 앞으로 지역사회복지는 사회복지실천의 한 방법으로서 그 중요성이 더욱 커질 것이며, 실천활동도 더욱 활발해질 것으로 기대된다.

제11장

사회복지와 이데올로기

이 장에서는 복지국가를 이해하기 위한 전제조건으로서 사회복지 이데올로기를 소개한다. 사회복지 이데올로기는 사회복지의 등장 배경을 가장 잘 설명해 주기 때문에 사회복지의 본질을 이해하는 데 큰 도움을 준다. 사회복지 이데올로기는 매우 다양하지만, 이 장에서는 일반적으로 사회복지학계에서 통용되는 4가지, 즉 페이비언 사회주의(Fabian socialism), 국가 개입주의(state interventionism), 신자유주의(Neo-liberalism), 마르크스주의(Marxism)를 선별하여 소개한다. 그리고 사회복지정책 연구에서 이데올로기 연구의 중요성을 크게 부각시킨 조지와 윌딩(George & Wilding)의 이데올로기 모형도 소개한다.

1. 사회복지학계에서 통용되는 4가지 이데올로기[1)]

1) 페이비언 사회주의

페이비언 사회주의란

페이비언 사회주의(Fabian Socialism)는 19세기 말 영국에서 탄생한 점진주의적, 의회주의적 사회개혁 사상이다. 페이비언협회(Fabian Society)[2)]는 1884년에 설립되었는데, 이것은 정당이 아니라 몇몇 사람들의 지식인집단으로서 영국노동당의 정책에 이론적 배경을 제공하면서 크나큰 영향을 끼쳐왔다. 이것은 사회주의를 표방하면서도 그 실현방법으로서 마르크스주의자들의 폭력혁명을 거부하고 점진주의적인 개혁과 침투 및 설득을 강조하였다. 페이비언협회가 탄생한 1880년대의 영국은 극도의 사회불안 상태에 있었고, 소위 사회주의의 부활기로 불렸는데, 이 시기에는 데모나 폭동이 끊이지 않고 일어났다. 다른 마르크스주의 단체들과는 달리 페이비언협회는 데모에 참여하지 않고, 그 문제와 해결책을 책상 앞에서 생각하였다. 즉, 실업문제를 조사하기 위하여 위원회를 설치하고 그 보고서를 출간하여 영국의 지식인 그룹[3)]이 개혁의 정당성을 인식하도록 설득하였다(박광준, 1990: 7-8).

---

1) 이 4가지 사회복지 이데올로기에 관해서는 졸저(2021)의 제9장에 근거하고 있다.

2) 페이비언이란 이름은 포드모어(Podmore)에 의해 창안되었다. 포에니전쟁에서 로마가 카르타고에 공격당하고 있을 때 한니발(Hannibal)의 대군을 지구전으로 격파한 로마의 장군 퀸투스 파비우스 막시무스(Quintus Fabius Maximus)의 이름을 따서 만든 것이다. 당시 파비우스는 쿤크타토르(cunctator)라는 별명을 얻었는데, 쿤크타토르는 '꾸물거리는 사람'(the delayer)을 의미한다. 이처럼 협회의 명칭을 파비우스의 이름에서 딴 것은 올바른 방법 및 정책을 성취하는 것에는 시간이 걸린다고 하는 '의지'를 나타낸 것이라고 할 수 있다(박광준, 1990: 65).

3) 페이비언 사회주의는 버나드 쇼(Bernard Show), 시드니(Sydney)와 비아트리스 웹(Beatrice Webb) 부부, 토니(Tawney) 등 개명한 지식인들이 주도하였다.

사회적 가치

페이비언 사회주의자들이 가장 강조하는 가치는 평등, 자유, 우애, 민주주의, 인본주의이다.[4] 특히, 이들은 평등을 강조한다. 평등을 옹호하는 페이비언 사회주의자들의 주장은 다음의 4가지 상호 관련된 근거에 기초하고 있다.

첫째, 사회통합이다. 페이비언 사회주의자들은 불평등의 감소를 사회통합과 사회조화의 필요조건-충분조건은 아닐지라도-으로 간주하였다. 이들은 불평등의 감소는 사회적 소속감을 증진시킬 것이며, 이 증진된 사회적 소속감은 사회질서의 급격한 붕괴를 막아준다고 믿는다.

둘째, 경제적 효율성이다. 페이비언 사회주의자들은 불평등이 경제적 비효율을 초래한다고 주장한다. 사적 시장(private market)이라는 것은 욕구보다는 수요에 반응하므로 심각한 불평등은 생산을 위해 투입되어야 할 노력을 잘못 유도하게 된다는 것이다. 그리고 총체적인 불평등은 능력과 재능을 낭비하는 결과를 초래하기 때문에 비효율을 창출한다는 것이다.

셋째, 자연적 정의(natural justice)이다. 즉, 총체적인 불평등은 자연적 정의라는 이념과도 상충된다. 왜냐하면, 교육기회가 능력에 따라 주어지지 않고 출생이나 부모의 소득에 따라 주어지는 경우에서처럼, 불평등은 인간의 천부적인 권리(자연권)를 부정하는 것이기 때문이다. 또한, 불평등은 소수의 특정 집단에 과다한 권력을 주며 그것도 공동선에 대한 그들의 기여에 따라서가 아니라 출생이나 상속에 따라서 과다한 권력을 주기 때문에 자연적 정의의 이념과 상충된다. 확실히 자연적 정의에 근거하여 불평등을 반대하는 주장의 기저에는 모든 인간은 사회에 의해 존중되어야 할 천부적인 권리를 가지고 있다는 가정이 깔려 있다.

넷째, 개인의 자기실현이다. 즉, 개인이 자신의 잠재력을 충분히 실현할 수 있는 것은 평등한 사회에서만 가능하다는 것이다. 이러한 주장에 의하면, 불평등은 사람들의 기본적인 인간성을 잠식하는 것이다.

---

4) 페이비언 사회주의의 사회적 가치에 관해서는 빅 조지 · 폴 윌딩 저, 남찬섭 옮김, 『이데올로기와 사회복지』(서울: 한울아카데미, 1994), pp.124-161을 참조하였다.

다음으로 페이비언 사회주의자들은 자유를 신봉한다. 이들이 생각하는 자유는 자유주의자들과 차이가 나는데, 그것은 다음의 3가지 점에서이다.

첫째, 자유는 불평등의 감소를 필요로 하는데, 그 이유는 만일 사회에 자원이나 경제력에 커다란 불평등이 존재한다면 일부 사람들은 다른 사람들에게 속박될 수 있기 때문이다. 자유란 근본적으로 사람들이 자신의 삶을 스스로 통제할 수 있는 상태를 의미하고, 이는 곧 경제적 평등을 의미하는 것이다.

둘째, 경제적 자유란 근로자들이 그들의 작업조건과 관련하여 발언권을 가질 수 있고, 근로자들이 작업조건과 관련하여 일정한 권리를 가진 존재로 인정되며, 고용주들로 하여금 근로자들에 대한 규제나 해고와 관련하여 자의적인 힘을 행사할 수 없도록 해야 한다는 것을 의미한다.

셋째, 자유는 정부의 비(非)활동(inaction)의 산물이라기보다는 정부활동의 산물이다. 왜냐하면, 자유는 소극적 자유뿐만 아니라 적극적인 자유까지도 포함하는 것으로 규정되기 때문이다.

페이비언 사회주의자들은 우애도 강조한다. 페이비언 사회주의자들이 말하는 우애(fellowship) 또는 형제애(fraternity)란 경쟁보다는 협동, 권리보다는 의무에 대한 강조, 개인의 소망보다는 공동체의 이익, 이기적인 것보다는 이타주의적인 것을 의미하는 것이다. 모든 페이비언 분파들에서 우애는 매우 중심적인 가치로 등장하고 있다.

페이비언 사회주의자들이 민주적 참여를 중요시하는 것은 정치적 민주주의는 진정한 민주주의 사회의 한 가지 요소에 불과하다는 그들의 신념을 확장시킨 것이다.

마지막으로 페이비언 사회주의자들이 강조하는 인본주의(humanitarianism)적 가치란 사람들은 최소한의 생활수준을 누릴 수 있어야 하고, 사회의 곤궁은 제거되어야 한다는 데 대한 깊은 관심을 의미한다. 따라서 페이비언 사회주의자들은 전통적인 사회복지의 목적과 그리고 그러한 목적을 위해 국가의 부를 많이 투입하는 것에 특별히 높은 가치를 부여한다.

자유시장체계에 대한 비판

한편, 페이비언 사회주의자들은 다음과 같이 이유에서 자유시장체계에 대해 매우 비판적이다.

첫째, 자유시장체계는 비윤리적이다. 자유시장체계는 집합적 목적에 대한 고려를 배제하는 데, 왜냐하면 자유시장체계에서 받아들여질 수 있는 유일한 집합적 목적은 개인들은 자신의 이익을 추구하는 데 있어서 자유로워야 한다는 것밖에 없기 때문이다.

둘째, 시장체계는 근본적으로 정의롭지 못하다. 시장체계는 어떤 명확한 원칙에 근거하여 대가를 분배하지 않는데, 이것은 동료 시민들로부터 빼앗은 것을 처분할 수 있는 도덕적이고 합법적인 권리가 각 개인에게 부여된 사회에서는 불가피한 현상이라는 것이다. 따라서 그러한 사회에서 불의(injustice)가 항상 존재하고 또 그것이 일반적으로 받아들여지는 것은 당연하다.

셋째, 시장체계는 비민주적이라는 것이다. 시장체계에서는 많은 사람에게 중요한 영향을 미치는 결정들이 대중들은 접근조차 할 수 없는 권력의 심장부에서 은밀히 이루어지거나, 그러한 결정들이 시장의 변덕스러운 힘에 송두리째 맡겨져 버리는 것이다.

넷째, 시장체계는 정부에 의해 규제되지 않는 한 비효율적이라는 것이다. 사적 기업은 그대로 내버려 두면 생태계를 파괴할 것이고, 많은 지방과 도시지역을 사회적으로 황폐화하고, 주기적인 경기침체를 불러오며, 사회적으로 필요한 재화와 서비스는 불충분하게 생산하거나 공급하게 될 것이다.

다섯째, 자유시장체계로부터 도출되는 생산물의 분배 유형은 "아동기, 과부, 질병, 그리고 노령 등의 의존 상태로부터 발생하고, 현재 사회적으로 요구되는 분배 유형과 전혀 조화롭지 못하다"라는 것이다.

정부의 역할 및 복지국가의 발달에 대한 견해

페이비언 사회주의자들이 생각하는 정부의 역할은 사적 시장체계의 불의를 수정하는 일이다. 페이비언 사회주의자들은 권력의 시장집중을 수정하고, 권력을 많은 대중에게로 확산시키기 위해서는 정부의 행위가 필요하다고 생각한다. 중요한 것은, 민주적인 의회과정이 계획을 통제함으로써 정부와 관료들의 권력이 항상 대중들에게 책임성을 실현할 수 있도록 한다는 것이다.

그렇다면 페이비언 사회주의자들은 복지국가의 발달을 어떻게 설명하는가? 복지국가의 발달이란 현실의 제반 문제들에 대한 논리적 대응이고, 산업화와 도시화, 기술의 변화 그리고 민주주의의 영향에 의한 산물이며, 집단 간의 갈등적인 이해관계뿐만 아니라 사회 전체 이해관계의 산물이라고 간주한다. 이들은 자산조사에 근거한 선별주의를 싫어하고 보편주의적 복지국가를 선호한다. 페이비언 사회주의자들에게 복지국가는 사회주의로 가는 길의 중간 정착지였다.

2) 국가 개입주의

국가 개입주의란

19세기를 지배하던 고전적 자유주의는 제1차 세계대전 후 불황의 심화와 그에 따른 실업자의 급증으로 위기를 맞았다. 특히, 1929년에 시작된 세계적인 대공황으로 인해 자본주의는 자기회복능력을 완전히 상실하였다. 그러자 영국의 경제학자 케인즈(John Maynard Keynes, 1883~1946)의 진단과 처방이 주목받기 시작했다. 이런 상황에서 케인즈는 '자유방임주의의 종언'을 선고하고 자기회복능력을 상실한 자본주의에 대해 '정부의 계획적인 개입'이라는 처방을 내렸다. 즉, 자본주의를 회생시키기 위해서는 국가 개입을 통해 자본주의는 수정되어야 한다는 처방이었다. 자본주의는 스스로를 조절할 수 있는 능력이 없기 때문에 반드시 국가가 개입하여 자본주의를 조절하지 않으면 안 되며, 또한 조절할 수 있다는 진단에 의한 것이었다. 또한, 대공황의 원인을 유효수요의 부족에 있다고 진단하고 국가가 적극적으로 시장경제에 개입하는 것이 필수적이라고 보았다. 즉, 국가 개입을 통해 유효수요를 창출해야만 시장의 불완전성을 보완할 수 있다고 보았던 것이다. 국가 개입은 국가에 의한 공공사업(예컨대 학교, 병원, 공원 등의 공공사업)을 통해 정부 지출을 증대시키고 조세감면 등의 적극적 정책을 통해 시장경제의 위기를 극복하는 것이었다. 이러한 케인즈의 경제이론 및 사상을 케인즈주의(keynesianism) 또는 국가개입주의(state interventionism)라고 한다.

자본주의의 문제점과 케인즈의 처방

케인즈는 그의 저서 『자유방임의 종언(*The End of Laissez-Faire*)』(1926)에서 고전경제학의 기본 원리인 자유방임 원리가 이제 효력을 잃었다고 주장했다. 하지만 이는 케인즈가 자본주의를 버리고 사회주의를 수용했음을 의미하지는 않는다. 케인즈는 마르크스주의에 대해서는 거의 관심을 기울이지 않았다. 그는 계급 간의 대결이 벌어진다면 자신은 부르주아 편을 택할 것이라고 공공연히 이야기했으며, 자본주의가 가장 효율적인 경제체제라는 점을 의심하지 않았다. 문제는 자본주의가 숱한 문제점을 안고 있다는 점이었으며, 그는 특히 시장경제 최대의 경제적 해악을 위험 · 불확실성 · 무지에서 찾았다. 케인즈에 따르면, 특정한 개인들과 거대 기업이 불확실성과 무지를 이용하여 이익을 얻고, 그 결과 극단적인 부의 불평등이 발생하기 때문이다. 고용이 불완전해지고, 사업가들의 합리적인 기대마저 충족되지 못하며, 효율과 생산에 차질이 발생하는 것 또한 이들 해악에서 비롯된다(진태원, 2014).

케인즈는 1936년에 발표한 『고용, 이자와 화폐의 일반이론(*The General Theory of Employment, Interest and Money*)』(이하, 『일반이론』)에서 자유방임적 자본주의의 문제점을 극복할 수 있는 해결책을 제시한다. 그는 핵심적인 문제점을 불완전고용과 불평등한 부의 분배에서 찾았다. 이 문제를 분석하고 적절한 해법을 제시하기 위해 케인즈는 저축이 반드시 투자로 흘러가는 것은 아니고, 공급과 수요가 다 낮은 수준에서도 균형을 이룰 수 있다고 주장하며 세이의 법칙(Say's Law)에 최후의 일격을 날렸다.

케인즈는 1929년 미국에서 시작해서 전 세계를 휩쓴 대공황의 원인은 과잉생산에 있는 것이 아니라 유효수요의 부족에 있다고 진단했다. 유효수요의 부족은 우선 기업가가 미래의 사업 전망을 비관적으로 생각하여 투자를 줄이는 데서 시작된다. 이렇게 투자가 줄어들면 해당 사업 분야에 고용된 사람들의 소득이 줄게 되고, 이는 다시 소비의 위축을 가져온다. 그런데 케인즈에게 있어 더 큰 문제는 소득이 증가하면 소비를 촉진하지만, 소비의 증가율은 항상 소득의 증가율만큼 증가하지 않으며 저축은 그보다 더 큰 비율로 증가하는 것에 있었다. 케인즈는 저축의 증가는 투자를 증가시키는 것이 아니라 오히려 투자를 감소시켜 실업을 증가시킨다고 보았다. 케인즈에게 있어 저축은 미덕이 아니었다.

케인즈는 유효수요가 감소하고, 저축이 증가하는 상황에서 재화나 서비스에 대한 수요 대신 현금을 선호하는 이른바 '유동성 선호'를 낳게 되고, 이는 투자 감소와 대량실업 증대의 결과를 초래하여 불황으로부터의 탈출을 더욱 어렵게 만들 것이라고 확신했다. 유동성 선호라는 개념은 소비보다 저축이 이롭다는 고전파 경제학의 기본 관념을 완전히 무너뜨리는 것이었다. 이에 따라 케인즈는 정부가 개입하는 것이 필수적이라고 생각했는데, 특히 그는 직접적인 수요를 창출하는 재정 정책을 적극적으로 펼쳐야 한다고 주장했다. 정부가 국 · 공채를 발행하여 자금을 확보한 뒤 각종 공공투자사업을 벌임으로써 유효수요를 창출해야 경제위기에서 탈출할 수 있다는 것이다(진태원, 2014). 장기 실업과 경기침체는 불가능한 것이 아니라, 다른 원동력이 작동하지 않는다면 자본주의 경제에서 피할 수 없는 것이었다. 그리고 다른 원동력이 바로 정부였다. 민간부문이 투자나 소비 지출을 창출하지 못할 때, 정부가 그 틈을 메우면서 통화정책이나 직접 지출, 세금인하 등을 통해 경제를 자극할 수 있다. 일단 경제가 최적의 기능을 되찾으면, 정부 자금의 유입을 축소하고 이 시기 동안 초래된 적자는 늘어난 세입으로 점차 줄일 수 있다는 것이었다(윌리엄 클라인크넥트, 유강은 옮김, 2012: 155).

케인즈주의의 의의와 한계

케인즈주의는 기존 공급의 경제학에서 수요의 경제학으로 이론적 패러다임이 전환되는 계기를 마련하였고, 국민 생활에 대한 국가의 적극적 간섭을 전제로 하는 복지국가의 재정 운용에 사상적 뒷받침을 제공하였다. 그러나 케인즈주의는 1970년대 오일쇼크가 닥치고 인플레이션과 불황이 동시에 발생하는 스태그플레이션 현상 앞에서 무너지고 말았다. 그 대신 케인즈를 평생의 숙적으로 간주했던 오스트리아 출신의 경제학자 하이예크(Freidrich von Hayek)가 새로운 경제학의 영웅으로 부상한다. 신자유주의 시대가 도래하게 된 것이다. 신자유주의의 등장과 함께 케인즈주의는 통화주의로 대체되고 말았다.

3) 신자유주의

신자유주의란

신자유주의(Neo-liberalism)는 1980년대 소위 복지국가 위기론 이후 등장한 것으로서 고전파 경제학자들의 자유주의 사상을 이어받은 오스트리아학파의 거두 하이예크와 그의 제자 프리드먼(Friedman) 등을 사상적 지주로 하는 사조이다. 신자유주의는 케인즈주의에 입각한 복지정책이 본질적으로 인플레이션과 노동의욕의 상실을 가져와 경기가 침체되고, 이로 인해 국가재정이 파탄되기 때문에 국가의 간섭보다는 시장의 기능에 보다 많은 믿음을 두는 작은 정부를 지향해야 한다는 사조를 말한다(박광준, 2002: 274). 말하자면, 신자유주의는 케인즈주의에 대한 비판 논리로 등장한 것이다. 신자유주의 역시 개인의 자유를 최고의 가치로 여기고 자유시장을 신성불가침의 것으로 믿고 있다는 점에서 고전적 자유주의의 현대적 화신이라고 표현되기도 한다(MacEwan, 1999: 4).

사회적 가치

신자유주의자들은 사회적 불평등을 옹호한다. 신자유주의자들에게 경제에의 국가 개입은 개인의 자유에 대한 심각한 위협이 되기 때문에 사회 불평등은 있는 그대로 유지되어야 한다. 따라서 신자유주의는 국가의 소득재분배정책에 의한 사회 불평등의 강제적 해소, 즉 결과의 평등에 대해서는 반대한다.[5] 반면에 신자유주의는 기회의 평등에 대해서는 호의적이다. 왜냐하면, 자유주의의 이념에 비추어 볼 때 사회의 모든 선망되는 가치들은 모든 개인에게 개방되어 있으며, 모든 개인은 자신들이 원하는 것에 접근할 기회를 공평하게 얻어야 하기 때문이다.

신자유주의의 복지국가 비판

신자유주의의 사회적 가치는 개인주의와 자조의 정신을 회복하는 것이다. 신자유주의자들에게 복지국가는 그들이 가장 소중하게 여기는 사회 가치에 역행한다. 복지국가는 개인들이 자신들의 노동력에 대한 대가를 받도록 허용하기는커녕, 사람들의 실패에 대하여 보상하는 것으로 보일 수 있다(Gary Taylor, 조성숙 옮김, 2009: 150). 따라서 신자유주의자들은 복지국가에 대해 상당히 비판적이다. 그 비판은 다음과 같이 3가지로 요약된다(조영훈, 2004: 116-117).

첫째, 복지국가는 경제성장을 저해한다는 것이다. 복지국가는 세금 및 사회보장 기여금에 대해 시민들과 기업가들의 부담을 많이 증가시킨다. 그 결과 기업의 고용과 투자 의욕은 물론 일반 시민의 근로 의욕이 저하되고, 사회 전체적으로 저축률과 투자수준이 저하되는데, 이러한 요인들이 복합적으로 작

5) 결과의 평등정책에 대해서 프리드먼은 다음과 같은 논리로 비판한다. 모든 사람의 타고난 재능이 다른 것처럼 모든 사람의 사회적 배경도 다르다. 부모로부터 재능을 물려받은 것처럼 재산도 그러하며, 소득재분배정책을 통해 재산과 소득을 강제적으로 재분배하는 것은 뛰어난 재능을 갖고 태어난 사람들에게 일반인에 비해 적은 연습시간을 허용함으로써 이들이 자신의 능력을 최대한 발휘하지 못하도록 차별하는 것과 마찬가지이다(Friedman, M. & R. Friedman, 1980: 136; 조영훈, 2004: 114).

용하여 사회의 경제성장이 둔화되며, 높은 인플레이션과 실업률, 그리고 경제 불황의 악순환이 반복된다는 것이다.

둘째, 복지국가는 빈곤층을 '빈곤함정'에 빠지게 한다는 것이다. 즉, 빈곤의 구제를 위해서 복지제도를 확대하였지만, 오히려 복지제도로 인해 빈곤이 지속되고 있다는 것이다. 저소득층 대상의 공공부조 프로그램들은 그 수급자들의 근로 의욕만 약화시키는 것이 아니라 실업이 사회적으로 수용될 수 있다는 생각을 하도록 하고 스스로를 부양할 동기를 말살시켜 의존문화가 확대 재생산된다는 것이다.

셋째, 복지국가는 투입(복지지출)에 비해 훨씬 낮은 산출(저소득층의 복지 향상)을 가져오기 때문에 비효율적이라는 것이다. 그 이유는 다음의 2가지 요인 때문이다. 하나는 복지제도의 확대에 따라 복지기구가 과도하게 팽창하며, 이 복지기구는 그 독점적 지위로 인해서 효율성 문제에 관심을 갖지 않는다. 다른 하나는 복지서비스는 그 제공자나 수급자 모두에게 재정적 부담을 지우지 않기 때문에 정치인 · 일반시민 · 복지 관료들은 자신의 이익을 위해서 복지지출의 증가에 쉽게 동의한다. 이에 따라 복지예산의 낭비가 초래되며, 복지지출이 정부의 재정부담을 능가할 정도로 증가한다는 것이다.

국가 개입 허용 영역

그러나 신자유주의자들은 일부 복지제도의 존재는 인정한다. 공공재의 성격을 강하게 띠고 있는 공공부조 프로그램은 국가 개입을 허용한다. 이를 제외한 모든 사회보장제도는 해체하거나 상업화해야 한다고 주장한다. 이유는 정부의 복지지출을 줄이고 시장기능을 회복시킴으로써 경제를 활성화시킬 수 있다고 보기 때문이다. 다만, 신자유주의자들은 일시에 모든 복지제도를 폐지하면 문제가 발생하므로 최소한의 기본적인 생활보장을 위한 사회안전망은 구축해야 한다고 주장한다(Friedman & Friedman, 1980: 119).

결국, 신자유주의의 복지정책은 시장의 자유로운 작동을 방해하지 않는 한도 내에서만 복지제도의 존재를 허용한다는 특징을 지닌다. 개인의 자유와 시장의 자유는 다른 어떤 것과도 바꿀 수 없는 최고의 가치이기 때문이다. 이에 따라 신자유주의자들은 복지급여가 사회적 권리로서 보편적으로 제공되어야 한다는 주장에 반대하면서 복지제도를 공공부조 중심의 잔여적인 것으로 규정하려 한다(조영훈, 2004: 123-124).

신자유주의의 한계

그러나 신자유주의는 다음과 같은 점에서 비판을 받고 있다(주경복, 2007: 195-196). 첫째, 신자유주의는 기본적으로 '자유'의 전제가 잘못되어 그 개념과 현실을 왜곡한다는 비판을 받는다. 모든 간섭을 없애고 자유를 줄 테니 알아서 하라고 하지만 처음부터 가진 사람과 없는 사람의 할 수 있는 조건이 다른데 알아서 하라는 것은 불합리한 것이다. 신자유주의가 말하는 자유는 개인과 국가의 편차나 특수한 조건을 무시하며 인권, 생존권, 주권 등을 초월하려는 개념이기 때문에 진정한 의미의 인간적 또는 사회적 자유가 아니라는 개념적 비판을 받게 된다.

둘째, 신자유주의는 지나친 경쟁주의로 치달으며 약육강식의 냉혹한 질서가 자리 잡아서 다수의 약자가 소외되어 버린다는 점이다. 모든 것을 시장으로 내몰며 자유롭게 벌어먹으라고 하므로 경쟁이 치열해질 수밖에 없는데 경쟁의 조건이 처음부터 불공평하니 문제가 생길 수밖에 없다. 다시 말해 빈익빈 부익부 현상을 낳으며 양극화의 심화를 초래하는 것이다. 신자유주의 또는 세계화를 20 : 80의 질서라고 표현하는 이유가 거기에 있다. 20%의 혜택을 받는 사람들을 위해 80%의 사람들을 소외시키고 희생시킨다는 이야기다. 결국, 신자유주의는 자본가들의 자유를 위한 이데올로기가 되어버렸다는 것이다.

셋째, 신자유주의는 자본의 욕망이 끝없이 확대되어 불필요한 영역들까지 시장으로 편입시킴으로써 인간의 모든 삶에서 물질만능주의를 부추긴다는 점이다. 시장논리가 만병통치약처럼 통하다 보니 문화, 예술, 교육 등 고유한 가치를 지니는 영역들도 시장이라는 관점에서 접근하며 정책으로 옮기기 때문에 삶의 체계를 건조하게 만들며 인류문화를 황폐화시킨다.

4) 마르크스주의

복지에 대한 견해

마르크스(Marx, 1818~1883)가 활동할 당시에는 현재와 같은 사회복지정책이 등장하기 이전이었고, 공장법(1832년) 분석 이외에는 국가의 개입이 증대하는 것에 대해 별로 관심을 기울이지 않았기 때문에 사회복지에 대한 마르크스의 직접적인 입장은 확인할 길이 없다(Mishra, 1981: 69). 다만, 자본주의 체제와 국가에 대한 그의 견해로부터 유추할 뿐이다. 마르크스는 자본주의를 프롤레타리아에 의해 지양되어야 할 착취제로 보았으며, 자본주의국가를 부르주아지의 계급적 이해를 수호하기 위한 위원회에 불과한 것으로 보았다. 따라서 사회복지는 사회주의 혁명에 이로울 리가 없다. 즉, 사회복지가 비록 노동자계급이나 빈민을 위한 것이라고 하더라도 부르주아국가가 시행하는 한 구조적으로 부르주아지의 계급 이해에 반하는 것이 될 수 없고, 따라서 노동자계급은 이를 수용해서는 안 된다는 것을 의미한다(원석조, 2016: 129).

그러나 사회복지에 대한 마르크스의 견해는 무조건 부정적인 것만은 아니었다. 마르크스의 사회개혁에 대한 태도는 공장법 분석으로부터 추론이 가능한데, 그는 영국에서 통과된 공장법을 자본주의 체제를 수정하는 데 있어 중요한 것으로 간주하였다. 공장법이라는 사회입법이 근로시간을 제한함으로써 착취에 한계를 둔 것인 만큼, 그것은 노동자들을 인간적 존재로 인정한 것이며 시장규칙이라는 이름으로 마음대로 착취하던 자본가들의 자유를 제한한 것이다. 마르크스에게 공장법은 치열한 계급투쟁을 통해 얻어낸 첫 번째 결실이었다. 마르크스는 노동자들이 '팔짱을 낀 채로' 혁명의 날을 기다려야 하는 것이 아니라 부르주아사회 내에서 사회주의적 가치와 제도들을 점진적으로 확립해 나가야 한다는 점을 인정하고 있다. 바로 이것이 마르크스에게 공장법과 같은 사회입법이 갖는 주된 의미인 것이다(Mishra, 1981: 72).

한편, 마르크스주의자들은 사회개혁과 포괄적인 사회서비스의 고도 발전이 자본주의사회에서도 여전히 가능하다는 것을 인정하고 있다. 다만, 복지국가를 유지하기 위해서는 노동자계급의 지속적인 투쟁이 있어야 한다는 점을 견지하고 있다. 그러나 복지국가는 어떤 유의미한 측면에서 계급관계와 자본주의의 경제구조를 변화시키지 못하기 때문에 사회개혁주의는 마르크스주의의 가치 위계에서 그리 높은 위치를 점하지 못한다(Mishra, 1981: 95-96).

복지국가의 발달에 대한 견해

복지국가의 발달에 관한 마르크스주의적 설명은 자본주의적 생산양식이 착취적이면서 갈등적이라는 주제에 기초하고 있다. 생산수단이 생산체계에 의해 발생한 이윤을 극대화하려는 극소수자들에 의해 소유되어 있으므로 착취적이고, 마찬가지로 임금과 노동조건을 개선하려는 노동자들의 시도가 기업소유자의 저항에 부딪혀 있으므로 갈등적이다. 그러므로 계급갈등과 착취는 자본주의 경제체계의 본질적 특성인 생산수단의 사유화로 인한 당연하고도 필연적인 결과이다. 착취와 갈등의 정도와 그 성격은 시대와 나라마다 다양할 수 있으나 자본주의하에서는 철폐되지 않는다(빅 조지 · 폴 윌딩, 김영화 외 옮김, 1999: 140).

자본주의 체제가 운영되는 방법에 관한 고전적 마르크스주의 분석에 따르면, 복지국가의 발달은 세 가지 상호 관련된 원인에 의한 결과로 이해될 수 있다. 즉, 자본 측의 요구와 욕구에 부합하는 활동, 계급갈등에 대한 반응 그리고 비스마르크스식으로 노동계급의 급진주의를 침식하기 위해 국가가 행한 선도적 활동의 결과로 복지국가가 발달했다는 것이다(빅 조지 · 폴 윌딩, 김영화 외 옮김, 1999: 142).

복지국가의 역할에 대한 마르크스주의자들의 지배적인 관점은 복지국가가 자본주의를 방어하는 기제라는 것이다. 그러나 그들은 마르크스주의적 국가관을 견지하고 있으므로 복지국가가 사회를 현저하게 변화시킬 수 있는 수단이라고는 생각하지 않는다. 그것은 복지국가가 계획에 의해 의도한 결과를 성취할 가능성은 없으며, 필연적으로 재정위기가 초래할 것으로 생각했기 때문이다(빅 조지 · 폴 윌딩, 김영화 외 옮김, 1999: 247).

결론적으로 마르크스주의자들은 복지국가의 사회복지정책이 노동계급에는 단기적 이익을 가져다주고, 자본계급에게는 장기적 이익을 주는 모순된 양면성을 지니고 있다고 보고 있다. 마르크스주의자들은 항상 복지국가를 모순적인 사회체계, 즉 노동계급의 이익을 증진시키는 동시에 제한하며, 자본주의 체제를 방어하면서도 침식하고, 유용한 지지를 보내면서도 정당하게 공격한다고 생각한다(빅 조지 · 폴 윌딩, 김영화 외 옮김, 1999: 160). 결국, 복지국가는 모순이라는 것이다.

2. 조지와 윌딩의 이데올로기 모형

1) 초기 모형

조지와 윌딩(George & Wilding)은 1976년 『이데올로기와 사회복지(*Ideology and Social welfare*)』를 펴내면서, 사회복지 이념체계를 반집합주의, 소극적 집합주의, 페이비언 사회주의, 마르크스주의의 4가지로 분류하였다.[6)]

반집합주의(anti-collectivism)는 자유주의적 이념에 중심적 가치를 두고 있으며, 국가의 개입을 부정하며 복지국가를 자유로운 시장 활동의 걸림돌로 간주하여 반대한다. 사회복지정책의 확대가 경제적 비효율성과 근로 동기의 약화를 가져온다고 비판한다. 따라서 가장 낮은 수준의 사회복지정책을 지향하는 유형이다.

소극적 집합주의(reluctant collectivism)는 수정 자본주의적 요소를 강하게 반영하고 있으며, 정부의 개입에 대해 당면문제의 해결 등을 위해 조건부 개입

6) 이 책에서는 빅 조지 · 폴 윌딩 지음, 남찬섭 옮김, 『이데올로기와 사회복지』(서울: 한울아카데미, 1994)를 참조하였다.

을 인정한다. 복지국가를 사회안정과 질서유지에 필요한 것으로 간주한다. 반집합주의와 유사하지만 국가 개입을 제한적으로 인정한다는 점에서 차이가 있다.

페이비언 사회주의(Fabian socialism)는 점진적인 사회주의 모형으로 자본주의 체제가 필연적으로 실패할 수 있다는 점에서 시장체계의 수정과 보완 기능을 국가가 수행해야 한다고 본다. 자본주의사회에서 필연적으로 발생하는 불평등을 완화하는 것은 국가의 책임이라고 보는 입장이다. 따라서 페이비언 사회주의는 높은 수준의 사회복지정책을 지향한다.

마르크스주의(Marxism)는 국가의 적극적인 역할은 인정하지만, 복지국가의 확대를 통해 자본주의의 근본적인 모순을 극복할 수 없다고 본다. 자본주의사회에서 빈곤문제는 필연적으로 발생하며, 자본주의체제가 지속되는 한 어떠한 형태의 국가 개입에 의해서도 결코 소멸될 수 없다는 입장을 취한다.

2) 수정 모형

사회복지정책 연구에서 이념연구의 중요성을 부각시킨 조지와 윌딩은 『복지와 이데올로기(*Welfare and Ideology*)』라는 저서[7]를 통해 이상의 4가지 이념들을 신우파(the new right), 중도노선(the middle way), 사회민주주의(democratic socialism), 마르크스주의(marxism)와 연결했고, 여기에 페미니즘(feminism), 녹색주의(greenism)를 추가했다.[8]

---

7) 이 책에서는 빅 조지 · 폴 윌딩 지음, 김영화 · 이옥희 옮김, 『복지와 이데올로기』 (서울: 한울아카데미, 1999)를 참조하였다.

8) 초기모형과 수정모형의 사회복지에 대한 이데올로기적 스펙트럼은 거의 유사하다. 즉, 최근에 쓰이는 용어로 바뀌었을 뿐 이전의 책에서 주장한 4가지 이데올로기의 내용은 거의 유지되고 있으며, 여기에 녹색주의와 페미니즘을 추가하여 새롭게 제기되고 있는 문제의식을 반영하고 있다.

신우파

신우파는 초기 모형의 반집합주의와 유사하다. 신우파는 자유, 개인주의, 불평등 이 3가지를 주요 가치로 보는데, 그 중에서도 자유를 으뜸 가치로 여긴다. 이들은 자유를 소극적(negative) 개념, 즉 강제가 없는 상태로 파악한다. 평등보다 자유를 우선하기 때문에 결과적으로 불평등을 옹호하는 입장이다. 신우파는 정부의 개입이 유해하다고 주장한다. 국가의 개입과 규제가 사회적 비효율을 초래한다고 본다. 복지국가는 개인의 자유를 침해할 수밖에 없다는 것이 신우파의 주장이다.

신우파의 주장을 요약하면, 시장이 더 많은 역할을 수행해야 한다는 것과 국가는 축소되어 복지 이외의 다른 역할을 수행해야 한다는 것이다. 이처럼 신우파는 복지국가를 비난하지만, 편견 없는 관찰을 할 수 있는 증거를 충분히 제시하지 못한다. 이들의 논쟁은 격렬하지만, 증거는 없다.

중도노선

중노노선은 초기모형의 소극적 집합주의와 유사하다. 중도노선은 복지국가를 비판적으로 수용하는 입장을 취하고 있다. 즉, 국가 차원의 복지정책을 통해 자본주의의 사회적 폐해를 완화할 필요가 있고, 또한 그것이 가능하다고 본다. 그렇다고 제한 없는 또는 만능적 역할을 수행한다고 보지는 않는다. 정부의 역할이 불가피하다거나 효율적일 때만 국가 개입을 허용하며, 근본적으로는 정부의 개입을 최소화시키는 것이 바람직하다고 본다. 예컨대, 그들은 복지국가 정책을 사회병리를 개선하고 바람직한 가치를 증진하며, 사회 결속을 유지하는 경우에만 유용하다고 본다.

중도노선은 신우파와 유사하게 자유, 개인주의, 그리고 경쟁적 사기업을 신봉한다. 다만, 신우파와 차이가 있다면 그 중심 가치들을 절대적 가치로 믿느냐 조건부로 믿느냐 하는 신뢰 강도의 차이이다. 실용적 성격을 지닌 중도노선은 가치에 대한 믿음의 정도가 제한적이다.

사회민주주의

사회민주주의는 초기모형의 페이비언 사회주의와 유사하다. 사회민주주의자들은 사회민주주의가 자본주의보다 우월한 체제라는 기본적인 신념을 가지고 있다. 사회민주주의자들에게 복지국가는 자유방임적 자본주의에서 사회주의로 이행하는 중요한 중간단계이다.

사회민주주의는 복지국가를 무조건 지지한다. 사회민주주의가 복지국가를 옹호하는 데는 몇 가지 이유가 있다. 그것은 첫째, 복지국가가 사회 내의 빈곤을 퇴치하며, 둘째, 경제성장을 촉진하고, 셋째, 개인의 욕구를 충족시킨다. 넷째, 사회통합을 증진시킨다. 다섯째, 시민들 상호 간 이타주의적인 지지를 보여줄 수 있는 제도적 기회를 제공한다. 여섯째, 수평적 및 수직적 불평등을 감소시킨다.

이것이 사회민주주의자들에게는 개입주의적 복지국가를 지지하는 중요한 이유이기도 하지만, 시장이 사회 모든 집단의 욕구를 해결할 수 있다는 관념을 거부하는 이유이기도 하다. 사회민주주의자들은 시장체계의 정의롭지 못한 분배를 바로잡는 것이 정부의 역할이라고 본다.

한편, 경제성장이 없이는 사회주의 목표를 성취할 수 없으므로 경제성장을 보장하기 위한 정부의 책임은 필수적이다. 즉, 경제성장은 국민에게 선택권을 넓혀 주고, 빈부격차를 감소시켜 주며, 사회적 자본을 증대시켜 주기 때문에 필요하다고 본다. 다만, 경제성장에는 불평등이 수반되기 때문에 정부는 불평등 완화조치도 함께 취해야 한다고 주장한다. 이러한 사회민주주의의 중심적 가치는 평등, 자유, 우애이다. 지나친 불평등은 불공정하므로 감소되어야 한다는 것이 사회민주주의의 평등 개념이다.

마르크스주의

마르크스주의는 초기모형과 같다. 복지국가의 발달에 관한 마르크스주의적 설명은 복지국가가 모순적인 구성체라는 주장이다. 복지국가는 노동계급에게 이권을 의미하는 것이므로 환영받지만, 자본계급을 보호하고 지지하는 의미이기도 하므로 또한 용인될 수 없다. 전후 기간부터 1970년대 중반까지 대다수의 마르크스주의자는 복지국가가 부분적으로는 계급갈등의 결과로 생겨난 것이고, 노동계급에 급여가 주어지는 사실에도 불구하고 결국은 복지국가가 사적 자본을 선호하는 것으로 생각하였다.

페미니즘

페미니즘은 복지국가의 주요 목표와 역할이 남성의 여성에 대한 지배를 강화하기 위한 데 있다고 보는 입장이다. 페미니스트들은 복지국가가 남성들이 정책입안자이고 여성들은 단지 정책수혜자로 머무는 남성 지배적인 국가라고 주장한다. 페미니스트들 사이에는 여성의 지위를 향상시키는 것만이 국가의 역할이라는 신념이 있다.

녹색주의

녹색주의는 복지국가가 경제성장에 의존하고 있고, 특정 산업 및 경제체제에 좌우되므로 근본적으로 복지국가에는 균열이 있다고 본다. 녹색주의자들은 경제성장이야말로 엄청난 비복지라고 생각한다. 즉, 경제성장은 오염을 증가시켰고, 자본을 소비하게 하며, 정부 관심의 한 가운데 인간 본성적 원리를 부정하는 가치를 두게 한다는 것이다.

소결

이상의 6가지 이데올로기는 복지국가에 관한 일련의 총체적인 견해를 보여주고 있다. 복지국가에 대한 열광적인 지지(사회민주주의)에서부터 다소 제한적인 지지(중도노선과 페미니즘)까지의 범위에 걸쳐 있다. 강한 반대 입장도 있는데, 복지국가가 자유시장과 사회안정을 위해 아무것도 해낼 수 없다는 이유로 신우파는 복지국가를 반대하고 있고, 자본주의사회에서 복지국가가 이룩

할 수 있는 것은 없고, 있다 하더라도 일시적이며 도리어 불평등체계를 지속시킬 뿐이라는 이유로 마르크스주의자들은 반대한다. 또한, 경제성장을 추구해야만 복지국가를 발전시킬 수 있으므로 녹색주의자들 역시 강력하게 이에 반대하고 있다.

제12장

복지국가론

INTRODUCTION TO SOCIAL WELFARE

이 장에서는 복지국가론을 다룬다. 복지국가론은 국가의 사회복지정책을 설명하는 데 도움이 되기 때문에 중요하다. 복지국가의 정의, 복지국가의 유형화론, 복지국가의 발전에 관한 이론, 복지국가의 형성과 발전, 그리고 위기와 재편에 관한 내용을 살펴봄으로써 복지국가에 대한 이해를 돕고자 한다.

1. 복지국가란 무엇인가[1)]

복지국가(welfare state)란 용어는 제2차 세계대전 중인 1941년 당시 영국 요크(York)시의 대주교였던 윌리엄 템플(William Temple)이 자신의 저서 『시민과 성직자(*Citizen and Churchman*)』에서 최초로 사용한 것으로 알려져 있다. 즉, 템플 대주교가 나치독일을 전쟁국가(warfare state) 또는 무력국가(power state)로, 영국을 복지국가(welfare state)로 대비시켜 규정한 데서 비롯되었다는 것이다. 템플 대주교는 그의 저서에서 전쟁국가는 반드시 패망하여야 하고, 인간의 이상적인 국가는 국민의 복지 향상을 국가의 최고 목표로 하는 복지국가가 되어야 한다고 역설했던 것이다. 그러나 템플 대주교는 그의 이상국가인 복지국가가 어떠한 내용과 특성을 가져야 하는가에 관해서는 구체적인 언급을 하지는 않았다(김상균, 1987: 50).

복지국가란 용어가 구체적인 의미를 갖고 사용되며 사람들의 주목을 받게 된 것은 1942년 영국에서 베버리지(Beveridge)에 의한 『사회보험과 관련 서비스(*Social Insurance and Allied Service*)』라는 유명한 보고서의 발표 이후이다. 이 보고서는 제2차 세계대전 후 노동당이 집권하면서 시행한 제반 정책의 시초가 되었다. 이 보고서를 근간으로 1948년 '요람에서 무덤까지'의 사회보장제도를 실시함으로써 복지국가라는 용어가 일반적으로 사용되었다.

물론 복지국가에 대한 합의된 정의는 없다. 여기에서는 복지국가의 일반적인 원리나 성격을 통하여 복지국가의 개념을 규정한 브릭스(Briggs)의 복지국가 개념을 원용하고자 한다. 브릭스(Briggs, 1961: 221-258; 박광준, 2002: 300에서 재인용)에 의하면, 복지국가란 시장 메커니즘으로부터 발생하는 사회문제를 수정하는 노력의 일환으로서 정치와 행정을 통한 조직화된 권력을 다음과 같은 3가지의 방향에서 의도적으로 사용하는 국가를 말한다. 첫째, 개인의 능

1) 이 장은 졸저(2021) 제8장, 제10장~제12장의 내용을 참조하였다.

력과 자산이 시장에서 가지는 가치와 무관하게 모든 개인과 가족에게 최소한의 소득을 보장한다. 둘째, 개인과 가족에게 있어 위기를 초래하는 사회적 위험들에 대응할 수 있도록 사회적 보호를 통하여 위험을 감소시킨다. 셋째, 지위나 계층의 차이에 관계없이 모든 국민에게 일정 범위의 사회적 서비스를 가능한 최고의 수준으로 보장한다.

2. 복지국가의 유형화론

많은 학자들은 복지국가 발전과정의 각 단계에 따라 복지국가의 개념이 달리 규정될 수 있기 때문에 유형화를 시도해 왔는데, 여기에서는 기존 연구들의 분석결과를 살펴본다.

1) 윌렌스키와 르보의 2분 모형

윌렌스키와 르보(Wilensky & Leveaux, 1965)는 초기 유형화의 대표적인 학자로 사회복지의 개념을 잔여적 개념과 제도적 개념의 2가지로 유형화했다. 이 모형은 개념적 틀로서 가장 오래되고 많이 사용되는 2분법 모형이다.

잔여적 복지국가(residual welfare state)는 사회복지의 욕구가 일차적으로 가족과 시장에서 충족되고, 가족과 시장이 정상적인 공급구조로서의 기능을 수행하지 못할 경우에만 잠정적이고 일시적으로 국가가 나서서 그 기능을 대신하는 것을 말한다. 잔여적 복지국가에서는 대개 사회적 취약계층을 대상으로 하며, 사회복지급여의 수준이 낮고, 자산조사에 의존한다. 이러한 제도하에서는 개인주의적 빈곤관에 입각해 있기 때문에 사회복지서비스가 욕구에 따라 제공되는 것이 아니라 받을 자격 여부(desert)에 따라 제공된다. 이러한 형태는 초기 산업사회와 자유주의국가에서 주로 나타난다.

반면, 제도적 복지국가(institutional welfare state)는 사회복지의 욕구가 일차적으로 국가에 의해 충족된다. 즉, 사회복지가 가족, 경제, 정치, 교육, 종교와 같은 사회제도들과 동등한 수준에서 일차적이고 정상적으로 제도화되어 있으며, 평등주의 이념에 따라 모든 국민에게 보편주의적으로 제공되는 것이다. 사회복지제도는 항시적으로 소득재분배 기능을 수행하여 전체 국민들이 최적의 삶을 영위할 수 있도록 하는 것을 목표로 한다. 따라서 사회복지급여의 수준은 매우 높으며 국가의 역할은 극대화된다. 스웨덴이나 노르웨이 등 스칸디나비아 국가들에서 주로 나타난다.

2) 티트머스의 3분 모형

티트머스(Titmuss, 1974)는 윌렌스키와 르보와 유사하게 복지국가 모형을 잔여적 모형, 산업성취수행 모형, 제도적 재분배 모형으로 구분했다.

잔여적 모형은 윌렌스키와 르보의 잔여적 개념과 동일하다. 즉, 시장과 가족을 통한 사회복지의 제공에 관심을 가지며, 가족과 시장이 사회복지의 욕구를 충족하지 못할 때만 국가가 개입하는 형태이다. 선별주의 이념에 입각해 있으며, 따라서 공공부조 프로그램이 강조된다.

산업성취수행(industrial achievement performance) 모형은 사회복지의 제공이 시장에서의 업적과 밀접한 관계가 있는 것을 강조한다. 이 모형은 사회복지제도의 중요한 역할을 경제의 종속물로 보고 있다. 이것은 사회적 욕구가 공적이나 노동의 업적, 생산성에 기초하여 충족된다는 것을 의미하고 있다. 사회복지를 경제성장의 수단으로 활용하고자 하기 때문에 시녀적 모형이라고도 한다. 사회보험이 주요 프로그램이다.

제도적 재분배(institutional redistributive) 모형은 사회복지를 사회에 있어서 주요한 통합적 제도로서 보는 것이다. 제도적 재분배 모형에서의 국가는 사회복지의 욕구를 충족시키는 주요 제도로서 사회복지의 급여는 시장경제 메커니즘 밖에서 보편적으로 제공된다. 보편적 프로그램이 강조된다.

3) 퍼니스와 틸톤의 복지국가 모형

퍼니스와 틸톤(Furniss & Tilton, 1977)은 사회복지 욕구에 대한 정부의 개입형태에 따라 적극적 국가, 사회보장국가 그리고 사회복지국가로 분류하였다.

적극적 국가(positive state)는 자본주의사회에서 발생하는 시장에서의 문제들과 재분배를 요구하는 세력으로부터 자본가들을 보호하는 데 목표를 두는 국가이다. 적극적 국가는 지속적인 경제성장을 정책목표로 삼고 이를 위해 정부와 자본이 공생관계를 유지하는 것을 최선으로 여긴다. 퍼니스와 틸톤은 적극적 국가를 복지국가라 부르지 않으며, 대표적 국가로 미국을 들고 있다.

사회보장국가(social security state)는 지방분권의 전통하에서 국민들의 최저생활을 보장해 주는 데 목표를 두는 국가를 의미한다. 사회보험 프로그램만으로는 최저생활을 보장해 줄 수 없기 때문에 사회부조나 보편적 서비스의 제공과 같은 다른 방법을 채택하게 된다. 기회의 평등을 강조하며, 국가의 책임 개인의 책임도 강조한다. 대표적인 예가 영국이다.

사회복지국가(social welfare state)는 강력한 중앙집권의 전통을 유지하면서 소득, 재산 및 권력의 불평등을 제거하기 위해 정부가 적극적으로 나서는 국가를 의미한다. 평등과 사회통합을 국가정책의 목표로 삼으며, 이러한 목표를 달성하기 위해 정부와 노동조합의 협력을 강조하다. 단순한 국민의 전반적인 삶의 질의 평등을 추구하며, 이를 위해 일반예산에 의한 복지서비스의 제공을 확대한다. 스웨덴이 대표적인 국가이다.

4) 미쉬라의 복지국가 모형

미쉬라(Mishra, 1984)는 복지국가의 모형을 분화된 복지국가와 조합주의적 혹은 통합된 복지국가의 2가지 모형을 제시했다.

분화적 복지국가(differentiated welfare state)는 경제정책(성장정책)과 복지정책(분배정책)이 분화된 국가를 말한다. 즉, 사회복지를 경제와 구분되고 대립되어 경제에 나쁜 영향을 주는 것으로 보며, 따라서 사회복지는 제한되고, 국가는 잔여적인 역할만 수행해야 한다고 본다. 분화된 복지국가들에서의 복지정책은 다양한 이익추구과정에서 이뤄지므로 복지정책들이 통합적이지 않고 단편화되는 경향이 있다. 대표적인 국가는 미국과 영국이다.

조합주의적 또는 통합된 복지국가(corporate or integrated welfare state)는 경제 체계와 사회체계의 통합, 즉 경제계획이 생산뿐만 아니라 분배의 문제까지를 고려하는 생산체계와 사회체계가 서로 접합되는 통합적 복지국가를 말한다. 즉, 사회복지와 경제와 구분되지 않고 상호의존적이고 상호 관련된 관계로 보며, 사회구성원들의 이익이 통합되는 복지정책의 형태를 추구한다. 이 복지국가 모형에서 복지정책은 생산에 관여하는 자본가계급과 노동자계급 간의 관계가 상호 인정과 협동하에 추진된다. 대표적 국가로 오스트리아, 스웨덴, 네덜란드 등을 들 수 있다.

5) 에스핑 안데르센의 복지국가모형

에스핑 안데르센(Esping-Andersen, 1990)은 복지국가의 유형을 자유주의 복지체제, 코포라티스트 복지국가, 사회민주적 복지국가로 제시하였다.

자유주의 복지체제

먼저, 자유주의 복지체제(the liberal welfare regime)의 제도적 성격은 다음과 같다. 첫째, 사회보장의 급여 전체에서 자산조사에 기초한 급여가 차지하는 비율이 높다. 둘째, 수급자격을 확인하기 위해 자산조사나 소득조사에 적극적이다. 셋째, 자산조사에 의한 공공부조 프로그램이 상대적으로 강조된다. 넷째, 사회보장제도의 비중이 낮다. 다섯째, 전통적으로 자유주의적인 노동윤리가 뿌리 깊다. 여섯째, 급여수준이 낮고, 수급자격은 엄격하며, 스티그마를 수반한다.

다음으로 자유주의 복지체제의 특징을 정리하면 다음과 같다. 첫째, 시장의 역할이 중심적이며, 시장을 통한 개인주의적 연대를 장려한다. 둘째, 탈상품화[2)]의 정도는 낮다. 셋째, 국가의 생활보장은 최저수준 보장에 그치며, 국가는 시장을 통한 사적복지시스템을 지원, 육성한다. 넷째, 수급자와 비수급자 사이에 사회적 이중화가 형성된다. 다섯째, 대표적 국가는 미국, 캐나다, 오스트레일리아, 아일랜드, 영국 등이다.

코포라티스트 복지국가

코포라티스트 복지국가(the corporatist welfare state)의 제도적 성격은 다음과 같다. 첫째, 직업별 · 지위별로 사회보험제도가 분립되어 있다. 둘째, 전업주부(non-working wives)는 그 자체로서 사회보험의 피보험자에서 제외되어 있다. 가족수당은 기혼여성의 전업주부화를 촉진한다. 보육서비스나 데이케어서비스 등의 공적 가족서비스는 발달되어 있지 않다. 셋째, 사보험의 역할은 작다.

다음으로 코포라티스트 복지국가의 특징을 정리하면 다음과 같다. 첫째, 가족주의적 요소가 강하여 사회적 연대의 진원지는 가족이다. 둘째, 국가는 가족의 특성을 지원하고 보완하는 역할을 한다. 셋째, 사회복지의 제공을 통해 사회적 지위의 차이를 유지하는 것을 목표로 한다. 이에 따라 직업별, 계층별로 다른 종류의 복지급여가 제공되며 사회보험에 크게 의존한다. 넷째, 계층

---

2) 탈상품화(de-commodification)란 근로자가 자신의 노동력을 상품으로 시장에 내다 팔지 않고도 살 수 있는 정도를 말한다. 즉, 자신이 노동시장에서 일을 할 수 없는 여러 가지 상황에 처했을 때 국가가 어느 정도 수준의 급여를 제공해 주는가의 정도를 의미한다. 탈상품화가 높을수록 사회복지가 발달되었다고 할 수 있다.

간 격차의 유지에 중점이 두어지기 때문에 수직적 소득재분배효과는 낮다. 다섯째, 국가의 급여는 가족의 각종 부양서비스 기능·능력이 고갈된 경우에만 제공된다. 여섯째, 대표적인 국가는 오스트리아, 이탈리아, 프랑스, 독일, 스위스 등이다.

사회민주적 복지국가

사회민주적 복지국가(the social democratic welfare state)의 제도적 성격은 다음과 같다. 첫째, 각 계층이 단일의 보편주의적인 사회보험제도에 가입하고 있다. 둘째, 정책은 보편주의와 탈상품화의 원리에 따라 편성되어 있다.

다음으로 사회민주적 복지국가의 특징을 정리하면 다음과 같다. 첫째, 사회적 연대의 진원지는 국가이다. 둘째, 국가의 역할이 크고, 탈상품화의 정도가 가장 높다. 셋째, 국가는 보편주의적 개입을 통해 가족과 시장을 대체한다. 넷째, 자유주의 복지체제와 같은 저소득계층 사이에서의 평등화가 아니라 보다 높은 수준에서의 평등화가 촉진된다. 다섯째, 국가와 시장, 노동자계급과 중간계급의 이중화는 존재하지 않고, 육체노동자도 화이트칼라 또는 공무원과 같은 수준의 급여와 서비스를 정수하고 있다. 여섯째, 복지를 가족의 복지능력이 약화될 시점까지 기다리지 않고, 미리 가족생활의 비용을 사회화한다. 일곱째, 국가는 가족구성원의 욕구를 충족시키기 위해 급여·서비스를 제공하고, 여성의 고용진출을 촉진·지원하는 등 사회서비스 부담을 진다. 여덟째, 복지와 노동이 연대하고 있다. 국가가 완전고용의 보장에 본격적으로 관여한다. 완전고용의 유지를 기조로 하고 있으며 그 달성에 전면적으로 의존하고 있다. 마지막으로 대표적인 국가는 스웨덴, 덴마크, 핀란드, 노르웨이 등 주로 스칸디나비아 국가들이다.

3. 복지국가의 발전에 관한 이론

그렇다면 복지국가를 발전시키는 요인은 무엇일까? 이에 대한 답은 복지국가의 발전에 관한 이론으로 설명이 가능하다. 여기에서는 복지국가의 형성과 변화를 설명하고 있는 다양한 이론들을 소개한다.

1) 산업화이론/수렴이론

산업화이론(industrialization theory)은 복지국가의 발전을 설명하는 이론들 가운데 가장 먼저 등장하였고, 또한 가장 많이 논의되고 따라서 가장 많이 비판받는 이론이다. 산업화이론에 의하면, 복지국가의 발전은 산업화된 사회에서 발생하는 욕구에 대한 대응이 산업화로 인해 가능해진 자원을 통해서 이루어진다고 본다. 다시 말하면, 경제발전과 산업화가 진행되면 이로 인해 사회문제가 파생되고 사회적 욕구를 해결하기 위해 사회복지제도가 발전하게 된다는 이론이다. 산업화로 인한 경제성장은 복지확충에 필요한 자원을 제공하며, 새로운 욕구는 새로운 복지프로그램을 등장시키게 된다.

산업화이론의 요체는 서로 다른 정치이념과 문화를 가진 국가들도 일단 산업화가 비슷한 수준에 도달하면 유사한 사회복지체계를 가지게 된다고 보는 시각이다. 이런 점에서 산업화이론은 '수렴이론(convergence theory)'으로도 불린다.

그러나 산업화이론에 의하면 복지욕구만 있으면 자동적으로 그리고 결정론적으로 복지제도는 나타난다고 보는데, 여기서 욕구와 사회복지제도와의 인과관계에 대한 설명이 부족하다. 왜냐하면, 욕구가 있어도 제도가 나타나지 않을 가능성도 매우 크기 때문이다. 그리고 산업화에 의해서 사회복지 욕구도 증가하고 이것을 해결할 수 있는 경제적 자원이 있다고 해서 반드시 복지국가가 발전이 이루어지는 것은 아니다. 여기에는 산업화 이외의 다른 변수, 특히 정치적 변수(예를 들면, 좌익정당 혹은 우익정당의 세력, 이익집단의 활동 등)들이 더 중요할 수 있다는 것이다(김태성 · 성경륭, 1993: 128-136).

2) 사회양심론

사회양심론(the social conscience theory)은 1950년대 영국 사회정책학의 통설로서 사회적 양심의 증대가 사회복지의 발전을 가져오는 원동력이 되었다고 보는 이론이다. 즉, 사회정책이 각 개인이 가지고 있는 타인에 대한 사랑, 사회적 의무감 등이 국민들의 지식 향상에 의해 점차 증대되었다는 이론이다. 부연하면, 사회양심론은 국민들의 사회적 양심이 성장하여 사회복지제도가 발전했다고 가정한다. 즉, 일반 국민들의 집단적 양심은 자비스러우며 누적적이어서 정부로 하여금 도덕적인 반응을 보이도록 하고, 그 결과 사회복지제도의 발전이 이루어진다고 보는 견해이다(박종삼 외, 2002: 49).

이처럼 사회복지정책을 국가의 자선활동으로 간주하는 사회양심론은 낙관적이고 문제해결 중심의 시각이란 점이 장점이 될 수 있지만, 다음과 같은 단점을 가지고 있다(김상균, 1987: 88). 첫째, 사회복지정책의 자비적 성격을 너무 강조한 나머지 국가의 역할에 대한 왜곡된 견해를 갖게 하여 사회적 과정의 정확한 이해를 방해한다. 둘째, 특정 문제가 특정 시기에 하필이면 문제로 인식되어 해결의 시도를 받게 되는 사회적 맥락에 관한 설명이 불가능하고, 사회복지정책의 형성과 변화에 영향을 미치는 압력 및 영향에 관한 분석이 협소하다. 셋째, 사회복지정책 발전을 직선적이고 낙관적으로 봄으로써 국가 간의 비교가 쉽게 수렴이론으로 비약될 소지도 있다.

3) 확산이론

확산이론(diffusion theory)은 사회복지는 국제적 모방과정으로서 한 나라의 사회복지정책이 다른 나라에 영향을 미친다는 데 초점을 둔 이론이다. 확산이론은 근대 국가들이 발전하면서 그 발전이 확산되어 전통적 국가들에게 영향을 미친다고 보았다. 확산이론을 주장하는 학자들은 사회복지정책의 발전과 국가의 지리적 위치가 밀접한 관계에 있다고 주장한다. 즉, 서로 지리상으로 인접한 국가나 긴밀한 관계에 있는 국가 간에 정책이 확산되어 간다는 것이다.

확산이론은 기존의 이론들이 사회복지정책의 발달을 국내적인 요인을 가지고 설명하려는 것에서부터 벗어나 국제적인 관계와 범위로 그 영역을 넓혀 설명했다는 점에서 의의가 있다. 그러나 확산이론은 다음과 같은 한계들이 지적되고 있다.

첫째, 산업국가에서 정부가 시행하는 사회복지정책에서 확산이론에 의한 확산효과는 미미하며 그보다는 각 국가의 내부적인 사회경제적 · 정치적 요인이 더 중요하다(박병현, 2003).

둘째, 이 이론은 국제적인 환경변수가 구체적인 사회복지정책으로 전환되는 역동적인 과정을 설명하지 못하고 있다는 것이다. 단순히 특정 국가와 인접하고 있다는 지리적 위치나 피식민지적 지배와 경험 자체는 중요한 요인이기는 하지만, 이와 같은 요인이 왜, 어떻게 영향을 미쳐 정책화되는가에 대한 구체적인 설명이 부족하다.

셋째, 한 국가가 새로운 복지제도를 도입하려 할 때 다른 나라, 특히 선진복지국가의 제도를 참고하는 것은 분명하지만, 확산이론은 사회복지제도의 국가 간 확산 여부를 떠나 복지의 원인이 복지가 된다는 논리적인 취약점을 가지고 있다는 주장이다. 제도를 단지 참고만하는 것을 그 원인이 된다고 간주할 수는 없다(원석조, 2006).

4) 시민권론

시민권이론(citizenship theory)은 사회복지정책의 발달을 시민권의 발달이라는 측면에서 설명하는 이론이다. 이 이론은 마샬(Marshall)에 의해 주창되었는데, 그에 따르면, 시민권(citizenship)이란 공동체의 완전한 사회구성원에게 부여된 여러 가지의 권리와 권력을 향유할 수 있는 지위를 말한다. 그는 시민권의 요소를 공민권, 정치권, 사회권으로 분류하면서 시민권의 변천을 진화론적 입장에서 분석하고 있다. 공민권(civil right)은 개인의 자유와 법 앞에서의 평등을 보장받을 권리를 말한다. 그리고 정치권(political right)은 참정권 즉 투표할 권리와 관직에 출마할 권리를 말한다. 사회권(social right)은 최소한의 경제적 복지의 보장과 사회에 일반적으로 보급되어 있는 수준의 문화적인 생활을 영위할 권리를 말한다. 시민권 중 첫 번째인 공민권은 기본적으로 법률제도를 통해 구현되고, 두 번째의 정치권은 정치제도에 의해 구현되며, 세 번째인 사회권은 사회서비스를 통해 구현된다(Mishra, 1981: 27).

마샬은 시민권을 구성하는 3가지 권리 각각의 주요한 발달은 특정 시기에 일어났는데, 공민권은 18세기에 발달하였고, 정치권은 19세기에 발달하였으며, 사회권은 20세기에 발달한 것으로 보고 있다. 그는 시민권을 법 앞에서의 자유와 평등과 같은 공민적(civil), 참정권과 같은 정치적(political), 그리고 복지권과 같은 사회적(social) 요소로 분류하면서 점차로 시민권이 분화되고 발전되어 왔다고 주장한다. 이 과정에서 가장 늦게 20세기에 들어서 사회권이 확립되면서 사회복지도 권리의 차원으로 발전할 수 있었다고 설명한다. 즉, 시민권의 분화발전이 사회권의 확립을 가져왔고, 사회권의 확립이 사회복지제도의 발전을 가져왔다는 것이다.

시민권 개념은 주로 보편적이고 포괄적이며 '권리로서 주어지는' 사회서비스의 원리를 정당화하는 데 적절한 개념이라는 점에서 의의가 있다. 그러나 시민권론은 공민권과 정치권, 사회권을 사회구조의 변화와 연결시켜 설명하지 못하고 있다는 비판을 받는다. 즉, 사회변동에 대한 전체적이고 진화론적 접근을 취함으로써 집단의 행위와 집단갈등이 초래할 수 있는 영향, 산업화의 영향 등은 고려되지 못하고 있다는 것이다.

5) 음모이론

음모이론(the conspiracy theory)은 사회복지정책의 주목적이 인도주의나 양심의 실현이 아니라 사회안정 및 사회질서의 유지와 사회통제라는 관점의 이론이다. 따라서 사회정책의 변화 시기를 지배계층이 기존의 사회질서가 위협을 받고 있다고 느끼는 때라고 주장하면서 사회정책의 변화를 개선과 악화의 양면이 언제라도 교차될 수밖에 없는 성질의 것으로 본다.

그러나 음모이론은 사회안정에 대한 위협을 조성하지 않는 집단이면서도 사회적 서비스의 확충으로 인한 혜택을 입고 있는 사례를 설명할 수 없는 한계를 가지고 있다. 예컨대, 아동, 노인, 그리고 환자들과 같이 노동시장에서 제외되고 있는 대상들은 정책 입안가들에게 위협적인 존재라고 보기 어렵다(김상균, 1987: 96-99).

6) 이익집단론

이익집단론(interest group theory)은 사회복지정책을 공통의 목적을 가지고, 공공정책에 영향을 미치기 위해 노력하는 개인들의 조직체인 이익집단 간의 갈등과 타협의 산물로 보는 이론이다. 이익집단론에 의하면, 사회복지발전은 다양한 이익집단들 사이에서 사회적 배분을 둘러싼 경쟁이 치열해지고, 따라서 이러한 집단들의 정치적인 힘이 중요해져 정치가들이 이들의 요구를 수용하는 데에서 나온 결과라고 본다. 이익집단론은 특히 노인집단이 수의 증대와 높은 투표율, 이익의 강한 동질화로 인하여 정치적 영향력이 매우 크며, 이로 인해 복지국가 발달에서 중요한 역할을 해왔다고 본다.

이익집단론은 전통적인 계급관계뿐만 아니라 다양한 집단의 정치적 경쟁에 초점을 맞추었고 정당정치의 현실을 파악할 수 있게 했으며, 특히 노인들을 위한 프로그램의 발달을 설명하는 데 적합하다. 그러나 민주주의제도가 발달되지 않았거나 이익집단보다 계급의 힘이 중요한 국가들의 경우에는 적합하지 않은 단점이 있다(김태성 · 성경륭, 1993: 153-157).

7) 사회민주주의이론

사회민주주의이론(social democratic approach)은 노동계급을 대변하는 정치세력이 커질수록 복지국가가 발전한다고 보는 이론이다. 복지국가는 자본과 노동의 계급투쟁에서 노동자계급이 얻어낸 성과물이라는 것이다. 사회민주주의는 궁극적 목적 가치로서 사회주의를 견지해왔는데, 사회주의의 달성은 정치적 힘의 확보를 통해 평등한 정책을 추진해 나갈 때 달성될 수 있는 목표이며, 사회복지정책의 확대는 사회주의로 가는 하나의 과정으로 보고 있다(고세훈, 2000: 58-59).

이러한 사회민주주의이론은 산업화이론이 무시한 정치적 요소들에 대한 분석이 중요하다는 점을 잘 보여주고 있다는 점에서 장점을 지닌다. 하지만 사회민주주의이론은 스웨덴과 같은 특정한 몇몇 나라의 사회복지정책의 발달을 설명하는 데 적합할 뿐 일반화하기 어렵다는 한계가 있다.

8) 국가중심론

국가중심론(state-centered theories)은 사회문제의 발생이나 노동자계급의 요구 등 사회복지 수요의 측면보다 사회복지를 제공하는 공급자로서의 국가 역할을 더 강조하는 이론이다. 즉, 사회복지정책을 특정 집단의 요구를 반영한 것이 아니라 독립된 주체인 국가가 스스로 문제를 인식하고 해결하려고 하는 노력의 산물로 파악한다. 특히, 국가 관료기구를 맡고 있는 개혁적인 정치가나 관료들의 역할이 강조된다. 국가중심론은 사회복지에 대한 수요가 비슷하더라도 국가구조의 차이에 따라서 국가마다 이에 대응하는 사회복지정책 발달에 차이가 있다고 본다(김태성 · 성경륭, 1993: 158).

국가중심론은 기존 이론들의 사회 중심적 접근에서 벗어나 사회복지를 제공하는 공급자로서의 국가를 강조함으로써 사회복지정책 발달에 대한 설명의 폭을 넓혔다는 점에서 평가받을 수 있다. 하지만, 각 국가의 구조적 특이성을 강조하기 때문에 이 이론을 통해 사회복지정책의 발달을 설명하는 데에는 일반화하기 어려운 점이 있고, 사회복지에의 욕구가 어떻게 하여 발생하는가를 설명하기보다는 그러한 욕구에 대한 대응을 국가에 따라 어떻게 하는가에만 초점을 맞추었기 때문에 사회복지정책의 발전에 대한 본질적인 원인에 대하여는 등한시할 수 있는 한계가 있다는 지적이다(김태성 · 성경륜, 1993: 161).

4. 복지국가의 형성과 발전

1) 복지국가의 출현 배경

전쟁의 영향

제2차 세계대전은 영국의 사회정책에 큰 영향을 미쳤다. 전쟁은 엄청난 수의 사상자와 빈민을 양산함으로써 종래의 구빈제도나 사회보험제도가 더 이상 작동할 수 없음을 분명히 인식하게 하였다. 게다가 전쟁은 사적 자선기관의 구호능력을 부적절한 것으로 만들고, 동시에 민간보험기관의 보험업무 수행도 거의 완벽히 마비시켰다(Ashford, 1986: 107; 김태성 · 성경륭, 1993: 104). 따라서 정부는 효과적인 국민동원을 위해 전쟁 이후의 새로운 사회 건설에 대한 청사진을 제시해야만 했다. 즉, 장기적인 청사진을 통하여 국가는 전시와는 달리 높은 삶의 질이 보장되는 사회에 대한 희망을 국민에게 제시해야 했고, 그 내용은 사회보장이 잘 갖추어진 이상적인 사회였던 것이다.

전시 계급관계의 변화

1940년 5월 윈스턴 처칠의 새 내각에 노동당이 참여하는 거국 연립정부가 구성되었다. 연립정부가 들어서면서 전쟁에 대한 국민의 확실한 지지를 확보했다. 대다수 노동자들도 참전을 지지했고, 전쟁에 임하는 정부의 각종 정책에 대해서도 협력하려는 마음의 준비가 되어 있었다. 연립정부는 정부와 노동운동의 대립관계를 파트너 관계로 완전히 바꾸어 놓았다.

전전의 대공황기에 이미 엄청난 실업과 실질임금의 하락을 경험했던 노조는 급진적 요구 대신 적절한 국유화, 완전고용, 복지정책의 확대 등 자본주의 틀 안에서 실현 가능한 것을 요구하는 쪽으로 입장을 바꾸었다. 노동당 역시 생산수단의 사회화 대신 생산된 것의 재분배를 통해 자본주의의 부정적 결과 완화를 자신의 목표로 삼았다. 즉, 영국 노동자계급의 대표체인 노조와 노동당은 복지국가라는 매개를 통해 자본과 타협할 준비가 되어 있었던 것이다(김영순, 1996: 83).

그리고 전쟁은 중간계급의 태도도 변화시켰다. 전통적으로 중간계급은 노동시장에서의 유리한 지위로 인해 자조를 신뢰하고 사회보장에 대한 국가 개입을 엄격히 제한할 것을 주장해 왔다. 그러나 전쟁은 모든 사람들에게 '위험의 불확실성'을 안겨 주었고, 그 앞에서 중간계급은 복지국가의 '위험분담(risk sharing)'의 논리에 공감하게 된다. 즉, 이들은 사회적 위험의 기회가 높아진 상황 속에서 국가의 복지개입 확대를 수락하게 되었던 것이다. 이에 따라 중간계급의 상당수는 전후 총선에서 완전고용과 복지개혁을 약속한 애틀리의 노동당을 선택하게 된다. 이는 결국 영국에서 노동자계급과 중간계급 간의 복지동맹이 형성되었음을 의미하는 것이었다. 영국의 중간계급은 국가의 포괄적 국가 개입의 필요성에 공감하게 되었고, 이는 복지국가에 대한 두 계급의 합의를 이끌어냈던 것이다(김영순, 1996: 84-85). 물론 이러한 중대한 변화는 전시 노동자들의 괄목할 만한 세력 신장에 기인한 것이었지만, 보다 근본적으로는 전쟁 때문에 가능한 것이었다.

2) 베버리지보고서

베버리지위원회

1940년 영국은 처칠의 영도하에 독일에 대한 강력한 항전에 들어갔다. 웨스트민스터 사원 근처에 폭탄이 떨어진 1941년 5월 영국은 역사적인 사회복지제도의 개혁에 착수하였다. 전쟁내각은 국무위원이었던 노동당 출신 아서 그린우드(Arthur Greenwood)로 하여금 종전 후 사회부흥을 위한 계획업무를 담당하도록 하였다. 그리하여 이른바 '베버리지위원회'로 불리는 '사회보험 및 관련 서비스에 관한 각 부처 간 조사회위원회'가 구성되었다. 위원회는 1인의 위원장과 11인의 위원 및 1인의 비서로 구성되었는데, 위원장에는 베버리지가 임명되었다. 그 위원회의 주 임무는 기존의 사회복지제도의 실태조사였고, 그에 따라 위원장을 제외한 11명의 위원들 중 10명이 정부의 고급관료들이었다. 그러나 조사가 진행되면서 베버리지는 최초 자신에게 부과된 임무의 수준을 훨씬 뛰어넘어 전후에 맞게 될 새로운 평화시대에 요구하는 사회정책의 청사진을 제공하게 된다. 그 청사진이 이른바 베버리지보고서로 불리는 『사회보험과 관련 서비스(*Social Insurance and Allied Service*)』이다. 베버리지보고서는 1942년 9월에 완성되어 동년 12월 1일에 발간되었는데, 발간과 동시에 폭발적인 인기를 끌었다.[3] 베버리지보고서가 발간된 이후 대중지들은 '요람

3) 동 보고서는 정부 간행물임에도 불구하고 발간된 지 한 달 만에 10만 부가 판매되었으며, 그 후 모두 63만 5천 부나 팔렸다고 한다. 1939년에 발간된 보건서비스에 관한 정부 보고서가 약 2만 5천 부 정도 판매되었는데, 이 정도만 해도 놀라운 것이었다.

에서 무덤까지'라는 신조어를 만들어 사회보장을 이야기하기 시작했다. 베버리지보고서는 더 평등한 영국을 위한 청사진이며, 전쟁의 상처를 치유할 수 있을 것이라 믿어지면서 베버리지는 영국의 국민적 영웅이 되었다.

베버리지 보고서의 특징

베버리지의 제안은 5대 악(five Giants), 즉 결핍(want), 질병(disease), 무지(ignorance), 불결(squalor), 나태(idleness)를 극복하는 것을 국가재건의 목표로 삼았다. 이 중에서도 결핍에 우선순위를 두고 이를 해결하기 위해 소득을 보장하는 데 중점을 두었다. 그 근간은 '국민최저선의 원칙(principle of national minimum)'이었다. 즉, 영국 국민의 어느 누구도 최저수준 이하로 떨어지지 않도록 최저한의 생활을 보장해 줌으로써 결핍으로부터 벗어날 수 있도록 하는 것이었다.

베버리지보고서가 제시한 사회보장의 핵심은 강제적인 사회보험이었고, 보고서의 대부분은 사회보험의 재조직에 관한 것이었다. 그것은 다음과 같은 여섯 가지 원칙에 입각하고 있었다(Beveridge, 1942: 294).

① 균일한 생계급여(flat rate of subsistence benefit): 소득수준, 직업, 재산과 같은 사회경제적 수준과 가족 수나 연령 및 성별과 같은 인구학적 차이에 관계없이 모든 사람들에게 동일한 액수의 급여를 제공해야 한다는 원칙이다. 다만 업무상 재해나 질병의 경우는 예외로 한다.

② 균일한 기여금(flat rate of contribution): 근로자나 사용자가 지불하는 기여금은 그의 소득수준에 관계없이 동일한 액수의 보험료를 부담한다는 원칙이다.

③ 행정책임의 단일화(unification of administrative responsibility): 사회보장제도의 관리운영을 국가가 담당한다는 원칙이다. 구체적으로는 효율성과 경제성을 고려하여 행정체계를 일원화해야 한다는 원칙으로 모든 기여금은 단일한 사회보험기금에 적립되고, 급여를 비롯한 모든 보험 지출

은 그 기금으로부터 나온다.

④ 급여의 적절성 · 충분성(adequacy of benefit): 급여금액과 지급기간은 적절 · 충분해야 한다는 원칙이다. 급여의 양은 최저생계를 보장하기에 적절해야 하며, 급여의 지급은 욕구조사 없이 욕구가 존재하는 한 지급되어야 한다.

⑤ 포괄성(comprehensiveness): 전 국민을 사회보험의 대상으로 삼는 원칙을 말한다. 사회보험의 적용 인구와 그 적용 욕구에서 가능하면 포괄적으로 적용되어야 한다.

⑥ 분류화(classification): 단일화되고 포괄적인 사회보험이지만, 지역사회 내의 다양한 삶의 방식을 고려해야 한다. 즉, 사회보험의 대상자를 생활방식, 고용형태, 소득원의 차이, 가정주부, 아동, 노인 등 다양한 집단별로 분류하는 것이다. 분류화는 보험의 적용 시 서로 다른 기반에 따른 욕구나 환경 등을 고려해야 한다는 것이다.

베버리지보고서의 가장 큰 의의는 모든 시민에게 사회보험제도를 통해 생존에 필요한 기본적 욕구를 충족시켜 주었다는 점이다. 베버리지보고서가 영국 국민들의 환영을 받을 수 있었던 것은 자산조사 없이 권리로서 급여를 받을 수 있는 성격 때문이었다.

3) 노동당 정부의 집권과 복지국가의 등장

전후 노동당 정부의 집권

제2차 세계대전은 1945년 5월에 끝났다. 두 달 후인 7월 5일에 총선이 치러졌다. 베버리지보고서에 대해 어정쩡한 태도를 취했던 보수당의 처칠은 세계 최고의 전쟁 영웅이었음에도 불구하고 전후 영국의 재건과 대대적인 사회보장의 확충을 내세운 노동당의 애틀리(Clement Attlee)에게 1945년의 선거에서

패하고 말았다. 노동당의 압승이었다. 노동당은 393개의 의석을 차지하였고, 보수당은 213석에 불과했으며, 기타 정당이 34석이었다. 득표수로는 노동당이 47.8%, 보수당이 39.8%를 기록하였다. 총선의 압승으로 노동당은 창당 후 처음으로 단독 정부를 구성할 수 있었다. 그런데 이처럼 노동당이 압승할 수 있었던 것은 바로 앞서 언급한 계급관계의 변화 때문이었다. 애틀리의 복지국가는 노동자계급의 힘의 증대, 노동자계급과 중간계급 간의 복지동맹(welfare coalition), 자본의 복지국가에 대한 암묵적 수락의 결과였는데, 이런 중대한 변화는 바로 전쟁 때문에 가능했던 것이다(김영순, 1996: 82).

복지국가의 등장

집권한 노동당은 약속대로 사회보장제도와 국민보건서비스에 관한 제반 법령들을 통과시켰다. 즉, 가족수당법(Family Allowances Act, 1945), 산업재해국민보험법(National Insurance Industrial Injuries Act, 1946), 국민보험법(National Insurance Act, 1946) 및 국민부조법(National Assistance Act, 1948) 등 소득보장제도를 구성하는 여러 법령과 국민보건서비스법(National Health Service Act, 1946)을 통과시켰고, 1948년 7월 5일을 기해서 제반 법령들이 그 효력을 발생하게 되었다. 영국에서 복지국가가 출범한 것이다. 이와 같이 1948년은 영국 노동당이 베버리지보고서에 기초한 사회보장, 무상의료, 무상 중등교육의 새로운 체계를 도입하면서 소위 '요람에서 무덤까지'로 일컬어지는 복지국가의 탄생을 알리는 새로운 시대의 획을 긋는 해였다.

4) 복지국가 콘센서스와 발전

1952년 노동당을 누르고 보수당이 재집권한 이래 1973년 오일쇼크를 전후한 시기까지 양대 정당 간의 정권교체가 수시로 일어났으나, 어느 정권이 집권하더라도 사회복지만큼은 거의 전적으로 확충되었다. 이것은 다양한 정치

정당들이 모두 복지국가체제가 필요하고 중요한 역할을 하고 있기 때문에 그것이 유지되고 확충되어야 한다는 사회적 합의에 의한 것이었다. 이른바 합의의 시대(the era of consensus)가 도래한 것이다.

영국 복지국가의 합의는 다음의 4가지로 요약할 수 있다(박광준, 2002: 372). 첫째, 빈곤한 사람들을 원조하는 것은 정부의 제1의 의무이다. 둘째, 사회복지서비스는 계속적으로 확충되어야 한다. 셋째, 영국이 사회복지서비스를 확충함으로써 보다 평등한 사회로 나아갈 수 있다. 넷째, 합리적이고 진보적인 학자들이 사회복지의 확충을 지향하는 연구를 수행하면서 사회복지서비스의 개발과 유지에 공헌하며, 서비스의 담당자들을 교육한다.

이러한 복지국가 합의를 통한 사회복지의 발전은 선진국가에서 공통적으로 나타나는 현상이었는데, 이 복지국가체제는 자본주의와 사회주의라는 이념적 틀을 초월한 하나의 바람직한 국가체제의 한 모습으로 간주되었다. 이러한 사회적 합의는 국가마다 다소의 차이는 있었지만, 그것이 강력한 국가의 경우는 복지국가의 등장은 곧 '이데올로기의 종언(the end of ideology)'을 의미하는 것으로까지 이해되었다(박광준, 2002: 389). 이러한 복지국가 합의가 형성될 수 있었던 배경에는 지속적인 경제성장이 있었다는 것은 의심의 여지가 없다.[4)]

1945~1975년간의 복지국가 황금기 동안 호황국면에 힘입어 노령연금, 의료보험, 산재보험, 실업보험, 아동수당 등 사회보장제도의 수혜 범위와 급여 수준이 확대되고 행정적으로 체계화되었다. 또한, 퍼스널사회서비스와 공공부조를 위한 제도도 더욱 확충되었다. 모든 사람이 보건의료와 중등교육에 무상으로 접근할 수 있었고, 완전고용의 혜택을 입지 못하는 사람들에게는 중요한 사회안전망을 제공했다.

전후 약 30년간 이루어진 지속적인 경제성장이 복지국가 확충의 내용인 사회복지지출 증가를 뒷받침할 수 있었던 것이다. 그러나 1973년 오일쇼크를 계

4) OECD 국가의 1950년대의 경제성장률은 연평균 4.4%였고, 1960년대에는 5%의 높은 경제성장률을 기록하였다. 높은 경제성장률뿐만 아니라 이 기간 동안 대부분의 선진국들은 낮은 수준의 인플레와 실업률을 유지하고 있어서 사회복지비 지출에 좋은 조건을 갖추고 있었다(김태성 · 성경륜, 1993: 114).

기로 영국 복지국가는 위기에 봉착하면서 전후의 사회적 합의는 붕괴되기 시작한다.

5. 복지국가의 위기와 재편

1) 복지국가 위기의 개념

복지국가의 확충은 1970년대 중반까지 계속 확대되다가 그 이후 확대의 폭이 줄어들거나 어떤 국가들의 경우에는 오히려 축소되는 현상을 보이게 된다. 사회복지 지출이 GNP에서 차지하는 비율은 대부분의 복지국가의 경우 큰 폭으로 증가하지만, 이후부터는 이러한 증가율이 둔화하거나 축소되었다. 예를 들면, OECD 회원국 전체를 볼 때, 1960년대에서 1975년 사이에 사회복지지출비용은 매년 8%씩 증가하였는데, 1975년에서 1981년 사이에는 이 증가율이 4%로 줄어든다. 이러한 사회복지의 정체 혹은 감소는 수치 이상의 의미가 있다. 왜냐하면, 복지국가의 사회지출을 보면 구조적으로 증가하지 않을 수 없는 요소를 가지고 있는데, 그것은 인구고령화와 밀접한 관련이 있기 때문이다. 연금제도가 성숙하면 연금급여의 수준을 현 수준으로 동결한다고 하더라도 연금수급자의 증가, 연금수급자 중에서 장기간의 보험료 납부에 의한 고액연금 수급자의 증가로 인해 연금지출은 늘어난다. 또한, 고령자에 대한 의료비지출 역시 급증한다. 이러한 증가는 복지국가 지출의 자연증가분이며 직접적인 급여확충에 의한 지출증가가 아니다. 대부분 국가에서 지출 규모가 정체되어 있다는 것은 실제적인 측면에서는 지출의 감소를 의미할 수 있다. 이러한 복지국가 확대의 위축이나 정체현상을 복지국가의 위기라고 부른다(박광준, 2002: 393).

2) 복지국가 위기론의 배경

복지국가 위기의 징후

미쉬라(Mishra, 1984)는 복지국가의 위기라고 부를 수 있는 문제의 양상을 다음과 같이 요약하고 있다. 첫째, 스태그플레이션(stagflation)의 출현과 경제성장의 종식, 둘째, 완전고용의 종식과 대량 실업의 발생, 셋째, 정부 수입의 감소와 재정지출의 증가에 의한 재정위기, 넷째, 사회적 급여의 예산 삭감, 다섯째, 복지국가의 사회체계에 대한 신뢰의 상실 등의 현상이 그것이다.

경제성장의 종언

복지국가 위기의 징후로서 가장 두드러지게 나타나는 것이 경제문제이다. 서구 복지국가들은 대부분 경제성장이 멈추고 1970년대 중반 이후 저성장의 시대로 접어들게 되었다. 1973년 오일쇼크 이후 서구 선진국의 경제성장은 거의 막을 내렸다고 해도 과언이 아닐 정도로 저하되었다. 1960~1981년의 OECD 국가의 거시경제지표를 보면 1973년까지의 기간과 1973년 이후의 1981년까지의 기간 사이에는 큰 차이가 나타나고 있음을 알 수 있다.

〈표 12-1〉 1960~1981년 OECD 국가의 거시경제지표 (단위: %)

경제지표	1960~1973	1973~1981
실업률	3.2	5.5
인플레이션	3.9	10.4
GNP 성장률	4.9	2.4
생산성 증가율	3.9	1.4

출처: Pierson(1991), p.145.

주요 선진국가별로 살펴보더라도 오일쇼크 전과 후의 경제성장률과 실업률은 뚜렷한 차이를 나타냈다. 즉, 경제성장률은 약 4~5%에서 약 1~2%로 둔화되었다. 실업률은 미국, 영국, 프랑스가 약 3%에서 약 8~10%로 증가했고, 스웨덴과 오스트리아는 약 2%에서 약 3%로 증가함으로써 미국, 프랑스보다는 그 충격이 약했다(〈표 12-2〉 참조).

〈표 12-2〉 주요 선진국의 경제성장률과 실업률

구분	연평균 경제 성장률(%)		연평균 실업률(%)	
	1963~1967	1978~1982	1965~1968	1980~1983
미국	4.8	1.5	3.8	8.4
영국	3.3	0.8	2.8	10.7
프랑스	5.3	2.0	2.0	7.4
독일	3.6	1.6	0.8	5.3
스웨덴	4.3	1.4	1.8	2.8
오스트리아	4.4	1.8	1.9	3.0

출처: Klen and O'Higgins(1985), p.11; 최경구(1993), p.41.

이러한 경제문제는 2가지의 방향에서 국가재정에 직접적 충격인 충격을 주었다. 우선 실업자 증가에 의한 직접적인 재정지출의 증가(실업수당)이다. 실업자가 늘어나면 실업수당의 증가를 가져오고, 그것은 국가재정을 압박하는 요인이 된다. 다른 하나는 경제불황으로 인하여 소득세와 법인세 등 전반적인 세수의 감소이며, 이것은 다시 재정위기의 원인이 되었다(박광준, 2002: 394-395).

케인즈주의 복지국가의 한계

전후의 복지국가, 즉 케인즈주의 복지국가는 경제면에서는 케인즈주의, 사회면에서는 베버리지의 사회보장체제를 기초로 하여 시장경제에 대한 적절한 개입을 통하여 공공지출을 증가시킴으로써 완전고용을 달성하는 체제였다. 케인즈주의는 시장경제에 대한 적절한 개입을 통하여 공공지출을 증가시킴으로써 완전고용을 달성하는 정부의 조정자 역할을 전제로 하고 있다. 이렇게 본다면 완전고용은 케인즈이론뿐만 아니라 복지국가의 가장 핵심적인 특징이자 정책요소였다. 그런데 앞의 표에서 확인되는 불황과 임금상승 인플레이션(wage-push inflation)이 동시에 겹치는 현상, 즉 스태그플레이션(stagflation) 현상은 케인주주의의 입장에서 본다면 예측할 수 없는 것이었다. 완전고용의 조건하에서 임금상승 인플레이션이 일어날 수 있는 가능성을 전혀 예측하지 못했던 것이다(박광준, 2002: 396). 스태그플레이션은 복지국가 비판자, 특히 신자유주의자들의 케인즈주의 복지국가에 대한 비판의 좋은 무기가 되었다.

3) 복지국가 위기론

국가실패론

신자유주의자들은 복지국가 위기의 원인을 국가의 실패(the failure of the state)에서 찾는다. 즉, 자유시장경제에 대한 국가의 개입이 정부의 팽창과 과중한 부담을 초래하였으며, 따라서 정부의 실패와 복지국가의 위기로 끝나고 말았다는 것이다. 국가복지의 확대는 저축과 투자를 감소시키며, 근로동기를 약화시켜, 산업생산부문의 위축을 가져와 생산성을 약화시킨다고 본다. 그 결과 경제성장의 둔화로 나타나며, 이런 경제성장의 둔화는 복지국가의 위기로 귀결된다는 것이다.

신자유주의자들의 공통된 논지는 국가 개입에 의한 복지의 확대는 경제성장과 양립할 수 없으며, 필연적으로 복지국가의 위기를 초래한다는 것이다. 그러나 이들의 주장은 실증적인 근거로 뒷받침되지 않는다는 비판을 받아왔다. 이들의 주장대로라면 복지지출과 복지관료제의 비중이 가장 높고 복지 의존자들이 가장 잘 조직화되어 있는 북구 국가들이 가장 심각한 경제위기에 처해야 하나, 실제로는 그렇지 않았다. 1980년대에 신자유주의적 재편이 이루어진 영국과 미국에서 뚜렷한 경기호전이 이루어지지 않은 사실 역시 복지국가가 성장의 주요한 적이라는 이들의 논리를 반증하고 있다(김영순, 1996: 20-21).

복지국가 모순론

마르크스주의자들은 복지국가 위기의 원인을 복지국가의 모순에서 찾는다. 오페(Offe, 1984: 51-57)에 따르면, 국가의 모순은 독점자본주의 단계의 국가가 수행해야 할 2가지 기능, 즉 자본축적과 정당화라는 상충적 기능에서 비롯된다. 자본축적(accumulation) 기능이란 자본가의 경제적 기능을 국가 개입을 통하여 보장해 주는 기능을 의미한다. 자본주의체제의 재생산을 기본적 임무로 하는 자본주의 국가는 자본축적을 위한 제 조건을 보장해 주어야 한다는 것이다. 반면, 정당화(legitimation)의 기능은 사회정치적 기능으로서 사회체계가 잘 통합되어 작용할 수 있도록 국가가 그 체계의 정당성을 부여해 주는 기능을 말한다. 축적의 대가로 고통받는 피지배계급의 다양한 요구를 충족시킴으로써 자본주의체제에 대한 대중의 충성심을 확보하고 정당성을 유지해야 한다는 의미이다.

고흐(Gough, 1979; 고프, 1990: 12) 역시 복지국가의 발전은 본질적으로 모순적이며, 이 모순에 의해 복지국가의 위기가 발생한다고 본다. 그에 의하면, 복지국가는 사회복지를 증대시키고, 개인의 권한을 신장시켜 주며, 시장에 대한 사회적 규제를 강화하는 경향과 인간을 억압하고 통제하며 자본주의 경제의 요구에 순응시키는 경향을 동시에 가지고 있다. 즉, 노동생산력을 강화시켜 주는 국가의 복지제도와 자본가의 계속적 이윤 점유를 보장해 주는 생산관계가 국가의 개입에 의해서 보장된다는 것은 모순이라는 것이다.

오코너(O'Connor, 1973: 1-10)도 오페가 말한 국가의 기본적 기능, 즉 자본축적의 기능과 정당화의 기능 사이의 모순에서 기인하는 위기 개념에 연결시켜 복지국가의 모순을 설명하였다. 즉, 국가는 자본축적을 위하여 많은 지출을 하는데, 여기서 발생하는 이윤이 국가의 수입이 아닌 자본가의 몫으로 남게 되어 결과적으로 국가는 적자예산으로 정당화의 기능을 수행해야 하므로 결국에는 국가재정의 파탄을 초래할 수밖에 없고, 따라서 복지국가는 붕괴한다는 것이다.

이처럼 마르크스주의자들은 신자유주의자들처럼 복지국가의 위기를 단순한 정부의 과도한 개입으로 인한 과부담에서 찾는 것이 아니라 자본주의 경제체제의 내적 모순에서 찾고 있다. 그러나 마르크스주의자들의 축적과 정당화의 이분법 논리와 신자유주의자들의 성장과 복지의 이분법 논리가 동일한 형태를 취하고 있다는 점은 복지국가 모순론의 결정적 비판의 대상이 되어 왔다(Mishra, 1987: 99; Pierson, 1991: 49). 이들의 논리로는 화해 불가능한 모순을 갖는 복지국가가 어떻게 1950~1960년대 동안 안정적으로 확대되다가 1970년대 초에 이르러서야 위기에 처하게 되는지를 설명하기 어렵다는 비판이다. 축적과 정당화의 모순은 왜 1970년대 이후에야 재정위기와 계급투쟁의 격화라는 형태로 날카롭게 표출되었는지 그 필연성을 설명할 수 없다는 것이다(김영순, 1996: 27).

복지국가 기반약화론

복지국가는 포드주의적 자본주의 혹은 조직화된 자본주의(organized capitalism)의 산물이었다. 포드주의적 생산방식에 입각한 대량생산과 대량소비는 서로 호순환적 관계를 이루었고, 고도성장을 뒷받침했다. 그리고 국가복지는 생산과 소비의 호순환의 한 축을 이루었다. 그것은 완전고용, 생산성 향상 및 단체협상에 근거한 높은 시장임금과 더불어 대량생산이 요구하는 대량소비를 가능하게 하는 장치였다. 그러나 생산과 소비의 안정적인 균형은 포드주의적 생산방식의 비효율성 증대, 내수의 포화상태 도달, 소비자들의 욕구 변화, 그리고 국제시장에서의 경쟁 격화 등으로 인해 1960년대 말부터 동요하기 시작했다. 그 결과, 선진자본주의의 경제는 생산성의 저하와 이윤율의 하락에 직면하게 되었다. 이런 경제위기는 복지국가를 재정위기에 빠뜨림으로써 복지국가의 기반을 잠식했다. 그러나 보다 근본적인 원인은 포스트포드주의적 생산방식의 확산이었다. 자본측이 위기의 활로로 채택한 자본의 세계화와 유연적 생산방식의 확산은 케인즈주의적 복지국가의 기반을 송두리째 흔들어 놓았다. 유연적 생산방식의 변화는 노동자계급을 분절화 · 양극화시켰는데, 이것은 노동자들의 단결과 조직화에 결정적 장애물로 작용했을 뿐만 아니라 복지문제에도 다른 태도를 취하게 함으로써 복지국가의 위기에 기여했던 것이다. 이러한 주장을 '복지국가의 기반약화론'이라 부른다(김영순, 1996: 28-30, 124-126).

복지국가 기반약화론은 축적구조와 계급구조의 변화가 복지국가에 미친 영향을 잘 보여주고 있지만, 이들의 설명도 모든 복지국가에 대해 과도하게 일반화하고 있다는 한계에서 벗어나지 못하고 있다. 포드주의 위기 이후 나타난 자본 국제화의 정도와 유연적 생산방식의 도입 양상은 나라마다 달랐고, 그것이 복지국가에 미친 영향 역시 나라별로 큰 편차를 보였다. 그럼에도 불구하고 모든 선진자본주의의 국가에 일반화하고 있다는 비판을 받고 있다(김영순, 1991: 31).

4) 복지국가의 신자유주의적 재편

신자유주의의 등장

복지국가의 위기에 대처하여 영국의 대처정부와 미국의 레이건 정부가 신자유주의(Neo-liberalism)[5]를 채택하여 케인즈식 복지국가와 이데올로기적으로 단절하는 정강정책을 추진하였다. 이것을 각각 대처리즘(Thatcherism), 레이거노믹스(Reagonomics)라 부른다. 대처리즘과 레이거노믹스로 불리는 신자유주의의 복지에 대한 관념은 다음과 같이 요약할 수 있다(박광준, 2002: 402-403).

첫째, 여러 선진국에서 보이는 경제침체의 주된 원인은 복지국가체제의 실패, 즉 국가의 실패에 있다.

둘째, 복지국가의 전제는 복지정책에 의한 원조를 필요로 하는 소수의 사람들과 그들을 지원하는 많은 납세자의 존재였으나, 복지정책이 지나치게 확대

5) 신자유주의의 이데올로기에 관해서는 이미 제11장에서 자세하게 설명한 바 있으므로 참조하기 바란다.

되어 누구나 국가급여의 수급자가 되어 있으므로 국가재정은 파탄하고 근로의욕이 상실되어 경제를 침체시키는 것은 당연한 귀결이다.

셋째, 케인즈주의에 입각한 복지정책은 본질적으로, 특히 인플레와 노동의욕의 상실로 인한 경기침체로 말미암아 국가재정의 파탄에 직면할 운명이었다. 따라서 국가재정의 건전화를 기하기 위해서는 작은 정부를 지향해야 한다.

넷째, 많은 사람들은 공적 부문의 지원과 보호 없이도 위의 여타 부문을 활용해서 충분히 생활할 수 있다. 따라서 국가의 부조를 받는 사람은 진정으로 생활이 곤란한 자에 한정되어야만 한다.

다섯째, 따라서 모든 개혁은 지금까지 국가가 맡아오던 것을 시장경제에 이전하는 것에 주안점을 두어야 한다.

결국, 이러한 관념은 복지국가의 기본원리를 부정하는 논리이다. 신자유주의적 정책의 추진은 사회 불평등을 심화시키는 결과를 가져온다. 그런데 중요한 것은 신자유주의자들에게 있어서 사회적 불평등은 불가피하게 사회에 존재해야만 하고, 그러한 불평등은 사회체제의 활성화를 위해서 필요한 것으로 간주하고 있다는 사실이다. 따라서 신자유주의자들에게 그러한 정책이 사회적 불평등이나 빈곤이 심화될 수 있다고 경고하는 것은 무의미한 일이 될 수 있다. 왜냐하면, 그들에게 불평등은 '작은 정부'체제를 구성하기 위한 하나의 전략이었기 때문이다.

빈곤의 심화에도 불구하고 신자유주의 정부가 1970년대 말 이후 그 정책을 지속적으로 추진할 수 있었던 것은 소위 '두 개의 국민 전략'이라는 정치적인 전략이 있었기 때문이다. 즉, 국민을 두 개의 부류로 분해하여 자신들의 정권유지에 필요한 부류의 국민만의 지지를 통하여 정권을 유지하고자 했던 것이다. 이 전략이 성공을 거두느냐 아니냐는 노동자계층과 중간계급의 이해관계에 기초한 태도의 변화 여하에 달려 있었다. 중간계급에게 신자유주의정책의 경제적인 이점들을 제공하여 그들의 지지를 획득하게 된다면, 사회복지의 축소에 의해 생활에 위협을 받는 일부의 빈곤층과 노동자들이 집권정당에 반대투표를 계속하더라도 정권을 유지할 수 있었다. 집권정당의 입장에서는 정권

유지에 필요한 정도의 지지를 확보했기 때문에 빈곤층의 지지를 얻기 위한 노력을 할 필요가 없는 것이다. 영국의 경우 이 전략이 성공한 것은 중간계급이 이러한 정책에 동조했기 때문이다. 반대로 스웨덴의 경우 이러한 시도는 실패로 끝나고 복지국가체제는 큰 체제적 훼손 없이 유지될 수 있었는데, 그것은 중간계층이 이러한 국민 분리전략을 지지하지 않았기 때문이다(박광준, 2002: 404).

신자유주의적 재편의 내용과 결과

신자유주의적 재편의 대표적인 전략은 민영화였다. 민영화(privatization)란 공공기관이 직영하던 사회복지서비스를 민간기관에게 이양하는 것과 일정한 계약 아래 민간기관 및 비영리단체에게 운영을 위탁하는 것을 말한다. 사회복지부문에서 민영화정책을 추진한 목적은 국가재정의 안정적 확보라는 측면과, 보다 이데올로기적인 측면에서 민간부문의 효율을 촉진하고 국가에 대한 의존성을 감소시킨다는 목적으로 추진되었다. 즉, 민영화는 ① 경제에 대한 국가 개입을 축소함으로써 보조금지출을 삭감하고, ② 적자로 운영되는 공영기업을 사적 부문으로 이행함으로써 적자부문을 정리하며, ③ 국유 자산을 매각함으로써 막대한 정부 수입을 확보하여 국가재정을 호전시킬 것이었다(박광준, 2002: 410).

사회복지분야에 있어서 국가의 개입은 다음의 3가지, 즉 ① 공여 내지는 급부(provision), ② 보조금지급(subsidy), ③ 규제(regulation)의 형태로 이루어진다. 민영화란 바로 이 3가지 형태의 국가 개입을 축소하는 것으로 나타나기 때문에 민영화의 내용 역시 위의 3가지 형태로 범주화할 수 있다(박광준, 2002: 411).

민영화의 첫 번째 형태는 국가적 공여를 축소시키는 것이다. 예를 들면, 공영주택을 매각한 것, 민간의료 영역을 확대하는 것, 건강보험이나 NHS의 급여범위를 축소하는 경우가 여기에 해당한다. 두 번째는 국가에 의한 보조금을 삭감하는 조치였다. 예를 들면, 공공주택 입소자들에 대한 보조금 삭감, 건강보험 등에 있어서 개인부담 범위의 확대, 학비보조금을 학비융자로 대체하는 것, 공공운송기관에 대한 보조금의 삭감 등이 그 예이다. 세 번째는 사회복지의 민간 영역에 대한 규제 완화이다. 공영버스회사와 민간버스회사 간의 경제에 관한 규제 해제, 집세 규제의 완화 등의 조치가 이에 포함된다.

민영화 정책은 한 마디로 사회복지의 '잔여적 서비스화(residualization)'라고 표현할 수 있다. 잔여적 서비스화란 예를 들면, 공공의 주택부문이 빈곤, 노령 등으로 인하여 민간 영역에서는 적절한 주거를 확보할 수 없는 특정한 사람들만을 위한 안전망을 제공하는 것으로 그 성격이 이행되는 것이며, 서비스 수급에 따르는 스티그마(stigma)를 강화하고 수급자의 사회적 지위를 떨어뜨리는 것이다. 민영화로 인한 결과는 결국 사회적으로 불평등을 심화시키는 문제를 초래한다.

제13장

이미 진행된 초고령사회

초고령사회의 도래는 고령자 수의 절대 수가 증가하는 현상과 전체 인구에서 차지하는 고령자 비율의 증가현상이 동시에 나타나기 때문에 사회에 큰 충격을 주고 있다. 전자의 변화는 사회, 문화, 교육, 도시계획 등에서 고령자에 대한 보다 많은 배려를 요구하게 되고, 후자의 변화는 고령자 부양의 사회적 부담을 누가, 어느 정도로 분담해야 할 것인지에 대한 국민적 합의를 요구한다. 이 장에서는 인구고령화에 대한 기본적인 개념을 이해하고, 한국의 인구고령화의 현상과 특징, 인구고령화의 영향 등을 살펴본 후, 이미 진행된 초고령사회에서 우리가 직면하고 있는 과제에 대해 생각해본다.

1. 초고령사회의 도래

1) 인구고령화의 이해

인구고령화란

인구고령화(population aging)는 전체 인구 중 노인인구가 차지하는 비율이 증가하는 것을 의미한다. 인구고령화는 출산율(fertility), 사망률(mortality), 그리고 이주(migration)의 3가지 인구학적 현상에 의해 발생하게 된다(George, 2011). 첫째, 출산율이 감소하게 되면 전체 인구 중 젊은 인구가 차지하는 비중이 감소하고, 그 결과 노인인구 비중이 상대적으로 증가하면서 인구고령화가 나타나게 된다. 둘째는 사망률(mortality) 감소이다. 사망률 감소는 인구의 연령 구성에 영향을 미치게 되는데, 영양 및 위생상태가 좋아지고, 의료기술이 발전하면서 이른 나이에 사망하는 사람들이 줄고 점차 노년까지 생존하는 사람들이 많아지게 되는 것이다. 셋째는 이주(migration)이다. 나라, 지역 간에는 수많은 이주가 발생하는데, 이주자들이 주로 어떤 연령층인지, 그리고 이들의 출산율이 얼마나 높은지에 따라 이주자들을 받아들인 나라의 인구고령화가 영향을 받는 것이다(한경혜 외, 2019: 32-33).

인구고령화의 지표

한 사회의 인구고령화 정도는 가장 기본적으로는 전체 인구 중 65세 이상의 노인이 차지하는 비율을 통해 파악된다. 일반적으로 65세 이상 인구가 전체 인구 중 차지하는 비율이 7% 이상인 사회를 고령화사회(aging society), 14% 이상인 사회를 고령사회(aged society), 20% 이상인 사회를 초고령사회(super-aged society)라고 한다. 이러한 노인인구비 외에 노년부양비, 노령화지수(또는 고령화지수) 등이 인구고령화를 파악하는 데 사용되고 있다(한경혜 외, 2019: 39-41).

노년부양비는 생산가능인구 100명당 65세 이상 노인인구의 비율을 말한다. 생산가능인구는 15~64세까지의 연령집단을 일컫는다. 한편, 사회 전체적으로 볼 때, 생산가능한 인구가 비생산 인구를 부양하는 비율을 나타낸 것이 총부양비이다. 총부양비는 유소년부양비와 노년부양비를 합한 것을 의미한다. 여기서 유소년부양비는 생산가능인구 100명당 0~14세 인구의 비율을 말한다. 이를 도식으로 표현하면 다음과 같다.

총부양비 = 유소년부양비 + 노년부양비

- 유소년부양비 = 0~14세 인구÷생산가능 연령인구(15~64세 인구)×100
- 노년부양비 = 65세 이상 인구÷생산가능 연령인구(15~64세 인구)×100

그리고 노령화지수(aging index)란 15세 미만 인구 100명당 65세 이상 노인인구의 비율로 인구의 노령화 정도를 나타내는 지표이다. 노령화지수가 높아질수록 장래에 생산가능 연령층으로 유입될 인구에 비해 부양해야 할 노년인구가 상대적으로 많아진다.

노령화지수 = 65세 이상 인구÷0~14세까지의 유소년 인구×100

기타 지수로 평균연령, 중위연령[1)]을 통해서도 인구의 연령 특성을 파악하여 인구고령화 정도를 파악할 수 있다. 평균 또는 중위연령이 낮은 인구, 대체로 중위연령이 25세 이하인 인구를 '어린 인구'라고 하며, 중위연령이 높은 경우, 대개 30세 이상이면 '나이 든 인구'로 본다. 중위연령이 25세 이하인 '어린 인구'는 출생률과 사망률이 높은 사회에서 주로 나타나며, 중위연령이 30세 이상인 '나이 든 인구'는 출생률과 사망률이 낮은 사회에서 주로 발견된다는

1) 중위연령이란 전체 인구를 연령순으로 일렬로 세웠을 때 중간나이를 말한다.

연구가 있다(권태환 · 김두섭, 1990).

그 외 기대수명(출생 시 기대여명)이 있다. 기대수명은 주어진 시점의 사망률 수준이 지속된다고 가정할 때, 그 당시 태어난 아이가 평균 몇 살까지 생존하게 될 것인지를 나타내는 지수이다. 이때의 사망률 수준은 연령 및 성별 사망률 양상을 함께 고려하게 되며, 일반적으로 여성이 남성보다 기대수명이 더 높다.

2) 고령화 사회에서 초고령사회로

2021년 기준으로 OECD 주요국의 65세 이상 고령인구 비중은 대부분 7%를 넘어 이미 고령화 사회에 진입하였다. 한국은 고령인구 비중이 16.6%로 미국(16.7%), 영국(18.9%) 등과 함께 이미 고령사회에 도달하였다. 일본과 이탈리아, 독일, 프랑스 등은 이미 초고령사회에 진입하였다.

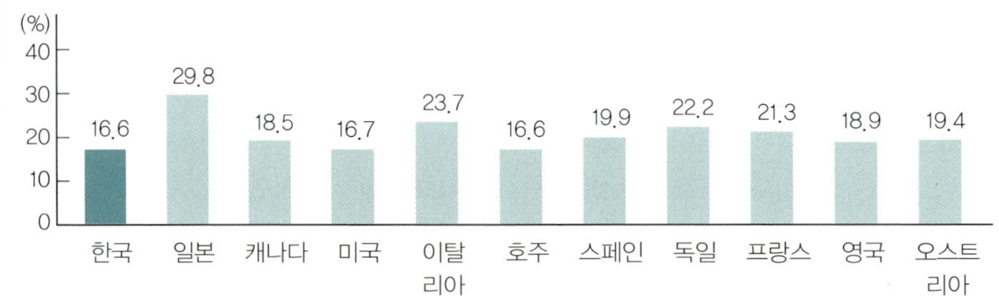

[그림 13-1] OECD 주요국 고령인구 비중(2021)
출처: 통계청, 「장래인구추계: 2020~2070년」, 유엔, 「World Population Prospects 2022」.

인구고령화와 관련하여 주목할 만한 현상의 하나는 노인 인구 중 80세 혹은 85세 이상 초고령노인(oldest-old)의 비율이 급속히 증가하고 있다는 점이다.[2)]

2) 최근에는 100세 이상의 노인이 급격하게 증가하여 '백세인 현상(centenarian phenomenon)' 혹은 '호모 헌드레드(homo hundred)'라는 신조어가 생겨날 정도이다. 일본은 세계 최고의 장수

85세 이상 초고령 노인은 다른 어느 연령집단보다 급속하게 증가하고 있다. 초고령노인의 경우 다른 어느 연령집단보다 건강상의 문제를 경험할 가능성이 크고, 배우자나 동년배의 사망 등으로 인해 사회적 관계 또한 급격하게 감소할 위험성이 높다. 즉, 사회적, 의료적 보호 요구가 매우 높은 집단이라는 점에서 이들 인구집단의 급속한 증가에 주목할 필요가 있다(한경혜 외, 2019: 46).

인구고령화의 가장 직접이면서 중요한 원인은 출산율의 감소와 평균수명의 연장이다. 출산율의 세계적인 변화를 보면, 세계 모든 지역에서 감소하고 있고, 감소 추세는 지속될 전망이다. 출산율 감소는 인구증가 속도를 늦추는 동시에 고령화를 촉진시키며, 또한 청년층 인구를 감소시키고, 고령층 인구는 증가시킨다. 반면, 평균수명은 증가하는 추세이다.[3)]

출산율의 감소와 평균수명의 연장은 경제 · 사회적 발전과 밀접한 관계가 있다. 출산율 감소에 기여한 요인은 영아사망률의 감소, 교육과 취업 기회에의 접근 개선, 성 평등의 향상, 산모 건강의 개선, 가족계획 등 다양하다. 평균수명의 연장은 생활조건의 개선, 공중보건과 의학기술의 발전이 주요 요인이다.

국가로 알려져 있는데, 100세인의 절대적 숫자가 클 뿐만 아니라 증가세도 가파르다. 백세인의 증가는 남성보다 여성에게 더욱 현저하게 나타난다. 일본의 경우 정부에서 100세를 맞는 노인에게 축하 선물로 은컵을 증정하였는데, 백세인의 숫자 증가가 워낙 급격하여 은컵의 크기와 두께를 줄인 것으로 알려져 있다. 백세인 현상의 중요한 특징은 건강한 백세인이 증가하고 있다는 점이다(한경혜 외, 2019: 46-47).

3) 2022년 7월 26일 보건복지부가 발표한 '2022년 OECD 보건통계'에 따르면, 2020년 우리나라 국민의 기대수명은 83.5년으로 나타났다. 남성 80.5세, 여성 86.5세로 조사됐다. 한국의 기대수명은 OECD 1위인 일본(84.7년) 다음이자, OECD 국가 평균(80.5년)보다 3년 긴 것이다.

2. 한국의 인구변화와 인구고령화

1) 한국 인구구조의 변화

한국의 경우 총인구는 2012년에 5,000만 명을 돌파하였다.[4] 2020년 51,836천 명이었다가 이후 감소하여 2070년에는 37,656천 명이 될 것으로 전망되고 있다. 한국은 2000년에 고령화율 7%를 넘어서서 고령화사회에 진입하였으며, 2017년에 고령화율이 14.2%를 기록하면서 고령사회에 접어들었다. 고령화율이 20% 이상인 초고령사회의 진입은 2025년이다.

〈표 13-1〉 한국사회의 고령화 추이

(단위: 천 명, %, 생산연령인구 100명당 명, 유소년인구 100명당 명)

구분	총 인구	65세 이상		노년부양비[2]	노령화지수[3]
			구성비[1]		
2010	49,554	5,366	10.8	14.8	67.2
2020	51,836	8,152	15.7	21.8	129.3
2022	51,628	9,018	17.5	24.6	152.0
2025	51,448	10,585	20.6	29.7	201.5
2030	51,199	13,056	25.5	38.6	301.6
2035	50,869	15,289	30.1	48.6	369.1
2040	50,193	17,245	34.4	60.5	389.5
2050	47,359	19,004	40.1	78.6	456.2
2060	42,617	18,683	43.8	90.4	570.6
2070	37,656	17,473	46.4	100.6	620.6

출처: 통계청, 「장래인구추계: 2020~2070년」.

주: 1) 구성비 = 고령인구(65세 이상) ÷ 총 인구 × 100

2) 노년부양비 = 고령인구(65세 이상) ÷ 생산연령인구(15 ~ 64세) × 100

3) 노령화지수 = 고령인구(65세 이상) ÷ 유소년인구(0 ~ 14세) × 100

4) 2012년 당시 한국 인구가 5,000만 명을 넘어선 것을 두고 신문방송에서는 20~50클럽이라는 말을 보도하여 크게 유행한 바 있다. '1인당 국민소득이 2만 달러 이상+인구 5,000만 명 이상 국가'에 한국이 미국 · 일본 · 독일 · 프랑스 · 영국 · 이탈리아 등에 이어 일곱 번째로 포함되었다는 의미였다.

2025년 기준 한국의 고령화 정도를 보면, 전체 인구 중 노인인구가 차지하는 비율은 20.6%, 생산연령인구 100명이 부양하는 고령인구를 의미하는 노년부양비는 29.7명, 그리고 노령화지수는 201.5명이다. 고령인구 비중은 계속 증가하여 2035년에는 30.1%, 2050년에는 40%를 넘어설 것으로 전망된다. 노년부양비는 2035년에는 48.6명, 2050년에는 78.6명에 이를 것으로 전망된다. 노령화지수도 2035년 369.1명에서 2050년에 456.2명으로 증가할 전망이다.

한편, 2025년 현재, 고령인구 성별 비중은 여자가 22.9%, 남자가 18.3%로 여자의 고령인구 비중이 남자보다 4.6%P 높게 나타나며, 65세 이상 여자 고령인구 100명당 남자 고령인구는 2025년 79.7명에서 계속 증가하여 2050년 86.2명으로 전망된다. 그리고 2025년 전체 인구의 20.6%인 65세 이상 고령인구의 연령대별 구성비를 보면, 65~69세 7.2%, 70~74세 4.9%, 75세 이상이 8.5%이다. 2025년 65~74세 인구는 621만 8천 명으로 75세 이상 인구보다 185만 1천 명 더 많으나, 2037년부터는 75세 이상 인구가 더 많아질 것으로 전망된다(〈표 13-2〉 참조).

〈표 13-2〉 성 및 연령대별 고령인구(65세 이상)

(단위: 천 명, %, 여자 고령인구 100명당 명)

구분	65세 이상	성별					연령별					
		남자	고령 비중[1]	여자	고령 비중[1]	성비[2]	65~69세	구성비[3]	70~74세	구성비[3]	75세 이상	구성비[3]
2010	5,366	2,194	8.8	3,172	12.9	69.2	1,878	3.8	1,540	3.1	1,948	3.9
2020	8,152	3,521	13.6	4,631	17.9	76.0	2,662	5.1	1,990	3.8	3,499	6.8
2022	9,018	3,939	15.3	5,080	19.7	77.5	3,063	5.9	2,168	4.2	3,787	7.3
2025	10,585	4,694	18.3	5,891	22.9	79.7	3,685	7.2	2,533	4.9	4,367	8.5
2030	13,056	5,901	23.1	7,156	27.9	82.5	4,027	7.9	3,532	6.9	5,497	10.7
2037	16,177	7,414	29.4	8,763	34.4	84.6	4,272	8.4	3,789	7.5	8,116	16.0
2040	17,245	7,928	31.8	9,317	36.9	85.1	4,172	8.3	3,980	7.9	9,093	18.1
2050	19,004	8,795	37.4	10,209	42.8	86.2	3,709	7.8	3,619	7.6	11,676	24.7
2060	18,683	8,816	41.6	9,867	46.0	89.3	3,500	8.2	3,099	7.3	12,084	28.4
2070	17,473	8,403	44.7	9,070	48.1	92.7	2,614	6.9	3,288	8.7	11,571	30.7

출처: 통계청, 「장래인구추계: 2020~2070년」.

주: 1) 성별 고령비중 = 성별 고령인구(65세 이상) ÷ 성별 인구 × 100

2) 성비 = 남자 고령인구(65세 이상) ÷ 여자 고령인구(65세 이상) × 100

3) 연령별 구성비 = 고령 연령대별 인구 ÷ 총 인구 × 100

고령화사회의 도래는 고령자 수의 절대 수가 증가하는 현상과 전체 인구에서 점하는 고령자비율이 증가하는 현상을 동시에 보이기 때문에 사회에 큰 충격을 주게 된다. 전자의 변화는 사회, 문화, 교육, 도시계획 등에서 고령자를 더욱 많이 배려하는 것이 요구되고, 후자의 변화는 고령자 부양의 사회적 부담을 누가, 어느 정도로 분담해야 하는지에 대한 국민적인 합의를 요구한다.

2) 기대여명의 연장

2022년 기준 65세의 기대여명은 20.7년(남자 18.6년, 여자 22.8년), 75세의 기대여명은 12.6년으로 전년 대비 각각 0.8씩 줄어들었다. 65세 여자의 기대여명은 22.8년으로 남자보다 4.1년 더 길고, 75세 여자의 기대여명은 14.0년으로 남자(11.0년)보다 2.9년 더 길었다.

〈표 13-3〉 연령별 기대여명[1),2)] (단위: 년)

구분	65세				75세			
	전체	남자(A)	여자(B)	차이(B−A)	전체	남자(A)	여자(B)	차이(B−A)
2005	17.7	15.5	19.6	4.1	10.6	9.2	11.6	2.4
2010	19.1	16.8	21.2	4.4	11.6	10.0	12.9	2.9
2015	20.3	18.2	22.4	4.2	12.4	10.8	13.7	2.9
2017	20.8	18.6	22.7	4.1	12.7	11.1	14.0	2.9
2018	20.8	18.7	22.8	4.1	12.7	11.1	14.1	3.0
2019	21.3	19.1	23.4	4.3	13.2	11.5	14.6	3.1
2020	21.5	19.2	23.6	4.4	13.3	11.6	14.7	3.1
2021	21.6	19.3	23.7	4.4	13.4	11.7	14.9	3.2
2022	20.7	18.6	22.8	4.1	12.6	11.0	14.0	2.9

출처: 통계청, 「2022 고령자통계」, 「생명표」.

주: 1) 특정 연령(×세)의 사람이 앞으로 살 것으로 기대되는 평균 생존연수

2) 연령별 총 생존연수를 연령별 생존자 수로 나누어 산출

한편, 우리나라 65세의 기대여명은 OECD 평균보다 높은 수준이다. 성별로 보면, 65세 여자의 기대여명은 OECD 평균보다 1.5년 높으며, 남자는 0.7년 더 높다.

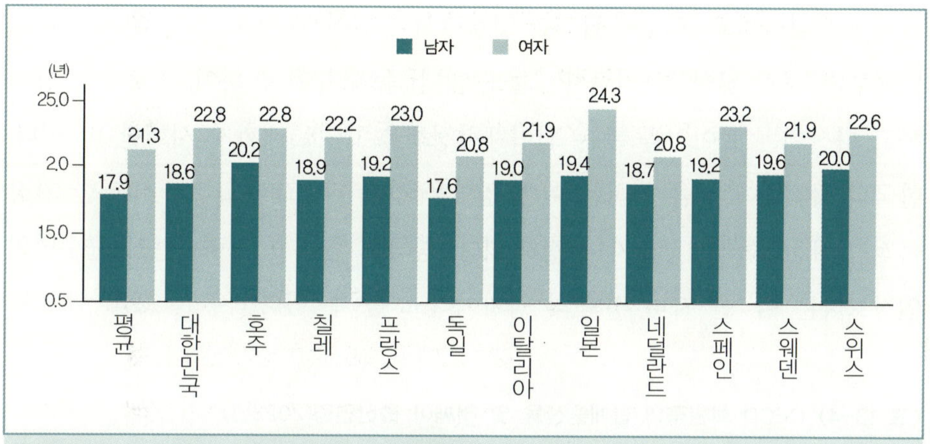

[그림 13-2] OECD 주요 국가의 기대여명(65세, 2022)
출처: OECD, 「Health Status」 (2024.9.2. 기준)
주: 평균은 OECD 38개국 중 2022년 기준의 자료가 공표된 30개국의 산술평균임.

3) 출산율의 저하

고령화의 배경에는 출산율의 저하가 있다. 인구의 고령화는 출산율의 저하가 동시 진행되는 현상이다. 2024년 기준 한국의 합계출산율은 0.75로 매우 낮은 수준이다. 출산율의 저하 원인으로는 첫째, 출산 및 양육과 경제활동이 양립할 수 있는 사회적 지원체계의 미비를 들 수 있다. 장기간 근로로 인해 부모가 아이와 함께하기 어렵고, 여성이 전적으로 가사와 돌봄을 떠안는 사회문화가 여전하다. 출산과 양육에 따른 휴직 기간에 직장보호(job protection)와 임금보전(wage replacement)이 보장되지 않을 경우, 출산을 기피하게 된다. 둘째, 아동의 교육 및 양육비 부담의 증가이다. 특히, 사교육비 부담은 해를 거듭할수록 최대치를 경신하면서 서민들에게 더욱 무거워지고 있다. 셋째, 불평등과 불로소득의 주범이기도 한 부동산 문제를 들 수 있다. 부동산 문제는 그 천문학적 숫자에 의해 일반 서민들에게는 평생 불가능의 영역에 속하게 되었다. 그런데도 내 집 마련의 꿈을 위해서 아이 낳기를 포기하고 있다.

이러한 요인 이외에 출산율을 줄이기 위한 강력한 국가정책에 의해 출산율이 급격하게 낮아지고, 그것이 급격한 고령화의 원인이 된 예도 있다. 한국은 1960년대부터 '둘만 낳아 잘 기르자', '둘도 많다' 등을 구호로 하여, 저출산을 장려하고 다산에는 불이익을 주는 산아제한정책을 1980년대까지 시행한 바 있다. 한국의 급격한 출산율 저하는 이에 영향을 받은 바 크다. 그러나 이러한 가장 극적인 예는 중국의 '한 자녀 정책'이다. 중국의 급속한 고령화는 평균수명의 연장보다는 이 '한 자녀 정책'의 영향이라고 볼 수 있다(박광준, 2004: 34-35).

〈표 13-4〉 OECD 회원국의 합계출산율 및 첫째아 출산연령(2022년)

(단위: 가임 여자 1명당 명, 세)

국가	합계 출산율	첫째아 출산연령	국가	합계 출산율	첫째아 출산연령	국가	합계 출산율	첫째아 출산연령
이스라엘	2.89	27.8	슬로베니아	1.55	29.0	오스트리아	1.41	29.9
멕시코*	1.82	–	칠레*	1.54	27.9	스위스	1.39	31.2
프랑스	1.79	29.1	코스타리카*	1.53	–	캐나다	1.33	29.2
콜롬비아*	1.72	–	벨기에	1.53	29.5	핀란드	1.32	29.9
아일랜드	1.70	31.5	영국*	1.53	29.1	그리스	1.32	31.0
미국	1.67	27.4	스웨덴	1.52	30.0	룩셈부르크	1.31	31.2
뉴질랜드	1.66	–	헝가리	1.52	28.7	리투아니아	1.27	28.2
호주	1.63	29.7	네덜란드	1.48	30.3	폴란드	1.26	28.2
튀르키예	1.62	26.8	라트비아	1.47	27.6	일본	1.26	30.9
체코	1.62	28.8	독일	1.46	29.9	이탈리아	1.24	31.7
아이슬란드	1.59	28.8	포르투갈	1.43	30.4	스페인	1.16	31.6
슬로바키아	1.57	27.3	에스토니아	1.41	28.6	한국 ('23년)	0.78 (0.72)	32.8 (33.0)
덴마크	1.55	30.0	노르웨이	1.41	30.1			
OECD 평균	합계출산율 1.51[1], 첫째아 출산연령 29.5[2]							

출처: OECD, Society at a Glance 2024; 통계청, 「2024 고령자통계」.

주: 1) OECD 평균 합계출산율은 38개 회원국의 2021년* 및 2022년 자료를 이용하여 계산함.

2) OECD 평균 첫째아 출산연령은 해당 자료가 있는 34개 회원국의 최근 자료를 이용하여 계산함.

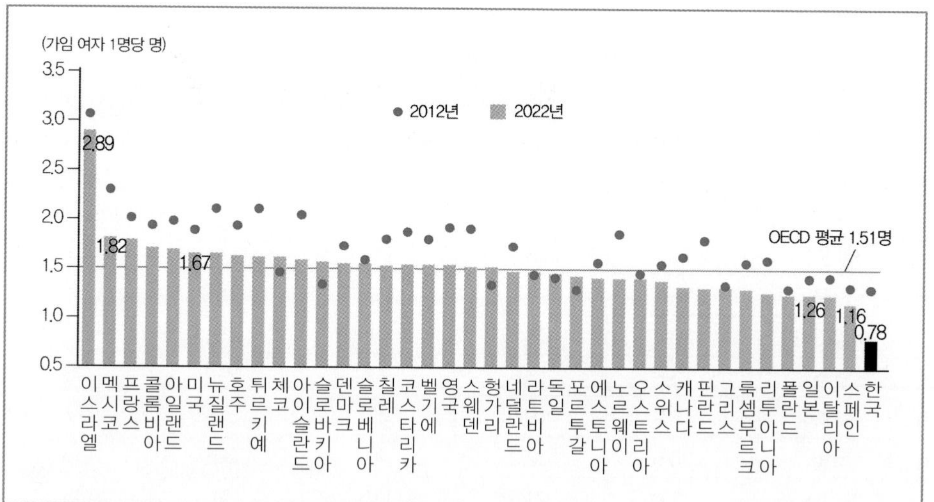

[그림 13-3] OECD 회원국의 합계출산율 비교(2012, 2022)
출처: OECD, Society at a Glance 2024; 통계청, 「2024 고령자통계」.

4) 한국 인구고령화의 특성

고령화의 속도

한국의 인구고령화는 그 내용이나 속도에 있어서 급속하게 진행되고 있다. 2000년에 7%를 넘어선 이후 고령화율이 더욱 가속화되어 2017년에 65세 이상의 노인인구가 전체 인구의 14.2%를 기록하면서 고령사회로 진입했다. 고령화 사회에서 고령사회로 진입하기까지 겨우 18년 걸렸다. 그리고 고령사회에서 초고령사회 도달 소요 연수(65세 이상 고령인구 비중 14% → 20%)는 오스트리아 53년, 영국 50년, 미국 15년, 일본 10년인 데 비해 우리나라는 단 7년이 걸렸다.

〈표 13-5〉 OECD 주요국 고령인구 비중 및 초고령사회 도달 소요 연수 (단위: %, 년)

구분	65세 이상 고령인구 비중		65세 이상 고령인구 비중 도달 소요 연수		
	2010년	2021년	고령사회 7% → 14%	초고령사회 14% → 20%	20% → 30%
한국	10.8	16.6	18	7	10
일본	23.6	29.8	25	10	19
캐나다	14.1	18.5	65	14	52
미국	13.0	16.7	72	15	64
이탈리아	20.4	23.7	61	19	26
호주	13.6	16.6	73	21	48
스페인	16.9	19.9	45	30	17
독일	20.5	22.2	40	36	38
프랑스	17.0	21.3	115	39	45
영국	16.3	18.9	46	50	48
오스트리아	17.6	19.4	41	53	26

출처: 통계청, 「장래인구추계: 2020~2070년」; UN, 「World Population Prospects 2022」.

지금까지 인구고령화에 관해서는 고령인구의 증가라는 측면이 주된 관심이었지만, 사회정책적 견지에서 더욱더 중요한 의미가 있는 것이 고령화의 속도이다. 급격한 인구구조의 변화는 연금제도, 의료제도, 경제성장과 같은 국가정책 수립에 매우 큰 영향을 주며, 특히 연금제도에서는 고령화의 속도가 세대 간 재분배의 형평문제를 일으키는 중요한 문제이다(박광준, 2004: 36-37).

저출산과 결부된 노동력의 감소

대부분 국가에서 급속한 인구고령화는 아동의 저출산에 수반되는 급격한 노동력 감소와 결부되어 있다. 하지만 출산과 육아에 대한 사회적인 지원을 강화함으로써 출산율이 회복되어 가는 국가도 있다. 1980년대에는 덴마크, 노르웨이, 미국에서, 1990년대에는 프랑스에서 출산율이 증가로 전환되고 있다.

국제 전반적으로 출산율은 감소 추세를 보이는데, OECD 국가 중에서 가장 급격하게 출산율이 줄어든 국가가 바로 한국이다. 여성이 일생 중 출산하는 아동의 수가 지난 30년간 3.7명이나 줄었다. 이러한 급격한 출산율 감소는 장래의 노동력 감소라는 문제를 낳는다. 만약 노동이민이 유입되지 않는다면, 1995년 기준 고령인구 1인당 노동인구 12.6을 유지하기 위해서는 2050년까지 노동 상한 연령을 82세까지 상향 조정해야 한다는 전망이 나온 바 있다(UN Population Division, 2000).

한편, 4차 산업혁명과 같은 급격한 기술변화가 이루어지면 노동 수요가 노동 공급보다 더 줄어 '노동력 부족'은커녕 '일자리 부족'이 나타날 수 있다는 지적도 나온다.

고령화의 지역별 편차

국제적으로 볼 때, 선진국이 개발도상국보다 인구고령화율이 높다. 그런데 같은 국가 내에서도 지역 간에 인구고령화의 편차가 나타날 수 있다. 일반적으로 농촌지역의 고령화율이 대도시지역에 비하여 높게 나타난다. 인구구조의 변화가 완만하고 고령화의 정도가 매우 높은 사회의 경우에는 큰 격차가 없으나, 개발도상국이나 인구고령화가 급속하게 이루어지는 국가에서는 대도시와 농촌지역 간 인구고령화율에 상당한 격차가 있을 수 있다. 그 원인은 젊은 층을 중심으로 한 농촌인구의 도시 유입에 있다. 또한, 대도시 가운데에서도 인구의 이동이 많은 지역이나 신흥지역의 경우에 인구고령화율이 낮은 것이 일반적이다(박광준, 2004: 39). 이러한 경향은 한국에서도 그대로 나타나고 있다.

〈표 13-6〉은 지역별 고령인구의 변화를 나타내 주고 있는데, 2022년을 기준으로 할 때, 고령인구 비중이 20% 이상인 초고령사회인 지역은 전남(24.5%), 경북(22.8%), 전북(22.4%), 강원(22.1%), 부산(21.0%) 5곳이다. 2028년에는 세종(13.4%)을 제외한 우리나라 모든 지역이 초고령사회가 될 것으로 전망된다.

〈표 13-6〉 한국의 지역별 고령인구(65세 이상)

(단위: 천 명, %, 위)

구분	2022	고령인구비중	순위	2030	고령인구비중	순위	2040	고령인구비중	순위	2050	고령인구비중	순위
전국	9,018	17.5	–	13,056	25.5	–	17,245	34.4	–	19,004	40.1	–
서울	1,616	17.2	10	2,188	24.5	10	2,728	31.9	14	2,930	37.0	15
부산	692	21.0	5	925	30.1	5	1,085	38.4	6	1,096	43.6	6
대구	426	18.0	9	594	27.0	9	741	36.7	7	760	42.1	9
인천	451	15.2	13	714	24.1	12	980	33.2	11	1,105	39.3	11
광주	223	15.2	14	319	22.8	15	424	32.0	13	462	38.1	13
대전	229	15.5	12	330	23.6	13	433	32.3	12	471	37.8	14
울산	158	14.2	16	255	24.4	11	339	35.6	10	354	41.9	10
세종	38	9.9	17	72	14.6	17	129	22.0	17	182	28.8	17
경기	1,955	14.3	15	3,152	21.9	16	4,511	30.5	16	5,220	36.4	16
강원	337	22.1	4	484	31.6	3	636	41.4	3	700	47.2	3
충북	307	18.8	7	450	27.2	8	610	36.6	8	685	42.7	8
충남	426	19.5	6	606	27.2	7	820	36.4	9	943	43.0	7
전북	398	22.4	3	523	31.0	4	656	40.9	4	698	46.8	4
전남	433	24.5	1	559	32.9	1	702	43.2	1	754	49.5	1
경북	600	22.8	2	822	32.2	2	1,040	42.6	2	1,102	48.9	2
경남	617	18.8	8	899	28.2	6	1,183	39.1	5	1,275	46.0	5
제주	112	16.5	11	163	23.1	14	229	31.9	15	268	38.3	12

출처: 통계청, 「장래인구추계(시도): 2020~2050」.

3. 인구고령화의 영향

인구의 고령화 현상은 광범위한 것이며, 남녀노소를 막론하고 모든 사람에게 영향을 미치는 지구적 현상이다. 인구고령화는 인간 생활의 모든 측면에서 깊은 시사를 주고, 변화를 초래한다.

1) 인구고령화가 경제사회에 미치는 영향

노동시장의 변화와 경제성장의 둔화

인구고령화로 인하여 노동력 부족과 노동생산성 저하와 같은 노동시장의 변화가 나타날 것이다. 인구의 고령화는 경제활동인구의 감소와 직결되어 있으므로 노동력 부족현상을 가져올 것이다. 노동력 부족현상은 기업의 경쟁력을 약화시킬 수 있다. 노동력의 부족과 기업의 경쟁력 약화는 경제성장에 부정적인 영향을 준다. 경제학자들은 저출산 인구고령화로 사회 · 경제적 성장동력이 모두 잠식될 수 있다고 우려한다. 생산가능인구가 줄어들기 때문에 노동생산성과 경제성장률은 하락하는 반면 부양해야 할 노인인구 비중이 커지기 때문이다.

한편, 고령화는 저축과 소비를 동시에 감소시킨다. 즉, 고령화는 미래를 위해 저축을 많이 해야 할 청년이 감소하고, 소비로 사는 노인이 증가하므로 저축을 감소시키는 기능을 한다.[5] 동시에 퇴직자는 근로자보다 소비를 적게 하므로 고령화는 수요 부족을 가져오고, 소비를 감소시키는 기능을 한다. 저축의 감소는 투자의 감소로 이어지고, 수요 부족은 불황을 가져오기 때문에 경제에 부정적인 영향을 준다.

산업구조의 변화

인구고령화에 따라 건강약품과 식품산업, 의료서비스, 금융서비스, 레저 또는 노인주택산업 등의 고령친화산업 분야가 급격하게 성장할 것으로 예측된다. 우리나라는 2006년 12월 고령친화산업진흥법이 제정되었는데, 고령친화산업을 노인요양서비스 등과 같은 고령친화제품 등을 연구, 개발, 제조, 건축, 제공, 유통 또는 판매하는 산업으로 규정하였다. 여기서 고령친화제품 등이란

---

5) 실제로 OECD의 분석에 따르면, 노인부양비가 1% 포인트 증가할 때마다 저축률은 0.3%가 줄어드는 것으로 나타났다(권중돈, 2013: 34에서 재인용).

노인을 주요 수요자로 하는 제품 또는 서비스로서 ① 노인이 주로 사용하거나 착용하는 용구 · 용품 또는 의료기기, ② 노인이 주로 거주 또는 이용하는 주택 그 밖의 시설, ③ 노인요양서비스, ④ 노인을 위한 금융 · 자산관리 서비스, ⑤ 노인을 위한 정보기기 및 서비스, ⑥ 노인을 위한 여가 · 관광 · 문화 또는 건강지원서비스, ⑦ 노인에게 적합한 농업용품 또는 영농지원서비스 등을 말한다.

고령친화사업과 관련하여 실제로 여러 가지 형태의 상품들을 접할 수 있다. 예컨대, 실버제품으로는 전동휠체어, 의자 부착 보행기, 노인용 기저귀, 요실금 팬티, 간이변기, 목욕의자, 이동욕조, 목욕리프트, 전동형침대, 보청기, 보행보조기, 심전계, 혈압측정기, 치매팔찌 등이 있다. 주거산업으로는 양로시설, 노인공동생활가정, 노인복지주택, 고령친화마을, 주택 개보수, 임대주택 등이 있다. 금융상품으로는 각종 연금신탁, 연금보험, 실비보험 등이 있으며, 부동산을 담보로 노후생활비를 마련하는 주택연금의 일종인 역모기지론(reverse mortgage loan)도 판매되고 있다.

지역 간 불균형

인구고령화는 지역 간 발전의 불균형 문제를 초래한다. 우리나라의 농촌사회는 이미 고령사회에 진입해 있어 갈수록 농업 생산성은 낮아지고 있는데, 여기에 자유무역협정(FTA)이 확대됨에 따라 농촌경제는 더욱 위축되고 있다. 이러한 위험성에 대비하여 국가에서는 다양한 농촌지원대책을 마련하고 있지만, 지방자치단체의 재정자립도가 매우 낮아 실효성이 떨어지는 실정이다. 따라서 앞으로 농촌지역 노인을 위한 복지대책과 실질적인 농민지원대책이 마련되지 않는다면 농촌지역은 매우 빠르게 공동화될 것이다. 그리고 농업 생산성은 더욱 낮아져 농촌지역의 피폐화와 농촌지역 노인의 삶의 질은 더욱 악화될 것이다(권중돈, 2013: 35).

세대 간 갈등의 심화

아프리카에는 '노인이 죽으면 도서관 하나가 없어지는 것과 같다'라는 속담이 있다. 중국에는 '노마지지(老馬之智)'라는 고사가 있다. 춘추전국시대 제나라 환공이 오랜 전쟁 끝에 고죽국을 정벌하고 돌아오다가 산중에서 길을 잃었으나 늙은 말을 풀어놓고 그 뒤를 따라가 길을 찾아 무사히 돌아올 수 있었다는 것이다. 하지만 젊은 세대들은 잘 이해를 못 할 수 있다. 경로우대사상은 사라진 지 오래고 세대 간 갈등이 커지고 있다. 세대 간 갈등이란 고령화 비율이 낮은 시대에 고령자가 사회 속에서 다양한 권리나 편익을 가질 수 있게 해 주었던 사회제도들이 뉴에이징(new aging)[6] 단계에서는 제도적 파탄을 가져올 것이 예상되면서, 그 결과 젊은 세대는 고령자세대에 대한 불만이나 제도에 대한 불신이 일어난다는 것을 의미한다.[7] 고령자세대에 대한 부양은 장차 고령자세대가 될 젊은 층이 부담한다고 하는 세대 간 협력의 시스템이 붕괴되고, 세대 간의 대립은 점차 격화되어 정치적 불안요인이 된다(박광준, 2004: 83).

2) 고령화가 사회복지에 미치는 영향[8]

복지지출에 미치는 영향

고령화사회의 도래는 사회정책 영역에 많은 과제를 부여하고 있다. 생활주기의 변화 때문에 노인 부부와 독신으로 살아가는 기간이 길어짐에 따른 장기요양보호문제, 퇴직연령을 연장하고 노인의 노동능력을 활용하는 문제, 사회보장제도를 완비하는 문제, 고령자 부양 부담의 세대 간 형평성을 확보하는

---

6) 뉴에이징(new aging)이란 제2차 세계대전 이후 베이비 붐 시대에 태어난 수많은 사람의 노화를 지칭하는 것이다(安立清史 · 小川全夫 編, 2001).

7) 우리나라에서는 한때 '반(反)노인'을 구호로 내건 '새벽 청년당'이 등장하기도 했다. 이들은 90세 이상 노인들의 참정권을 제한하고, 30대 이하 젊은 층의 비례대표 할당제 도입을 주장하였다. 노인연금과 노인들의 건강보험 지원 예산을 대폭 삭감하지 않는 한 세금도 낼 수 없다는 입장이었다(경향신문, 2012.7.7).

8) 고령화가 사회복지에 미치는 영향에 관해서는 박광준(2004), pp.43-48의 내용을 참조하였다.

문제 등이 그 대표적인 과제들이다. 이것을 압축적으로 표현하자면, 고령자 부양의 부담을 어떻게 확보해야 하는가, 또 그 부담을 가족과 노인 당사자 및 국가가 어떻게 분담해야 하는가, 그리고 그 부담을 세대 간에 어떻게 형평성 있게 분담하느냐의 문제인 것이다.

인구의 고령화는 사회지출의 증가를 초래한다. 고령자의 상대적 증가는 노후 생활보장의 중요한 3대 지주인 소득보장, 의료보장, 주거보장 그리고 사회복지서비스 영역의 각각에 지출의 증가 요인으로 작용한다. 흔히 사회문제로서의 노인문제 현상은 빈곤이나 소득저하로 인한 경제적 문제, 질병이나 건강악화 등 의료적 문제, 역할상실 등 사회적 문제, 그리고 고독이나 소외 등 심리적 문제로 정리될 수 있다. 그러나 사회문제로서의 노인문제의 핵심은 소득의 중단이나 상실로 인한 문제이고, 우선적 과제는 노후의 경제적 문제를 어떻게 해결해 가느냐 하는 것이 된다.

소득보장에 미치는 영향: 연금재정의 압박

노인문제 중에서 가장 근본적이라고 할 수 있는 것이 바로 고령으로 인한 소득의 상실문제, 즉 소득보장의 문제이다. 노인의 빈곤이 그 비율이나 정도에 있어서 심각하다는 것은 이미 재론이 필요 없을 정도로 잘 알려진 사실이다. 특히, 한국은 노후생활을 가족에 의존하는 경향이 강하였고, 현재의 노인층은 경제적인 측면에서 자신의 노후생활 설계를 미리 생각할 만큼의 인식이나 여유가 없는 세대였다. 더구나 노후생활보장에 대한 사회제도적인 준비가 미흡하다는 것은 한국의 노인 빈곤을 심화시키는 요인으로 작용하고 있다.

한국의 가장 중요한 노후소득보장도가 연금제도인데, 연금수급자의 수가 급증하고 있고, 연금수급자 중 높은 수준의 연금급여를 받는 수급자의 수와 비율이 증가하기 때문에 연금재정지출이 증가하고 있다. 연금의 성숙화와 더불어 연금지출의 비율은 급격하게 상승해 갈 것이며, 이것은 곧 사회지출의 증가를 의미하는 것이다.

의료보장에 미치는 영향: 국민의료비 증가

노인의료비의 상승으로 인한 사회지출의 증가는 인구고령화가 먼저 진행된 선진국들의 공통된 고뇌이다. 노년기에는 신체적 · 정신적 기능 저하, 노인성 질병의 발생 등으로 말미암아 유병률, 입원율, 입원일수 등에서 비고령자에 비하여 높으므로 그만큼 의료비 지출의 증가 요인이 된다. 또한, 인구고령화에 의하여 소위 후기 고령자의 수가 급증하면서 고령자 중에서도 더욱 많은 의료비가 지출되는 인구집단이 증가하여 그것이 국민의료비 지출의 압력 요인으로 작용한다.

인구고령화가 국민의료비를 증가시킨다는 것은 선진국의 공통적인 현상이다. 그러나 한국의 노인의료비는 선진국에 비하여 높은 것은 아니다. 그 이유는 한국의 노인층이 선진국의 노인층에 비하여 의료욕구(medical needs)가 낮기 때문이 아니라 노인층에 대한 특별한 공적 의료비 지원제도가 미미하기 때문이다. 그리고 그러한 욕구와 사회적 지원 간의 갭을 메우고 있는 것은 바로 가족의 부담인 것으로 보인다.

주거보장에 미치는 영향

고령자의 주거 상황은 두 가지의 측면에서 사회정책의 중요한 관심 대상이 된다. 첫째는 실내 공간으로서의 주거의 안정성과 요양성에 대한 배려이다. 주거는 그 실내의 설비에 있어서 그리고 주택을 둘러싼 물리적 환경에 있어서 안정성이 확보되어야 하는 것은 당연하다. 또한, 인구고령화의 진행과 사고 등으로 인한 고령자와 장애인의 증가는 주택에서 하루 대부분을 보내는 인구층의 증가를 의미하는 것이므로 주택의 요양성이나 재활성이 강조된다. 또한, 만약 고령자가 재가복지서비스를 받을 필요가 생길 때에는 언제라도 그 서비스 수급이 가능하도록 접근성을 확보하는 것이 중요하다. 따라서 주택의 내부 설비를 안전하게 개조하는 것은 가정 내 사고를 줄인다는 예방적 기능이 있고, 주택 주변의 급경사 길 등에 대한 정비는 안전성의 측면에서는 물론 구급차나 의료기기의 접근성을 확보한다는 의미가 있다.

둘째는 고령자의 생활기반으로서의 주거와 주거의 계속성을 보장하는 것에 관한 관심이다. 주택은 휴식만을 위한 실내 공간이 아니라 지역사회에 위치하는 하나의 생활기반이며, 병원이나 노인단체, 친 · 인척과 이웃 관계, 교육 시설 등의 사회공동체적 생활수단과 밀접한 연관이 있다. 따라서 주택의 안정성 및 요양성을 확보하는 것과 더불어 주택의 계속성을 확보하는 것은 노후에 가능한 한 자신이 살아온 지역사회에서 필요한 재가복지서비스를 받을 수 있도록 하기 위한 기본 전제가 된다.

주택의 개보수에 대한 지원이나 주택환경의 정비에 대한 정책적 관심은 단기적으로는 사회지출의 증가를 초래할 것이다. 그러나 주택은 복지서비스의 기반이기 때문에 이러한 조치들은 후기 고령자 등이 노후에 요양원 입소에만 의존하지 않고 가능한 한 오랫동안 자신의 집에서 재가복지서비스를 받으면서 자립생활을 할 수 있게 한다. 따라서 장기적인 투자의 관점에서 주거 문제에 접근할 필요가 있다.

사회복지서비스에 미치는 영향

노인은 사회복지서비스에 대한 욕구가 높으며 그것은 나이가 들어감에 따라 더욱 상승한다. 특히, 자녀수의 감소, 혼인율의 감소, 핵가족화 등으로 인해 가족에 의해 돌봄을 받는 노인이 감소하는 추세에서 장기요양서비스(long-term care services)에 대한 욕구가 높아지고 있다. 장기요양서비스의 운영에는 비용이 많이 든다. 서비스 이용자의 수나 예산지출에 있어서 노인이 차지하는 비율이 높아지는 것은 자연스러운 일이다.

4. 인구고령화에 대한 대응

1) 고령사회에 대한 바람직한 관점

노인은 정규적인 소득을 상실한다. 소득의 상실은 고령화에 수반되는 가장 대표적이며 보편적인 사회적 위험이며, 이것은 정년제에 따라 더욱 심각해진다. 이러한 위험에 대처하는 주체는 우선 국가이다. 국가는 사회보험인 연금제도를 통하여 대처하고, 그 당사자가 빈곤자인 경우 공공부조를 통하여 부양하지 않을 수 없다. 그 부양비용은 결국 국민이 지게 되는 것이다.

몇 명의 생산연령인구가 1명의 65세 이상 노인을 부양해야 하는가를 나타내는 노인 인구 부양지수는 계속해서 증가해 왔다. 이 부양지수는 고령화사회의 도래가 사회에 많은 부당 부담을 안겨주게 될 것이라는 주장의 근거로써 흔히 사용되는 지표이다. 고령자가 증가하면 그만큼 사회부담이 증가하여 고령사회는 재정상의 위기를 초래할 것이라고 하는 주장이 나오는데, 이것이 소위 '고령사회 위기론'이다. 이 고령사회 위기론이 연금제도 등의 급여삭감정책에 정략적으로 이용되는 경우도 있다. 그러나 고령자가 피부양자이고, 따라서 노인인구 부양지수가 상승하면 그것은 곧 그만큼의 사회적 부담이 높아지는 것을 의미한다고 단순히 결론을 내리는 것은 문제가 있다. 왜냐하면, 인구고령화와 부양지수의 상승이라는 문제가 정확히 이해되기 위해서는 다음의 3가지 사항을 동시에 고려해야 하며, 이 점들을 정확히 이해한다면 부양지수의 상승이 곧 사회부담의 증가라는 등식이 성립하지 않을 수도 있기 때문이다(박광준, 2004: 48-51).

첫째는 경제성장과 생산연령인구의 생산성 향상이라는 요인을 고려해야 한다. 만약 기술혁신이나 생산성의 향상이 전혀 이루어지지 않는다고 가정한다면 생산활동에 참가하지 않는 고령자의 증가는 곧 그만큼의 사회부담으로 나타날 수 있지만, 경제생산성이 향상된다면 현역세대의 생활수준을 낮추지 않고서도 고령자들을 부양하는 것이 가능할 수 있는 것이다. 따라서 상대적으로 고령자의 생활수준을 유지하기 위해서는 현역세대의 생활수준을 끌어내려야 한다거나, 현역세대의 생활수준을 유지하기 위해서는 고령자의 생활수준을 내릴 수밖에 없다고 하는 제로섬 게임과 같은 논리로 고령자의 증가를 우려하는 것은 지나치게 단순한 논리이다. 다시 말하면, 고령자 중에서 부담이 되지 않는 집단의 존재나 그들의 경제활동 참가로 고령화와 생산연령인구의 감소를 상쇄할 수 있다는 것이다.

둘째는 미래의 국제노동시장에 관한 고려이다. 미래사회는 현재의 노동시장에 비하여 노동력 이동에 대한 국제적인 장벽이 현저히 낮아질 가능성이 크다. 하지만, 인구고령화의 추계 자료들은 거의 한 국가 내에서의 노동인구의 상대적 감소라는 측면에서 인구고령화의 영향을 설명하려는 경향이 있다. 한 국가에서의 노동인구의 감소 및 종속인구의 상대적 증가는 외국의 노동력 유입을 가정한다면 해소될 수 있다는 점을 고려해야 한다.

셋째는 고령자에 대한 개념 정의 혹은 사회규범의 변화 가능성에 대한 고려이다. 같은 연령이라고 하더라도 현재 혹은 미래의 고령자가 과거의 고령자와 같은 피부양자라고는 볼 수 없는 상황 변화가 있다는 것이다. 65세 이상의 노인은 건강상태나 경험 등에서 그 역할이나 노동력이 과거의 노인과 같지 않고 또한 미래에도 그 모습은 계속 달라질 수 있다. 따라서 65세 이상의 고령자가 증가한다고 하더라도 그것이 곧 종속인구의 증가를 의미한다고 단언하기는 어려운 것이다. 미래사회는 소위 전기고령자라고 할 수 있는 65~74세까지의 현역에서 물러난 은퇴자가 현업종사자가 될 가능성도 있다.

2) 신자유주의를 넘어서 보편적 복지국가로

인구가 줄어들지 않으려면 합계출산율이 2.1은 돼야 한다. OECD는 합계출산율이 1.3을 밑도는 나라를 '초저출산국'으로 분류한다. 한국은 '초저출산' 늪에 깊이 빠져 있다. 아이 낳기를 꺼리는 나라의 미래는 없다. 그렇다면 왜 사람들은 아이 낳기를 꺼리는가? 근본적인 원인은 신자유주의의 구조 때문이다. 시장경제원리를 신봉하는 신자유주의는 자본주의가 어느 정도까지 우리 인간을 아프게 할 수 있는지 명확히 보여주고 있다. 신자유주의는 경쟁을 강요하고, 경쟁에서 뒤처진 사람은 도태되어도 된다는 약육강식의 사회를 조장한다. 생존경쟁 논리에 빈부의 격차는 더욱 커지고, 실업상태는 심각해져만 가는 현실에서 인간성은 파괴되었다. 도덕성과 공공성은 무너져 버렸다.

경제에 의해 종속되어 지배받고 있는 우리들의 모습은 각종 범죄와 비행, 성매매, 약물남용, 가정폭력, 빈곤, 가족해체 등 다양한 형태로 나타나고 있다. 심지어 부모가 자식을 죽이고, 자식이 부모를 죽이는 왜곡된 현상까지 나타나고 있다. 피를 같이 한 동기간이나 뜻을 같이한 동지 간, 이해를 같이하는 동업자 간, 친구 간에 그러지 말아야 할 내분, 질투와 반목, 이간, 대결하는 심리를 가리키는 카인 콤플렉스(cain complex)가 인간의 내면을 지배하고 있다. 이러한 참혹한 삶의 조건에서 아이들이 더 이상 환영받지 못하는 것은 어쩌면 당연한 일인지도 모를 일이다. 어떤 학자는 "한국 민중은 주의를 기울여 현실을 직시하기보다는 몸으로 '헬조선'의 현실을 느끼고 있고, 그와 같은 현실에 대한 저항의 일환으로 '아이 낳지 않기'를 택했다"(홍세화, 2019)라고 말한다. 출산율 저하가 노동인구 감소, 경제성장 둔화, 노인복지 비용 증가 등 경제에 부정적 영향을 끼친다고 우려하는 목소리는 위정자의 것이지 민중의 것이 아니라는 것이다.

신자유주의가 지속하는 한 출산율 또한 계속해서 저하될 것이다. 아이들이 자신의 생존에 걸림돌이 될 수도 있는 존재로 여겨지기 때문이다. 인구의 고령화가 가중될수록 전체 사회 구성원들의 생존경쟁은 더욱 치열해질 것이다. 노인들도 일자리를 둘러싼 경쟁에 뛰어들기 때문이다.

그동안 정부는 그동안 많은 정책을 내놓았지만, 별다른 효과가 없었다. 인구의 고령화는 신자유주의가 우리의 삶에 강제한 것인데, 정부의 정책은 일순간적인 미봉책에 불과했기 때문이다. 신자유주의를 지향하는 정부가 고령화

사회를 교묘하게 이용하고 있다는 지적이 나올 정도이다. 어느 학자는 "외롭게 죽어갈 수도 있다고 두려워하고 동시에 남은 가족들을 걱정하는 노인들을 유혹하는 수많은 보험광고 하며, 노인쉼터나 노인복지센터 등 노인들의 복지를 약속하며 그들로부터 표를 구걸하는 정당의 화려한 제스처들을 보며, 자본가와 정치가들은 하나같이 모두 고령화사회를 우려하고 있다는 제스처를 취하고 있다"(강신주, 2012)라고 말한다.

그렇다면 저출산 고령화의 문제를 극복할 방안은 무엇일까? 이를 위해서는 우리 사회가 신자유주의를 넘어서 보편적 복지국가의 길로 나아가야 한다. 무엇보다 먼저 우리는 공동체의 작동 원리는 경쟁이 아니라 사랑에 있다는 원초적 사실을 깊게 자각해야만 한다. 인간의 존엄성이 보장되고 누구나가 자유와 평등의 권리를 누릴 수 있는 사회, 인간의 꿈과 희망을 행동기준으로 삼고, 더욱 인간답게 살아갈 수 있는 사회, 불평등과 불공정이 청산되고 정의가 바로 서는 사회를 만들어야 한다. 그런 사회야말로 인간다운 삶의 질이 보장되는 조화로운 사회이며, 이 조화로운 사회에서 우리가 아이를 낳지 않을 이유는 없다.

제14장

국제사회복지: 사회복지의 국제원조

INTRODUCTION TO SOCIAL WELFARE

오늘날 세계화의 경향에 따라 사람, 물건, 정보 등 국제적 이동이 증가하고, 세계적 공간 압축이 일어나고 있다. 이러한 움직임은 우리 생활 전반에 커다란 영향을 미치고 있는데, 사회복지분야에서도 그 영향은 매우 크다. 세계화는 국제사회복지의 발달에 결정적인 영향을 미치고 있다. 이 장에서는 세계화의 의미와 특징을 개략적으로 고찰하고, 세계화가 사회정책과 사회복지서비스 분야에 어떠한 영향을 미쳤는지를 논의한다. 그리고 국제사회복지의 개념과 범위, 국제사회복지의 관점, 국제사회복지의 주체를 살펴본다.

1. 세계화와 사회복지

1) 세계화의 의미와 그 영향

세계화: '국경 없는 세상'이라는 이데올로기

오늘날 지구의 모든 지역은 과거 어느 때보다 촘촘히 연결되어 있다. 지구 남반구에서 커피가 제공되지 않으면, 북반구 주민들은 아침 식사를 할 수 없을 정도다. 국경을 자유롭게 넘나드는 다국적기업은 국가법의 적용 범위를 넘어선 지 이미 오래다.[1] 매일 1천조 달러라는 천문학적 금액이 컴퓨터 키보드를 통해 실시간으로 지구 전역을 돌아다니며 먹잇감을 찾고 있다(카를-알브레히트 이멜, 2009: 43). 이른바 '세계화'의 현상이다.

세계화란 "정치적 결정뿐만 아니라 기술과 지식의 발전이 가져온 시간과 공간의 압축을 통해서 세계의 상호연결성이 증가하는 것이다". 이 정의에는 다음과 같은 몇 가지 요소가 포함되어 있다(George & Wilding, 2004: 54-57).

첫째, 세계화의 과정이 다른 하위의 지리적인 수준에서보다 세계적인 수준에서 작동하는 경우가 증가하고 있음에도 불구하고, 국민국가는 여전히 생활영역과 정책영역에서 큰 영향력을 지닌다는 것이다. 즉, 세계화는 지구적, 국제적, 국가적 요인이 공존하는 과정이다.

둘째, 세계화는 세계적인 수준에서 이루어지는 활동의 증가도 의미한다. 이것은 커뮤니케이션의 방법이 다양해졌다는 것과 커뮤니케이션이 더욱 빈번해졌다는 것을 의미한다.

셋째, 시간과 공간의 압축이다. 시간과 공간의 압축은 경제적, 문화적으로 다른 세계들을 더욱 가까이 함께하게 하는 결과를 낳고 있다. 예를 들어,

---

1) 전 세계적으로 77만 3,000개 자회사를 거느린 약 7만7,000개 다국적기업이 활동하고 있다. 많은 회사가 특히 중국으로 몰려들고 있는데, 전체 다국적기업 자회사 가운데 3분의 1이 중국에 있다(카를-알브레히트 이멜, 2009: 48).

AIDS와 같은 질병도 과거보다 훨씬 빠른 속도로 확산되고 있다.

넷째, 세계화의 경향에 대한 개인의 인식변화이다. 세계에서 일어나고 있는 다양한 현상이 자신의 생활에 영향을 미치고 있고, 또 미칠 수 있다는 인식이 증가하고 있다.

세계화의 특징

세계화의 개념을 파악하기 위해서는 세계화 현상의 일반적인 특징 인식이 중요하다. 조지와 윌딩(George & Wilding, 2004)은 그 특징을 다음과 같이 들고 있다.

① 세계 각 사회 간에 있어서 상호연대(interconnectedness)의 증대와 심화
② 세계 각지에서의 뉴스와 문화적 이미지, 금융자본의 거의 통제 불가능한 흐름
③ 다국적기업의 권력과 활동의 증대
④ 많은 국가에서의 불평등 심화를 수반하는 경제성장의 증대
⑤ 세계적인 소비문화의 형성
⑥ 더욱 많은 사람들에 의한 해외여행과 이주, 운송수단과 커뮤니케이션의 가속화에 따른 시간과 공간의 압축
⑦ 외국의 사건이나 그것이 자국에 미치는 영향에 관한 관심의 증대
⑧ 국가의 활동을 보충 · 대체 · 지원하기 위한 초국가적 정부기관과 비정부기관의 급격한 성장

세계화의 영향

세계화의 영향은 세계인구의 고령화, 산업경제의 경제성장률 둔화, 가족제도의 급격한 변화, 복지국가의 성숙 등의 사회변화와 결부되어 있어서 지극히 복잡하고, 그 영향을 특정하기는 매우 어렵다(George and Wilding, 2004: 62-63). 경제적 세계화[2]는 국민경제에 긍정적인 영향과 부정적인 영향을 동시에 미치고 있다. 즉, 경제성장을 가져온 국가들이 있는가 하면, 경제침체와 쇠퇴를 초

래한 국가들도 있다. 사하라 지역 근처에 위치한 아프리카의 가난한 국가들에는 악영향을 미치고 있다는 것이 일반적인 견해이다. 빈곤과 불평등의 증가는 그 대표적인 폐해이며, 사회적 갈등과 국가 내의 불균형적인 발전을 초래하는 경우도 있다. 이처럼 세계화는 이윤, 경제성장, 그리고 더욱 좋은 생활조건을 가져오는 기회의 원천이기도 하지만, 다른 한편으로는 분단, 안정성의 결여, 불평등의 원천이기도 하다.

세계화는 국가 단위의 경제를 하나의 세계경제에 통합하는 경향을 지닌다. 국가나 지역에 존재하는 상품과 서비스, 자본, 노동, 정보 등의 자유로운 이동을 방해하는 인위적인 장벽을 없애고, 국경 없는 경제 세계를 만들고자 한다. 그러나 선진국이나 인프라가 완비된 국가에 유리한 결과를 가져오는 세계화는 큰 폐해를 수반한다. 가장 심각한 폐해는 그것이 만들어내는 다양한 격차 문제이다. 한 국가 안에서의 격차도 산업 간 격차도 포함된다. 예를 들면, 공업생산을 산업기반으로 두는 국가의 경우, 공업부문이 발전하는 한편 농업부문은 피해를 보는 경우가 많다(朴光駿, 2007: 13-17).

세계화가 사적이윤의 추구와 경제성장의 미덕을 띠는 신자유주의 이데올로기에 의해 그 방향이 설정된 것은 바람직하지 않으며, 세계화에 공평성, 빈곤의 근절, 인간의 안전강화라는 목표를 추구해야 한다는 견해에 귀를 기울여야 한다.

2) 세계화가 사회복지에 미치는 영향

세계화가 사회문제에 미치는 영향

세계화의 영향을 가장 심각하게 받은 영역은 '노동과 고용'의 분야이다. 그 영향은 다음 4가지 영역에서 찾아볼 수 있다(朴光駿, 2007: 28-29).

---

2) 예컨대, 금융자본의 이동성 증가, 국외투자의 증가, 다국적기업의 성장, 세계무역의 확대 등을 일컫는다.

첫째, 자본과 노동 사이의 힘의 균형에 대한 영향이다. 노동조합의 세력이 약화되었고, 그것은 노동의 교섭력 약화로 이어졌다.[3)]

둘째, 세계화는 자본과 노동의 사회적 협력관계의 붕괴에 일조했다. 스웨덴에서 1980년대 후반부터 이루어진 대량의 자본유출은 계급적 타협의 전통이 무너진 증거이다. 역사적 국가적 합의 문화는 세계화에 의해 약해지고 있다. 노동의 약화, 자본에 대한 국제경쟁의 압력, 자본투자 우선의 이동 가능성 증가라는 3가지 요인은 코포라티즘적 접근을 침식하고 있다.

셋째, 노동시간과 노동조건의 악화이다. 노동의 유연화는 세계화에 의해 심화했는데, 그것은 정규노동이 감소하고 그만큼 파트노동, 파견노동 등 비정규직 노동이 증가한 것을 의미한다.

넷째, 세계화의 실업에 대한 영향이다. 개발도상국에서 공업제품의 수입은 선진자본주의국가의 실업증가를 가져왔다. 비숙련노동을 위한 시장이 국제화되면서 고비용노동을 대체하기 쉬워진 것이다.

세계화가 사회정책에 미치는 영향

일반적으로 세계화는 국가 예산의 삭감을 요구한다. 세수에서 법인세율이나 소득세율을 인하하는 것은 일반적인 경향이다. 또한, 세계화는 사회보장의 억제 · 급여와 지출의 통제에 대한 압력이 되고 있다. 일반적으로는 급여수준의 인하, 수급조건의 강화 등이 강조되고 있는데, 조지와 윌딩(George and Wilding, 2004)에 의하면, 사회보장에 대한 세계화의 영향은 다음과 같이 요약된다. 첫째, 세계화의 영향은 국가에 따라 다양하다. 둘째, 사회보장에서 급격한 삭감은 보이지 않는다. 확실히 세계화는 사회보장에 영향을 미쳤지만, 예측한 것보다는 영향이 크지 않다는 것이 OECD의 견해이다. 셋째, 사회보장 억제에 대한 압력은 강화되었지만, 세계화는 그 밖의 중요한 요인(고령자의 증가, 단독가구의 증가, 경제의 저성장, 고실업 등)의 하나이다. 넷째, 세계화는 사회

3) 예를 들면, 미국의 노동조합 가입자는 1970년대 중반부터 1990년대 중반에 3,500만 명에서 1,500만 명으로 감소했다(Piven, 1995: 111).

보장을 관리하는 국가의 능력을 떨어뜨리지만, 사회보장에 대한 국민의 요구를 증가시킨다. 다섯째, 현금급여가 서서히 감소하고, 수급조건이 엄격해짐에도 불구하고, 1980년대와 1990년대에 거의 복지국가에서는 수급자의 증가에 따라 사회보장 지출은 지속해서 증가했다.

세계화가 사회복지서비스에 미치는 영향

세계화가 사회복지서비스에 미치는 영향은 다음과 같다(朴光駿, 2007: 32-36). 첫 번째 영향으로 사회복지서비스의 민영화를 들 수 있다. 사회복지에서 민영화(privatization)는 시장경제원리를 도입하는 경향 전체를 표현하는 용어이다. 일반적으로는 '복지서비스에서 사적 공급 혹은 사적 재정의 상대적 역할 증가'(Bean et al ed., 1985: 175)를 의미한다. 사회복지에서는 급여수준의 인하, 적용범위의 축소, 특정 프로그램에 대한 공적 지원이나 보조를 삭감하는 것, 공적으로 운영하는 제도를 시장기능에 맡기는 것 등 사회복지에 대한 국가의 개입을 축소하고, 그 부분만큼 시장경제의 원리를 도입해 가는 일련의 조치를 의미하는 것이다.

세계화가 사회복지서비스에 미치는 두 번째 영향은 매니지먼트의 도입 및 강화이다. 새로운 공공관리(New Public Management; 이하, NPM)는 '세계화 이데올로기를 표현하는 것'(George and Wilding, 2002)으로 간주된다. 그것은 전통적인 관료주의적 관리형태를 파괴하는 급진적인 힘이 되고 있다. NPM은 민간 영역의 어프로치 도입을 강조한다. 공적조직도 서비스제공을 위해서 영리조직이나 NPO 조직 등과 경쟁해야 한다.

사회복지서비스 분야에서 세계화의 영향으로 보이는 중요한 변화는 휴먼서비스조직(Human Service Organization)에서 매니지먼트의 도입 및 강화일 것이다. 그것은 복지전문직의 지위에 큰 변화를 가져왔다. 즉, 총괄관리(general management)의 도입 때문에 정부·기관은 전문적 실천방법을 자세하게 규정한 지침, 실천절차, 체크리스트를 제시하고, 각 기관에서도 독자적인 실천가이드라인이 작성되며, 복지전문직의 원조 실천에서 엄격하게 지켜야 한다. 이러한 경향은 '절차의 중시(procedualization)'로 표현되고 있는데, 그것은 전문직의 자율이나 재량을 제한하는 것으로 간주된다.

끝으로 세계화가 사회복지서비스에 미치는 영향으로 소비자주의(consumerism)를 들 수 있다. 사회복지실천에서 클라이언트는 '소비자'로 불리게 되었다. 소비자의 개념은 시장 베이스의 관계, 계약, 서비스의 기준이나 수준에 대한 권리 등의 의미가 강조되는 것이다. 계약에는 인간관계를 중시하지 않는 의미가 담겨 있기 때문에 그것은 '전문적 실천과 신뢰에 기초한 워커와 클라이언트의 관계'라는 방식에 도전하는 것으로 받아들여진다. 사회서비스 제공방법을 논할 때, 서비스 이용자의 참가에 관한 관심이 높아졌다. 개인적 이용자와 서비스 제공자가 자신의 생활에 영향을 미치는 정책결정에는 보다 적극적으로 참가하는 것이 장려되었다. 예를 들면, 사례회의에서 환자의 참여와 아동의 참가 등이 그 예이다. 이것은 자기 자신의 환경을 변화시켜가도록 지원하는 임파워먼트를 촉진한다. 또한, 이러한 경향은 사회복지서비스를 제공하는 복지기관이나 복지전문직의 서비스에 관계되는 정보공개를 포함하는 설명책임도 요구하고 있다. 당사자집단, 자조집단의 역할이 강조되고 있는 것도 이러한 움직임의 반영이다. 어찌 됐든 전문직에는 클라이언트와 전문직과의 전통적인 관계에 대한 도전으로 간주되기도 한다.

세계화가 사회복지실천 환경 변화에 미치는 영향

힐리(Healy, 2010)는 세계화로 인해 변화하고 있는 사회복지실천환경을 4가지로 요약하여 제시하였다(김동수 외, 2013: 107-108에서 재인용).

첫째, 국제사회의 인구이동은 사회복지기관의 복지서비스 이용자들의 인종구성 분포에 변화를 가져왔고, 이에 따라 사회복지실천방법에 변화가 요구되고 있다. 따라서 사회복지사는 국가 간 상호의존에서 발생하는 사회문제 및 상황들에 대처할 수 있는 새로운 지식과 능력을 갖출 필요가 있다.

둘째, 선진국들은 사회문제에 대한 공동책임을 강조하면서 상호협력과 교류를 중요하게 인식하고 있다. 세계화는 사회복지활동의 공통 주제를 만들어

내고 있다. 예컨대, 고령화로 인한 노인 인구의 증가, 가족 형태의 변화로 인한 자녀수의 감소, 높은 실업률과 낮은 취업률 등은 대부분 국가에서 겪고 있는 사회문제이다. 또한, 국제문제의 이해는 인권 및 사회정의와 같이 사회복지의 핵심가치를 재조명하는 데 기여할 수 있다.

셋째, 한 국가의 행동은 지구 전체의 정치 · 경제 · 사회적 모든 측면에서 직 · 간접적으로 영향을 미친다. 따라서 모든 나라가 서로 사회문제를 공유하고 해결해야 할 필요성이 커지고 있다. 2011년 일본 동부에서 발생한 쓰나미와 지진, 그리고 이로 인해 발생한 핵발전소의 방사능 물질 누출 사건은 인근에 있는 우리나라뿐만 아니라 멀리 아메리카 대륙에까지 영향을 줌으로써 한 나라에서 일어난 일이 다른 여러 나라에 영향을 준다는 사실을 입증해 주었다. 이는 우리가 경험하고 있는 많은 문제가 한 국가나 조직의 독자적인 활동만으로 해결할 수 없음을 보여준다.

넷째, 급속도로 진보하는 기술, 특히 통신 분야의 기술발달은 국제교류 및 공유의 기회를 가속화하고 있다.

이러한 변화들은 전 세계 사회복지사들과 사회복지전문직이 지금까지 해왔던 것과 다른 새로운 목표를 설정하고 국제 역량을 갖춘 사회복지사를 육성할 필요가 있다. 변화에 맞춘 새로운 목표란 첫째, 자국의 사회복지 실천현장에서 발생하는 국제 관련 사례와 지역문제를 다룬다. 둘째, 국제사회문제를 공동으로 해결하기 위해 노력한다. 셋째, 자국의 정책이 다른 나라와 그 국민에게 미치는 영향을 평가할 수 있도록 준비해야 한다. 이 세 가지 목표를 성취하기 위해 사회복지사들과 사회복지전문직은 국제적인 대화 및 교류를 통해 서로 도움을 주고받을 수 있는 능력을 키울 필요가 있다.

2. 국제사회복지의 개념

세계화는 경제, 정치, 사회, 문화 등 각 분야에서 급속하게 진행되고 있다. 이에 따라 사회복지학계에서 국제사회복지에 대한 관심이 한층 높아지고 있다. 그러나 국제사회복지는 아직 학문으로 확립되어 있지 않은 것이 현실이다. 국제사회복지의 개념 역시 다양하게 정의되고 있다.

국제사회복지사연맹(IFSW)은 2000년 7월 캐나다 몬트리올 국제사회복지사연맹 총회에서 국제사회복지의 개념을 "사회사업전문직은 복지증진을 위해 사회변화, 인간관계에서의 문제해결, 인간의 역량강화와 해방을 촉진한다. 사회복지는 인간행동과 사회제도 이론을 활용하여 인간이 환경과 상호작용하는 지점에서 개입한다. 그리고 인권과 사회정의의 원칙은 사회복지의 기본 원칙이다"라고 정의하였다(문수열 외, 2017: 196).

콕스와 파와르(Cox and Pawar, 2006: 20)에 따르면, 국제사회복지는 "사회사업 교육과 실천을 세계적 그리고 지역적으로 증진하는 것으로서 이는 국제적 상황에서 인권, 생태, 사회개발의 전망과 이에 대한 반응을 아우르는 통합적 접근에 기초하고 있다"라고 정의하였다.

또한, 힐리(Healy, 2008: 10-16)는 국제사회복지를 "사회사업전문직과 그 회원들(사회복지사들)이 수행하는 국제적인 전문가 활동과 그 능력"이라고 말하는데, 특히 국제적으로 관련된 전문적 실천과 옹호활동, 전문가 교류사업, 외국에서 하는 국제적인 실천, 국제적인 정책개발과 옹호활동의 4가지 영역을 지칭하는 것이라고 한다.

그러나 이러한 개념들은 미국적 관점에서 사회사업에 초점을 둔 것으로 현재 지구촌에서 이루어지고 있는 다양한 국제적인 사회복지사업과 활동, 정책과 거버넌스를 포함하지 못하는 한계가 있다. 국제사회복지는 사회복지 개념이 정책과 실천에서 어느 특정한 국가에 국한되지 않고 세계적인 상황에서 취급되는 전반적인 활동 내용이다. 다시 말하면, 세계적인 차원에서 광범위하게 또는 지역적으로 세계적인 사회복지의 목표와 활동이 이루어지는 것을 말한다(김동수 외, 2013: 99-102). 이러한 관점에서 국제사회복지의 개념을 정리하면 다음과 같다(仲村優一 · 愼燮重 · 萩原康生, 2002: 37-39).

첫째, 국제사회복지의 대상 범위는 한 국민사회가 아니라 국경을 초월한 국제사회를 대상으로 한다. 이것은 세계적 공간을 대상으로 하는 것이 국제사회복지라는 의미이다. 국제사회복지는 국가와 국가, 또는 세계의 지역과 지역 간에 관련하는 행위와 관계가 그 대상 범위가 된다.

둘째, 사회복지학적 관점에서 보면, 국제사회복지의 연구대상은 세계화 속에서 개인, 가정, 지역, 사회에서 사람들의 복지에 관한 사회문제, 생활문제이다. 생활문제에 대한 사회복지의 과제로는 소득보장, 보건서비스, 교육, 주택, 사회복지실천의 5가지 분야를 들 수 있다. 따라서 국제사회복지는 이러한 과제를 연구대상으로 삼아야 한다. 그러나 국제사회의 구조는 복잡하며, 저출산 고령화 문제나 국제적 난민, 빈곤의 박멸, 에이즈, 노동이민, 학대 등 국제적인 사회문제를 그 연구대상에 포함시켜야 한다.

셋째, 국제사회를 무대로 하는 사회복지의 다른 형태, 욕구, 시책, 조직, 원조방법 등을 종합적으로 분석 · 해명하는 것을 지향해야 한다. 국제사회복지 활동에서는 국가와 더불어 기업, 단체, NGO 조직, 개인 등 여러 주체가 등장하고, 다양한 차원에서 교류와 원조가 행해지고 있다. 이 활동 가운데 국가는 중요한 역할을 하며, 국가가 추진하는 정책은 각종 주체에 영향을 미친다. 따라서 학문으로서의 국제사회복지는 정책과학의 성격을 지니며, 총체적인 접근이 매우 중요하다.

넷째, 실천과학이라는 점에서 국제사회복지는 학문적 이론적 연구보다 정책적, 실천적인 제기와 활동이 더 우선한다. UN이 제창한 '인간개발' 프로젝트는 국제사회복지의 접근방법으로서 국가기관이 NGO와 협동해서 위생, 보건, 교육 등 다양한 분야에서 원조활동을 하고 있다. 이 국제규모의 실천활동에 대한 원조방법의 개발이나 종합평가 기준의 설정 등에 국제사회복지는 적극적으로 공헌해야 한다.

다섯째, 국제사회에서 모든 사람에게 동등하게 자유, 평등, 인권을 확보하고, 그들의 삶의 질을 향상시키며, 사회복지 수준을 높이는 것을 목적으로 한다.

이러한 문제가 국제사회 전체의 상황 속에서 각각 어떠한 관련성을 지니고 있는가, 어떠한 협력체제가 있어야 하는가, 어떠한 종합적 시책을 통해서 해결을 도모할 것인가, 어떠한 사회복지원조활동이 필요한가. 국제사회복지는 이러한 과제에 학문적으로 해결해야 한다. 즉, 국제사회복지는 사회복지학의 시점에서 국제적인 사회문제, 사람들의 생활문제를 평등 · 인권의 이념을 바탕으로 과학적이고 객관적인 연구와 분석을 하는 것과 동시에 그 해결을 위한 실천적 활동을 적극적으로 전개해 가는 학문이다.

3. 국제사회복지의 범위

국제사회복지는 선진국에 의한 국제원조사업과 사회복지의 국제비교라는 두 가지의 의미를 지니고 있는데, 여기에서는 전자의 범위에 관해서 살펴보고자 한다. 국제사회복지의 원조에는 다음의 4가지 사업이 포함된다(朴光駿, 2007: 71-73).

국제기구에 의한 원조와 국제기준의 권고·규제

UN을 비롯한 국제기구는 두 가지의 방법으로 국제원조 활동을 하고 있다. 하나는 원조를 필요로 하는 지역이나 국가에 대해서 자금 등의 현금원조와 의료서비스 등 현물원조를 하는 것이다. 다른 하나는 규제적 원조라고도 하는데, 인권보장이나 복지 향상을 위해서 취해야 할 조치를 명기한 국제적 기준, 국제조약, 국제협정 등을 정해서 보다 많은 국가가 그 기준을 받아들이도록 압력을 가함으로써 복지 수준의 인상을 도모하는 것이다. 빈곤의 해소, 노동시간이나 노동조건, 사회보장제도의 완비, 여성의 고용차별금지, 장애인과 고령자에 대한 차별금지, 아동의 권리보장 등의 분야에서 국제기관의 활동이 활발하며, 국제사회에 많은 공헌을 해왔다. 그 가운데에는 선언적인 의미를 담고 있는 것도 있지만, 국제협정의 형태를 띠고 있어 만약 특정의 국가가 그것을 비준하면 국내의 법률과 마찬가지의 강제력을 지니는 것도 있다.

국가 단위의 공식적 원조

국가 단위의 공식적 국제원조의 대표적인 것은 공적개발원조(Official Development Assistance: 이하, ODA)이다. 정부 또는 정부의 실시기관에 의해 개발도상국 또는 국제원조를 하는 국제기관에 공여되는 것으로 개발도상국의 경제 · 사회의 발전과 복지 향상을 위해서 행하는 자금협력 · 기술협력에 의한 원조이다. ODA에는 2개국 간 원조와 다국간 원조가 있다. 전자는 선진국 측이 직접 · 발전도상국에 유상, 무상의 자금 등을 원조하는 것이다. 후자는 국제기관에 대해서는 출자나 갹출을 하고, 그것을 통해서 간접적으로 행하는 원조이며, 그 국제기관으로는 UNDP, UNICEF, 세계은행, 아시아개발은행(ADB) 등이 있다.

국제 NGO에 의한 원조활동

국제 NGO에 의한 원조는 그 중요성이 더해지고 있다. 국제 NGO는 원래 UN에서 UN 기관과 협력관계에 있는 정부 이외의 비영리조직을 가리키는 데 사용되었지만, 최근에는 일반적으로 개발, 인권, 환경 등의 국제적인 규모의 문제를 다루는 비정부, 비영리조직을 의미하고 있다.

민간조직에 의한 원조라고 해도 과학적이고 조직적인 실천을 수반한 활동이어야 한다. 존슨(Johnson, 1981)은 다양한 민간사회복지의 정의들을 검토한 후, 민간복지조직의 정의를 다음과 같이 내리고 있다(박광준, 2002: 153에서 재인용). 첫째, 조직이 정부가 아닌 자발적으로 모여든 사람들의 집단에 의해서 구성된다. 둘째, 조직은 자주적으로 운영되고 조직의 규약이나 정책을 스스로 결정한다. 활동의 내용, 제공되는 서비스, 채택해야 할 방법 등을 결정하는 것은 조직의 구성원이다. 셋째, 조직의 자금 중 적어도 일부는 민간의 재원으로 조달되어야 한다. 넷째, 조직의 목적은 비영리적이어야 한다. 주목적이 이윤을 추구하는 조직은 여기에 포함되지 않는다.

이와 같은 특징을 지니며 국가를 초월한 지역과 사람을 대상으로 행하는 원조활동이 바로 국제 NGO라고 할 수 있다. 국제 NGO의 활동은 개발원조, 인권문제, 난민문제, 국제의료활동, 환경문제, 국제교류, 경호활동, 유학생의 파견, 상담, 예능 · 문화, 스포츠, 조사연구 등 다방면에 이른다. 국제 NGO의 실현에도 중요한 조건이 있다. 대상 지역과 주민선정을 위한 기준을 가지고 있어야 한다. 대상자의 선정기준을 통해 그 활동은 국제자선과 구별된다.

현재 정부의 공식적인 원조과정에서는 국제 NGO와 파트너십을 이루면서 행하는 것이 일반적이다. 정부가 하기에는 어려운 활동, 즉 세부적인 시민활동의 경우 유연성이나 기동성을 살린 긴급대응이 요구되는 경우, 정보 · 자원 · 기술에서 정부보다 우월한 경우 등 활동 기회가 많기 때문에 NGO의 존재 이유가 있다. 정부의 보완적 기능뿐만 아니라 문제발견과 해결적 기능, 정부와 사회의 중개적 기능, 정부 정책에 대한 비판적 기능이 기대되고 있다. 단지, 비정부라는 점을 특색으로 하는 조직이라도 정부와의 협력 · 연대 · 협동은 불가피해지고 있다. NGO의 입장에서는 인력을 확보해서 계속적인 활동을 유지하기 위해서라도 안정적인 재원이 필요하며, 정부의 입장에서는 정보나 노하우 면에서 NGO의 협력을 구할 수밖에 없다. 요컨대, 독립된 조직 간 관계이면서 정부와 NGO 간에는 상호의존관계가 형성되고 있다(武智秀之, 1997: 223).

국제자원봉사활동

국제자원봉사활동(International voluntary service)이란 국제적인 자원봉사활동에 자발적으로 참여하는 활동을 말한다. 즉, 국제자원봉사활동은 언어, 종교, 정치, 사회경제적 장애를 뛰어넘어 자신의 시간, 능력, 에너지를 사용하여 사회변화, 경제발전, 환경보전 등을 실천하는 것이다(오세영 · 박은아, 2019: 167).

일반적으로 국제협력 자원봉사활동으로 한국국제협력단(Korea International Cooperation Agency: KOICA)에서 파견하는 '해외봉사단(Korea Overseas Volunteers)'이나 여러 민간단체에서 파견하는 다양한 형태의 프로그램이 국제자원봉사활동으로 많이 알려져 있다. 즉, 일정 기간 외국, 특히 저개발국가에 거주하며 지역사회 개발, 교육, 의료활동 등을 통해 지역사회의 발전에 참여하며, 한편으로는 자신의 경험을 확대하는 것을 말한다(류기형 외, 2009: 423). 그뿐만 아니라 활동장소가 국내일 경우, 국제적 문제나 프로젝트에 참여하는 것도 국제자원봉사활동이라고 할 수 있다.

4. 국제사회복지의 이념

기본적 가치의 실현

제2차 세계대전을 교훈으로 1945년 10월에 발족한 UN은 세계인권선언 및 인권규약 등 인권 관계의 각종 선언 및 조약에서 인권옹호, 전 세계의 평화, 빈곤한 사람들의 생활조건 향상, 기아와 질병의 극복, 상호 간의 권리와 자유의 존중, 각 국가 간의 우호 관계 유지 등을 반복해서 강조해왔다. 최근 노멀라이제이션(normalization), 삶의 질, 시민권 등의 개념에서 표현된 이념은 국제사회복지의 새로운 이념, 목표, 가치를 의미하고 있다고 할 수 있다. 국제사회복지의 이념을 생각할 때 다음과 같은 시점을 필요로 한다(仲村優一 · 愼變重 · 萩原康生, 2002: 43-45).

첫째, 생존권 이념이다. 생존권의 개념은 사회복지에서 구체화된 인권이념이다. 생존권 이념은 문자 그대로 '최저한도의 생활'을 보장하는 의미로 이해되지만, 실제로는 더 많은 의미가 담겨 있다. 현실의 국제사회에서는 빈부의 격차가 여전히 크다. 인신매매와 매춘, 아동노동 등 인권침해 문제는 아직 근절되고 있지 않다. 또한, 국제사회에 부상하고 있는 배외주의와 관련한 불관용, 문화, 국적, 종교, 언어에 의한 차별 및 인종적 우월성 또는 정책에 의한 배외주의로부터 발생하는 차별 등 새로운 형태의 인권침해가 각지에서 빈발하고 있다. 이 인종주의, 인종차별, 배외주의, 불관용에 의한 새로운 형태의 착취와 인권침해의 방지 및 근절과 함께 '세계인권선언'에 기초한 생존권 이념의 실현을 위해 노력할 필요가 있다.

둘째, 세계평화의 추구이다. 사람들의 생명의 안전, 평화환경의 보전은 인간의 행복을 위한 가장 기본적인 요소이다. 평화의 추구는 국제사회복지의 영구적인 주제이며, 불후의 이념이다. 국제사회가 상호의존관계를 심화시키는 가운데 국제사회복지에 의한 개발원조는 이러한 세계 전체의 평화와 번영에 공헌하는 것이다.

셋째, 연대와 공생의 이념이다. 최근 세계화가 상당히 가난한 사람들을 무시하고 있다는 비판이 거세다. 부의 분배는 평등해야 한다. 그러나 현실은 그렇지 않다. 많은 개발도상국에서는 다수가 기아와 빈곤에 허덕이고 있다. 국제사회는 인도적 견지에서 이것을 간과해서는 안 된다. 환경, 인구, 빈곤 등 지구 규모의 문제는 선진국과 개발도상국이 공동으로 노력해야 할 전 인류적인 과제이다.

넷째, 시민권 이념이다. 국제사회복지에서 시민권의 실현은 과제이며, 이념이기도 하다. 최초로 시민권과 국제사회복지를 결부지어 논한 사람은 사회정책학자 마샬(T. H. Marshall)이다. 마샬은 시민권이 시민적, 정치적, 사회적 권리로 구성되어 있다고 했다. 그에 따르면, 시민적 권리에는 계약의 자유, 언론, 출판, 사상, 신앙의 자유, 사유재산권을 소유할 자유 등이 있다. 정치적 권리에는 선거권, 정치의 관여권 등이 있다. 사회적 권리에는 생존권, 교육권, 노동권, 행복추구권 등이 있다. 그는 또한, 시민의 의무를 강조하고 있다. 앞으로 이러한 시민권에 기초한 국제사회복지 이념이 필요해질 것이다.

지구사회의 지속가능한 발전

국제사회복지의 이념은 지구사회의 지속가능한 발전으로 집약된다. 지구적인 차원에서 '지속가능한 발전(Sustainable Development)'은 20세기 후반에 처음에는 환경보존주의자에 의해서 제기되었던 것인데, 1990년대부터는 UN에서 각국이 채택하도록 권고하고 있는 정책이다. 지속가능한 발전의 사상은 지구적 발전을 위한 다음과 같은 인식에서 비롯되었다(朴光駿, 2007: 81).

첫째, 자연환경의 파괴나 선진국들과 개발도상국의 격차 확대는 사회가 견딜 수 있는 범위를 넘어서 경제개발을 일방적으로 추구해 온 결과이다.

둘째, 국제적으로 보더라도 선진국들이 자국의 발전만을 추구한 경제발전 전략이 개발도상국의 발전을 막았으며 빈부의 격차를 확대시키는 결과를 불러왔다.

셋째, 국내적인 관점에서 보면 사회개발을 충실히 하는 조처를 하지 않고서는 앞으로 경제발전은 불가능해진다.

넷째, 국제적으로 보더라도 제3세계의 저발전을 그대로 방치해서는 선진 각국의 발전 그 자체가 불가능해진다.

지속가능한 발전의 사상은 '균형 있는 사회발전'의 중요성을 환기시키고, 사회개발의 중요 구성요소인 사회복지가 결코 소비가 아닌 하나의 투자이며, 또한 지속가능한 사회발전의 조건이기도 하다는 인식이다.

5. 국제사회복지의 접근방법: 국제사회개발[4)]

사회개발 접근

사회개발은 사회복지 목표를 성취하기 위해 역동적인 개발과정과 연계하여 경제적 및 사회적 정책을 통합하려고 시도하는 것이다. 사회개발은 개발도상국들에서 그 기원을 찾는다. 개발도상국에서 국민의 삶의 질을 높이기 위해서

4) 국제사회개발에 관해서는 朴光駿(2007), pp.84-105의 내용을 참조하였다.

는 다음의 4가지가 필요하다. 첫째, 개인의 문제 대처능력을 높이고, 자조집단을 활성화할 것, 둘째, 더욱 많은 국민이 자원봉사에 참여하거나 NGO나 NPO의 조직 및 참가를 촉진할 것, 셋째, 국민의 생활문제에 대응할 수 있는 사회복지사를 양성하고, 국민에 대한 전문적 원조를 활성화할 것, 넷째, 사회정책을 통해서 새로운 정책의 발전과 제도개혁을 추진할 것 등이다.

그러나 이 4가지의 접근방식에는 사회의 생산성 자체를 높이기 위한 노력은 포함되어 있지 않다. 특히, 개발도상국이 안고 있는 문제의 핵심은 빈곤문제이며, 이에 대해서는 경제정책적 접근을 동시에 추진해야 한다는 점을 감안하면, 이상의 4가지 접근방법만으로 제3세계의 사회문제 해결과 복지 향상이 효과적으로 달성될 수 있는가에 관해서는 의문의 여지가 있다. 이러한 문제의식에서 제기된 것이 사회개발 접근방법이다. 이 접근방법이 가장 큰 특징은 사회면의 정책과 경제면의 정책을 통합한다는 것이다.

사회개발 용어의 기원

사회개발의 핵심은 사회정책과 사회서비스를 경제개발전략과 연결시키는 것이다. 사회개발의 개념은 1940년대와 1950년대에 아프리카 식민지 행정관의 활동에서 나온 것이다. 당시 경제개발은 식민지 정부뿐만 아니라 내셔널리스트에 의한 독립운동의 제1 목표이기도 했다. 식민지의 복지행정관들은 식민지에 도입된 구체적 사회복지를 초월한 프로그램을 열심히 도입하려 했다. 그리고 그들은 경제발전에 적극적으로 공헌하고자 했다. 빈곤한 사람들, 젊은 범죄자, 장애인 그리고 그 밖의 곤궁상태에 있는 사람들을 구조해 왔던 사회복지실천 원조는 국민의 식자능력(literacy) 향상과 더불어 증대해 왔다. 사회개발이라는 용어는 이러한 활동에서 생겨난 것이다.

그 후 UN의 활동으로 사회개발이라는 용어가 세계에 널리 퍼지게 된다. 좁은 의미에서는 사회복지실천과 지역개발, 게다가 국민의 생활 수준의 향상, 주민참가의 촉진, 사회계획과 경제계획의 융합 등도 포함되는 개념으로써 사용되었는데, 가장 넓은 의미로서는 주요 사회서비스, 토지개량, 농촌개발, 주민참가, 인구정책, 빈곤 완화와 생활의 질 향상을 도모하는 국가전략까지도 포함된다.

사회개발의 의미: 용어의 보급과 관련 개념

사회개발이란 용어는 1962년 UN 총회의 결의에서 「균형 있는 사회 및 경제개발」(Balnaced Social and Economic Development)이 채택된 이래, 경제개발에 대응하는 개념으로써 사용되고 있다. 경제개발이란 공업을 중심으로 한 각종 산업의 경제면에서의 개발을 말하며, 그 목적이 생산 및 소득의 증대에 놓여 있다. 반면, 사회개발은 시장, 농촌, 주택, 보건의료, 공중위생, 협의의 사회복지, 교육 등 사회면에서의 개발을 의미하며, 그 목적도 인간 능력이나 삶의 질의 직접적인 향상에 있다. 최근 인간개발[5)]이라는 말도 사용되고 있는데, 그것은 사회개발과 거의 같은 의미이다.

선진국에서 사회개발은 경제개발의 과정에서 발생하는 사회적 병리의 수정이나 국민의 '삶의 질'의 향상을 목적으로 사용되고 있다. 반면, 개발도상국에서는 사회구조나 종교, 교육 등 사회적 조건의 개선에 초점을 두고 있다. 요컨대, 개발도상국의 경우 사회개발은 경제개발을 위한 수단이기도 했다. 경제개발의 달성을 방해하는 요인은 낮은 공업기술이라는 것보다는 오히려 낮은 교육수준, 생활 의욕의 저하, 왜곡된 사회구조, 신분제도, 종교적 관습(생명관, 풍수설 등)에서 찾을 수 있다. 즉, 이러한 사회환경을 변화시키기 위해서는 교육을 포함한 사회개발이 필요하며, 사회개발 없이는 경제개발도 없다는 것이다.

---

5) 인간개발은 발전의 초점을 기구나 제도에 두지 않고, 인간에게 두는 것으로 인적자본을 중시한 접근방법이다. 대표적인 인간개발 이론가인 마부 울 하크(Mahbub ul Haq)는 개발의 개념과 관련해서 다음과 같이 기술하고 있다. "개발의 근본적인 목적은 인간의 선택 폭을 넓히는 것이다. 선택은 무한하며, 시대에 따라 변화한다. 때때로 사람들은 소득이나 경제성장이라는 숫자에서는 나타나지 않는 다음과 같은 성취에 가치를 둔다. 지식에 대한 보다 쉬운 접근, 더욱 좋은 영양과 의료서비스, 더욱 안정된 생계, 범죄나 신체폭력으로부터의 안전, 만족스러운 여가, 정치적 · 문화적 자유와 커뮤니티 활동에 대한 참가의식 등이 그것이다. 개발의 목적은 사람들이 건강하고 창조적인 생활을 영위할 수 있도록 필요한 환경을 만드는 것이다"(朴光駿, 2007: 79에서 재인용).

이상의 내용을 보면, 사회개발은 사회정책과 거의 같은 개념으로 볼 수 있다. 하지만 사회개발은 다음의 2가지 이유에서 사회정책과는 다른 새로운 개념이다(松原, 1973: 12). 하나는 사회개발이 사회정책처럼 경제발전으로 인해 생겨난 폐해(소득불균형, 실업, 질병, 이로한 빈곤 등)를 사회적으로 처리하고자 하는 이른바 '사후요법'이 되기 쉬운 것이었던 것과는 달리, 그 원인을 제거하거나 발생을 예방하거나 하고자 하는 '예방요법', 게다가 경제발전을 도모하면서 국민의 복지 향상을 위한 '건강증진' 등 적극적 방법도 예상할 수 있다는 점이다. 또 다른 하나는 그 적극적 방법이 국민사회 또는 지역사회의 경제발전, 생산의 증대를 중심으로 한 사회발전의 '계획적 수행' 가운데 자리한다는 의미에서 기존 복지정책과는 다른 점이다.

사회개발 접근의 필요성

사회개발 접근은 자선이나 사회복지실천과는 달리 개인에게 직접적인 재화나 서비스, 치료나 재활을 제공하지 않는다. 지역이나 사회 전체의 광범위한 사회과정에 초점을 두고 있으며, 포괄적이고 보편적인 관점에서 전 국민의 삶의 질 향상에 관심을 가진다. 그러나 가장 중요한 특징은 정책이 성장과 변혁의 과정을 동시에 포함하고 있으며, 경제개발과 사회발전의 노력을 연대하는 것이다. 요컨대, 사회개발은 사회복지의 증진을 위해서 사회정책과 경제정책, 사회프로그램과 경제프로그램을 통합하려는 시도이다.

개발도상국과 선진국을 포괄하는 국제적인 수준에서 경제와 사회의 통합적 이해는 국제적인 발전의 조건이라고 할 수 있다. 또한, 복지공급체제의 측면에서도 자조와 가족책임인가 아니면 복지국가인가라는 방식이 아니라 개인과 가족, 자조그룹과 NGO, 지역사회, 정부 등의 공동노력에 의해서만 문제해결이 가능하다는 것을 인식할 필요가 있으며, 이를 위해서는 국제적인 사회개발적 접근이 요구되고 있다.

6. 국제사회복지의 주체

국제사회복지의 주체는 크게 3가지로 구분된다. 제1의 주체는 UN을 포함한 국제기구이다. 제2의 주체는 국가이다. 공적개발원조(ODA)가 그 전형적인 예이다. 제3의 주체는 국제 NGO이다. 국제 NGO는 하나의 독립된 존재로서의 원조활동을 해왔는데, 최근에는 공식적 국제기구나 국가원조에 있어서 그들 조직과 파트너십을 유지하면서 원조에 관여하는 경우도 많아지고 있다.

1) 국제기구

국제기구의 의미

국제기구(International Organizations)는 국제기관, 국제조직으로 번역되는 예도 있다. 국제기관은 법령용어이고, 국제조직, 국제기구는 학문상의 용어인데, 같은 의미로 사용된다. 『국제관계법 사전』에서는 국제기구를 다음과 같이 정의하고 있다. "복수의 국가에 의해 공통의 목적달성을 위해서 국가 간 조약을 바탕으로 직접 설립된, 독자적인 주체성을 지닌, 상설 단체를 가리킨다. … 넓게는 엠네스티 인터내셔널이나 적십자국제위원회와 같은 민간의 국제협력단체(NGO)나 다국적기업 등을 포함하는 경우도 있지만, 일반적으로 국가 간 조약을 바탕으로 설립된 공적인 단체를 의미한다." 이 정의에 의하면, 국제 NGO는 국제기구에 속하지 않는다(朴光駿, 2007: 107).

국제기구의 종류

국제기구는 분류기준에 의해 다양한 유형이 있다. 다음 〈표 14-1〉은 3가지의 분류기준(목적과 임무, 지리적 범위와 가맹국 수, 권한의 특성)을 바탕으로 국제기구의 유형과 그 예를 나타낸 것이다.

〈표 14-1〉 국제기구의 종류

분류기준	유형	예
목적과 임무	일반적 · 정치적 기구	국제사회의 평화와 안전의 유지와 개발원조 등의 국제협력을 포함한 포괄적인 권한을 지닌 국제기구: UN, 미주기구(OAS), 아프리카연합(AU) 등
	행정적 · 전문기술적 국제기구	개별분야에서 국제협력을 목적으로 하는 국제기구: ILO 등 UN의 전문기관, 국제원자력기구(IAEA) 등
지리적 범위와 가맹국 수	보편적 국제기구	UN: 세계 192개국 가운데 바티칸시국을 제외한 191개국이 가맹
	지역적 국제기구	예를 들면, EU: 유럽지역의 27개국(경제통합뿐만 아니라 정치통합을 위한 가장 발전적인 지역적 국제기구)
권한의 특성	정책적 · 조정적 국제기구	UN 등의 국제기구(결의나 다국간 조약 등은 국내의 법률과 같은 구속력이 없이, 서명 · 비준해서 구속을 받을지는 각국의 재량에 맡겨져 있음)
	초국가적 국제기구	현재 유일한 예는 EU(EU는 주권국가의 합의에 의해 설립되어 있지만, 가맹국 및 가맹국 국민을 구속하는 결정을 이룰 수 있다).

출처: 朴光駿(2007), p.109.

국제기구는 국제사회의 합의에 기초해서 세계규모로의 발전을 지향하고, 다양한 형태의 국제원조를 시행하고 있는데, 그 접근은 '직접 원조 접근'과 '규제적 접근'으로 구분할 수 있다. 전자는 현금 또는 복지서비스 등의 현물원조 형태로 이루어지는 직접적 원조를 말한다. 후자의 규제적 접근은 각국에서 국민의 삶의 질 확보, 사회권과 생존권 등 국민의 인권보장을 전 세계적 차원에서 실현하기 위해 UN이 정한 다양한 형태의 국제기준을 각 국가가 받아들이고 그것을 준수하도록 규제하는 것을 말한다(朴光駿, 2007: 106).

2) 공적개발원조(ODA)

공적개발원조란 선진국의 정부 혹은 공공기관이 개발도상국의 경제발전과 복지 향상을 목표로 제공하는 일련의 공적 기금의 흐름을 뜻한다. 선진국과 개발도상국 또는 개발도상국들 사이의 개발격차가 경제, 인구, 교육, 정치, 인프라, 문화 등과 같은 다양한 경제적 · 사회 정치적 요인들에서 기인한다는 인식에 따라 선진국들이 국가별로 또는 국제기구들을 통해 개발도상국의 발전을 견인하기 위해 벌이는 대표적인 국제협력사업의 하나이다(김동수 외, 2013: 201).

OECD의 개발원조위원회(Development Assistance Committee)의 정의에 따르면, ODA란 다음의 3가지 요건을 충족시키는, 선진국으로부터 개발도상국으로의 자금 유입을 말한다. ① 정부 내지 정부기관에 의해 공여되는 자금일 것, ② 개발도상국의 경제개발이나 복지 향상을 위한 기여를 목적으로 공여되는 자금일 것, ③ 자금의 상환이 개발도상국에 무거운 부담이 되지 않도록, 증여율(Grant Element: GE)[6]가 25% 이상의 자금일 것(渡辺利夫 · 三浦有史, 2003).

ODA의 자금의 흐름은 크게 3가지 형태가 있다. 첫째는 기부자로부터 개발도상국으로 자금이 송금되는 직접적인 경우이다. 둘째는 개발도상국을 지원하는 국제기관에 기부자의 자금이 제공되는 경우이다. 그러나 이상의 두 가지 경우는 오히려 적다. 가장 많은 것은 세 번째 형태이다. 그것은 개발도상국이 발전에 필요한 재화나 서비스를 수입하는 경우, 그 재화와 서비스의 공급자에 대해서 수입대금의 입환불을 실시하는 형태이다. 입환불된 금액이 개발도상국으로부터 상환되지 않는 경우는 증여, 상환되는 경우는 융자가 된다(朴光駿, 2007: 125).

ODA는 일반적으로 자금지원이 다수를 이루고 있지만, 이외에도 기술지원, 식량원조, 재난구호 등을 포함하는 포괄적인 개념이다. 금전지원은 무상지원과 유상지원으로 나누어지는데, 유상지원은 차관 등이 대표적이며, 무상지원은 공여나 증여의 형태를 지니고 있다. 최근에는 일회성 자금지원보다 근본적인 효과를 주는 기술지원 협력이 증대되고 있으며, 물질적 지원을 넘어 개도국의 환경개선과 같은 전 지구적 문제에 대한 대처 역시 포함되어 있다(김동수 외, 2013: 163).

---

6) GE란 원조조건 완화의 정도를 나타내는 지표이다. 상업조건(금리 10%를 상정)의 차관(loan)의 GE는 0%로, 금리, 상환 기간, 거치 기간이 완화됨에 따라 GE는 상승하고, 완전한 증여(grant)의 GE는 100%가 된다.

3) 국제 NGO

국제적인 원조를 하는 제3의 주체는 국제 NGO이다. 국제 NGO란 UN에서 UN의 모든 기관과 협력관계에 있는 정부 이외의 비영리조직을 가리키는 것으로 사용된 용어였다. 그 존재는 UN 헌장 71조에 명문화되어 있는데, UN의 경제사회이사회와의 협의 자격을 지니는 NGO 중에는 사회복지단체, 소비자단체, 여성단체, 노동조합이나 협동조합 등의 민간단체가 포함되어 있다.

그러나 오늘날에는 UN과의 협력관계의 유무와 관계없이 개발문제, 인권문제, 인도지원, 환경문제 등의 지구 규모의 문제에, 비정부의 입장, 비영리의 입장에서 활동하는 조직을 NGO라고 총칭하고 있는 것이 일반적 경향이다. NGO가 활동하는 과제영역에 따라 개발 NGO, 인권 NGO, 환경 NGO 등으로 불린다. 그 사업내용이나 조직형태, 재정규모 등은 극히 다양하다. 일부 국제 NGO의 활동 사례를 보면 다음과 같다.

인권보호: 국제엠네스티

국제엠네스티(Amnesty International)는 1961년 영국사람인 페터 베넨슨(Peter Beneson, 1921~2005) 변호사를 중심으로 시작한 세계적 인권운동단체이다. 활동 분야는 양심수에 대한 인권옹호운동, 고문추방운동, 사형폐지운동, 난민보호운동, 여성폭력추방운동, 무기거래통제운동 등으로 주로 인간에 대한 비인간적인 처우를 철폐하기 위해 노력해 왔다. 1977년에는 고문 반대 캠페인으로 노벨평화상을 수상하였고, 1978년에는 UN 인권상을 받았으며, 1984년에는 UN에서 고문방지협약을 채택하는 데 결정적인 역할을 하였다. 최근 변화하고 있는 인권침해 패턴에 발맞춰 국제엠네스티는 여러 해 동안 실종, 강제퇴거, 자의적 구금, 무장단체의 폭력처럼 새로운 형태의 인권침해에 대응하면서 활동 범위를 넓혀오고 있다.

인권보호활동을 진행하고 있는 나라 수는 160개국이며, 국제엠네스티 회원의 수는 1,000만 명이다. 독립성을 유지하기 위해 정부기관의 지원을 받지 않고 회원의 회비로만 운영된다. 인권상황의 감시와 평가에서 세계 최고의 권위를 가진 것으로 평가된다.

한국에는 1972년에 '국제엠네스티 한국지부'가 설립되었다. 한국에서 국제사면위원회라는 이름으로 불리기도 했는데, 공식 명칭은 국제앰네스티 한국지부이다. 1984년 10월 국제엠네스티 조사국 부국장 웨슬리 그리코와 아시아 담당 조사원 프랑수아즈 반달레가 내한하여 한국의 인권실태를 조사했으며, 1987년 1월 서울대학교 학생 박종철이 경찰의 고문으로 사망하자 국제엠네스티는 특별성명을 발표하고 한국 정부에 대하여 어떠한 경우에도 구금자에게 고문이나 가혹행위를 금지할 것을 촉구하였다. 또한, 한국 정부에 국가보안법 폐지, 사형제 폐지 등을 요구하고 있다(국제엠네스티 홈페이지 참조).

사회서비스지원: 국경없는의사회[7)]

국경없는의사회(Medecins Sans Frontieres: 이하, MSF)는 국제 인도주의 의료구호단체이다. 의료지원의 부족, 무력 분쟁, 전염병, 자연재해 등으로 인해 생존의 위협에 처한 사람들을 위해 긴급구호활동을 펼치고 있다. 모든 의료 지원활동은 인종, 종교, 성별, 정치적 성향에 따른 어떠한 차별도 없이 이루어진다. MSF는 1971년 프랑스 의사들과 의학 전문 언론인들에 의해 설립되었다. '활동'과 '발언', '치료'와 '증언'은 MSF 설립 당시 중요한 표어였으며, 이는 오늘도 여전히 중요한 가치로 남아 있다.

응급구호를 필요로 하는 지역과 전쟁 피해지역에서 MSF는 기본적인 치료, 수술, 병원과 진료소의 복구, 영양 보급 및 공중위생 프로그램 운영, 의료요원 교육을 제공한다. 그들은 일선 병원, 난민캠프, 영양센터, 오지의 보건소에서 활동하여 독자적인 보급지원체제로 24시간 이내 항공기에 구호물자를 실어 세계 어느 지역이라도 비상사태가 발생하면 신속하게 이동하여 조직적인 대

7) 국경없는의사회 홈페이지와 김동수 외(2013), pp.243-245를 참조하였다.

규모 구호활동을 할 수 있는 체제를 갖추고 있다.

MSF는 전 세계에 총 29개 사무소를 설치하고, 3만여 명의 직원이 활동하고 있으며, 설립 이후 1억 명이 넘는 환자를 치료해 왔다. 1972년 지진이 발생한 니카라과에 들어가 구호활동을 벌인 것을 시초로 1975년 베트남전쟁, 1990년 걸프전쟁 때는 60대의 전세기를 타고 현장으로 날아가 7개소의 난민캠프를 설치하여 7만여 명의 난민을 구호하기도 하였다.

또한, 이라크의 화학무기 살포 사실을 전 세계에 알리고, 1995년 르완다에서 양민 대학살 사건을 폭로하였다. 소말리아 · 보스니아-헤르체고비나 · 나이지리아 · 콩고 · 에디오피아 · 코소보 · 동티모르 등 전쟁 · 재해 지역, 그리고 1999년에는 사상 최대의 지진 피해를 입은 터키와 타이완 등지에서 의료활동을 벌였다. 또 1995년 북한의 수해 때에도 비정부단체로는 유일하게 프랑스 · 벨기에 · 네덜란드 의사들로 구성된 연합의료팀을 북한 수해현장에 투입하여 전염병 예방과 의약품 · 의료장비 지원활동을 하였으며, 1996년과 1998년에도 북한에 들어가 활동하였다.

2010년 아이티 지진 이후에는 MSF 활동 역사상 가장 큰 중재를 했다. 같은 해 일본 지진과 쓰나미 피해로 고립된 사람들을 위한 의료 및 심리치료 원조 제공과 리비아 분쟁으로 희생된 환자들을 위한 대피 활동 및 의료 원조를 진행했다.

그밖에도 2013년 필리핀 태풍 하이옌 대응 활동, 2017년 나이지리아 피난민 캠프 공중폭격, 2018년 지중해 난민 구조, 같은 해 인도네시아를 강타한 지진과 쓰나미 등에서 의료구호활동을 꾸준히 해오고 있다.

1991년 '유럽 인권상'과 미국 필라델피아시가 주는 '자유의 메달'을 수상하였고, 1997년에는 북한에서 구호활동을 벌인 공로로 서울특별시가 제정한 '서울평화상'을 수상하였다. 세계 각지의 분쟁 · 참사 지역에 신속히 들어가 구호활동을 펼침으로써 인도주의를 실현하고 일반 대중의 관심을 촉구한 공로로 1999년 노벨평화상을 받았다.

국제연대에 의한 직접원조: 월드비전

월드비전(World Vision)은 1950년 한국전쟁을 계기로 설립돼 현재 세계 100여 개 회원국을 둔 세계 최대 국제구호개발 NGO이다. 선교사이자 한국전쟁 종군기자였던 밥 피어스(Robert Willard Pierce) 목사는 전쟁고아와 남편 잃은 부인들을 돕고자 1950년, 미국 오리건주 포틀랜드에 국제 월드비전 사무실을 열고, 한경직 목사와 함께 한국 구호활동을 시작했다. 월드비전은 전 세계 전쟁과 기아, 재난구호활동을 전개해 왔는데, 어느 나라도 받아주지 않아 바다에 수개월 간 표류하던 베트남전 난민들에게 세계 최초로 구조선(Seasweep)을 보냈고, 1980년대에는 1백만 명이 굶주리다 숨진 20세기 최악의 기근과 내전에 시달린 에디오피아에 최초로 구호인력과 자원을 보내기도 했다.

현재 월드비전은 빈곤의 근본 원인을 해결하는 핵심적인 사업으로 지역개발사업, 긴급구호사업, 아동옹호사업을 전개하고 있다.

지역개발사업은 보건영양, 식수위생, 교육, 소득증대, 아동보호 등을 포괄한다. 15~20년간 한 지역에서 지속적으로 주민들의 역량을 키고, 인식을 개선하는 동시에 필요한 지원을 제공하는 지역개발사업은 아동과 지역주민이 '변화의 주인공'임을 경험하게 해, 가장 기초적인 식수와 건강에서 공동체의 일자리 창출까지 자립할 여건을 마련하고 있다.

긴급구호사업은 가장 시급한 안전한 피난처에서 식량과 식수를 포함해 생계수단과 재건복구까지 적시 제공하여 주민의 고통을 줄이고자 하는 사업이다.

아동옹호사업은 소년병, 아동노동, 조혼 등 극단적인 아동 인권침해를 막고, 지역사회에서 아동을 억압하지 않고 존중하는 것을 목표로 한다. 다양한 인식개선과 정책제안, 캠페인과 교육을 국제사회, 국가, 지역파트너들과 연대해 아동의 권리보장에 앞장서고 있다(국제월드비전 홈페이지 참조).

유니세프(UNICEF)

유니세프는 1946년 '차별 없는 구호'의 정신으로 전 세계 어린이를 돕기 위해 설립된 유엔기구이다. 유니세프는 유엔아동권리협약에 직접 명시된 유일한 아동권리 증진 기관이며, 1965년에는 노벨평화상을 수상했다.

75년이 넘은 현장 경험과 전문성을 바탕으로 각 나라 정부와 긴밀하게 협력해 더욱 효과적으로 폭넓게 어린이의 삶을 근본적으로 개선해 오고 있다. 유니세프는 약 190개 나라와 영토에서 활동하며, 5개의 물류센터를 보유해 전 세계 어디서 재난이 발생하면 신속하게 현장에 접근하여 어린이를 돕고 있다. 긴급상황이 종료된 후에도 한결같이 어린이 곁을 지키며 지속가능한 발전을 지원하고 있다.

유니세프한국위원회는 한국에서 유니세프를 대표해 유니세프의 이념을 실현하고 있다. 전 세계 어린이를 위해 기금을 모으고 어린이 권리를 옹호한다. 유니세프한국위원회는 후원금 100원 중 85원을 유니세프 본부로 송금하며 전 세계 33개 유니세프국가위원회 중 가장 높은 수준의 송금률을 자랑하고 있다. 국내 평가 전문기관으로부터 높은 효율성과 투명성도 인정받고 있으며, 한국은 유니세프 역사상 도움을 받다가 도움을 주는 나라로 전환된 유일한 국가이며, 2022년 5대 모금 국가로 성장했다(유니세프 홈페이지 참조).

참고문헌

가스통 V. 림링거 지음, 비판과 대안을 위한 사회복지학회 옮김(2009), 『사회복지의 사상과 역사』, 서울: 한울아카데미.

강신주, 「고령화사회를 만든 주범은 누구인가」, 《경향신문》 2012.6.11.

고세훈(1999), 『영국노동당사: 한 노동운동의 정치화 이야기』, 서울: 나남출판.

고세훈(2000), 『복지국가의 이해』, 서울: 고려대학교출판부.

고스타 에스핑 앤더슨 편, 한국사회복지학연구회 옮김(1999), 『변화하는 복지국가』, 인간과 복지.

권유경(2001), 「장애의 개념과 장애등급에 관한 고찰」, 김용득 · 유동철 편, 『한국장애인복지의 이해』, 서울: 인간과 복지.

권중돈(2013), 『노인복지론』, 서울: 학지사.

권태환 · 김두섭(1990), 『인구의 이해』, 서울: 서울대학교출판부.

김규수 외 옮김(2002), 『인간행동과 사회환경』, 서울: 나눔의 집.

김근홍 · 박영란 · 이정규(2013), 『사회문제론』, 서울: 신정.

김기덕(2002), 『사회복지윤리학』, 서울: 나눔의 집.

김기덕 · 최소연 · 권자영(2012), 『사회복지 윤리와 철학』, 경기: 양서원.

김기태 · 김수환 · 김영호 · 박지영(2007), 『사회복지실천론』, 경기: 양서원.

김동수 · 정무성 · 정진옥(2019), 『국제사회복지: 더불어 지구촌에 잘 살기 위하여』, 서울: 신정.

김만두 · 한혜경(1994), 『현대사회복지개론』, 서울: 홍익재.

김미옥 · 김용득 · 이선우(2004), 『장애와 사회복지』, 서울: 학지사.

김범수 · 신원우(2006), 『지역사회복지론』, 경기: 공동체.

김상균 외(2009), 『사회복지개론』(2판), 서울: 나남출판.

김상균(1987), 『현대사회와 사회정책』, 서울: 서울대학교출판부.

김상균(1991), 「사회복지의 이해」, 『지역복지봉사의 이론과 실제』, 한국사회복지협의회.

김상균 · 오정수 · 유채영(2002), 『사회복지 윤리와 철학』, 서울: 나남출판.

김성천 외(2009), 『사회복지학의 원리와 실제』, 서울: 학지사.

김수정 · 오선영 · 김은희 · 김대심(2021), 『사회복지와 인권』, 서울: 학지사.

김수행(1988), 『정치경제학원론』, 서울: 한길사.

김수행 · 정병기 · 홍태영(2009), 『제3의 길과 신자유주의』, 서울대학교출판부.

김영모 편(1982), 『현대사회문제론』, 서울: 한국복지정책연구소출판부.

김영모 편(1997), 『현대사회보장론』, 서울: 한국복지정책연구소출판부.

김영모(1982), 『현대사회정책론』, 서울: 한국복지정책연구소출판부.

김영순(1996), 『복지국가의 위기와 재편: 영국과 스웨덴의 경험』, 서울: 서울대학교출판부.

김영종(2005), 『사회복지행정』, 서울: 학지사.

김영화(2010), 『현대사회복지이론』, 경기: 공동체.

김영화 · 이애재 · 손지아(2011), 『사회복지개론: 인간과 복지』, 경기: 정민사.
김용득(2007), 「장애인복지 이념의 동향」, 『한국장애인복지의 이해』(제5판), 서울: 인간과 복지.
김융일 · 조흥식 · 김연옥(1998), 『사회사업실천론』, 서울: 나남출판.
김인춘(1998), 「비영리부분 연구의 이론적 고찰」, 『동서연구』 10(2).
김재일 · 김상규(1991), 『개별사회사업』, 서울: 형설출판사.
김정혜(2016), 「장애여성 성폭력 판례에 대한 여성주의적 분석」, 『이화젠더법학』, 12, 40-43.
김종일(2005), 『지역사회복지론』, 서울: 현학사.
김종일(2012), 『지역사회복지론』, 서울: 청목출판사.
김종일 · 엄명용 · 최경구(2010), 『사회문제론』, 서울: 청목출판사.
김준환 외(2016), 『사회복지개론』, 서울: 창지사.
김진우(2015), 「환경변화에 따른 사회복지법인 제도의 비판적 고찰」, 『한국사회복지행정학』, 17(3).
김태성(2008), 『사회복지정책입문』, 서울: 청목출판사.
김태성 · 성경륭(1993), 『복지국가론』, 서울: 나남출판.
김환준(2011), 『사회보장의 경제학』, 경기: 양서원.
나카조노 야스오 지음, 성명옥 옮김(2004), 『정상화 원리의 연구』, 서울: 창지사.
노대명(1999), 「제3의 길에 대한 비판적 논의를 위하여」, 에릭 홉스봄 외 지음, 『제3의 길은 없다』, 서울: 당대.
문수경(2015), 「노인자살 예방 개입을 위한 이야기치료 적용에 따른 사례분석」, 『한국사회복지조사연구』, 43, 173-189.
문진영 외(2008), 『사회권 지표개발을 위한 기초연구』, 국가인권위원회보고서.
문진영(2013), 「인권과 사회복지: 쟁점 분석」, 『비판사회정책』, 39, 83-116.
미쉬라 지음, 김한주 · 최경구 옮김(1987), 『복지국가 위기론』, 서울: 법문사.
박경일 외(2014), 『사회복지학강의』, 경기: 양서원.
박광준(1990), 『페비안사회주의와 복지국가의 형성』, 서울: 대학출판사.
박광준(2002), 『사회복지의 사상과 역사』, 경기: 양서원.
박광준(2004), 『고령화사회의 노인복지정책-국제비교의 관점』, 서울: 현학사.
박광준(2010), 『붓다의 삶과 사회복지』, 서울: 한길사.
박광준(2014), 「사회문제의 이해-사회복지학적 관점」, 최선화 외, 『사회문제와 사회복지』(4판), 경기: 양서원.
박광준 · 김혜도 · 오세영 · 오영란(2010), 『노인복지의 정책과 과제』, 경기, 양서원.
박병현(2003), 『사회복지정책론』, 서울: 현학사.
박연주(2020), 『판례와 사례를 중심으로 한 인권과 사회복지』, 서울: 학지사.
박용순(2006), 『지역사회복지론』, 서울: 학지사.
박용순 · 문순영 · 임원선 · 임종호(2012), 『사회문제론』, 서울: 학지사.
박태영(2005), 『지역사회복지론』, 서울: 학현사.
배지연(2004), 「노인자살에 관한 사례분석: 신문기사 내용을 중심으로」, 『노인복지연구』, 12, 40-43.

빅 조지 · 폴 윌딩 지음, 김영화 · 이옥희 옮김(1999), 『복지와 이데올로기』, 서울: 한울.

사회복지교육연구센터 편저(2016), 『사회복지정책론』, 서울: 나눔의 집.

서동명 · 윤상용 · 이승기 · 염태산(2022), 『장애인복지론』(3판), 서울: 신정.

손광훈(2004), 『장애인복지론』, 서울: 현학사.

손병돈 · 김기덕 · 권선진 · 박지영 · 이종복 · 이혜경 · 최승희(2008), 『사회복지와 인권』, 경기: 양서원.

송규범(1983), 「복지국가의 성립」, 한국사회과학연구소편, 『복지국가의 형성』, 서울: 민음사.

송근원(2004), 『사회복지정책학』, 서울: 학지사.

송근원 · 김태성(1995), 『사회복지정책론』, 서울: 나남출판.

송다영(2003), 「사회적 배제 집단으로서의 저소득 모자가족과 통합적 복지대책 수립을 위한 연구」, 『한국사회복지학』, 54.

신섭중(1993), 『한국사회복지정책론』, 서울: 대학출판사.

신용호(2008), 「장애인권리협약과 장애인의 인권」, 『복지동향』 116, 나눔의 집.

앤서니 기든스 지음, 한상진 · 박찬욱 옮김(1998), 『제3의 길』, 서울: 생각의 나무.

양봉민(2002), 『보건경제학』, 서울: 나남출판.

양옥경(2017), 『사회복지 윤리와 인권』, 경기: 공동체.

양옥경 · 김정진 · 서미경 · 김미옥 · 김소희(2005), 『사회복지실천론』, 서울: 나남출판.

양정남 · 최선령(2016), 『사회복지실천론』, 경기: 양서원.

양정하 외(2004), 『사회복지정책론』, 경기: 양서원.

양정하(2004), 『사회복지발달사』, 서울: 학현사.

엄기욱 · 김순규 · 배진희 · 오세영(2014), 『사회복지개론』, 서울: 학지사.

에릭 홉스봄 외 지음, 노대명 옮김(1999), 『제3의 길은 없다』, 서울: 당대.

오세영(2005a), 「일본의 노인의료비 증가요인으로서의 사회적 입원」, 『노인복지연구』, 통권 제28호.

오세영(2005b), 「노인의료비 억제정책으로서의 일본 공적개호보험」, 『사회복지정책』, 제22집.

오세영(2007), 「일본의 공적개호보험 도입에 따른 개호서비스 공급체제의 변화와 시사점」, 『사회복지정책』, 제28집.

오세영(2011), 『자원봉사론』, 서울: 창지사.

오세영(2020a), 『사회복지학입문』(2판), 경기: 양서원.

오세영(2020b), 『사회보장론』(3판), 서울: 신정.

오세영(2021), 『사회복지정책론』(3판), 서울: 신정.

오세영(2022), 『사회복지행정론』(5판), 서울: 신정.

오세영 · 박은아(2019), 『예비 사회복지사를 위한 자원봉사론』, 서울: 창지사.

오정수(1997), 「영국의 지역사회복지와 사회복지관」, 『비교지역사회복지: 사회복지관과 재가복지의 국제비교』, 한국사회복지관협회.

오정수 · 최해경 · 정연택 · 류진석 · 유채영(2010),『사회복지학개론』, 경기: 양서원.

오정수 · 류진석(2006), 『지역사회복지론』, 서울: 학지사.

오정수 · 정익중(2013), 『아동복지론』, 서울: 학지사.

오정수 · 최해경 · 정연택 · 류진석 · 유채영(2015), 『사회복지학개론』, 경기: 양서원.

오혜경(1999), 『장애인과 사회복지실천』, 서울: 아시아미디어리서치.

오혜경(2015), 『사회복지 윤리와 철학』, 서울: 창지사.

원석조(2001), 『사회복지정책학원론』, 경기: 양서원.

원석조(2006), 『사회복지정책론』, 경기: 공동체.

윌리엄 클라인크넥트 지음, 유강은 옮김(2012), 『세계를 팔아버린 남자: 신자유주의 국가는 어떻게 만들어졌나』, 서울: 사계절.

유근춘 · 서문희 · 임완섭(2011), 『보편적 복지와 선별적 복지의 조화적 발전방안에 관한 연구』, 한국보건사회연구원.

유기현(2003), 『조직행동론』, 서울: 무역경영사.

유동철(2013), 『인권 관점에서 보는 장애인복지』, 서울: 학지사.

유동철 · 홍재봉(2018), 『실천가를 위한 지역사회복지론』, 경기: 양서원.

윤찬영(1998), 『사회복지법제론 Ⅰ』, 서울: 나남출판.

윤찬영(2001), 『사회복지법제론(개정증보판)』, 서울: 나남출판.

윤찬영(2013), 『사회복지의 이해』, 경기: 정민사.

윤찬영(2022), 『인권 · 복지론』, 서울: 신정.

이봉철(2001), 『현대인권사상』, 서울: 아카넷.

이선우 · 이수경(2020), 『장애인복지론』, 경기: 공동체.

이익섭(2004), 「세계인권선언과 국제 장애인 권리조약」, 『한국장애인복지학』, 1: 7-36.

이인재(2002), 『한국지역복지실천론』, 서울: 나눔의 집.

이인재 · 류진석 · 권문일 · 김진구(2008), 『사회보장론』, 서울: 나남출판.

이팔환 외 옮김(2001), 『사회복지실천이론의 토대』, 서울: 도서출판 나눔의 집.

이화여자대학교 사회복지연구회 옮김(2001), 『가족복지실천론』, 서울: 도서출판 나눔의 집.

장원봉(2007), 「사회적경제의 대안적 개념화: 쟁점과 과제」, 『시민사회와 NGO』 5(2): 5-34.

장지글러(2007), 『왜 세계의 절반은 굶주리는가』, 서울: 갈라파고스.

조영훈(2004), 『변화하는 세계, 변화하는 복지국가』, 서울: 집문당.

조효제(2007), 『인권의 문법』, 서울: 후마니타스.

조효제(2016), 『인권의 지평』, 서울: 후마니타스.

주경복(2007), 「신자유주의를 말하다」, 장지글러 지음, 『왜 세계의 절반은 굶주리는가』, 서울: 갈라파고스.

지은구 외(2021), 『지역사회복지론』, 서울: 사회평론아카데미.

진태원, 「존 메이너드 케인스: 수정자본주의」, 《한겨레신문》 2014.4.14.

채구묵(2015), 『사회보장론』, 경기: 정민사.

최경구(1993), 「사회학과 사회복지학」, 『사회과학과 사회복지학』, 한울아카데미.

최경구(1993), 『조합주의 복지국가』, 서울: 한나래.

최경구 외(2010), 『21세기 사회복지정책』, 서울: 청목출판사.
최선화 외(2005), 『사회문제와 사회복지』, 경기: 양서원.
최성재 · 남기민(2001), 『사회복지행정론』, 서울: 나남출판.
최연혁, 「저출산문제의 해결 방정식」, 《한겨레신문》 2018.4.24.
최옥채(2010), 『사회복지실천론』, 경기: 양서원.
최일섭 · 최성재 공편(2004), 『사회문제와 사회복지』, 서울: 나남출판.
카를-알브레히트 이멜 지음, 서정일 옮김(2009), 『세계화를 둘러싼 불편한 진실』, 서울: 현실문화.
폴 샤브첸코 지음, 함성편집부 옮김(1989), 『노동이란 무엇인가』, 서울: 함성.
한경혜 · 최혜경 · 안정신 · 김주현(2019), 『노년학』, 서울: 신정.
한국보건사회연구원(2018), 『2018 빈곤통계연보』.
한국사회복지행정학회 편(2003), 『한국의 사회복지행정』, 서울: 학현사.
허남순 외 옮김(2007), 『사회복지실천이론과 기술』, 서울: 나눔의 집.
현외성 외(1992), 『복지국가의 위기와 신보수주의적 재편』, 서울: 대학출판사.
현외성(2008), 『사회복지정책강론』, 경기: 양서원.
홍세화, 「아이 낳으라고 하지 말라」, 《한겨레신문》 2019.4.19.
황성철(1997), 「지역사회복지와 전문적 사회복지실천」, 1997년 한국사회복지학회 추계학술대회 자료집, 한국사회복지학회.
황성철(2014), 「사회문제의 이론과 접근방법」, 최선화 외, 『사회문제와 사회복지』(4판), 경기: 양서원.
황성철 · 정무성 · 강철희 · 최재성(2005), 『사회복지행정론』, 서울: 학현사.
G · エスピン-アンデルセン 著, 渡辺雅男 · 渡辺景子 訳(2000), 『ポスト工業経済の社会的基礎: 市場 · 福祉国家 · 家族の政治経済学』, 東京: 桜井書店.
T · H · マーシャル · トム · ボットモア 著, 岩崎信彦 · 中村健吾 訳(2001), 『シティズンシップと社会的階級』, 京都: 法律文化社.
アマルティア · セン 著, 鈴村興太郎訳(2001), 『福祉の経済学』, 東京: 岩波書店.
アマルティア · セン 著, 池本幸生 · 野上裕生 · 佐藤仁 訳(1999), 『不平等の再検討』, 東京: 岩波書店.
ポール · スピッカー 著, 武川正吾 · 上村泰裕 · 森川美絵 訳(2001), 『社会政策講義: 福祉のテーマとアプローチ』, 東京: 有斐閣.
江草安彦(1982), 『ノーマリゼーションへの道』, 東京: 全社協.
岡沢憲芙 · 宮本太郎 編(1997), 『比較福祉国家論』, 京都: 法律文化社.
高島進(1999), 『社会福祉の歴史』, 京都: ミネルヴァ書房.
高野範城(2001), 『社会福祉と人権 : 高齢者 · 障碍者の人権と国の責任』, 創風社.
古賀昭典 編(1999), 『社会保障論』, 京都: ミネルヴァ書房.
今村都南雄 · 武智秀之(1992), 「政府間関係の構造と過程」, 社会保障研究所編, 『福祉国家の政府間関係』, 東京: 東京大学出版会.
藤松素子 編(2006), 『現代地域福祉論』, 京都: 高菅出版.
埋橋孝文(1997), 『現代福祉国家の国際比較: 日本モデルの位置づけと展望』, 東京: 日本評論社.

武智秀之(1996),『行政過程の制度分析: 戦後日本における福祉政策の展開』, 東京: 中央大学出版部.

武智秀之(1997),「分権化とNPO」, 岡沢憲夫・宮本太郎編,『比較福祉国家論』, 京都: 法律文化社.

武智秀之(2001),『福祉行政学』, 東京: 中央大学出版部.

朴光駿(2007),『國際福祉論』, 京都: 佛教大學通信教育部.

北島健一(2002),「福祉国家と非営利組織ーファイナンス, 供給分離モデルの再考」, 宮本太郎 編著,『福祉国家再編の政治』, 京都: ミネルヴァ書房.

小塩隆士(2001),『社会保障の経済学(第2版)』, 東京: 日本評論社.

新藤宗幸・武智秀之(1992),「福祉国家における政府間関係」, 社会保障研究所編,『福祉国家の政府間関係』, 東京: 東京大学出版会.

阿部秀雄(1978),『弱者を捨てるーアメリカ型福祉観への問い』, 東京: 田畑書店.

呉世榮(2004),「日本における高齢者医療費抑制政策に関する研究」, 佛教大学大學院博士學位論文.

伊藤周平(1997),『社会保障史恩恵から権利へ：イギリスと日本の比較研究』, 東京: 青木書店.

仲村優一・愼燮重・萩原康生(2002),『グローバリゼーションと国際社会福祉』, 東京: 中央法規.

地主重美(1996),「国民医療費と医療保険」, 社会保障研究所編,『医療保障と医療費』, 東京: 東京大学出版会.

横山寿一(2002),「新局面に入った福祉の産業化ー介護ビジネスを中心に」,『賃金と社会保障』, No.1313. 14(2002年1月合併号).

横山寿一(2003),『社会保障の市場化・営利化』, 東京: 新日本出版社.

孝橋正一(1969),『社会政策と社会保障』, 京都: ミネルヴァ書房.

Arrow, K. J. (1985), The Economics of Agency, in Pratt, J. W. and Zeckhauser, R. J. eds., *Principals and Agents: The Structure of Business*. Harvard Business School Press.

Bank-Mikkelsen, N. E. (1976), The Principle of Normalization, FLASH, No.39. Denmark.

Barker, R. L. (1999), *The Social Work Dictionary*. 4th ed., Washington, DC: National Association of Social Workers.

Beveridge, W. (1942), *Social Insurance and Allied Services*, Reprinted 1984, London: HMSO.

Biestek, F. P. (1979), *The Casework Relationship*, Illinois: Royola Univ. Press.

Bradshaw (1972), The concept of social need, *New Society, 30*, March.

Brenton, M.(1985), *The Voluntary Sector in British Social Services*, London, Longman.

Briggs, Asa. (1961), The Welfare State in Historical Perspective, *European Journal of Sociology*, 2.

Cox, D., & Pawar, M. (2006), *International Social Work: Issues, Strategies and Programs*, Thousand Oaks, CA: Sage Publications.

Drucker, P. (1980), *Managing in Turbulent Times*, New York: Harper & Row.

Dunham, A. (1970), *The New Community Organization*, New York: Thomas Y. Crowell.

Eitzen, D. S., & Zinn, M. B. (2000), *Social problems* (8th ed.), Boston: Allyn & Bacon.

Esping-Andersen, G. (1990), *The Three Worlds of Welfare Capitalism*, Princeton: Princeton University Press, 1990.

Esping-Andersen, G. (1999), *A Welfare State for the 21st Century, Report prepared for Social Foundations of Postindustrial Economies*. Oxford: Oxford University Press.

Friedlander, W. A., & Apte, R. Z. (1980), *Introduction to Social Welfare*, 5th ed., Englewood Cliffs, NJ: Prentice-Hall.

Friedman 지음, 熊谷尚夫他 옮김(1975), 『資本主義と自由』, マグロウヒル好学社.

Friedman, M. (1962), *Capitalism and Freedom*, University of Chicago Press.

Friedman, M., & Friedman, R. (1980), *Free to Choose*, New York: Harcourt Brace Jovanovich.

Furniss, N., & Tilton, T. (1977), *The Case for the Welfare State: From Social Security to Social Equality*, Bloomington: Indiana University Press.

Gary Taylor 지음, 조성숙 옮김(2009), 『이데올로기와 복지』, 서울: 신정.

George, V., & Wilding, P. (1976), *Ideology and Social Welfare*, London: Routledge and Kegan Paul. (빅 조지 · 폴 윌딩 저, 남찬섭 옮김(1994), 『이데올로기와 사회복지』, 서울: 한울).

Gilbert & Terrell (2002), *Dimensions of Social welfare Policy*, 5th ed., Boston: Allyn & Bacon. (Gilbert · Terrell 지음, 남찬섭 · 유태균 옮김(2007), 『사회복지정책론』, 서울: 나눔의 집).

Gilbert, N., & Specht, H. (1974), *Dimensions of Social Welfare Policy*, Englewood Cliffs, N. J.: Prentice Hall.

Gough, Ian (1979), *The Political Economy of the Welfare State*, London: MacMillan, (고프 지음, 김연명 · 이승욱 옮김(1990), 『복지국가의 정치경제학』, 서울: 한울아카데미).

Greenwood, E. (1957), Attributes of a Profession, In *Social Work, 2*(3), 54.

Hansmann, H. (1987), Economic theory of Nonprofit Organization, in Powell, W. W. ed., *The Nonprofit Sector*, Yale University Press.

Hepworth, D. H., Rooney, R. H., & Larsen, J. A. (2002), *Direct Social Work Practice: Theory and Skills*(6th ed.), Pacific Grove, CA: Brooks/Cole Publishing Co.

Healy, M. L. (2008), *International Social Work: Professional Action in an Interdependent World*(Second ed.), New York: Oxford University Press.

James, E., & Rose-Ackerman, S. (1993), *The Nonprofit Enterprise in Market Economics*, HarWood Academic Publishers.

Jim Ife 지음, 김형식 · 여지영 옮김(2001), 『인권과 사회복지실천』, 서울: 인간과 복지.

Johnson, H. W. (1983), *The Social Services-An Introduction*. Itaska, HL: F.E. Peacock.

Johson, N. (1993), "Welfare Pluralism: Opportunities and Risks" in Evers, A. and Svetlik, I. eds., *Balancing Pluralism: New Welfare Mixes in Care for the Elderly*. Avebury.

Kidneigh, J. C. (1950), Social Work Administration-An Area of Social Work Practice?, *Social Work Journal 31*.

King 지음, 이용필 옮김, 『국가와 현대사회』, 서울: 형설출판사.

Le Grand, J., & Will Bartlett (eds.)(1993), *Quasi-markets and Social Policy*, The Macmillan Press.

Leslie Stevenson 지음, 임철규 옮김(1981), 『인간의 본질에 관한 일곱 가지 이론』, 서울: 종로서적.

Loewengerg, F., & Dolgoff, R. (1996), *Ethical Decisions for Social Work Practice*, Itasca, IL: F. E. Peacock.

Lynne M. Healy 지음, 노충래 옮김(2010), 『국제사회복지』, 서울: 학지사.

MacEwan, A. (1999), *Neo-Liberalism or Democracy?*, London: Zed Books.

Mansell. J. & Ericsson. eds.(2000), *Deinstitutionalization and Community Living*, Chapman & Hall.

Marshall, T. H. (1981), *The Right of Welfare*, New York: Free.

Martin, G. T., & Zald, M. N.(1981), *Social Welfare in Society*, Columbia University Press.

Maslow, A. H. (1954), *Motivation and Personality*, New York: Harper & Row.

Max-Neef, M. A. (1991), Human Scale Development: conception, application and further reflections, The Apex Press New York and London.

Merton, R. K., & Nsibet, R. (Eds.). (1971), *Comtemporary social problems*(3rd ed.), New York: Harcourt Brace Jovanovich.

Millerson, G. (1964), *The Qualifying Associations: A Study in Professionalization*, Routldege and Kegan Paul.

Mishra, M. (1981), *Society and Social Policy: Theories and Practice of Welfare*. 2nd ed., London: Macmillan.

O'Connor, J. (1973), *The Fiscal Crisis of the State*, New York: St. Martin's Press.

Offe, C. (1984), *Contradictions of the Welfare State*, London: Hutchinson Education.

Parrillo, V. N., Stimson, J., & Stimson, A. (1999), C*ontemporary social problems* (4th ed), Boston: Allyn & Bacon.

Patti, R. J. (1983), *Social Welfare Administration: Managing Social Programs in a Developmental Context*. Englewood Cliffs. NJ: Prentice-Hall.

Pierson, C. (1991), *Beyond the Welfare State? The New Political Economy of Welfare*. Cambridge, UK: Polity Press.

Reamer, F. G. (1992), *Ethical Dilemmas in Social Services*(2nd ed.), N.Y: Columbia University Press.

Reamer, F. G. (1995), *Social Work Values and Ethics*(4th ed.), N.Y: Columbia University Press. (Frederic G. Reamer, 고미영 · 최경원 · 황숙연 옮김(2005), 『사회복지실천의 가치와 윤리』, 사회복지실천연구소).

Rehn, G. (1985). "Swedish Active Labor Market Policy: Retrospect and Prospect." *Industrial Relations*, 24.

Reichert, Elizabeth. (2011), *Social Work and Human Rights: A Foundation for Policy and Practice*(2nd ed.), N.Y.: Columbia University Press.

Rubington, E. et al., 이장현 · 김영이 공역(1985), 『사회문제의 연구』, 서울: 경문사.

Salamon, L. M. (1995), *Partners in Public Service: Government-Nonprofit Relations in the Modern Welfare State*, Johns Hopkins University Press.

Schneider, R., Kropf, N., & Kisor, A. (2000). *Human response to social problem.* Homewood, IL: The Dorsey Press.

Selina Todd 지음, 서영표 옮김(2016), 『민중: 영국 노동계급의 사회사 1910-2010』, 서울: 클.

Standing, G. (2002). Beyond the New Paternalism. Basic security as equality, New York, Verso.

Stein, H. (Ed.). (1981), *Organization and the Human Services: Cross-Disciplinary Reflections*, Philadelphia: Temple University Press.

Titmuss, R. M. (1969), *Commitment to Welfare*, London: George Allen & Unwin Ltd.

Titmuss, R. M. (1974), *Social Policy: An Introduction*, London: George Allen & Unwin Ltd.

Trecker, H. B. (1977), *Social Work Administration: Principles and Practices.* New York: Association Press.

Vic George & Paul Wilding 지음, 김영화 외 옮김(2004), 『세계화와 인간복지』, 서울: 삼우사.

Webb, A. L., & Sieve, J. E. B. (1971), *Income Redistribution and the Welfare state*, London: Bell & Sons.

Weisbrod, B. (1986), Toward a Theory of the Voluntary Nonprofit Sector in a Three-Sector Economy, in Rose-Ackerman, S. ed., T*he Economics of Nonprofit Institution: Studies in Structure and Policy*, Oxford University Press.

Wilensky, H., & Lebeaux, C. N. (1965), *Industrial Society and Social Welfare*, New York: The Free Press.

Zastrow, C. (2000), *Social Problem: Issues and Solutions.* 5th ed. Belmont: Wadsworth.

Zastrow, C. (2008), *Introduction to Social Work and Social Welfare*(9th ed.). Thomson Learning Inc. (찰스 자스트로 지음, 강흥구 외 편역(2006), 『사회복지개론』, 서울: 시그마프레스).

찾아보기

저/ 자/ 소/ 개

오 세 영

현재 원광대학교 사회복지학과 교수로 재직하고 있다. 일본 북교대학(Bukkyo University) 대학원에서 사회복지학을 전공하여 박사학위를 받았으며, 사회복지의 사상과 역사를 비롯하여 사회복지정책, 사회복지행정, 장애인복지 분야에 관심을 가지고 저술과 강의를 해오고 있다. 저서로는 신정에서 펴낸 『사회복지학개론』, 『사회복지역사』, 『사회복지정책론』, 『사회복지행정론』, 『사회보장론』, 『장애인복지의 사상』, 『한국 장애인복지의 역사』를 비롯해 『사회복지학입문』(양서원), 『자원봉사론』(창지사), 『노인복지의 정책과 과제』(공저, 양서원), 『사회복지개론』(공저, 학지사) 등이 있으며, 일본에서 『よくわかる社会福祉の歴史』(공저, ミネルヴァ書房)를 펴냈다.

사회복지학개론(2판)

1판발행 2023년 2월 15일 **1판 1쇄 발행**
2판발행 2026년 1월 10일 **2판 1쇄 발행**

지은이 오세영
펴낸이 최용구 | **펴낸곳 도서출판 신정**
주 소 (04316) 서울시 용산구 원효로 89길 19 (원효로1가)
전 화 02)3211-4782, 0266(영업부), 3211-4783(편집부), 3211-4784(팩스)
이메일 sjbook2002@naver.com | **홈페이지** www.sjbook.co.kr
등 록 2001년 5월 11일 제13-702호
기획마케팅 최용구 장만동 최충구 송대용 | **책임편집** 석기은 황가연

ISBN 978-89-5912-969-0 93330
정 가 27,000원

저자와의 협의에 따라 인지는 생략합니다. 파본은 구입하신 곳에서 교환해 드립니다.
이 책을 무단 전재 또는 복제 행위 시 저작권법에 따라 처벌을 받게 됩니다.